Rafael Aragüés
Das Problem des Absoluten in der Philosophie Hegels

HegelForum
Studien

herausgegeben von

ANNEMARIE GETHMANN-SIEFERT
ALAIN PATRICK OLIVIER
MICHAEL QUANTE
ELISABETH WEISSER-LOHMANN

Rafael Aragüés

Das Problem des Absoluten in der Philosophie Hegels

Entwicklungsgeschichtliche und systematische
Untersuchungen zur Hegelschen Metaphysik

Wilhelm Fink

Bibliografische Information der Deutschen Nationalbibliothek

Die Deutsche Nationalbibliothek verzeichnet diese Publikation in der Deutschen Nationalbibliografie; detaillierte bibliografische Daten sind im Internet über http://dnb.d-nb.de abrufbar.

Alle Rechte vorbehalten. Dieses Werk sowie einzelne Teile desselben sind urheberrechtlich geschützt. Jede Verwertung in anderen als den gesetzlich zugelassenen Fällen ist ohne vorherige schriftliche Zustimmung des Verlags nicht zulässig.

© 2018 Wilhelm Fink Verlag, ein Imprint der Brill Gruppe
(Koninklijke Brill NV, Leiden, Niederlande; Brill USA Inc., Boston MA, USA;
Brill Asia Pte Ltd, Singapore; Brill Deutschland GmbH, Paderborn, Deutschland)

Internet: www.fink.de

Einbandgestaltung: Evelyn Ziegler, München
Herstellung: Brill Deutschland GmbH, Paderborn

ISBN 978-3-7705-6306-7

Inhalt

Abkürzungen 7
Vorwort 9
Einleitung 11

1. Das Problem des Absoluten in Hegels Frankfurter und
   Jenaer Zeit 33
   1.1 Hölderlins Einfluss auf Hegel in Frankfurt 33
   1.2 Hegels Annäherung an Schellings Philosophie des Absoluten
       in Jena: Die *Differenzschrift* 41
   1.3 Hegels Hauptargumente gegen Kant und Fichte 51
   1.4 Der Bruch mit der Philosophie des Absoluten in der Vorrede
       zum System von 1807 63
   1.5 Das absolute Wissen und das Absolute 69

2. Das Programm einer spekulativen Logik 81
   2.1 Die *Wissenschaft der Logik* als Wissenschaft von reinen
       Gedankenbestimmungen 81
   2.2 Ist die Hegelsche Logik eine Ontologie? 91
   2.3 Die objektive Logik als Kritik an der vormaligen Metaphysik .. 103
   2.4 Hegels *Wissenschaft der Logik* und die Definition des Absoluten ... 109

3. Die Logik des Absoluten 117
   3.1 Der Ort des Absoluten in der *Wissenschaft der Logik* 117
       3.1.1 Wesen und Existenz 117
       3.1.2 Der Widerspruch der Welt 119
       3.1.3 Vom wesentlichen Verhältnis bis zur Vereinigung von
             Wesen und Existenz 123
       3.1.4 Die Wirklichkeit 126
   3.2 Die erste Bestimmung des Absoluten 128
       3.2.1 Das Absolute als absolute Form und absoluter Inhalt 129
       3.2.2 Absolutes und Reflexion 132
       3.2.3 Die Auslegung des Absoluten, negativ und positiv gefasst .. 134
       3.2.4 Das Attribut, der Schein des Absoluten 138
       3.2.5 Die Manifestation des Absoluten innerhalb seiner selbst .. 140
       3.2.6 Das Resultat der ersten Auslegung 142
       3.2.7 Die logische Denkbestimmung des Absoluten und die
             spinozistische Philosophie 145

3.3	Die Manifestation des Absoluten	146
	3.3.1 Wirklichkeit bei Kant und Hegel	147
	3.3.2 Die formellen Bestimmungen der Wirklichkeit	149
	3.3.3 Die reellen Bestimmungen der Wirklichkeit	154
	3.3.4 Die absolute Notwendigkeit	160
3.4	Die endgültige Auslegung des Absoluten	165
	3.4.1 Das Substantialitätsverhältnis	167
	3.4.2 Das Kausalitätsverhältnis	173
	3.4.2.1 Das bestimmte Kausalitätsverhältnis	176
	3.4.2.2 Wirkung und Gegenwirkung	183
	3.4.3 Die Wechselwirkung und das Ende der Logik des Absoluten	186
3.5	Die Widerlegung des Spinozismus	191
4.	**GRUNDZÜGE EINER METAPHYSIK DER VERNUNFT UND FREIHEIT**	**203**
4.1	Die idealistische Grundeinsicht	205
4.2	Das Reich der Freiheit	211
	4.2.1 Die Aufgabe der Französischen Revolution	212
	4.2.2 Der Begriff als das Freie	219
	4.2.3 Struktur und Entfaltung des spekulativen Begriffs als solchen (Begriff – Urteil – Schluss)	223
	4.2.3.1 Eine konkrete Allgemeinheit	224
	4.2.3.2 Die Ur-teilung des Begriffs	228
	4.2.3.3 Der Schluss als das Vernünftige	233
4.3	Die Objektivität des Begriffs	236
4.4	Die Idee als das Wahre	243
	4.4.1 Allgemeiner Begriff der Idee	243
	4.4.2 Das Leben, in einer spekulativen Logik begriffen	248
	4.4.3 Die Idee des Erkennens	252
4.5	Die absolute Idee	257
	4.5.1 Das System des Logischen	258
	4.5.2 Die Methode oder die Bewegung des Begriffs	260
	4.5.3 Die freie Entlassung der Idee	265
4.6	Die Systemphilosophie jenseits der *Wissenschaft der Logik*	269
4.7	Eine Metaphysik der Vernunft und Freiheit	278
ZUSAMMENFASSUNG UND AUSBLICK		**283**
LITERATURVERZEICHNIS		**289**
REGISTER		**295**
Sachen		295
Personen		297

Abkürzungen

GW	G. W. F. Hegel, Gesammelte Werke. Hrsg. im Auftrag der Rheinisch-Westfälischen Akademie der Wissenschaften in Verbindung mit der Deutschen Forschungsgemeinschaft. Hamburg, 1968ff.
TW	G. W. F. Hegel, Werke in zwanzig Bänden. Theorie-Werkausgabe. Hrsg. von Eva Moldenhauer und Karl Markus Michel. Frankfurt am Main, 1970.
Enzyklopädie	G. W. F. Hegel, Enzyklopädie der philosophischen Wissenschaften im Grundrisse (1830). Hrsg. von Friedhelm Nicolin und Otto Pöggeler. Hamburg, 1991.
A	Anmerkung zu einem Paragraph von G. W. F. Hegel, Enzyklopädie der philosophischen Wissenschaften (1830).
Z	Zusatz zu einem Paragraph von G. W. F. Hegel, Enzyklopädie der philosophischen Wissenschaften (1830).
AA	I. Kant, Gesammelte Schriften, herausgegeben von der Preußischen Akademie der Wissenschaften (Bd. 1-22), der Deutschen Akademie der Wissenschaften zu Berlin (Bd. 23) und der Akademie der Wissenschaften zu Göttingen (ab Bd. 24), Berlin, 1900ff.
KU	I. Kant, Kritik der Urteilskraft (AA 05).
KrV	I. Kant, Kritik der reinen Vernunft (in zwei Auflagen: B = AA 03 / A = AA 04).
KpV	I. Kant, Kritik der praktischen Vernunft (AA 05).
Prol	I. Kant, Prolegomena zu einer jeden künftigen Metaphysik (AA 04).

Vorwort

Das vorliegende Buch ist die überarbeitete Version einer Untersuchung, die im Wintersemester 2016/17 von der Philosophischen Fakultät der Universität Heidelberg als Dissertation angenommen worden ist. Mein besonderer Dank gilt meinem Doktorvater und Erstgutachter Prof. Dr. Hans Friedrich Fulda: für seine Hilfe im ganzen Promotionsprozess, seine Verfügbarkeit, für mich sowohl persönlich als auch bei langen Telefongesprächen immer da zu sein, und schließlich für die Mühe, sich mit den verschiedenen Fassungen meiner Arbeit auseinanderzusetzen und sie mit mir zu diskutieren. Eine bessere Betreuung hätte ich mir nicht wünschen können. Außerdem möchte ich mich an dieser Stelle bei Herrn Prof. Dr. Anton Friedrich Koch dafür bedanken, dass er das Zweitgutachten meiner Dissertation übernommen hat. Den Herausgebern der Reihe HegelForum und insbesondere Herrn Prof. Dr. Michael Quante danke ich für die Aufnahme der Arbeit. Der Rosa-Luxemburg-Stiftung danke ich für die finanzielle Unterstützung, die mich in die Lage versetzte, mich intensiver meinem Forschungsthema hingeben zu können. Das Buch sei schließlich meiner Familie gewidmet. An sie geht mein letzter Dank, weil sie mich immer unterstützt hat.

Die vorliegende Arbeit wäre also ohne die Unterstützung all dieser Menschen nicht zustande gekommen. Aber nur ich bin selbstverständlich verantwortlich für sie und für alles Falsche, das sie enthalten mag.

Madrid, im September 2017   Rafael Aragüés

Einleitung

„Die Philosophie ist noch nicht am Ende. Kant hat die Resultate gegeben; die Prämissen fehlen noch. Und wer kann Resultate verstehen ohne Prämissen?"

Schelling an Hegel, am heiligen Dreikönigsabend, 1795

Mehr als hundertfünfzig Jahre nach Hegels Tod ist das Nachdenken über sein Werk ebenso wenig am Ende wie die Philosophie. Das sollte aber niemanden wundern. Denn, was Klassiker der Geschichte der Philosophie auszeichnet, das sind ihre bahnbrechenden Einsichten. Mit ihnen gehen wir in der Suche nach Wahrheit auf die unterschiedlichen Wege des Denkens. Und Hegel zählt durchaus zu denjenigen Klassikern der Philosophie, welche neue Wege gebahnt und frische Perspektiven eröffnet haben. Sein Werk orientiert uns im Denken und Handeln nach wie vor. Denn heute gilt wie gestern, dass wir ohne Philosophie im Alltag verloren und den uns umgebenden Ereignissen ratlos preisgegeben sind.

In seinem Brief an Hegel fragt Schelling nach den Prämissen der Kantischen Philosophie. Denn ohne Prämissen könne man Resultate kaum verstehen. Ähnliches gilt bei Hegel. Ausführlich wurde nach seinem Tod über die Resultate und Folgen seiner Philosophie diskutiert. Auch in jüngster Zeit hat die Hegelforschung aufschlussreiche Ergebnisse erbracht. Die vorliegende Arbeit will aber auf die Prämissen der Hegelschen Philosophie zurückgehen. Was ist der Gegenstand und die Grundlage der Philosophie Hegels? Was macht ihre Fragestellung aus? Worin besteht ihre grundlegende Einsicht? Auf solchen Fragen beruht und ihnen entstammt die vorliegende Arbeit. Sie ist deshalb – auch ganz im Hegelschen Sinn – eine metaphysische Untersuchung.

Damit ist jedoch durchaus nicht gesagt, dass uns keine möglichen Antworten auf jene Fragen zur Verfügung stünden. Ganz im Gegenteil! Es gibt in der Hegelforschung eine zwar nicht völlig unumstrittene, jedoch weithin herrschende Meinung über Hegels Metaphysik und über die Prämissen seines Systems der Philosophie. Die vorliegende Arbeit fängt deshalb keineswegs von neuem an. Sie setzt sich vielmehr mit jener herrschenden Meinung auseinander. Sie tut das in der Überzeugung, dass nur Klarheit über die Prämissen von Hegels Denken zum adäquaten Verständnis seiner Resultate führen kann.

Eine herrschende Interpretation und im Unterschied dazu die hier beabsichtigte

Die Mehrheit der derzeitigen Hegel-Forscher versteht die Hegelsche Philosophie als eine Philosophie des Absoluten. Hegel habe es sich zur Aufgabe gemacht, die

Philosophie zur Wissenschaft zu erheben, und dies heißt für viele Hegel-Experten dasselbe, wie eine philosophische Vernunfterkenntnis über das Ganze zu leisten. Hegels Position wird dabei als eine monistische Ontologie aufgefasst und infolge dessen unterstellt man ihr die Aufgabe, die Wirklichkeit als die Ausdifferenzierung dieses einzig Seienden zu erklären. Denn Hegels Grundgedanke bestehe in der zugrunde liegenden, der menschlichen Vernunft zugänglichen Einheit des Ganzen. Diese allumfassende ontologische Einheit des Wirklichen wird mit dem Terminus „das Absolute" bezeichnet. Monistische Ontologie des Absoluten ist für die Mehrheit der Forscher, welche dementsprechend die Hegelsche Metaphysik als die systematische Darstellung des Absoluten verstehen, der Ansatzpunkt des Hegel-Verständnisses.

In einem hervorragenden Buch über die Klassische Deutsche Philosophie haben Walther Jaeschke und Andreas Arndt diese herrschende Interpretation prägnant zusammengefasst. Hegel gehe von Schellings Fragestellung aus: Die Philosophie soll das allumfassende Wesen, das All-Eine oder Absolute, erkennen und systematisch darlegen. Allerdings liege der Hauptunterschied zu Schelling in der Einheit von Absolutem und System. Denn im Unterschied zu Schelling sei in Hegels Augen das Absolute das Ganze des Systems der Philosophie. Das Absolute bestehe in seiner Selbsterkenntnis und erschöpfe sich darin. Es handele sich um kein starres, identisches Wesen, sondern vielmehr sei das Absolute dynamisch, und die Bewegung gehöre wesentlich zu ihm. Denn es sei nichts anderes als die Bewegung seiner Selbstauslegung. Diese Bewegung werde im ganzen System der Philosophie erfasst. Im System manifestiere sich das Absolute selbst, die allumfassende Einheit, das Sein in allem Dasein:

> „Das Absolute ist nicht von seiner Manifestation unterschieden zu denken, nichts, was ihr gegenüberstünde, sondern es ist nichts als das Ganze seiner Manifestation, die im System der Philosophie zum Wissen ihrer selbst kommt."[1]

Dadurch habe Hegel seine eigene Systemkonzeption im Unterschied zu Schelling und auch Fichte entwickelt. Denn Hegels Philosophie unterscheide sich genauso wie die Schellings ebenfalls von Fichtes Denken durch den Anspruch auf Erkenntnis des Absoluten. Philosophie dürfe sich nicht mehr auf Transzendentalphilosophie beschränken. Philosophie sei vielmehr die systematische Erkenntnis des Absoluten. Hegel wird auf diese Weise als der große Philosoph des Absoluten präsentiert, der somit über Fichte und Schelling hinaus

> „zu seinem eigenen Systemgedanken gelangt sei: zum Gedanken der Einheit des Begriffs des Absoluten und des Systems der Philosophie. Das Absolute ist nichts anderes als das Ganze der prozessual gedachten, in der Selbsterkenntnis des Geistes kulminierenden Wirklichkeit, oder anders: Das System ist als Ganzes nichts anderes als die Re-

---

[1] Walther Jaeschke, Andreas Arndt, *Die Klassische Deutsche Philosophie nach Kant. Systeme der Vernunft und ihre Kritik 1785-1845*, München, 2012, S. 548f.

konstruktion der Selbstexplikation des Absoluten und eben damit der Abschluß dieser Selbstexplikation."[2]

Das Zitat ist aussagekräftig und fasst die herrschende Interpretation von Hegels Philosophie sehr gut zusammen. Diese Philosophie beanspruche, so die *communis opinio,* eine Explikation der gesamten Wirklichkeit, die aber zugleich als Selbsterkenntnis des Geistes zu verstehen und deren Prozess mit der Hegelschen Philosophie selbst abgeschlossen sei. In einer fast religiösen Deutung sei Hegels System – zumindest seinem Anspruch nach – nicht nur eine Darlegung des Absoluten seitens des sterblichen Hegel, sondern, ähnlich wie die Bibel, das Wort des Absoluten selbst, die „Selbstexplikation des Absoluten", die allumfassende, ultimative Selbsterklärung der Wirklichkeit.

Mit Schelling teile also Hegel die grundsätzliche Fragestellung. Jedoch unterschieden sich beide in der Auffassung des Absoluten sowie im Systemkonzept. Denn Schelling fasse das Absolute als reine Identität aller Differenten. Sein System der Philosophie erhebe den Anspruch, diese Identität zu fassen und aus ihr nicht auszusteigen, sondern sie in allem Seienden darzustellen. Hegel hingegen fasse das Absolute als die prozessuale, systematische Selbstauslegung, -erkenntnis und -manifestation seiner selbst. Dafür sei ihm der Gegensatz wesentlich. In der Manifestation seiner selbst durch das System entzweie sich das Absolute und vereinige seine Partien am Ende wieder in die ursprüngliche Einheit. Es müsse sozusagen in den Gegensatz gehen, um ihn für nichtig zu erklären und sich als allumfassendes Seiendes zu behaupten. Hegel fasse also die Einheit aller Seienden anders als Schelling. Die Einheit sei dynamisch, nicht identisch. Alles ist eins. Aber das Eine ist die Bewegung, die von der ursprünglichen, ontologischen Einheit ausgeht, sich in ihrem Bestimmen entzweit und von diesem erzeugten Gegensatz zeigt, dass er bloß scheinbar ist, dass er kein unhintergehbarer Gegensatz, sondern im Grunde genommen nichtig ist. Denn alles entstehe und bestehe in der Einheit des Absoluten.

Die absolute Einheit des Wirklichen möchten also sowohl Hegel als auch Schelling zeigen. Doch obwohl diese Interpretation die Hegelsche Philosophie durch Markierung des dynamischen Charakters des Absoluten von Schellings Denken abgrenzen will, fällt sie gleichwohl unausweichlich und völlig in Schellings philosophischen Ansatz zurück. Variationen dieser Interpretation unter grundsätzlichem Konsens sind in der Hegelforschung mehrfach vorhanden. Für Rolf-Peter Horstmann beispielsweise verkörpert Hegel ebenfalls das Ideal eines Philosophen des Absolut-Einen. Hegel stehe der nachkantischen Tradition Fichtes, Schellings und Hölderlins nahe, indem er die Wirklichkeit als die Ausdifferenzierung einer Primärstruktur denkt. Die Ontologie des Absoluten sei für ihn die einzige Möglichkeit, „ein einheitliches und vollständiges Weltbild zu konzi-

---

[2] W. Jaeschke, A. Arndt, a.a.O., S. 548.

pieren."[3] Hegel bietet also Horstmann zufolge eine monistische Ontologie, die nur ein letztlich wirklich Seiendes akzeptiert. Seine Philosophie sei deshalb in einer monistischen Tradition zu verstehen, für die Spinozas Substanz, Fichtes absolutes Ich, Schellings Unbedingtes und Hegels Absolutes als repräsentativ gelten.[4]

Für Dieter Henrich ist ebenfalls das Absolute Hauptthema der Hegelschen Philosophie. Kein Teil derselben, wie etwa die Philosophie des Geistes, könne verstanden werden, ohne das gesamte Programm ins Auge zu fassen, „die Grundlehre der Philosophie als spekulative Metaphysik unter dem Gedanken eines einzigen Absoluten zu vollenden."[5] Auch Jens Halfwassen deutet Hegel als Philosophen des Absoluten. Das Ziel seiner Metaphysik sei die ultimative Erkenntnis und Darstellung des Absoluten: „Hegels absolute Metaphysik erhebt den Anspruch auf unüberbietbare systematische Vollendung und abschließende, vollständige Vernunfterkenntnis des Absoluten."[6] Schon Hermann Braun verteidigte die These, Hegel betreibe eine Metaphysik des Absoluten, und insbesondere sei er von der Philosophie Spinozas beeinflusst, wobei Braun den Einfluss von Spinoza viel höher einschätzte, als es in der Hegel-Literatur üblich ist. Alle drei Denker des deutschen Idealismus haben Braun zufolge das Einheitsprinzip Spinozas, die Substanz, als Grundlage ihrer Philosophie gemeinsam, und fragen nur nach einer angemessenen Methode für ihre Erkenntnis.[7]

Das Absolute oder das Eine, das höchste Seiende, das alle anderen Seienden begründet, ist gleichfalls für Klaus Düsing das höchste Prinzip der Hegelschen Metaphysik.[8] Für Düsing ist zwar das Absolute bei Hegel im Gegensatz zu Spinoza nicht als Substanz, sondern als Subjekt zu begreifen. Jedoch teilten beide Denker das Verständnis der Metaphysik als Wissenschaft erstens des Seienden selbst, zweitens des Alls alles Seienden und drittens des zuhöchst Seienden. „Nicht nur als Substanz, sondern ebensosehr als Subjekt" lautet die Formel, die Hegels metaphysische Position zusammenfassen soll. Düsing ist der Meinung, dass die Hegelsche Philosophie eine neue Ontologie begründet, welche die Wirklichkeit als das Absolute, das Absolute aber nicht nur als Substanz, sondern als sich selbst bestimmende Subjektivität auffasst. Es sei zwar davon auszugehen, dass Hegel Spinozas Grundüberlegung zur absoluten, einzigen Substanz für grundsätzlich

---

[3] Rolf-Peter Horstmann, *Die Grenzen der Vernunft. Eine Untersuchung zu Zielen und Motiven des deutschen Idealismus*, Frankfurt am Main, 1991, 178. Vgl. auch a.a.O., S. 177f.
[4] Vgl. a.a.O., S. 178, Fußnote.
[5] Dieter Henrich, „Erkundung im Zugzwang: Ursprung, Leistung und Grenzen von Hegels Denken des Absoluten", in Klaus Vieweg, Wolfgang Welsch (Hrsg.), *Das Interesse des Denkens: Hegel aus heutiger Sicht*, München, 2003, S. 9.
[6] Jens Halfwassen, „Hegels Auseinandersetzung mit dem Absoluten der negativen Theologie", in Anton Friedrich Koch, Alexander Oberauer, Konrad Utz (Hrsg.), *Der Begriff als die Wahrheit. Zum Anspruch der Hegelschen „Subjektiven Logik"*, Paderborn, 2003, S. 31.
[7] Vgl. Hermann Braun, „Spinozismus in Hegels Logik", in *Hegel-Studien*, Band 17, Hamburg, 1982, S. 53ff., bes. S. 68.
[8] Vgl. Klaus Düsing, „Von der Substanz zum Subjekt", in M. Walther (Hrsg.), *Spinoza und der deutsche Idealismus*, Würzburg, 1992, S. 163-181.

richtig hielt. Dennoch müsse die Substanz in ihrer inneren Tätigkeit und Negativität ergänzend als Subjekt gefasst werden. Erst in der *Wissenschaft der Logik* beginne Hegel damit, das Absolute als Substanz und darüber hinaus als Subjekt positiv zu begreifen. Die Substanz sei dort die Macht der Setzung und der Wiederaufhebung von allem Endlichen. Die Einheit der Substanz müsse aber einschließlich ihrer inneren selbstbezüglichen Negativität begriffen werden und sei erst in der vollen Entwicklung des spekulativen Begriffs vollkommen herausgebildet zu finden. Hegels Begriff des Begriffs und seine Vollendung, die absolute Idee, auch als Subjektivität zu verstehen, würden also die vollkommen vernünftige Gestalt des Absoluten ergeben.[9]

Man könnte hier viele weitere Beispiele anführen, die das Absolute ins Zentrum der Hegelinterpretation stellen. Denn die Interpretation von Hegels Metaphysik als eine monistische Ontologie des Absoluten ist seit Jahren innerhalb der Hegel-Forschung zur herrschenden Meinung geworden. Dem widersprechen tatsächlich nur sehr wenige. Eine der wichtigsten Ausnahmen stellt Hans Friedrich Fulda dar. Seiner Meinung nach besteht die Aufgabe der Hegelschen Metaphysik – die als solche ausschließlich die *Wissenschaft der Logik* umfasst – nicht in der Vernunfterkenntnis von Gegenständen, sondern vielmehr in der Selbsterkenntnis der Vernunft. Hegels Metaphysik ist dementsprechend für Fulda im Gegensatz zur herrschenden Meinung keinesfalls als Ontologie zu verstehen.[10] Diese starke These Fuldas, die ihn von der großen Mehrheit der Hegel-Interpreten unterscheidet, beinhaltet die unmittelbare Schlussfolgerung, dass die Hegelsche Metaphysik nicht als die Vernunfterkenntnis des Absoluten gekennzeichnet werden darf. Zwar strebe die Hegelsche *Logik* als objektive Logik anfangs eine wahrhafte Definition des Absoluten an, jedoch werde diese Aufgabe am Ende der Wesenslogik nicht weiter verfolgt, weil der Begriff des Absoluten „der für eine Definition erforderlichen Bestimmtheit" ermangelt.[11] Der Gedanke eines Absoluten werde also durch einen Nachfolgerbegriff, nämlich den spekulativen Begriff, ersetzt, dessen Definition sich nicht mehr als Definition des Absoluten fassen lässt.[12] Weder der Begriff noch die absolute Idee sind also Fulda zufolge kurzerhand als das Hegelsche Absolute zu verstehen.

Auslegungen, die den allgemeinen Rahmen der gegenwärtigen Hegelinterpretation in Frage stellen, haben sich allerdings kaum durchsetzen können. Konsens in der Hegelforschung bleibt nach wie vor das Bild von Hegel als dem Denker des Absoluten. Die Interpretationen gehen zwar in der Auffassung des Absoluten auseinander: Das Absolute mag Substanz sein, oder eine Substanz, die zugleich Subjekt ist, oder der Geist, oder die sich selbst erkennende Idee. Jedoch ist den meisten die Auffassung der Hegelschen Metaphysik als monistischer Ontologie

---

[9] Vgl. Klaus Düsing, *Das Problem der Subjektivität in Hegels Logik*, besonders das fünfte Kapitel „Die absolute Subjektivität als spekulative Idee und Prinzip der Logik", Bonn, 1995.
[10] Vgl. Hans Friedrich Fulda, „Die Ontologie und ihr Schicksal in der Philosophie Hegels", in *Revue Internationale de Philosophie*, n°210, S. 455-473.
[11] Hans Friedrich Fulda, *G.W.F. Hegel*, München, 2003, S. 115.
[12] Vgl. Fulda, *G. W. F. Hegel*, S. 115f. und 104ff.

gemeinsam. Schellings Grundeinsicht der Metaphysik als Darstellung des Absoluten in einem System sei in Hegel wiederzufinden, wobei allerdings sowohl die konkrete Auffassung Schellings als auch dessen Erkenntnismethode zu revidieren sein sollen.

In der vorliegenden Arbeit soll der Begriff des Absoluten bei Hegel näher untersucht und die herrschende Meinung kritisch hinterfragt werden. Dazu ist es aber erforderlich, sich zunächst einmal mit den Texten Hegels auseinanderzusetzen, die sich explizit mit dem Gedanken des Absoluten befassen. Man kann die Bedeutsamkeit des Gedankens eines Absoluten für die Hegelsche Philosophie nur richtig einschätzen, indem man sich auf die Darlegung dieser Gedankenbestimmung konzentriert, so wie sie in der *Wissenschaft der Logik* von Hegel selbst präsentiert wurde. Die Auslegung von Hegels *Logik* in dieser Hinsicht veranlasst die *Hauptthese* der Arbeit. Sie lässt sich im Gegensatz zur herrschenden Meinung wie folgt zusammenfassen: Hegels Metaphysik, so meine These, ist keine Metaphysik des Absoluten, und die absolute Idee, laut Hegel der einzige Gegenstand und Inhalt der Philosophie, ist nicht als das Hegelsche Absolute zu verstehen. Der Gedanke eines Absoluten gehört durchaus zur Thematik einer spekulativen Logik, jedoch verbleibt diese Denkbestimmung am Ende der Wesenslogik und weder wird sie in der Begriffslogik weiter thematisiert, noch macht dieser Gedanke die Grundeinsicht der Hegelschen Philosophie aus. Schellings grundsätzlicher Ansatz also, und nicht nur dessen konkrete Ausführung, ist es, was Hegels Philosophie ablehnt. Nicht den Begriff des Absoluten als starre Identität, sondern den Begriff des Absoluten überhaupt sowie die Vorstellung, Philosophie müsse die allumfassende Einheit des Seienden erkennen und in einem System aufzeigen, ist das, wogegen Hegel grundsätzlich Einspruch erhebt. Diese These zu begründen ist die Aufgabe der vorliegenden Untersuchung.

Angesichts der These stellt sich aber die Frage nach einer positiven Erklärung der Hegelschen Metaphysik. Denn angenommen, man werde davon überzeugt, dass Hegel keine Metaphysik des Absoluten betreibt, so möchte man gerne wissen, wie seine Metaphysik und seine Philosophie überhaupt positiv zu charakterisieren sind. Das macht die abschließende Fragestellung der Arbeit aus. Die hierbei vertretene Interpretation ist folgende: Hegels Philosophie ist das Unternehmen, das Vernünftige, oder, was bei Hegel synonym ist, die Idee im Element reinen Denkens zu erkennen sowie im Realen zu erfassen und auszudrücken, es darin scharf vom Unvernünftigen zu unterscheiden und das Letztere genau auf Grundlage dieser Erkenntnis zu beurteilen. Gerade die Grundlage des gesamten Systems der Philosophie liegt bei Hegel in der spekulativen Logik als einer Metaphysik der Vernunft und Freiheit. Denn die Erkundung der gemeinsamen Wurzel des Vernünftigen und Freien macht das Wesentliche der Hegelschen Metaphysik aus.

Das in einer systematischen Philosophie betriebene Unternehmen, das Vernünftige zu erkennen, ist bei Hegel, so ebenfalls meine These, deutlich von der Erklärung zu unterscheiden, die Wirklichkeit sei die Ausdifferenzierung und Entfaltung des Absoluten. Das erste gehört zur Hegelschen Philosophie, einer Philosophie, die die Freiheit in den Mittelpunkt des Denkens stellt. Das zweite hingegen ist der programmatische Ansatz einer Philosophie des Absoluten, – einer Philosophie, welche die absolute Notwendigkeit thematisieren und infolge dessen die menschliche Freiheit als Wirkung und Manifestation des Absoluten deuten muss.

Gegen diese Argumentation könnte man natürlich einwenden, dass das Konzept des Absoluten, das hier verwendet wird, eben nicht mit dem Hegelschen zu identifizieren sei. Deshalb ist es erforderlich, die Diskussion nicht im leeren Raum zu führen, sondern auf die Bestimmung des Absoluten und seiner Dynamik in der *Wissenschaft der Logik* genau einzugehen. Dort lernt man, dass mit dem Absoluten die Identität von Wesen und Existenz, die Vereinigung von allem Bestimmten und Konkreten, von allen Bestimmungen der Seins- und der Wesenslogik in einem Gedanken gefasst werden soll. Diese Auffassung des Absoluten ist keine neue Überlegung Hegels, sondern sie entspricht dem um 1800 in Deutschland herrschenden Verständnis: dass das Absolute die Vereinigung alles Endlichen und Konkreten und das Eine ist, das alles andere als Schein von ihm herabsetzt.

Allerdings enthält die Behandlung des Absoluten innerhalb der *Logik* nicht nur das Kapitel mit dem Titel *Das Absolute*, sondern ebenfalls die zwei folgenden Kapitel. Es handelt sich also um die drei letzten Kapitel der Wesenslogik: *Das Absolute*, *Die Wirklichkeit* und *Das absolute Verhältnis*. Diese drei Kapitel bilden insofern einheitlich eine *Logik des Absoluten*, worin zuerst die erste Bestimmung des Absoluten als Identität von Wesen und Existenz exponiert, dann die absolute Notwendigkeit, d. i. „die Auslegerin des Absoluten" logisch generiert und schließlich auf dieser Grundlage die weitere, vollendete Bestimmung des Absoluten, nämlich die Substanz als differenzierte Vereinigung von Wesen und Existenz erreicht wird. Wir werden all dies darlegen sowie auch dafür plädieren, dass die Dynamik der Substanz über die Kausalität zur Wechselwirkung, die von Hegel sogenannte Widerlegung des Spinozismus, in der Tat die Widerlegung jeglicher im Ganzen als Philosophie des Absoluten verstandenen Philosophie bedeutet. Denn es wird dort nicht nur die konkrete Philosophie Spinozas, sondern darüber hinaus der Standpunkt des Absoluten überwunden. Genau dies verdeutlicht Hegel im Vorspann zum Begriff. Die Arbeit wird sich also im Hinblick auf die Thematik des Absoluten mit all diesen Passagen der *Wissenschaft der Logik* intensiv befassen.

In nuce hinterfragt damit die vorliegende Untersuchung die in der Hegelforschung herrschende Meinung kritisch, indem sie sich mit Hegels Darlegung der Gedankenbestimmung „das Absolute" in der *Wissenschaft der Logik* auseinandersetzt. Das Absolute ist zwar eine Denkbestimmung, die in einer Hegelschen spekulativen Logik am Ende der Lehre vom Wesen systematisch verortet ist. Jedoch wird das Hegelsche Verständnis von Metaphysik als spekulativer Logik missdeutet, wenn man ihr die Aufgabe unterstellt, das Absolute, das seiende All-Eine, wissenschaftlich darzulegen. Hegels *Logik* als Untersuchung des Denkens und seiner Bestimmungen bedeutet vielmehr eine Selbsterkenntnis der Vernunft als der absoluten Idee. Diese Metaphysik oder spekulative Logik bildet mit den zwei anderen philosophischen Disziplinen, der Philosophie der Natur und der Philosophie des Geistes, ein System der Philosophie. Als System ist die Aufgabe der Philosophie, die Idee als das Vernünftige in ihren gegenwärtigen, unterschiedlichen Gestaltungen zu erfassen. Diese systematische Vernunfterkenntnis aus Begriffen begründet aber nicht nur ein philosophisches Wissen vom Vernünftigen in der Gegenwart, sondern darüber hinaus auch durchaus eine Kritik des Unvernünftigen und Willkürlichen mittels einer Philosophie, welche zwar nicht mehr im Rahmen eines Systems betrieben wird, die aber erst aufgrund der system-philosophischen Erkenntnis des Vernünftigen sowohl durchführbar als auch erforderlich ist. Im Gegensatz zu diesem hier sehr kurz skizzierten, gesamten Programm der Hegelschen Philosophie kann eine Philosophie des Absoluten nicht umhin, das Gegebene und den *status quo* als die notwendige Entfaltung des Absoluten zu rechtfertigen.

Im Rahmen einer Untersuchung, die sich mit dem Problem des Absoluten bei Hegel befasst, ist einleitend noch auf zwei Unterschiede aufmerksam zu machen. Erstens ist darauf hinzuweisen, dass es dabei nicht um eine bloß terminologische Diskussion geht und es sich auch nicht darum handeln kann. Der Ausdruck *Absolutes* in allen seinen Formen (substantivisch *das Absolute*, adjektivisch *absolutes*, adverbial *absolut*) entstammt dem lateinischen Wort *absolutus*. *Absolutus* ist das Partizip Perfekt des Verbs *absolvere*, das sich aus dem Präfix *ab*, auf Deutsch „von", „weg", und dem Verb *solvere* (*solvo*) zusammensetzt, auf Deutsch „lösen", „loslösen", „ablösen", auch „erlösen", „von Pflichten befreien", „entbinden". Daraus bildet sich das Verb *absolvo* (*absolvere*), auf Deutsch „loslösen", „losmachen", „befreien", „freisprechen" *von* etwas, nämlich einer Aufgabe, einer Pflicht, einer Strafe, und deshalb heißt *absolvo* auch etwas „vollenden", „beenden", und damit auch, davon losgelöst zu werden. Sein Partizip Perfekt *absolutus* bedeutet daher „losgelöst", „freigesprochen", „befreit", und zwar, *qua* genuin *perfectus*, als Ergebnis eines Prozesses, als Resultat einer Vollendung oder Vollbringung. *Absolutus* heißt also befreit, losgelöst von aller Beschränkung, abgeschlossen und damit auch, unbedingt und uneingeschränkt. Die Bedeutung des Terminus breitet sich dann aus, denn *absolutus* heißt mithin vollendet, vollständig, vollkommen. Rein etymologisch, können wir also feststellen, heißt das Absolute das Abgeschlossene, Vollständige und Vollendete und genau deshalb das Losgelöste und Befreite von allem anderen. Das Absolute ist also das, was nach einem gewissen Prozess sich endlich vollendet und von seiner Beschränkung losgelöst hat, sodass es nun vollständig und von allen Bedingungen enthoben ist. In diesem Sinn genommen geht es in der Hegelschen Philosophie durchaus um eine Erkenntnis und systematische Darstellung des Absoluten. Die absolute Idee nämlich ist dann mit vollem Recht als Hegels Absolutes zu verstehen. Allerdings ist damit nicht viel gesagt, aber Hegel selbst gebraucht das Wort ja offensichtlich auch in diesem weiten Sinn. Ebenfalls in dieser Bedeutung sind die adjektivische und adverbiale Verwendungen des Terminus zu verstehen: absolutes Verhältnis, absolute Form, absoluter Inhalt usw. In all diesen Fällen heißt absolut nach wie vor vollendet, vollbracht, abgeschlossen und losgelöst von allem anderen. Im strengeren Sinn aber ist mit dem Absoluten eine monistische Ontologie gemeint. Das Absolute ist dann demzufolge das allumfassende und unbedingte Eine, das einzig wahrhafte Seiende, das Sein in allem Dasein, das alles Differente und Bestimmte zusammenhält und begründet, denn alles Dasein ist demgemäß eigentlich als eine Manifestation dieses Urseins anzusehen. Genau in diesem strengen Sinn ist zunächst einmal in der vorliegenden Arbeit vom Absoluten die Rede, und die Frage ist, ob Hegel eine solche Lehre des Absoluten vertritt. Nur wenn diese Frage entschieden ist, fragen wir uns anschließend, was für ein *absolutum* Hegel behauptet.

Damit verbunden ist zweitens der Begriff des Absoluten vom sogenannten Gottesbegriff zu unterscheiden. Denn Gott ist bei Hegel die religiöse Vorstellung des spekulativen Begriffs, die als solche in einer Philosophie der Religion untersucht wird. Das Absolute aber ist ein metaphysischer Gedanke, der als reine Gedankenbestimmung in der spekulativen Logik entwickelt wird. Vom Sinn dieses Gedankens in der Philosophie Hegels handelt die vorliegende Arbeit durchaus. Eine hiervon unterschiedene Untersuchung würde dahin gehen, auf der Grundlage der Hegelschen Metaphysik über den Sinn dessen zu reflektieren, was in der religiösen Tradition Gott genannt wird. Der Gottesbegriff sowie die *Wissenschaft der Logik* als spekulative Theologie werden deshalb noch einmal am Ende dieser Untersuchung und auf der Basis der Metaphysik Hegels zur Sprache kommen.

Den allgemeinen Teil der vorliegenden Einleitung abschließend noch ein Wort über die *Argumentationslinie* und den *Aufbau* der Untersuchung: Wie bereits oben erwähnt, entspricht der Gedanke des Absoluten, so wie er in der *Wissenschaft der Logik* entfaltet wird, dem philosophischen Verständnis des Absoluten in der damaligen philosophischen Diskussion. Die Einleitung wird deshalb noch kurz über die Philosophie des Absoluten während der Jahre um 1800 in Deutschland informieren und dazu einen Überblick über programmatische Ansätze zu einer Philosophie des Absoluten geben müssen. Entstehung und Programm einer Philosophie des Absoluten sowie die damalige Diskussion hierüber machen deshalb erst den zweiten, umfangreicheren Teil dieser Einleitung aus.

Nach diesen Ausführungen gliedert sich die Untersuchung in *vier Kapitel*. Im *ersten* Kapitel werden wir die Einstellung betrachten, die Hegel in seinen Frankfurter und Jenaer Jahren gegenüber der Philosophie des Absoluten eingenommen hat. Wir werden sehen, dass sich hierüber Hegels Denken entwickelt und sich darin eine gewichtige Veränderung vollzogen hat. Auf eine zunächst zu beobachtende Annäherung, die ihren Höhepunkt in der *Differenzschrift* erreicht, folgt eine kontinuierliche Distanzierung, die in der *Phänomenologie des Geistes* – sowohl in der Vorrede als auch im Kapitel *Das absolute Wissen* – endgültig zum Ausdruck gebracht wird.

Diese erste, entwicklungsgeschichtliche Perspektive ergänzt die systematische Untersuchung über das Absolute in der Hegelschen Metaphysik. Da die Entwicklung der Denkbestimmung des Absoluten in der *Wissenschaft der Logik* vollzogen wird und Hegel selbst die *Logik* als die eigentliche Metaphysik innerhalb seines Systems kennzeichnet, muss sich unsere Untersuchung weiterhin wesentlich auf dieses Werk konzentrieren. Zunächst einmal soll aber die *Wissenschaft der Logik* als solche charakterisiert werden. Das *zweite* Kapitel setzt sich deshalb mit dem Programm einer spekulativen Logik auseinander. Im Allgemeinen unternimmt Hegels *Wissenschaft der Logik* die Erforschung reiner Gedankenbestimmungen ohne jeden ontologischen Anspruch. Aber die Darstellung von Bestimmungen reinen Denkens enthält ebenfalls die Kritik derselben, und insbesondere die sogenannte objektive Logik bedeutet mindestens in einer Hinsicht eine kritische Überprüfung der Gedankenbestimmungen der vormaligen Metaphysik. In diesem Rahmen wird der Gedanke eines Absoluten am Ende der *Wesenslogik* kritisch zum Thema gemacht. Dieser kritischen Darstellung der Metaphysik des Absoluten widmet sich unsere Untersuchung sodann: Das *dritte* Kapitel wird in die drei letzten Kapitel der Wesenslogik eindringen und sie im Hinblick auf das Absolute ausführlich darlegen. Die These, die in diesem Kapitel bestätigt werden soll, ist, dass der Übergang von der Substanz zum Begriff als die Widerlegung der Metaphysik des Absoluten gedeutet werden muss. Hegels Metaphysik lässt sich also keineswegs im Rahmen einer Metaphysik des Absoluten verstehen. Nach dieser Bestätigung der These wird sich schließlich das *vierte* Kapitel mit der Begriffslogik befassen, um Hegels eigene metaphysische Position näher zu beleuchten. Denn die eigentliche Widerlegung einer falschen Auffassung gelingt erst, wenn man, zumindest ansatzweise, an ihre Stelle die richtige gesetzt hat.

Die gesamte Arbeit unternimmt also eine sowohl entwicklungsgeschichtliche als auch systematische Untersuchung zur Hegelschen Metaphysik, welche sich auf einen einzigen, aber für die Hegelforschung wertvollen Zweck konzentriert: zu klären, was es mit dem Begriff des Absoluten bei Hegel auf sich hat. Bevor wir uns aber mit Hegels Philosophie als solcher befassen, muss erst, wie gesagt, ein Überblick über die damalige Diskussion gegeben und das Konzept einer Philosophie des Absoluten entwickelt werden. Die nächsten einleitenden Ausführungen widmen sich dieser Aufgabe.

Die Philosophie des Absoluten um 1800 in Deutschland

Die Frage nach dem Absoluten hängt im Rahmen des deutschen Idealismus bekanntermaßen eng zusammen mit der Rezeption von Spinoza. Jacobis Schrift *Über die Lehre des Spinoza* veranlasste eine Spinoza-Renaissance in der Klassischen Deutschen Philosophie und prägte gleich zu Anfang die Rezeption dieser Philosophie. Über eine Reihe von Briefen an Moses Mendelssohn erläutert Jacobi in dieser Schrift die wesentlichen Züge des Spinozismus, zu dem sich Lessing in seinen letzten Jahren angeblich bekannt hatte. Der Spinozismus aber, auf den sowohl Leibnizens Philosophie als auch die Kabbalistik zurückzuführen seien, beinhaltet Jacobi zufolge in seinem innersten Kern den Atheismus sowie Fatalismus und soll aus diesem Grund abgelehnt werden.

Die Darstellung des Spinozismus sowie einiger seiner Spezifika – wie die Kritik an den Endursachen oder das Verhältnis zwischen Denken und Ausdehnung – ziehen sich durch den Briefwechsel mit Mendelssohn hindurch. Einen gelungeneren Überblick über Jacobis gesamte Auslegung des Spinozismus schaffen jedoch die vierundvierzig Thesen, die „das Lehrgebäude des Spinoza in seiner wahren Gestalt, und nach dem nothwendigen Zusammenhang seiner Theile" darstellen.[13] Der Geist des Spinozismus liegt für Jacobi in der Ansicht, dass allem Werden und Wandeln, allem Entstehen und Vergehen sowie allem Endlichen und Zeitlichen ein unveränderliches, unendliches und ewiges Wesen zugrunde liegen muss. Wenn man das Prinzip „aus Nichts entsteht nichts" konsequent einhält, dann muss es eine unendliche Substanz aller Veränderung und aller einzelnen Dinge geben, aufgrund welcher diese da sind und welche sie in sich einschließt. Diese Substanz ist der Inbegriff aller endlichen Dinge. Aber dieser Inbegriff ist nicht ihre bloße Zusammensetzung, die nur in einer unendlichen, zerstreuten Menge aufgehen könnte, sondern er ist ein wahrhaft organisches Ganzes, „dessen Theile nur in und nach ihm seyn, nur in und nach ihm gedacht werden können."[14] Diese Substanz ist das Ur-Sein, das Sein in allem Dasein, das „allgegenwärtige unwandelbare Wirkliche."[15] Ihr gegenüber sind die endlichen Dinge eigentlich *non-entia*. Denn Bestimmung ist Negation, und was das einzelne Ding bestimmt, ist gerade sein Nicht-Sein. Als endliche Dinge stellen sie also bloße Manifestationen des wahrhaften, substantiell Seienden dar. Die Substanz selbst hat weder Verstand noch Wille. Sie ist nur die unendliche Manifestation ihrer selbst.

Die Substanz ist Ursache ihrer selbst, *causa sui*, und weil sie die allumfassende Totalität ausmacht, so ist sie als Ganzes die innewohnende Ursache von allem. Dennoch ist jedes einzelne Ding nicht unmittelbare Wirkung der unendlichen Substanz, sondern jedes Ding setzt vielmehr ein anderes Ding als seine Ursache voraus. Das einzelne Ding wird daher durch eine unendliche Reihe von einzelnen Ursachen bestimmt, wodurch es eigentlich in wechselseitigem Zusammenhang mit allen anderen steht. Und so ist die unendliche Substanz zwar nicht unmittelbare, aber als das Ganze der allumfassenden Wechselwirkung doch mittelbare Ursache von allem. So erläutert es Jacobi:

> „Alle einzelnen Dinge setzen sich, gegenseitig, einander voraus, und beziehen sich auf einander, so daß eines davon ohne alle die übrigen, und alle die übrigen ohne dies eine, weder seyn noch gedacht werden können; das heißt, sie machen zusammen ein unzertrennliches Ganzes aus; oder richtiger und eigentlich: sie sind in einem schlechterdings untheilbaren unendlichen Dinge, und auf keine andre Weise, da und beysammen."[16]

---

[13] Friedrich Heinrich Jacobi, *Werke*. Gesamtausgabe herausgegeben von Klaus Hammacher und Walter Jaeschke, Hamburg, 1998, Band 1,1, S. 91.
[14] Jacobi, *Werke* 1,1, S. 96.
[15] Jacobi, *Werke* 1,1, S. 98.
[16] Jacobi, *Werke*, 1,1, S. 110f.

Das endliche Kausalitätsverhältnis zwischen einem konkreten Ding und seiner unmittelbaren Ursache führt also lediglich zum Konzept einer allumfassenden Wechselwirkung. In dieser Wechselwirkung erhellt die zugrunde liegende Einheit des Ganzen. Die Wechselwirkung gibt kund, dass die unendliche und ewige Substanz den wahrhaften und einheitlichen Grund von allem ausmacht, und dass alles Endliche und Vergehende nur Manifestation jener Substanz ist.[17]

An diesem Punkt schließt Jacobi seine Darstellung des Spinozismus ab. Die Teile drei und vier von Spinozas *Ethik*, welche die Affektenlehre sowie den Weg zur Befreiung des Menschen darlegen, werden in dieser Darstellung kaum berücksichtigt und finden in der darauf folgenden Diskussion innerhalb der Klassischen Deutschen Philosophie über den Spinozismus ebenfalls wenig Aufmerksamkeit. Die Diskussion kreist vielmehr um die spinozistische Metaphysik, wobei Substanz, Notwendigkeit und Fatalismus die Grundbegriffe bilden. Freiheit, sosehr sich Spinoza um ihre praktische Erkenntnis bemüht, wird entweder als vom Spinozismus eigentlich verbannt gesehen oder eben als die andere Seite der Notwendigkeit gedacht.

Die spinozistischen Gedanken fanden trotz ihrer Ablehnung durch Jacobi breite Aufnahme und beeinflussten insbesondere drei junge Denker und Freunde: Hölderlin, Schelling und schließlich Hegel. Grund dafür war nicht zuletzt die Unzufriedenheit mit der wichtigsten Philosophie der Zeit: mit der Transzendentalphilosophie Kants sowie ihrer partikulären Entwicklung durch Fichte. In den letzten Jahren des 18. Jahrhunderts entwickelte Friedrich Hölderlin, Dichter und Denker, eine bedeutende philosophische Position, welche das absolute Ich von Fichte als Prinzip der Philosophie bestritt.[18] Gegen Fichtes Ansicht wandte Hölderlin ein, dass es nie ein absolutes Ich geben kann, weil Ich und Subjekt untrennbare Gedanken sind und keines von diesen beiden ohne den Bezug auf einen Gegenstand gedacht werden kann. Ein absolutes Ich ist deshalb undenkbar, denn als Ich ist es immer mit einem Objekt konfrontiert und daher nie absolut. Es kommt deshalb vielmehr darauf an, beide – Subjektivität und Objektivität – in ihrer ursprünglichen Einheit zu denken. Die Vereinigung von beiden nennt Hölderlin *Sein*. Das Sein, Einheitsprinzip aller Unterschiede, geht ihm zufolge durch einen Akt der Reflexion auseinander in einen Gegensatz. Für Hölderlin aber geht es in allem Wissen und sittlichen Tun darum, in jene Einheit zurückzukehren.

Die Frage nach der Vereinigung oder Versöhnung stammt aus der Nachkantischen Debatte und hatte ursprünglich eher eine praktische Richtung. Schillers

---

[17] Der logische Zusammenhang zwischen den Denkbestimmungen des Substantialitätsverhältnisses, der Kausalität und schließlich der Wechselwirkung wird von Hegel in der *Wissenschaft der Logik* untersucht. Dieser Zusammenhang ist für unsere Fragestellung entscheidend, denn er macht die in Hegels Sicht endgültige Widerlegung des Spinozismus aus. Dem widmet sich deshalb das Ende des dritten Kapitels der vorliegenden Arbeit.

[18] Vgl. Dieter Henrich, „Hölderlins philosophische Grundlehre", in R. T. Grundmann (Hrsg.), *Anatomie der Subjektivität*, Frankfurt, 2005, S. 300-324, sowie „Hegel und Hölderlin", in Dieter Henrich, *Hegel im Kontext*, Frankfurt, 1967, S. 9-40.

Spätphilosophieren nämlich hat das Problem der praktischen Philosophie nach Kant gestellt und intensiv bedacht: Der Gegensatz des Menschen zwischen Sittengesetz und Geneigtheit des Willens müsse überwindbar sein.[19] Hölderlin hingegen sah früh ein, dass dieser Gegensatz niemals, wie die reine praktische Vernunft es fordert, zu vereinigen war, solange ihre Pole nicht schon aus einer ursprünglichen Einheit gedacht wurden. Man konnte aber nicht jene Einheit voraussetzen und trotzdem Kantianer bleiben. So musste Hölderlin über Kant und Fichte hinausgehend eine Einheit unterstellen, die er spinozistisch als das Sein in allem Dasein dachte, ein Sein aber, das sich in Gegensätze zu teilen vermochte. Diese Einheit war für Hölderlin die absolute Vereinigung von Subjekt und Objekt. Es handelt sich aber um keine Identität, sondern vielmehr um den ursprünglichen Grund der Trennung von Subjekt und Objekt und Grund aller weiteren Trennungen, und deshalb um die *Urteilung* schlechthin.[20] Auf diese Weise entstand der Gedanke einer Einheit, die ursprünglicher als die des Selbstbewusstseins sein sollte und eine neue Problematik *nach* Kant und Fichte eröffnete.

Was Hölderlin das Sein in allem Dasein genannt hat, heißt bei Schelling *das Absolute*. Den Gedanken eines absoluten Wesens, welches losgelöst von allen Beziehungen und schlechthin unbedingt ist, hat bereits Kant im § 76 der *Kritik der Urteilskraft* als eine Forderung der Vernunft eingeführt. Es handele sich darum, „irgend ein Etwas (den Urgrund) als unbedingt nothwendig existierend anzunehmen, an welchem Möglichkeit und Wirklichkeit gar nicht mehr unterschieden werden sollen".[21] Das Absolute ist also Kant zufolge das Unbedingte, das schlechthin Notwendige, in dem Möglichkeit und Wirklichkeit eins sind. Aber es handelt sich bei Kant nur um eine für den menschlichen Verstand unerreichbare Vernunftidee, denn für sie habe der Verstand keinen angemessenen Begriff. Jahre später macht Schelling diesen Gedanken gerade um Kantischer offener Fragen willen zum Prinzip der Philosophie überhaupt. Bei ihm ist das Absolute ebenfalls der unbedingte, alles andere bedingende Urgrund. Aber Schellings und daraufhin auch Hegels Rede vom Absoluten tragen ebenso der Tradition von Nicolaus Cusanus und Giordano Bruno Rechnung. Das Absolute ist in dieser Tradition zugleich das Eine und das All, das allumfassende Ganze, in dem alles ist und besteht und außerhalb dessen nichts anderes sein kann.[22] Genau im Absoluten als *causa sui* sowie ebenfalls als allumfassendem und organischem Ganzen liegt für Jacobi die Grundidee des Spinozismus, welche Schelling nun im Unterschied zu Fichte völlig übernimmt. Der Gedanke des Absoluten macht für Schelling den Standpunkt aus, auf welchem das System der Philosophie sich gründen soll. Denn es gibt für ihn keine Philosophie außer einer auf dem Standpunkt des Absoluten: Die wahre Philosophie ist deshalb nicht in Fichtes Ansatz einer Transzendental-

---

[19] Friedrich Schiller, *Über die ästhetische Erziehung des Menschen in einer Reihe von Briefen*, hrsg. Klaus L. Berghahn, Stuttgart, 2000.
[20] Vgl. das Fragment „Urteil und Sein", in Friedrich Hölderlin, *Sämtliche Werke: große Stuttgarter Ausgabe*, herausgegeben von Friedrich Beißner, Stuttgart, 1947ff, Bd. IV, S. 216f.
[21] KU, AA 05, S. 402.
[22] Vgl. Walther Jaeschke, Andreas Arndt, *Die Klassische Deutsche Philosophie nach Kant*, S. 338f.

philosophie als Wissen vom Wissen enthalten, sondern sie ist schlechthin Philosophie des Absoluten. Mit Schellings Werk kommen sowohl die Potentiale als auch die Schwierigkeiten der Philosophie des Absoluten zur vollen Entfaltung.

In der Idee des Absoluten sieht Schelling das Prinzip der Philosophie sowie die Vereinigung von Transzendental- und Naturphilosophie. Hierin bereitet sich aber ein radikaler Bruch mit Kant und vor allem mit Fichte vor. Dieser Bruch, der anhand Schellings Entwicklung einer Naturphilosophie voraussehbar geworden war, vollzieht sich schließlich 1801 in der Schrift *Darstellung meines Systems der Philosophie*. Vor dieser Darstellung seines Systems hat Schelling bereits 1800 Transzendental- und 1801 Naturphilosophie eigens präsentiert. In der Vorerinnerung zur *Darstellung meines Systems* bemerkt er aber, dass er beide Wissenschaften immer als „entgegengesetzte Pole des Philosophierens" angesehen hat. Nun möchte er vom Indifferenzpunkt ausgehend das eine System errichten, dessen beide Seiten er bisher nur getrennt voneinander dargestellt hat. Schelling begreift auf diese Weise seine Philosophie als ein „Drittes", das die Entgegensetzung von beiden, Transzendental- und Naturphilosophie bzw. Idealismus und Realismus, überwindet – nämlich die Entgegensetzung zwischen einem vom Ich ausgehenden und einem vom Realen ausgehenden Philosophieren. Von diesem „Dritten" wird sich Hegel später, wie wir sehen werden, in der *Phänomenologie des Geistes* distanzieren.

Hölderlin folgend bemerkt Schelling die Unzulänglichkeit des Fichteschen Idealismus. Seiner Meinung nach fixiert Fichte den Idealismus auf das Ich und fasst ihn dadurch einseitig aus der Perspektive der Subjektivität. Fichte bewegt sich, wie auch Hegel in *Glauben und Wissen* festhalten wird, ganz und gar auf dem Standpunkt der Reflexion. Im Gegensatz dazu meint Schelling sich auf dem Standpunkt des Idealismus-Prinzips zu befinden. Denn wenn Fichtes Idealismus durch den Grundsatz „Das Ich ist alles" gekennzeichnet werden kann, so ist er zu vervollständigen mit der umgekehrten Ansicht, dass Alles Ich ist und es nichts anderes gibt als das, was Ich ist. Alles ist, an sich betrachtet, Ich und das Ich ist alles.

Genauso wie der Idealismus bei Fichte, weil er unvollständig und einseitig ist, einer Korrektur bedarf, muss dafür die Endlichkeit des Realismus in dessen erhabenster Form, nämlich in derjenigen der Philosophie Spinozas, erkannt und zur Geltung gebracht werden. Schellings System erhebt also zwar den Anspruch, Idealismus und Realismus als die zwei Seiten einer Münze zu vereinigen. Allerdings glaubt Schelling, sich mit seinem System Spinoza „dem Inhalt und der Sache nach" am meisten anzunähern.[23] Tatsächlich beruht sein System auch auf dem Grundgedanken des Spinozismus. Diese Nähe zu Spinoza spiegelt sich aber ebenfalls in der Übernahme seiner Darstellungsweise wider. Durch die Darstellungsweise von Spinozas *Ethik* erhebt Schelling offensichtlich den Anspruch auf

---

[23] Friedrich Wilhelm Joseph Schelling, *Werke*, historisch-kritische Ausgabe, herausgegeben von Thomas Buchheim, Jochem Hennigfeld, Wilhelm G. Jacobs, Jörg Jantzen und Siegbert Peetz, Stuttgart, 2009, Band 10, S. 115.

unerschütterliche Gewissheit in seinen Behauptungen und auf vollständige Wissenschaftlichkeit in seiner Philosophie. Das System wird durch Definitionen, Lehrsätze und Beweise „auf geometrische Weise" präsentiert. Diese Darstellungsweise begründet Schelling mit dem Hinweis, sie verstatte die größte Kürze der Darstellung und lasse die Evidenz der Beweise am bestimmtesten beurteilen.[24] Dementsprechend ist der Anfang seines Systems eine Definition, und zwar eine, um die sich die ganze folgende Darstellung dreht: die Definition der Vernunft als die totale Indifferenz des Subjektiven und Objektiven.

Bereits diese erste Definition ist allerdings umstritten. Denn wird die Vernunft als der Indifferenzpunkt zwischen Subjekt und Objekt erklärt, so stellt man sogleich fest, dass dieser Vernunftbegriff ohne die Gedanken vom Subjektiven und Objektiven sowie vom Gegensatz zwischen beiden nicht zu fassen ist. So beginnt die Antwort Fichtes auf das neue System, welches die Transzendentalphilosophie angeblich hinter sich lassen soll. Fichte setzt sich in einem ca. hundertseitigen Manuskript mit Schellings Identitätssystem kritisch auseinander.[25] Dabei beurteilt er das Identitätssystem nicht anhand seines Verständnisses von der Transzendentalphilosophie, sondern verfasst um eigener Selbstverständigung willen einen immanenten und kritischen Kommentar, der zu beinahe allen Paragraphen kritische Bemerkungen formuliert. Zur ersten Definition von Schellings System merkt Fichte kritisch an, dass die eine absolute Vernunft nicht die Indifferenz des Subjektiven und Objektiven sein kann, ohne zugleich auch die Differenz beider zu sein. Die Vernunft ist somit nicht nur die Indifferenz, sondern ebenso sehr die Differenz des Subjektiven und Objektiven. Schelling hat also in Fichtes Augen mit seiner ersten Definition den Standpunkt der *Wissenschaftslehre* keineswegs überwunden. Aber noch interessanter: Für Fichte ist dieser Ausgangspunkt auch deshalb unangemessen, weil er einen wahren Fortgang verhindert. Der Anfang, reflektiert Fichte, kann nur das Unbestimmte und Unfertigste sein, damit man fortdenken kann. Sonst hat man keinen Anlass, von ihm aus weiter zu gehen

---

[24] Allerdings differiert die von Schelling angegebene Begründung für seine Darstellungsweise von den eigentlichen Gründen, die Spinoza dazu bewogen, in seiner Philosophie wie die Mathematiker an Gegenstände heranzugehen, wobei seine Gegenstände sich jedoch von mathematischen Objekten sehr unterscheiden. Spinoza nämlich geht es nicht so sehr darum, durch die Methode der Mathematik eine unerschütterliche Wahrheit für die Philosophie zu erreichen. Er wählt die Verfahrensweise der Mathematik vielmehr deshalb, weil er das seiner Ansicht nach Grundvorurteil der Menschen vermeiden will: die Zweckursachen. Die Grundüberlegung Spinozas besteht darin: Genauso wie das Dreieck keinen Zweck außer ihm hat, der es erklärt, hat die Natur, und haben in ihr die menschlichen Affekte, weder Zwecke noch Endursachen, aus denen sie zu verstehen wären, sondern alle Dinge sind durch materielle Wirkursachen bestimmt, und genauso wie nichts in der Mathematik durch Nützlichkeit oder Ähnliches erklärt wird, genauso wenig erklärt man einen Staat, ein Naturphänomen oder das Verhalten eines Menschen, wenn man Begriffe wie Zweck, Sinn, Nützlichkeit oder Ordnung mit einbezieht. Vgl. Benedictus de Spinoza, *Ethik in geometrischer Ordnung dargestellt*. Hrsg. von Wolfgang Bartuschat. Lateinisch-Deutsch, Hamburg, 2015, erster Teil, Anhang.

[25] Vgl. Johann Gottlieb Fichte, Zur Darstellung von Schelling's Identitätssysteme (In der Zeitschrift für spekulative Physik, II. Band, 2. Heft), in *Nachgelassene Werke*, herausgegeben von I. H. Fichte, Bonn, 1834, Band 3, S. 371ff.

und ihn durch Fortdenken schärfer zu bestimmen. Diese Ansicht Fichtes teilt Hegel durchaus. Schelling hingegen liefert zu Beginn eine abgeschlossene Erklärung der Vernunft. Deshalb kann die darauf folgende Darstellung nur in einer Wiederholung desselben Gedankens bestehen.

Mit der ersten Definition wird ohnehin der Grund des Schellingschen Systems der Philosophie gelegt. Von hier an geht es darum, diese absolute Vernunft weiter zu entwickeln. Die zwei nächsten Prädikate, die der Vernunft zugerechnet werden, sind Allheit und Einheit, jeweils in den nächsten zwei Paragraphen. In der Vernunft ist alles und außer ihr ist nichts, behauptet § 2. Denn, wenn etwas außer der Vernunft angenommen wird, so wird diese dadurch entweder zum Subjektiven oder zum Objektiven. Sieht man aber ein, dass die Vernunft vielmehr die Indifferenz beider ist, so kann es nichts außer ihr geben. Dieser Indifferenzpunkt, wo Subjektives und Objektives sich treffen, ist allumfassend, und alles, was ist, ist in diesem Punkt eingeschlossen. Wäre etwas außerhalb der Vernunft, argumentiert Schelling, so wäre dieses entweder für sie selbst außer ihr oder nicht. Ist ein Etwas außer der Vernunft und ist dies zudem für die Vernunft selbst, so verhält sie sich zu ihm als ein Subjekt gegenüber einem Objekt. Sie ist dann nicht mehr die absolute, sondern eine bloß subjektive Vernunft. Ist jenes Etwas außer der Vernunft, aber nicht für die Vernunft selbst, so verhalten sich Vernunft und Etwas wie Objektives zu Objektivem, und die Vernunft ist in diesem letzteren Fall ein Objektives. Dadurch also, dass die Vernunft als das Indifferente gegenüber allem Subjekt und allem Objekt erklärt wird, ist alles Differente in ihr eingeschlossen. Nichts kann sich von ihr unterscheiden oder verabschieden, sondern alles Bestimmte fällt unter diese allumfassende Unbestimmtheit.

Hierbei stellt sich aber die Frage, wo das Bestimmte überhaupt herkommt. Denn mit dem bisher eingeführten Gedanken weiß man eigentlich über etwas Bestimmtes nicht Bescheid. Das Prädikat der Allheit, das Schelling der Vernunft zuschreibt, bezieht sich auf eine Mannigfaltigkeit von Einzelnen. Einmal eine Pluralität von endlichen Dingen vorausgesetzt, umfasst die absolute Vernunft die Allheit von ihnen. Sie ist die absolute Synthesis aller bestimmten Dinge. Dennoch ist jene Vielfalt von bestimmten Dingen keineswegs allein aus der absoluten Indifferenz zwischen Subjektivem und Objektivem zu erkennen; und wenn Schellings Darstellung allein und streng das schlussfolgern würde, was in jedem Schritt vorhanden ist, dann müsste man tatsächlich bisher von unterschiedenen und bestimmten Dingen gar nichts wissen, geschweige denn von der Allheit dieser. Die Vorstellung eines bestimmten Etwas wird hier ja offensichtlich aus der Erfahrung aufgenommen. Anders geht es nicht, denn man kann, nur vom Undifferenzierten ausgehend, in keiner Weise zur Aussage über Differenziertes kommen. Nur wenn man dank der gemeinen Erfahrung über die Existenz von endlichen, bestimmten Dingen weiß, macht es Sinn, diese in die Sphäre der absoluten Vernunft zu integrieren.

Die Schwierigkeit, ausgehend von der Erklärung der Vernunft als absoluten Indifferenzpunktes zum Prädikat der Allheit zu gelangen, wiederholt sich, und das sogar auf einer erweiterten Stufe, bezüglich der Einheit und Sichselbstgleichheit derselben. Der dritte Paragraph besagt, dass die Vernunft schlechthin eine und schlechthin sich selbst gleich ist. Als Beweis wird angeführt: Angenommen, die Vernunft sei nicht eine, so gäbe es außer dem Sein der Vernunft noch einen anderen Grund für jene vermeintliche zweite Vernunft, da die Vernunft selbst nur den Grund ihrer selbst enthält. Dies aber ist Schelling zufolge nicht möglich. Denn in einem solchen Fall wäre die Vernunft nicht absolut. Deshalb muss sie einzigartig sein. Nehme man weiterhin an, dass die Vernunft sich selbst nicht gleich ist, so ergäbe sich: Da außer ihr nichts ist, müsste das, wodurch sie sich von sich selbst unterscheidet, wiederum in sie fallen. Augenscheinlich aber wäre dies Ausdruck des Wesens der Vernunft selbst, und sie wäre in Wahrheit sich vollkommen gleich.

Dieser Beweis der Einheit und Sichselbstgleichheit der Vernunft ist nicht leicht auszulegen. Wenn Schelling zeigen möchte, dass nur eine Vernunft möglich ist und nicht mehrere, und dass diese Vernunft sich wiederum nicht von sich selbst unterscheiden kann, sondern sich immer gleich bleiben muss, so liegt dies unmittelbar im Verständnis der Vernunft als Indifferenz begründet. In der Tat: Wird die Vernunft als Indifferenzpunkt bestimmt, so gibt es keinen Weg, um eine Spaltung oder Veränderung in der einen Vernunft zu behaupten. Sie ist eine und immer notwendig sich selbst gleich. Aber die Anwendung der Begriffe „Sein" und „Grund" im Beweis verweist darauf, dass es Schelling um mehr als die Möglichkeit der einen Vernunft geht, nämlich auch um ihr Dasein. Er schreibt: „Denn wäre nicht jenes [wäre die Vernunft nicht eine, R. A.], so müßte es von dem Seyn der Vernunft noch einen anderen Grund geben, als sie selbst: denn sie selbst enthält nur den Grund, daß sie selbst ist."[26]

Hier wird die Vernunft eindeutig als ein Seiendes gefasst, von dem man einen Grund geben kann. Dadurch, dass sie absolut sein soll, enthält die Vernunft Schelling zufolge den Grund ihres eigenen Seins in sich selbst. Sie ist das absolute Seiende oder schlicht das Absolute, das eins und sich selbst gleich ist. Wie aus dem reinen Begriff der Vernunft als Indifferenz auf ihr Sein geschlossen werden kann, ist bei Schelling nicht weiter ausgeführt und von Fichte im Nachlass ebenfalls treffend kritisiert.[27]

Das Verständnis der absoluten Vernunft als Seiendes tritt im nächsten Paragraphen völlig zutage. Als unmittelbare Folge der Einheit und Sichselbstgleichheit der Vernunft stellt Schelling das Gesetz der Identität auf, „das höchste Gesetz für das Seyn der Vernunft, und da außer der Vernunft nichts ist (§ 2), für alles Seyn."[28] So werden in Schellings System Vernunft, Sein und Totalität sich deckende Begriffe. Die Vernunft *ist*, und zwar ist sie allein das einzige Seiende, so dass jedes andere Seiende in ihr inbegriffen ist. Das Seiende ist also die Vernunft selbst, und die Vernunft ist das Seiende überhaupt, das allumfassende, eine und sich selbst gleiche Absolute. Darin besteht der zugrunde liegende Gedanke. Denn das Ab-

---

[26] Schelling, *Werke* 10, S. 118.
[27] Fichte, *Nachgelassene Werke* 3, S. 373.
[28] Schelling, *Werke* 10, S. 118.

solute oder das All-Eine-Seiende stellt in der Tat den Anfang des Systems dar. Die Vernunft wird hier zum Seienden vergegenständlicht, und umgekehrt wird das Seiende zum Denken gemacht. Ist einmal begriffen, dass die Mannigfaltigkeit der Existenz auf das eine absolute und allumfassende Seiende verweist, so versteht sich ebenfalls, dass es in Wahrheit nur Eines gibt, dass nur das All-Eine wirklich und wahrhaft ist, und so ist das einzige Gesetz des Seins das Gesetz der Identität, denn alles beruht auf der Identität des Absoluten.

Gerade im Hinblick auf dieses Grundverständnis findet sich in Fichtes kritischen Notizen noch eine zutreffende Bemerkung über das Absolute. § 10 von Schellings Darstellung will die Unendlichkeit der absoluten Identität beweisen. Der Beweis dafür ist noch einmal apagogisch: Wäre die absolute Identität endlich, so würde der Grund ihrer Endlichkeit entweder außer ihr oder in ihr liegen. Im ersten Fall wäre sie nicht mehr absolut. Aber im zweiten Fall, so Schelling, auch nicht, denn sie wäre zugleich „Bewirkendes und Bewirktes" und somit wiederum keine absolute Identität. Fichte aber hält entgegen: Vielmehr gerade die Einheit von Bewirkendem und Bewirktem, also genau der Gedanke der Ursache ihrer selbst, ist das Wesentliche am Absoluten. „Vielmehr muß das Absolute aber allerdings gedacht werden als Bewirkendes und Bewirktes zugleich: das ist eben der unterscheidende Charakter der Absolutheit, daß sie selbst Grund ihres Seins, also Bewirkendes und Bewirktes zugleich sei und in einem Schlage."[29] Fichte erwidert also dem Spinozisten Schelling mit einem spinozistischen Gedanken. Das Absolute soll nicht als Identität gefasst werden, sondern als *causa sui*. Darin liegt die eigene Bestimmung der Absolutheit. Auch in seiner neuen *Darstellung der Wissenschaftslehre* (1801) konzipiert er – im Laufe der Bestimmung des absoluten Wissens – das Absolute einerseits als das Vollendete, andererseits aber auch als das schlechthin Selbstbestimmende: Das Absolute ist, *was* es ist, und *weil* es ist.[30] Die zwei Auffassungen des Absoluten zum einen als allumfassende Identität und zum anderen als Ursache seiner selbst, die in Jacobis Verständnis vom Spinozismus unmittelbar vereint erscheinen, sind hiermit gegeneinander gestellt.

Schelling vertritt also die Auffassung des Absoluten als des ursprünglichen Seins in allem Dasein; allerdings legt jedoch er nachdrücklich Wert auf den Identitätscharakter. Damit hängt weiterhin eine allgemeine und bedeutende Reflexion über die Philosophie sowie laut Schelling über ihren bisherigen Grundirrtum zusammen. Man sei in der Philosophie immer davon ausgegangen, dass die Identität sich getrennt hat, dass die Wirklichkeit aus einer Mannigfaltigkeit von Seienden besteht und das ursprüngliche Identische auseinander gegangen ist. Die Philosophie strebe daher nach einer Einheit dieser Mannigfaltigkeit; ihr Geschäft bestehe darin, eine Synthesis herzustellen und die Mannigfaltigkeit zu begreifen. Die Philosophie hat nach Schellings Auffassung bis zu ihm selbst versucht, das Heraustreten aus der Identität begreiflich zu machen. Schelling aber

---

[29] Fichte, *Nachgelassene Werke* 3, S. 376.
[30] Vgl. J. G. Fichte, Darstellung der Wissenschaftslehre aus dem Jahre 1801, in *Sämtliche Werke*, herausgegeben von I. H. Fichte, Berlin, 1845, Band 2, S. 16.

bietet die umgekehrte Perspektive. Es geht ihm darum zu zeigen, dass die Identität sich nicht und nirgends trennt, dass sie nicht aufgehört hat zu gelten, und dass alles, was ist, an sich betrachtet die Identität selbst ist. Die wahre Philosophie besteht deswegen für ihn nicht in einer Erklärung des Mannigfaltigen, sondern vielmehr in der Behauptung der Identität und in der Betrachtung der Dinge, wie sie an sich sind. Ist alles an sich nur Eins und gibt es in Wahrheit nur das eine, identische Absolute, so stellt sich die Hauptaufgabe der Philosophie so: alles, jedes endliche, bestimmte Sein, in seiner Wahrheit zu erkennen, was dasselbe ist wie alles auf die Identität der absoluten Vernunft zurückzuführen und es daher, als Bestimmtes, aufzulösen. Diese Ansicht der Philosophie habe vor ihm nur Spinoza erkannt, obwohl nicht deutlich ausgesprochen.

Den ersten Entwurf seiner Philosophie des Absoluten hat Schelling in Jena zur Zeit seiner intensiven Zusammenarbeit mit Hegel in der *Zeitschrift für spekulative Physik* veröffentlicht. Im selben Jahr 1801, also wenig später, erschien Hegels *Differenzschrift*, – abgesehen von der anonymen Übersetzung der Cartschen Streitschrift seine erste Publikation. Die *Differenzschrift* belegt, wie wir sehen werden, den entscheidenden Einfluss von Schelling auf Hegels damaliges Denken. Jedoch dürfte Hegel durch sein persönliches Verhältnis zu ihm auch von der philosophischen Debatte gewusst haben, die Schelling damals im Briefwechsel mit Fichte führte. Wir haben bisher auf Fichtes nachgelassene Notizen hingewiesen. Aber für den Streit um die Philosophie des Absoluten ist der Briefwechsel zwischen Fichte und Schelling entscheidend. Dieser Briefwechsel endet im Januar 1802 zwischen sachlicher Diskussion und persönlichem Streit, und die letzten Briefe Fichtes enthalten einige Einwände, die Schelling wohl Hegel mitgeteilt hat. Von Fichtes Einwänden ist Hegel wahrscheinlich nicht ungerührt geblieben. Was unsere Thematik angeht, handelt es sich dabei insbesondere um zwei Punkte, die dann später in Hegels Auseinandersetzung mit der Denkbestimmung des Absoluten in der *Wissenschaft der Logik* wiederkehren und ihn sogar zu dieser kritischen Darstellung teilweise angeregt haben dürften. Der erste Punkt handelt von der Unbestimmbarkeit des Absoluten. Fichte schreibt an Schelling: „Das absolute selbst aber ist kein Seyn, noch ist es ein Wissen, noch ist es Identität, oder Indifferenz beider: sondern es ist eben – *das absolute* – und jedes zweite Wort ist vom Uebel."[31]

Fichte macht mit diesem Hinweis auf die Unmöglichkeit aufmerksam, weitere Bestimmungen des Absoluten angeben zu wollen ohne dabei zugleich seine Absolutheit aufzuheben. Denn das Absolute ist eben das Absolute ohne Weiteres, und jedes zweite Wort macht es zum Relativen. Fichte selbst ist hier nicht ganz so streng. Denn er hat schon eine eigene Auffassung der Absolutheit als *causa sui*. Doch jedenfalls gilt für ihn: Fasst man das Absolute als Identität oder Indifferenzpunkt, so handelt es sich ums Absolute in einer Bestimmung, und ist es deshalb eben nicht das wahrhafte Absolute. Denn das wahrhafte Absolute ent-

---

[31] Fichte an Schelling, 15.01.1802, in *Schelling-Fichte Briefwechsel*, kommentiert und herausgegeben von Harmut Traub, Neuried, 2001.

zieht sich vielmehr aller weiteren Bestimmung – bis auf die der Absolutheit selbst. Schelling unterschätzt nach Fichtes Meinung offensichtlich diesen Punkt; und die Verharmlosung des damit verbundenen Problems führt ihn noch weiter zur irrigen Behauptung, dass das Absolute unter der Form der quantitativen Differenz existiert, wodurch im System das Einzelding und das Endliche überhaupt begründet wird. Das Absolute aber, erwidert Fichte, *existiert* unter keiner Form; höchstens *erscheint* es unter einer gegebenen Form:

> „Das absolute wäre nicht das absolute, wenn es unter irgend einer Form existirte. Woher nun aber doch die Form – allerdings der *Quantität*, auch hierüber bin ich mit Ihnen einverstanden – unter der es erscheint, komme, wo eigentlich diese Form einheimisch sey – oder auch, wie denn das Eine erst zu einem Unendlichen, und dann zu einer Totalität des Mannigfaltigen werde, das ist die Frage, welche die bis zu Ende gekommene Spekulation zu lösen hat."[32]

Das Absolute ist also das Absolute und weiter nichts. Ferner aber erscheint es unter einer Form, doch auf diese Weise kann man nur einen Schein des Absoluten fassen, was Hegel später, wie im dritten Kapitel dieser Arbeit zu sehen ist, als das Attribut des Absoluten denkt – das Absolute in einer Bestimmung. Woher diese Form kommt, schreibt Fichte an Schelling, ist aber weiterhin eine wichtige Frage. Denn die Form, unter welcher das Absolute sich kundgibt, darf nicht bloß unterstellt werden, wie Spinoza und auch Schelling es tun. Hegel wird dies ebenfalls kritisieren.

Aber Fichte verweist hier sowie in seinem anderen Brief von Januar 1802 auf einen zweiten schwierigen Punkt, nämlich auf ein anderes Grundproblem, das Schelling mit Spinozas Philosophie teilt, und von welchem Fichte selbst sich um des noch nicht aufgegebenen gemeinsamen philosophischen Projekts mit Schelling willen nicht befreit sieht. Aus dem einen Absoluten soll das Mannigfaltige erklärt werden, und aus dem Mannigfaltigen soll wiederum das Eine werden. Wie aus dem Einen das All, und aus dem All das Eine wird, das vermögen allerdings weder Schelling noch Spinoza zu klären. Und dieses weitere Problem hat Hegel offensichtlich zur Kenntnis genommen. Seine Darlegung der Substanz als die eigene Auslegung des Absoluten wird sich damit gründlich auseinandersetzen. Wir werden sehen, dass das Sich-Setzen der Substanz zu einer Pluralität von Substanzen führt und damit zum Kausalitätsverhältnis. Das Kausalitätsverhältnis führt aber wiederum zur Denkbestimmung der Wechselwirkung, und hier wird besonders sorgfältig zu erwägen sein, ob die Einheit der Substanz wiederhergestellt wird, also ob in Hegels Augen tatsächlich aus dem Einen das Mannigfaltige und aus dem Mannigfaltigen wiederum das Eine hervorgehen kann.

Soweit die zwei grundsätzlichen Einwände Fichtes in seinem privaten Briefwechsel mit Schelling. Öffentlich wird der Streit um Schellings erste Identitätsphilosophie vornehmlich im Jahr 1802 ausgetragen. K. L. Reinhold merkt genau

---

[32] Fichte an Schelling, Oktober 1801.

wie Fichte kritisch an, dass die Vernunft keineswegs die Indifferenz von Subjekt und Objekt sein kann, ohne eben beide vorauszusetzen. Er weist außerdem auf die Ähnlichkeit zwischen Schellings Identitätsphilosophie und dem rationalen Realismus C. G. Bardilis hin und deutet somit einen gewissen Plagiatsvorwurf an. Mit seinen beiden Schriften, *Die Differenz des Fichteschen und Schellingschen Systems der Philosophie* sowie *Glauben und Wissen*, trägt Hegel selbst auch ein gutes Stück dazu bei, dass die Differenzen Schellings erst mit Fichte und dann auch noch mit Jacobi allgemein bekannt werden. Jacobi und sein Schüler Köppen antworten ihrerseits mit einer allgemeinen Kritik an Schellings Identitätsphilosophie und an Hegels *Glauben und Wissen*, wobei Jacobi sich in seiner Kritik an beiden oft der Parodie bedient. Insgesamt aber überschreitet diese öffentliche Diskussion niemals das Niveau von Fichtes Einwänden, die weiterhin entscheidend bleiben.[33] Um sich Zugang zu Hegels Logik des Absoluten zu verschaffen, müssen also vor allem diese Einwände berücksichtigt werden.

Aus dieser philosophie-geschichtlichen Perspektive soll nun noch kurz das Profil einer Philosophie des Absoluten umrissen werden. Wie aus den bisherigen Ausführungen erhellt, ist es die zugrunde liegende These einer Philosophie des Absoluten, dass es überhaupt nur Eines gibt. Es wird also, mit welchen besonderen Charakterisierungen auch immer, eine monistische Ontologie impliziert. An diesem Einen, es zu Ende gedacht, ist nichts mehr zu unterscheiden. Es gibt also keine letzten, unüberwindbaren Differenzen, sondern nur noch schlechthin reine Einheit. Alle Unterschiede und Bestimmungen sollen erstens als Schein entlarvt werden. Aber zweitens sollen und können sie erst vom Absoluten her in ihrer Wahrheit begriffen werden. Eine oberste Einheit aufzuzeigen, die alle Differenzen impliziert und erklärt – das ist es, was eine Philosophie des Absoluten zu leisten hat. Dabei muss auch der Gegensatz zwischen Notwendigkeit und Freiheit in einer Einheit gedacht werden. Am besten aber ist diese oberste Einheit als Vereinigung von Denken und Sein zu denken. – Die Philosophie des Absoluten hat ferner die Aufgabe vor sich, alles konkret Wirkliche in seiner Wahrheit, also aus dem Standpunkte des Absoluten zu erkennen. Das nämlich ist die absolute Erkenntnis der Philosophie, über alles endliche Erkennen, das im Gegensatz zwischen Subjektivität und Objektivität stagniert, hinauszugehen. Denn gleich wie alle Differenzen vom Absoluten negiert werden müssen, soll das Absolute auch jede bestimmte Realität in sich einschließen und begründen. Es ist somit die ursprüngliche Totalität alles Seienden und Denkbaren, welche alles Konkrete in sich enthält. So hat die Philosophie des Absoluten grundsätzlich zwei Momente: In einem ersten Moment ist sie der Aufstieg zum Absoluten. Hier handelt es sich darum, das menschliche Bewusstsein, welches in der Entzweiung lebt, in den erhabensten Äther der Weisheit zu erheben. Wie dieser Aufstieg stattfindet – ob durch intellektuelle Anschauung, negative Auslegung oder Synthesis aus den Unterschiedenen –, das ist natürlich eine weitere Problematik. Ebenfalls

---

[33] Mehr zum Streit um Schellings Identitätsphilosophie in A. Arndt, W. Jaeschke, *Die Klassische Deutsche Philosophie nach Kant*, S. 343-361.

aber bleibt es die unvermeidliche Aufgabe einer Philosophie des Absoluten, im Hinblick aufs Absolute ein Organon für die Philosophie zu bieten. Außerdem aber bedarf es nun auch noch einer zweiten, wichtigen Phase für diese Philosophie: Der Auslegung und Entfaltung jenes Absoluten in einem System von Erkenntnissen, welches uns in die Lage versetzt, das Konkrete in seiner allgemeinen Wahrheit zu erkennen. Im ersten Moment geht es also darum, alle Unterschiede im Absoluten aufzulösen; im zweiten Moment hingegen sind alle Unterschiede – seien es die alten oder neue, doch jedenfalls wahrhafte – vom Absoluten her in speziellen Teilen der Philosophie wiederherzustellen.

Entstehung, Ausführung und Streit über die Philosophie des Absoluten haben Hegel vor einige Aufgaben gestellt. Der Mangel der Transzendentalphilosophie Kants sowie ihrer Fortsetzung durch Fichte ist Hegel, wie wir sehen werden, zumindest seit seiner Frankfurter Zeit deutlich. Die gesuchten Vereinigungen des Menschen mit sich selbst und mit der Natur verlangen sowohl eine Naturphilosophie *qua* eigenständigen Bestandteil des Systems als auch einen höheren Standpunkt, von welchem aus theoretische und praktische Philosophie in Einheit gedacht werden. Der Gedanke des Absoluten scheint dabei die gesuchte Vereinigung gewährleisten zu können. Doch wie genau das Absolute zu denken ist, das macht die nächste Fragestellung aus. Ist das Absolute etwa als die unbestimmte Identität des Ganzen zu fassen? Oder vielmehr als *causa sui*? Und wie sind diese beiden, jeweils von Schelling und Fichte vertretenen Auffassungen des Absoluten in Einklang miteinander zu bringen? Wäre das Absolute aber nicht eigentlich als die differenzierte, den Zusammenhang des Ganzen ausmachende Wechselwirkung zu denken? Wie ist die Spannung zwischen dem unendlichen Absoluten und den endlichen Einzeldingen aufzulösen? Und sind die Schwierigkeiten, die im Streit über Schellings ersten Systementwurf zutage getreten und oben aufgezeigt worden sind – nämlich die unvermeidliche Auflösung des Bestimmten in der Identität des Ganzen, die Unbestimmbarkeit des Absoluten oder die grundsätzliche Unmöglichkeit, eine wirklich differenzierte philosophische Erkenntnis hiervon zu entwickeln –, bloß mit einer Auffassung des Absoluten als dynamischer Einheit überwunden? Das alles hat Hegel zu klären. Aber auch eine Antwort auf die Frage nach dem methodischen Verfahren für die Philosophie wird von ihm erwartet, nachdem Schelling mit wenig Erfolg wieder auf die geometrische Darstellungsweise zurückgegriffen hat. Insbesondere aber steht eine befriedigende Antwort auf die Grundsatzfrage der damaligen philosophischen Diskussion noch aus: Ist die wahre Philosophie der Idealismus, und ist der wahre Idealismus die Philosophie des Absoluten? – Eine Zeit lang hat Hegel sehr wohl diese Ansicht von Philosophie vertreten. Nun kommt es also darauf an zu untersuchen, wann, warum und inwiefern er das getan und später revidiert hat. Unter diesem Gesichtspunkt werden wir uns im ersten Kapitel mit der Entwicklung seines Denkens hinsichtlich der Frage nach dem Absoluten auseinandersetzen.

1. KAPITEL

Das Problem des Absoluten in Hegels Frankfurter und Jenaer Zeit

Unsere Untersuchung beginnt mit einer entwicklungsgeschichtlichen Betrachtung von Hegels frühem Denken. Es geht hierbei nicht darum, eine vollständige Auslegung von Hegels Philosophieren in Frankfurt und Jena vorzunehmen. Unsere leitende Frage beschränkt sich vielmehr auf den Begriff des Absoluten: Warum und worin besteht die Relevanz dieses Gedankens bei Hegel in jener Zeit? Die These, die im Laufe dieses ersten Kapitels entfaltet und begründet werden soll, lässt sich folgendermaßen formulieren: Hegels Position entwickelt sich von zunehmender Begeisterung in Frankfurt über vollkommenes Bekenntnis zu einer Philosophie des Absoluten in den ersten Jenaer Jahren bis hin zum Bruch mit einer solchen Art Philosophie am Ende der Jenaer Periode. Hegels Denken hat also in Jena eine Wendung genommen. Es handelt sich um eine Zeit, in der sich seine eigene Philosophie im Entstehen befindet und sein Denken von den damals konkurrierenden Philosophien sehr geprägt, ja teilweise sogar beeinflusst wird. Bereits in den Frankfurter Jahren kann man an seinen Schriften eine Tendenz beobachten, die den Einfluss von Hölderlins Denken erkennen lässt und schließlich in eine monistische Position mündet. Die 1801 schon in Jena erschienene *Differenzschrift* macht den Gipfel dieser Tendenz aus und belegt die Zentralität des Begriffs des Absoluten in Hegels damaligem Denken. Seine Nähe zu Schellings Philosophie ist unverkennbar. Ein Jahr später erarbeitet sich Hegel in *Glauben und Wissen* ein kritisches Verhältnis zu Kant, Jacobi und Fichte. Doch immer mehr Unterschiede lassen sich ebenfalls zwischen seiner eigenen Position und Schellings Philosophie entdecken. Vor allem die Kritik an Fichte zeigt die Relevanz eines philosophischen Begriffs von Natur, allerdings nicht mehr die eines Begriffs vom Absoluten. In den darauf folgenden Jahren fertigt Hegel verschiedene Systementwürfe an. In diesen Entwürfen zeichnet sich die Entwicklung eines Verständnisses von Logik und Metaphysik ab, das sich von einer Metaphysik des Absoluten noch weiter entfernt. Schließlich bricht die *Phänomenologie des Geistes* 1807 mit jenem Standpunkt und führt sogar zum Bruch im persönlichen Verhältnis zwischen Hegel und Schelling. Der Standpunktwechsel wird sowohl aus der Vorrede als auch aus dem letzten Kapitel, *Das absolute Wissen*, deutlich.

1.1 Hölderlins Einfluss auf Hegel in Frankfurt

Der Beginn dieser Entwicklung findet sich in Hegels Frankfurter Jahren. Bevor wir aber in die Frankfurter Schriften eindringen, soll zunächst einmal erklärt werden, warum Hegels erste Schriften aus Bern hier nicht ausführlicher betrachtet werden. Angesichts der Tatsache, dass die Hegelforschung lange Zeit die Berner Fragmente als „Theologische Schriften" wiedergegeben hat, ergibt sich natürlich der Eindruck, dass der junge Hegel in Bern sich mit theologischen Fragen befasst hätte und insbesondere mit dem Begriff Gottes und dessen angeblicher philosophischer Auslegung als des Absoluten.

Allerdings hat das Thema „Religion" in Hegels ersten Schriften mit dem Versuch einer wissenschaftlichen Begründung der christlichen Theologie sehr wenig zu tun. Das hat nicht nur die Forschungsliteratur[1] ausführlich gezeigt; es ergibt sich auch aus einer einfachen Lektüre der nachgelassenen Fragmente. Auf die alte Bezeichnung dieser Fragmente als „theologische Jugendchriften" hat man deshalb in jüngster Zeit zu Recht verzichtet. Denn Hegel beginnt mit den darin enthaltenen Reflexionen eine Behandlung von Religion, welche die Fragestellung einer philosophisch und vernünftig begründeten Erkenntnis Gottes eindeutig hinter sich gelassen hat.

---

[1] Schon Lukács hat in den 60er Jahren im Gegensatz zu theologisierenden Auslegungen auf den grundsätzlich gesellschaftlichen Charakter dieser ersten Manuskripte hingewiesen. Die Gemeinschaft und die Praxis der Gesellschaft machen für Lukács von Anfang an den Gegenstand von Hegels Überlegungen aus. Vgl. Georg Lukács, Der junge Hegel. Über die Beziehungen von Dialektik und Ökonomie, in ders., *Werke*, Bd. 8, Zürich und Berlin, 1967. Die neuere Forschung hat in dieser Linie fruchtbare Ergebnisse gebracht. Der Sinn von Hegels Berner Schriften wurde durch den Hinweis auf Rousseau und die Französische Revolution aufgeklärt. So versteht sich die Rede von einer Volksreligion nur im Kontext der Französischen Revolution und der Bestrebungen Robespierres, neue Formen eines religiösen und ebenso patriotischen Kultes zu finden. Das Programm stammt jedoch eigentlich aus dem letzten Teil des *Contrat social* von Rousseau unter dem Begriff einer *religion civile*. Dazu siehe Hans Friedrich Fulda, „Rousseausche Probleme in Hegels Entwicklung" in Hans Friedrich Fulda, Rolf-Peter Horstmann (Hrsg.), *Rousseau, die Revolution und der junge Hegel*, Stuttgart 1991, S. 41-73. Schließlich sei hier auch noch darauf aufmerksam gemacht, dass Hegel sich in jener Zeit fortwährend innerhalb der Kantischen Philosophie bewegt. Kants philosophische Revolution hat bekanntlich eine neue Religionslehre hervorgebracht. Die theoretischen Ansprüche der dogmatischen Theologie wurden zwar abgelehnt, indem ihre Hauptbegriffe von der Kritik zu „Paralogismen" herabgesetzt wurden. Jedoch formuliert die kritische Philosophie auch einen positiven Begriff von Religion und schafft somit eine neue Konzeption derselben. Diese positive Seite, die sich auf der Ebene der Praxis befindet, wurde in der Schrift *Die Religion innerhalb der grenzen der bloßen Vernunft* ausführlich dargestellt. Kants *Religionsschrift* hat eine Untersuchung über das Gute und das Böse in der menschlichen Natur zum Gegenstand. Dabei zeigt aber die Analyse, anders als die Darstellungen der *Kritik der praktischen Vernunft* oder der *Grundlegung der Metaphysik der Sitten* vermuten lassen, dass „das radikale Böse in menschlicher Natur" nicht im Rahmen des einzelnen Menschen, sondern erst im Rahmen der Menschheit als Kollektiv zu begreifen sei. Darauf beruht das Programm einer Vernunftreligion als gemeinschaftliches Streben nach einer Gesellschaft der Tugend. In diesem Rahmen denkt der junge Hegel die Religion. Und obwohl, wie gesagt, Hegel sich fortwährend innerhalb der Kantischen Philosophie bewegt, streitet er bereits von Anfang an innerlich mit ihren Grundsätzen. Denn Hegels Umsetzung von Kants praktischer Philosophie hat wegen ihres starken, realistischen Anspruches zur Folge, dass die Gedanken Kants teilweise eigenwillig modifiziert werden. Dazu sei hier noch auf die Arbeit von Martin Bondeli verwiesen: „Vom Kantianismus zur Kant-Kritik. Der junge Hegel in Bern und Frankfurt", in Martin Bondeli, Helmut Linneweber-Lammerskitten (Hrsg.), *Hegels Denkentwicklung in der Berner und Frankfurter Zeit*, München, 1999, S. 31-51.

Es geht nicht bloß darum, dass der junge Hegel sich über die dogmatische Theologie, die er selbst im Tübinger Stift studiert hat, nirgends äußert. Seine Meditationen haben die dogmatische Theologie *überwunden*, weil sie vielmehr ein kritisches Infragestellen des Grundverständnisses derselben darstellen. Die ersten philosophischen Schriften Hegels zielen auf eine Kritik an jener religiösen Grundeinstellung, die sich nach Jahrhunderten von Christentum und Herrschaft der Kirche herausgebildet hat. Sie zielen auf die Grundscheidung des religiösen Bewusstseins, die sich dabei herauskristallisiert hat: Die Trennung zwischen einer subjektiven Religion, welche die Gefühle, Ängste, Hoffnungen und Empfindungen der Menschen betrifft, und einer objektiven Religion, die Luftschlösser durch dogmatischen Verstandesgebrauch baut. Desgleichen geht es um eine Trennung, die, aus einer anderen Perspektive gesehen, dem gläubigen Individuum eine fremde, offizielle Instanz gegenüberstellt. Diese Trennung kristallisiert sich heraus, indem eine religiöse Kaste sich von der Volksmasse emanzipiert und selbständig die religiöse Praxis des Volkes diktiert und reguliert. Das soeben umrissene Phänomen bezeichnet der junge Hegel mit dem Terminus „Positivität". Und die Reflexion über die Ursprünge sowie die Möglichkeiten zur Beseitigung dieser Positivität der Religion macht sein erstes Hauptthema aus.

Wäre Hegel ein Verteidiger der dogmatischen Theologie gewesen, hätte er sich wahrscheinlich den damaligen Kritikern Kants angeschlossen, welche gegen die Kritik der Vernunft wieder die Wahrheiten über das Dasein Gottes und die Unsterblichkeit der Seele geltend machen wollten. Doch im Gegenteil dazu geht Hegel in seinem Nachdenken über Religion von Kantischen Prämissen aus. Zweck und Wesen „aller wahren Religion und auch unserer Religion" sei „die Moralität der Menschen"[2] und ihre Aufgabe bestehe darin, eine Gemeinschaft auf Grundlage der Liebe zu schaffen, ein Zusammenleben, das zum einen den rechtlichen Zustand, also Staat und bürgerliche Gesellschaft voraussetzt, zum anderen aber über diesen rechtlichen Zustand hinausgeht, insofern die Menschen in einer sittlichen Gemeinschaft nicht als juristische Personen aneinander vorbeileben, sondern sich als moralische Wesen unter Herrschaft des Sittengesetzes und der Nächstenliebe wiederfinden und vereinigen. Die Errichtung einer Gesellschaft der Tugend ist für den jungen Hegel gleich wie für Kant die Hauptaufgabe der Religion.

Die in den Berner Schriften enthaltenen Überlegungen sind deshalb weit entfernt von theologischen Meditationen. Insbesondere zwei Fragen treiben Hegel um. Die erste Frage beschäftigt sich damit, welche konkrete Form das sogenannte Reich Gottes auf Erden, d. h. die Kirche, annehmen sollte. In den von Nohl so betitelten *Fragmenten über Volksreligion und Christentum* schreibt er, seine Absicht sei zu untersuchen, „was für Anstalten dazu gehören, daß die Lehren und die Kraft der Religion in das Gewebe der menschlichen Empfindungen eingemischt, ihren Triebfedern zu handeln beigesellt und sich in ihnen lebendig und wirksam

---

[2] GW 1, S. 282.

erweise."[3] Aber Hegel geht über Kants allgemeine Idee einer Kirche hinaus und richtet sein Interesse vornehmlich darauf, ein ausführliches Programm zu formulieren, das sich nicht nur an Intellektuelle und Philosophen, sondern auch und vor allem an das Volk wendet. Zu diesem Zweck diskutiert er vornehmlich praktische Aspekte: welche Zeremonien abgehalten, welche Gebote beachtet, welche Neigungen und Gefühle gefördert und inwiefern Aberglauben und Schwärmerei zugelassen werden sollen. Im Grunde genommen fragt er sich, wie sich eine vernünftige Religion stiften lasse, die anwendbar, wirksam und lebendig sei.

Im Zuge dessen stellt sich in Hegels Berner Schriften auch eine zweite Frage: inwiefern das Christentum, die bereits bestehende Religion, der Idee einer vernünftigen Religion angemessen ist. Mit der Stellung dieser Frage denkt Hegel zwar immer noch im Rahmen der Kantischen Religionslehre, ist jedoch viel radikaler als Kant, indem er den Maßstab der vernünftigen Religion aufnimmt und damit eine scharfe Kritik am Christentum übt, wenngleich sein Denken nie antichristlich wird. Seine Absicht ist zu untersuchen, inwiefern das Christentum mit der Idee einer vernünftigen Religion übereinstimmt und aus welchen Gründen die Kirche Jesu der Idee der Vernunft nicht entspricht. Im Hintergrund dieser Fragestellung steht die Einsicht, dass nur das Verständnis der Mängel der gegenwärtigen Religion es ermöglichen wird, eben diese auch zu verändern.

Man sieht, dass in den sogenannten „theologischen Jugendchriften" Hegels keineswegs eine Lehre von Gott und den Wahrheiten der Theologie zu finden ist. Vielmehr stellt Hegel seine Position im Gegensatz zu den dogmatischen Theologen auf. Er vertritt die Auffassung, dass im Begriff der Religion nicht nur eine bloße Wissenschaft von Gott, sondern ebenfalls eine praktische Lehre enthalten sei, welche eine Auswirkung auf die Gesinnung und das Handeln des Menschen haben soll:

> „Es liegt in dem Begriff der Religion, daß sie nicht blosse Wissenschaft von Gott, seinen Eigenschaften, unserm Verhältnis und dem Verhältnis der Welt zu ihm und der Fortdauer unserer Seele – was uns allenfalls entweder durch blosse Vernunft annehmbar oder auch auf einem anderen Weg uns bekannt wäre – nicht eine blosse historische oder raisonnirte Kenntnis ist, sondern daß sie das Herz interessirt, daß sie einen Einfluß auf unsre Empfindungen und auf die Bestimmung unsers Willens hat."[4]

In den Berner Schriften macht diese praktische Seite ohne Zweifel den Kern der Religion aus. Denn die Wissenschaft von Gott versteht der junge Hegel als eine „objektive Religion", die darin besteht, mittels Verstand und Gedächtnis die Lehre aufzunehmen und zu glauben: Kenntnisse behalten und glauben ist hier das Ziel. Diese objektive Religion ist im Grunde genommen „Theologie" und die Theologie ist „Sache des Verstands und des Gedächtnisses".[5] Ihr gegenüber steht eine

---

[3] GW 1, S. 90.
[4] GW 1, S. 85.
[5] GW 1, S. 90.

„subjektive Religion", die sich auf dem wahren Kampfplatz der Religion befindet – dem Herzen des Menschen. Sie beansprucht Wirkung auf die menschlichen Empfindungen und Triebfedern.

Die Beschäftigung mit der Religion durchzieht das ganze Leben Hegels, auch seine nächste Frankfurter Zeit. Aber zur Religionsthematik und dem politischen Interesse in Bern, von dem wir hier nicht gesprochen haben, kommt in Frankfurt der Einfluss der Philosophie Hölderlins hinzu. Aus den Untersuchungen von Dieter Henrich wissen wir, dass Hegel spätestens seit 1797, als er Hölderlin nach ihrer gemeinsamen Tübinger Studienzeit wieder begegnete, anfing, sich mit den Ideen der Vereinigungsphilosophie auseinanderzusetzen, welche – nach Kants und Fichtes Wirkung – eine neue Problematik bildeten.[6] In diesem Jahr zog Hegel nach Frankfurt. Sein Freund Hölderlin hatte ihm eine günstige Stelle als Hauslehrer bei einem reichen und liberalen Kaufmann verschafft und ihn dadurch faktisch aus der Depression gerettet, in die er am Ende seiner Berner Zeit verfallen war.[7] Seit 1793 hatte Hegel in Bern gelebt und ebenfalls als Hauslehrer gearbeitet. Doch die Einsamkeit, die Hegel in jener Zeit erfahren hatte, wurde bald von der intellektuellen Anregung des Hölderlin-Kreises in Frankfurt abgelöst.

Hölderlin hatte bereits 1797 eine eigenständige philosophische Position jenseits von Kant und Fichte bezogen, wie wir in der Einleitung gesehen haben. An den philosophischen Diskussionen in seinem Kreis nahm dann Hegel in Frankfurt teil. Aus den Manuskripten jener Zeit lässt sich im Vergleich zu denen aus Bern feststellen, dass die Probleme und Begriffe dieser neuen Philosophie tatsächlich einen Einfluss auf sein Denken gehabt haben. Mit fast derselben Problematik hatte sich sein Freund Schelling auch beschäftigt und ihm in Briefen davon berichtet. Was aber Schellings Briefe nicht vermochten, schafften die Gespräche mit Hölderlin in Frankfurt: dass Hegel sein Interesse für politisch-praktische Fragen abstrakteren spekulativen Themen unterordnete. Schon aus *Entwürfe über Religion und Liebe* von 1797/98, den ersten uns von Hegel aus Frankfurt erhaltenen Fragmenten,[8] lässt sich der Einfluss Hölderlins erkennen. Im Vergleich zu den Schriften aus Bern erfährt Hegels Interesse eine klare Wendung. Während er sich früher vor allem mit der möglichen Errichtung einer Volksreligion und der Positivität des Christentums beschäftigt, fokussiert sich nun sein Denken vielmehr auf die Problematik der Vereinigungsphilosophie. Obwohl Religion nach wie vor sein Thema bleibt, wird ihre Aufgabe neu definiert. Die Religion ist jetzt nicht nur das gesellschaftliche Streben nach einer Gemeinschaft der Tugend, sondern vor allem das Streben des Menschen nach seiner ursprünglichen Einheit mit der Natur. Darin liegt nun für den jungen Hegel das Göttliche; und der Endzweck aller Religion besteht in der Versöhnung des Individuums mit

---

[6] Vgl. Dieter Henrich, „Hegel und Hölderlin", S. 22ff.
[7] Vgl. Hans Friedrich Fulda, *G. W. F. Hegel,* S. 46.
[8] Der Titel „Entwürfe über Religion und Liebe" stammt ebenfalls von Nohl. Die Herausgeber der kritischen Ausgabe von Hegels Werken ordnen das Manuskript unter Handschriften, die Hegel noch in Bern niedergeschrieben, jedoch in Frankfurt überarbeitet hat. Eine Datierung auf die Frankfurter Zeit sei allerdings nicht auszuschließen. Vgl. GW 2, S. 634 (editorischer Bericht).

seinem Anderen, der Natur: „Wo Subjekt und Objekt – oder Freiheit und Natur so vereinigt gedacht wird, daß Natur Freiheit ist, daß Subjekt und Objekt nicht zu trennen sind, da ist Göttliches – ein solches Ideal ist das Objekt jeder Religion."[9]

Gerade die Einheit von Mensch und Natur und die Rückkehr in den Ursprung, oft als das antike Griechenland vorgestellt, ist das Hauptthema von Hölderlins Roman *Hyperion*, dessen erster Band an Ostern 1797 erschien. Man vergleiche die eben zitierten Aussagen Hegels mit dieser von Hölderlin: „Eines zu sein mit Allem, das ist das Leben der Gottheit, das ist der Himmel des Menschen. Eines zu sein mit allem, was lebt, in seliger Selbstvergessenheit wiederzukehren ins All der Natur, das ist der Gipfel der Gedanken und Freuden".[10]

Für Hegel befindet sich die geahnte Einheit in der Liebe. Es handelt sich aber um keine erotisch-sinnliche Vorstellung von der Liebe, sondern Hegels Konzept zielt hier vielmehr auf die Versöhnung, auf die Vereinigung von Getrenntem. Er spricht von der Liebe als einem Phänomen, in dem die Einheit und Auflösung von Subjekt und Objekt, bzw. von Individuum und Natur in Eins *gelebt* wird. Die Liebe ist ein Erlebnis, worin beide Extreme gleichbedeutend zusammenkommen, ohne dass das eine oder das andere herabgesetzt wird. Sie vereinigt nicht nur Menschen miteinander, sondern vor allem den Menschen mit der Natur.

Im Unterschied zu dieser gelebten Vereinigung stehen damals für Hegel die strikt theoretische sowie die praktische Einstellung. Diese Reflexionen beruhen auf Kritik an der Transzendentalphilosophie Kants. Kant hat die Philosophie in praktische und theoretische Philosophie eingeteilt, und von dieser Einteilung sucht sich nun Hegels Denken zu befreien. Denn weder die theoretische noch die praktische Einstellung versprechen eine wahrhafte Versöhnung des menschlichen Lebens mit der Natur. Nimmt man eine theoretische Einstellung gegenüber der Natur ein, so ist die wahre Vereinigung mit dieser unmöglich. Hegel sieht darin vielmehr ein Herrschaftsverhältnis. „Begreifen ist beherrschen" schreibt er damals plakativ.[11] Denn etwas begreifen heißt, dieses Etwas in einem Urteil unter einen Begriff zu subsumieren. Kant lehrt, dass die Einheit aller Begriffe aus der Einheit des Selbstbewusstseins kommt. Begreifen heißt also, dass das Ich in das Objekt eindringt, dabei dessen Schein von Unmittelbarkeit beseitigt und es sich aneignet: Das Objekt ist dann von der Einheit des Denkens umgriffen und steht unter Natur- und Verstandesgesetzen, die im Grunde genommen auf der synthetischen Einheit der Subjektivität beruhen. Hier sieht Hegel eine Asymmetrie, eine Herrschaft des Menschen über die Natur, insofern etwas begreifen so viel heißt wie in es eindringen, es zu sich machen und es unter den Kategorien sowie Gesetzen der Subjektivität beherrschen. Man beachte hier den Unterschied mit der später entwickelten Konzeption vom Begriff und Begreifen. In seiner späteren Philosophie und besonders in der *Logik* wird es Hegel darum gehen, ein

---

[9] GW 2, S. 9.
[10] Friedrich Hölderlin, *Hyperion oder der Eremit in Griechenland*, Köln, 2005, S. 11.
[11] GW 2, S. 8.

Verständnis vom Denken zu entwickeln, dessen Begriff im Allgemeinen sowie dessen besondere Begriffe und die begreifende Tätigkeit gerade dieses Herrschaftsverhältnis zur Natur nicht reproduzieren. Auf dieser Grundlage betätigt dann auch die Philosophie der Natur eine eigene Betrachtungsweise, die weder theoretisch noch praktisch ist – eine im späteren Hegelschen Sinne *begreifende Betrachtung*.

Zur Frankfurter Zeit ist Hegels genuine Begriffslehre allerdings noch nicht entwickelt, und Begreifen heißt damals bei Hegel so viel wie Natur beherrschen. Hinzu kommt, dass eine theoretische Einstellung ja auch eine Versachlichung des Menschen impliziert. „Die theoretischen Synthesen werden ganz objektiv, dem Subjekt ganz entgegengesetzt."[12] Die theoretische Synthesis beruht auf der transzendentalen Einheit der Apperzeption, der Einheit des „ich denke", aber diese Subjektivität ist transzendental, nicht die Subjektivität des konkreten Menschen. Dessen empirische Subjektivität wird dadurch hingegen ebenfalls zu einer zwar nicht äußeren, aber doch schon inneren Erscheinung. Sie wird theoretisch (so in der Psychologie) betrachtet wie ein Objekt. So verhält es sich auch bei Kant:

> „So ist zwar mein eigenes Dasein nicht Erscheinung (weniger bloßer Schein), aber die Bestimmung meines Daseins kann nur der Form des inneren Sinnes gemäß nach der besonderen Art, wie das Mannigfaltige, das ich verbinde, in der inneren Anschauung gegeben wird, geschehen, und ich habe also demnach keine Erkenntnis von mir, wie ich bin, sondern bloß, wie ich mir selbst erscheine."[13]

Die praktische Einstellung gegenüber der Natur stellt aber ebenfalls das Gegenteil einer wahren Vereinigung mit dieser dar. „Die praktische Tätigkeit vernichtet das Objekt und ist ganz subjektiv."[14] Das Fichtesche „ich will" oder die praktische Tätigkeit beabsichtigt die Herrschaft über die äußere Welt: Durch die Handlung versucht der Mensch das Objekt seinen Zwecken anzupassen und eine neue, auf den Menschen ausgerichtete Umgebung aufzubauen. Denn zur praktischen Einstellung gehört die – explizite oder implizite – Vorstellung, dass die Natur an sich nichtig ist und bloß zum Zwecke des Menschen dient. Auch von dieser Betrachtungsart wird sich später die Betrachtungsweise des Begriffs unterscheiden.[15]

Im Gegensatz zu theoretischer und praktischer Einstellung steht bei Hegel in Frankfurt der Gedanke, „etwas zum Gott machen", das ist, „ihm eine Seele geben", ihn nicht versuchen zu verstehen, sondern „als an seines Gleichen Antheil an ihm nehmen".[16] Denn im Göttlichen, so Hegel, sind Subjekt und Objekt wahrhaft vereinigt – dort sind Natur und Freiheit eins. „Nur in der Liebe allein – schreibt Hegel – ist man eins mit dem Objekt, es beherrscht nicht, und wird nicht be-

---

[12] GW 2, S. 9.
[13] KrV B 158, 159.
[14] GW 2, S. 9.
[15] Vgl. Enzyklopädie § 245.
[16] GW 2, S. 8.

herrscht".[17] Die Liebe bedeutet die Auflösung des Subjekts und des Objekts im Leben. Dadurch wird der Zugang des Menschen zum Göttlichen ermöglicht. Das Hauptmoment der Liebe als Kernpunkt der Religion ist die Auflösung des Individuums im All und seine Versöhnung mit der Natur: die Aufhebung der selbständigen, endlichen Entgegengesetzten im Ganzen des Lebens, wo die göttliche Unendlichkeit sich befindet.

Die Vereinigung, um die es Hegel geht, ist eine Vereinigung „des Subjekts und Objekts, der Freiheit und Natur, des wirklichen und möglichen".[18] Beharren Subjekt und Objekt in ihren jeweiligen Formen, dann ist keine Vereinigung möglich. Es geht darum, Subjekt und Objekt, Freiheit und Natur in die Einheit aufzulösen, indem sie sich von ihren jeweiligen Formen lösen und in einem verschmelzen. Diese Ansicht ist beispielsweise im Fragment *Positiv wird ein Glaube genannt* zu erkennen. Nun aber erscheint der fixierte Gegensatz zwischen Freiheit und Natur als ein Zeichen der Neuzeit beim jungen Hegel. Das antike Griechenland stellt dagegen das Ideal der Vereinigung dar. Hegel verweist auf das Altertum und sehnt sich nach der im antiken Griechenland vorhandenen ursprünglichen Einheit. Das Ideal einer ursprünglichen Einheit, die Berufung auf das Altertum als das Göttliche und Vorbildliche, worauf man zurückkommen sollte, deuten wiederum auf ein Hegel mit Hölderlin gemeinsames Leitmotiv.

Auch im Fragment *Glauben und Sein* identifiziert Hegel ebenso wie Hölderlin Vereinigung mit Sein. Sein und Vereinigung sind für Hegel dort „gleichbedeutend"[19]. Die Vereinigung, die in Religion und Liebe stattfinden soll, setzt gerade deshalb eine Einheit voraus – die Einheit des Seins, in dem alle Beschränkten bestehen. Ebenfalls aus diesem Fragment entnimmt man, dass wahre Vereinigung niemals bloß das Produkt einer denkenden Tätigkeit sein kann, dass Vereinigung, das Sein, in dem alles besteht, nicht durch das Denken zu erwarten ist. „Aus der Denkbarkeit folgt nicht das Seyn; es ist zwar insofern als Gedachtes, aber ein gedachtes ist ein getrenntes, dem denkenden entgegengesetzt; es ist kein Seyendes".[20] Das Denken wird hier von Hegel als ohnmächtig für die angestrebte wahre Vereinigung erklärt. Das liegt wohl daran, dass Hegel zu dieser Zeit das Denken in Differenz und Gegensatz gefangen sieht. Das Denken ist mit einem Gegensatz behaftet; die höchste Trennung, die es involviert, ist die zwischen Denkendem und Gedachtem. Etwas zu denken bedeutet für Hegel zu dieser Zeit, sich von ihm zu trennen und sich mit ihm nie mehr zu vereinigen.

Diese neue Konstellation von Problemen, die sich Hegel in Frankfurt erschlossen hat, verlangt neue philosophische Begriffe, die er weder in Kants noch in Fichtes Philosophie finden kann. Die in diesen Fragmenten erkannte Unfähigkeit sowohl der theoretischen als auch der praktischen Philosophie, die ursprüngliche Einheit zu fassen, führt Hegel 1800 in der Tat vorläufig zu einer Position, die er in

---

[17] GW 2, S. 9.
[18] GW 2, S. 9.
[19] Vgl. GW 2, S. 11.
[20] GW 2, S. 11.

seinem späteren Denken nicht mehr vertreten wird – dem Vorrang der Religion vor der Philosophie, wie es im von Nohl sogenannten *Systemfragment von 1800* ausgesprochen ist: „Die Philosophie muß eben darum mit der Religion aufhören, weil jene ein Denken ist, also einen Gegensatz teils des Nichtdenkens hat, teils des Denkenden und des Gedachten".[21] Bekanntlich ist dieser Primat der Religion über die Philosophie in seinem späteren Denken nicht mehr zu finden. Der Kern des Problems steht aber klar vor Augen: Entweder entwickelt man eine neue Philosophie, die keine Reflexionsphilosophie mehr sein darf, oder man gibt die Philosophie überhaupt zugunsten des Gefühls, der Liebe und der Religion preis.

1.2 Hegels Annäherung an Schellings Philosophie des Absoluten in Jena: Die Differenzschrift

Wohl aufgrund dieser neuen Problematik, die Hegel von Kant und Fichte weiter entfernte, kam schließlich die Annäherung an Schellings Philosophie des Absoluten zustande. Im Herbst 1801, als Hegel bereits mit Schelling in Jena war, erschien die *Differenz des Fichteschen und Schellingschen Systems der Philosophie*, Hegels erste philosophische Schrift fürs Publikum des nachkantischen Idealismus.

Die sogenannte *Differenzschrift* belegt die Zentralität des Begriffs des Absoluten in Hegels damaliger Konzeption. Es handelt sich bei dieser Schrift, wie deren Titel schon zu erkennen gibt, um eine vergleichende Beurteilung der philosophischen Systeme von Fichte und Schelling, worin Hegel für den Letzteren Stellung nimmt. Vornehmlich bezieht sich Hegel bei seiner Beurteilung auf Fichtes *Grundlage der gesamten Wissenschaftslehre* (1794/1795) und auf Schellings *System des transzendentalen Idealismus* (1800). Schellings *Darstellung meines Systems der Philosophie* vom selben Jahr 1801 zieht er nicht mehr heran. Zwar formuliert Schelling erst in dieser letzten Schrift seine Philosophie des Absoluten ausdrücklich, wie wir in der Einleitung gesehen haben. Jedoch schließt Hegel in seiner Darstellung auf den Begriff des Absoluten als Grundgedanken der Philosophie; und ohne Schellings damalige neueste Systemformulierung zu zitieren, befindet er sich mit seinen Ausführungen auf deren Linie: Die Transzendentalphilosophie bedarf einer Ergänzung durch eine Philosophie der Natur, aber durch diese Ergänzung wird zugleich die Philosophie insgesamt redefiniert. Die wahre Philosophie ist nun die systematische Erkenntnis des Absoluten, in welcher Transzendental- und Naturphilosophie zwei Darstellungsweisen der einen und selben identischen Einheit, nämlich des Absoluten ausmachen.[22]

---

[21] GW 2, S. 344.
[22] Düsing hat sogar vorgeschlagen, das Programm einer Vernunfterkenntnis des Absoluten in Jena als einen gemeinsamen Entwurf von Hegel und Schelling zu verstehen. Zur wechselseitigen Anregung von Schelling und Hegel, zum Einfluss von Spinoza und Schlegel auf beide in

Die Philosophie hat für den Hegel der *Differenzschrift* das Absolute zu ihrer Voraussetzung. Denn Philosophie ist wesentlich Darlegung des Absoluten in einem System. Ihr Sinn und Zweck besteht in der Erkenntnis des All-Einen. Das Absolute ist das, was gesucht und ersehnt wird. Die absolute und allumfassende Einheit ist also bereits am Anfang des Philosophierens vorhanden, jedoch nur gemeint, nicht aber begriffen. Die andere Voraussetzung der Philosophie ist die Entzweiung des Lebens, die Trennung des Bewusstseins, die Tatsache, dass der Mensch zwischen Sein und Nichtsein, zwischen Begriff und Wirklichkeit, zwischen Endlichkeit und Unendlichkeit steht. Die Entzweiung ist ein Grundzug des menschlichen Lebens, und darin liegt genau die Sehnsucht nach dem Einen und der Anreiz zur Philosophie. Der Mensch bedarf der Versöhnung mit der Natur, der Auflösung der Widersprüche seines Lebens – er strebt das Absolute an. Die Philosophie entspringt aus diesem Bedürfnis und hat es zu befriedigen.[23] In dieser Überwindung der Transzendentalphilosophie Kants sieht nun Hegel eine Antwort auf die Problematik der Vereinigung, die ihn seit seiner Frankfurter Zeit beschäftigt. Damals hat Hegel gelegentlich zum Vorrang der Religion über die Philosophie geneigt. In Jena findet er aber bei Schellings neuerem philosophischen Ansatz eine bessere Perspektive. Durch die vernünftige Erkenntnis des All-Einen soll die Philosophie den Menschen mit dem All versöhnen. Dank ihr befreit der Mensch sein Bewusstsein von der Beschränkung und gibt sich dem Absoluten hin.[24]

Der Beschränkung des Bewusstseins entspricht auf der Erkenntnisebene der Verstand. Er wird von Hegel als „die Kraft des Beschränkens" erklärt.[25] Der Verstand steht zwischen den Menschen und dem Absoluten. Seine Logik besteht darin, eine Vielfalt an Erkenntnissen und „Teilwesen" zu erlangen, eine unendliche Mannigfaltigkeit, die aber zerstreut ist und keinen Hinweis auf ein einheitliches, organisches Ganzes erkennen lässt. Die Vernunft kann daher nur das Absolute erreichen, „indem sie aus diesem mannigfaltigen Theilwesen heraustritt"

Jena sowie zur Entwicklung ihres laut Düsing gemeinsamen Unternehmens einer idealistischen Substanzmetaphysik vgl. Klaus Düsing, „Idealistische Substanzmetaphysik. Probleme der Systementwicklung bei Hegel und Schelling in Jena", in Dieter Henrich, Klaus Düsing (Hrsg.), *Hegel in Jena. Die Entwicklung des Systems und die Zusammenarbeit mit Schelling*, Bonn, 1980, S. 25-44. Das gemeinsame Programm werde ab 1804 von beiden aus verschiedenen Gründen aufgegeben. Für Hegel sollen die Probleme der Geistesphilosophie ausschlaggebend gewesen sein. Vgl. Düsing, „Idealistische Substanzmetaphysik", S. 41.

[23] Mit dieser Verbindung von Leben und Spekulation ergreift übrigens Hegel Partei für Fichte in dessen Polemik mit Jacobi und Reinhold. Diese hatten an Fichtes Transzendentalphilosophie kritisiert, dass sie dem menschlichen Leben fremd sei. Fichte dagegen hatte genau das Gegenteil behauptet – die Spekulation diene dazu, das Leben zu verstehen und ihm Sinn zu geben. Vgl. Walter Jaeschke, Andreas Arndt, *Die Klassische Deutsche Philosophie nach Kant*, S. 310ff.

[24] Das Programm einer vernünftigen und systematischen Erkenntnis des Absoluten macht also Hegels ersten Versuch aus, die Probleme seiner Frankfurter Zeit zu lösen. Diese sinnvolle These wurde von Klaus Düsing aufgestellt und hat sich in der Forschung weitgehend durchgesetzt. Vgl. Klaus Düsing, „Idealistische Substanzmetaphysik", S. 31.

[25] GW 4, S. 12.

1.2 HEGELS ANNÄHERUNG AN SCHELLINGS PHILOSOPHIE DES ABSOLUTEN

und sich vom Gebäude des Verstandes befreit.[26] Denn der Verstand besteht wesentlich in einem Fixieren von endlichen Entgegensetzungen.

Der Verstand „ahmt die Vernunft nach",[27] indem er ein Glied der Entgegensetzung für das Absolute hält. So glaubt man vernünftig zu denken, wenn man gegen die Endlichkeit den Gedanken eines Unendlichen fasst. Aber dieses Unendliche ist nur die Negation des Endlichen und ebenso sehr ein Produkt des Verstandes. Wie später in der *Wissenschaft der Logik* ausführlicher dargelegt werden wird, ist das vom Verstand gefasste Unendliche dem Endlichen entgegengesetzt und versteht sich nur im Gegensatz zu ihm. Es handelt sich deshalb um eine endliche Unendlichkeit. Wie die Unendlichkeit haben in der Geschichte der Philosophie andere Entgegengesetzte als das Absolute gegolten, obwohl sie in Wahrheit von einer anderen Bestimmung bedingt und begrenzt sind. Diese Nachahmung der Vernunft seitens des Verstandes ist wieder aufgetaucht in Form des Gegensatzes zwischen einer endlich gefassten Vernunft und der Sinnlichkeit: Intelligenz und Natur, Subjektivität und Objektivität. Eine Philosophie, die bei diesen Gegensätzen stehen bleibt, selbst wenn sie die größten Gegensätze und Herausforderungen für das Denken darstellen, besitzt noch keinen wahrhaften Begriff von Vernunft und vermag sich nicht auf die Ebene der Spekulation zu erheben. Auf diesem Standpunkt der Endlichkeit befinden sich für Hegel nun, wie man weiter unten sehen wird, die Philosophien von Kant, Fichte und Jacobi, die daher kein wahrhaftes Absolutes kennen.

Das Absolute kann nur durch die Vernunft erkannt werden. Und es macht wiederum den eigentümlichen Gegenstand der Vernunft aus. Denn in der Vernunft vollzieht sich die Selbsterkenntnis des Absoluten. Ihr Sinn und Zweck ist es dementsprechend, die festgewordenen Gegensätze des Verstandes aufzuheben.[28] Was dies Aufheben genau bedeutet, wird von Hegel weiterhin präzisiert. Es geht nicht darum, dass die Vernunft „sich gegen die Entgegensetzung und Beschränkung überhaupt setzte".[29] Eine Vernunft, die sich *gegen* die Entgegensetzung und Beschränkung *überhaupt* setzt, erkennt beide nicht an, erklärt jeden Unterschied und jede Beschränkung für nichtig und scheinbar und löst alles in der Identität auf. Dasjenige, wogegen die wahre Vernunft sich setzen soll, ist „das absolute fixiren der Entzweyung durch den Verstand".[30] Die Vernunft soll daher die Entgegensetzung sehr wohl erkennen und behaupten. Denn zum Leben gehören Beschränkung und Entgegensetzung: „Die nothwendige Entzweyung ist *Ein* Faktor des Lebens, das ewig entgegensetzend sich bildet".[31] Allerdings ist die Entzweiung keineswegs absolut. Sie macht vielmehr nur *einen* Faktor im Ganzen des Lebens aus. Die Entgegensetzung aufheben heißt deshalb aufhören, sie als fest und fixiert anzusehen, und stattdessen vielmehr die interne Logik und das Flie-

---

[26] GW 4, S. 13.
[27] Ebenda.
[28] Vgl. GW 4, S. 13.
[29] Ebenda.
[30] GW 4, S. 14.
[31] GW 4, S. 13.

ßen der Entgegengesetzten in- und zueinander zu verfolgen. Es kommt darauf an, das lebendige Verhältnis innerhalb der Gegensätze zu erkennen und zu fassen. Dieser lebendige Faden ist die verborgene Einheit des Ganzen.

Wie man sieht, bewegt sich Hegel in der *Differenzschrift* völlig im Rahmen von Schellings Philosophie des Absoluten. Ihre Fragestellung, ihre Ziele und Begriffe teilt er grundsätzlich. Aber trotz dieses damaligen Verständnisses der Philosophie als systematischer Erkenntnis des Absoluten ist Hegel durchaus fähig, die damit verbundenen Probleme zu erkennen. Auch in der *Differenzschrift* weist er auf eines der größten Probleme einer jeden Philosophie des Absoluten hin, nämlich auf den Widerspruch zwischen dem Absoluten und der Reflexion.[32] Das Problem ist mit der von Fichte im Briefwechsel mit Schelling indizierten Unbestimmbarkeit des Absoluten verwandt und wird von Hegel nun neu formuliert. Das Absolute soll vom Bewusstsein gedacht werden. Es muss in der Reflexion konstruiert und gesetzt werden. Allerdings ist die Reflexion mit dem Absoluten unverträglich. Denn, indem es ein Produkt der Reflexion wird, ist das Absolute ein Beschränktes und nicht mehr *absolut*. Ein Widerspruch besteht also zwischen dem Absoluten und der Reflexion. Denn das Absolute zu denken heißt eben, es ins Verhältnis zu einem Bewusstsein zu setzen, also es als Absolutes zu vernichten.[33] Dieses Problem stellt Hegel sich außerdem so offen, weil er der Überzeugung ist, dass das Absolute ein *Resultat* der philosophischen Reflexion sein soll. Obwohl das Absolute als Ziel eine Voraussetzung der Philosophie ist, geht es darum, es als Resultat der Vernunft zu begreifen.[34] Die Philosophie hat also die Aufgabe, die Gegensätze der Reflexion in der ursprünglichen absoluten Identität zu vereinigen. Diese Überlegung deutet bereits auf eine wichtige Diskrepanz zwischen Schelling und Hegel hin, die von Anfang an in Jena vorhanden gewesen ist.

Auf die Frage, wie sich diese Schwierigkeit auflösen lässt, gibt Hegel bereits 1801 eine Antwort, welche in seinem ganzen späteren Werk durchgängig bestehen bleibt. Das Wissen der Philosophie ist ihm zufolge *spekulativ*. Und Spekulation ist „die Thätigkeit der einen und allgemeinen Vernunft auf sich selbst"[35] – eine Überlegung, die für seine spätere spekulative Logik eine grundlegende Rolle spielen wird. Spekulation ist Synthesis von Reflexion und intellektueller Anschauung:

> „Die Vermittlung dieses Widerspruches ist die philosophische Reflexion. Es ist vornehmlich zu zeigen, in wiefern die Reflexion das Absolute zu fassen fähig ist, und in ihrem Geschäfte, als Spekulation, die Nothwendigkeit und Möglichkeit trägt, mit der absoluten Anschauung synthesirt und für sich, subjektiv, eben so vollständig zu seyn".[36]

---

[32] Das Thema wird uns später bei der Behandlung des Absoluten in der *Wissenschaft der Logik* beschäftigen. Vgl. das dritte Kapitel der vorliegenden Arbeit, Ziffer 3.2.2.
[33] Vgl. GW 4, S. 16.
[34] Vgl. ebenda.
[35] GW 4, S. 12.
[36] GW 4, S. 16.

Der Widerspruch zwischen der Reflexion und dem Absoluten lässt sich vermitteln, indem man die Reflexion spekulativ als Instrument des Philosophierens begreift. Die Reflexion setzt eine Trennung und erkennt nur in der Entgegensetzung. Einen Inhalt zu erkennen heißt für den Verstand, die Identität dieses Inhalts durch Abgrenzung zu allen anderen zu bilden. Denn etwas *verstehen* impliziert eben, dieses Etwas von allen anderen unterscheiden zu können. Insofern die Reflexion deshalb ein Vermögen zur Erkenntnis des Konkreten und Beschränkten ist, kann sie kein Absolutes begreifen. Aber dadurch, dass die Reflexion gerade auf das Absolute bezogen wird, erhebt sie sich zur Vernunft – durch den Bezug des Endlichen auf das Absolute vernichtet die Reflexion sich selbst, öffnet damit aber den Weg zum Spekulativen. Die Vernunft erkennt, dass der Verstand grenzenlos ist. Und „indem sie den Verstand grenzenlos macht, findet er und seine objektive Welt in dem unendlichen Reichthum den Untergang."[37]

Hegels Argument ist also folgendes: Der Verstand ist ein Vermögen des Endlichen. Er erkennt jedes Dasein als beschränkt, sowohl als bedingendes als auch als bedingtes. Insofern er ein Beschränktes und Bedingtes vor sich hat, muss er das ihn Beschränkende und Bedingende erkennen. Doch die Bedingung einer Sache zu erkennen heißt für die Reflexion, sie zu bestimmen, d. i. sie wiederum in Verhältnis zu einem weiteren Anderen zu setzen, welches ebenso endlich ist. Die vollständige Verstandeserkenntnis eines Dinges läuft darum ins Unendliche. Denn die Reflexion setzt damit das Ding in eine unendliche Reihe von Bedingungen und Bedingten. Das Bestimmte bleibt daher mit einer unbestimmten Reihe konfrontiert. Oder, wie Hegel es beschreibt, das Bestimmte steht somit zwischen Unbestimmten, zwischen zwei Nächten, einerseits der Reihe von Bedingungen, andererseits der Reihe von Folgen.

Kant hatte die Forderung der Vollständigkeit in der Erkenntnis einer Sache als deren *durchgängige Bestimmung* erklärt, welche der Bestimmbarkeit eines Begriffes als Korrelat entspricht. Ein jeder Begriff, behauptet Kant, steht unter dem logischen Grundsatz der Bestimmbarkeit. Dieser Grundsatz beruht auf dem Satz des Widerspruchs und besagt, dass einem jeden Begriff nur eines von jedem Paar kontradiktorisch-entgegengesetzter Prädikate zukommt. Ist das nicht der Fall, so ist der Begriff nicht bestimmbar. Diesem logischen Grundsatz entsprechend steht für Kant jedes Ding „unter dem Grundsatz der durchgängigen Bestimmung, nach welchem ihm von allen möglichen Prädikaten der Dinge, so fern sie mit ihren Gegenteilen verglichen werden, eines zukommen muß."[38] Dieser Grundsatz ist im Gegensatz zu den vorigen nicht bloß logisch, d. h., dabei wird nicht allein mit Hilfe des Satzes vom Widerspruch geurteilt. Denn der Grundsatz der durchgängigen Bestimmung eines Dinges bezieht das Ding auf alle möglichen Prädikate und erzielt die „Synthesis aller Prädikate, die den vollständigen Begriff von einem Dinge machen sollen."[39] Dieser Grundsatz setzt deshalb die Idee des Inbegriffs

---

[37] GW 4, S. 17.
[38] KrV B 600 / A 572.
[39] Ebenda.

aller Möglichkeit voraus, weil das Ding mit diesem Inbegriff verglichen wird. Will man ein Ding vollständig erkennen, so muss man es mit jedem möglichen Prädikat beurteilen und, bejahend oder verneinend, es durchgängig bestimmen. Der Inbegriff aller Möglichkeit ist allerdings für uns selbst immer unbestimmt, weil man die Menge aller möglichen Prädikate niemals ausschöpfen kann. Deshalb kann man die durchgängige Bestimmung eines Dinges „niemals in concreto seiner Totalität nach darstellen", sie bleibt vielmehr ein Ideal der Vernunft.[40] Dem Ideal der durchgängigen Bestimmung liegt die Idee von einem All der Realität zugrunde. Der vollständige Begriff eines Dinges setzt daher die Erkenntnis des Alls voraus, aus welcher die Vernunft die durchgängige Bestimmung des Einzelnen ableitet.

Kant setzt den Grundsatz der durchgängigen Bestimmung eines Dinges zweifelsohne im Bereich der Vernunft an und erklärt ihn als ein Ideal derselben. Für Hegel gehört hingegen dieser Grundsatz dem Verstand an. Das Wesen des Verstandes zielt ihm zufolge „auf die durchgängige Bestimmung", und weil „sein bestimmtes aber unmittelbar durch ein Unbestimmtes begränzt ist, so erfüllt sein Setzen und Bestimmen nie die Aufgabe".[41] In der Tat, argumentiert Hegel, wenn Bestimmen überhaupt die Tätigkeit des Verstandes ist, dann ist der vollständige Begriff eines Dinges, wodurch seine durchgängige Bestimmung gegeben wird, eine berechtigte Forderung des Verstandes selbst. Setzt die wahrhaft vollständige Erkenntnis eines endlichen Dinges ein Verhältnis desselben zum All voraus, so kann es der Verstand nicht vermeiden, das Endliche durch das Unendliche, das Bestimmte durch das Unbestimmte und Unbedingte erkennen zu müssen. Nun ist es Hegel zufolge so, dass der Verstand, indem er diesen Übergang zwischen Bestimmten und Unbestimmten, zwischen etwa einem konkreten Ereignis und der unendlichen Reihe seiner Bedingungen vollzieht, seinen eigenen Rahmen sprengt. Denn er setzt somit zwei sich entgegengesetzte Elemente zugleich und offenbart einen Widerspruch. Die Unmöglichkeit einer Darstellung des vollständigen Begriffs eines Dinges ist nach Hegel dem Verstand, nicht aber der Vernunft zuzurechnen. Und es ist eben hier, wo der Verstand an seine eigenen Grenzen stößt und vergeblich gegen sie anrennt.

Durch dieses Scheitern erhebt sich allerdings der Verstand zur Vernunft. Die „Erhebung" besteht in der Feststellung, dass das Beschränkte und Endliche ohne den Bezug auf das Unendliche und Unbedingte, auf das Absolute, das All-Eine, nichtig ist. Mit diesem Resultat aber ist der „Verstand" (*Intellectus*) nicht mehr Verstand, sondern Vernunft, und diese besteht nun in der Erkenntnis der Synthesis von Endlichkeit und Unendlichkeit in Einem. Die „bewußte Identität" des Endlichen und Unendlichen, die sich gegen ihre Entgegensetzung seitens der Reflexion durchgesetzt hat, ist das Wissen der Vernunft. Auf der Grundlage dieses Wissens von der Identität zwischen dem Einzelnen und dem Ganzen verwandelt sich die Reflexion in echte Spekulation, und das Einzelne hat nur Sinn und

---

[40] KrV B 601, 602 / A 573, 574.
[41] GW 4, S. 17.

Wahrheit im Zusammenhang mit dem Ganzen. „Die Spekulation anerkennt als Realität der Erkenntniß nur das Seyn der Erkenntniß in der Totalität, alles Bestimmte hat für sie nur Realität und Wahrheit in der erkannten Beziehung aufs Absolute."[42]

Allgemein gesagt besteht also für Hegel das Wissen der Philosophie darin, die Trennung mittels der Reflexion zu setzen und die zugrunde liegende Identität der Getrennten durch intellektuelle Anschauung zu erkennen. Die Philosophie bedient sich also des Nachdenkens über ein Paar endlicher Gedankenbestimmungen und des Aufhebens dieser Entgegensetzung, indem die Getrennten, wenn sie durchdacht werden, sich in ihrer Identität durchschauen lassen. Auf diese Weise bildet die Spekulation für Hegel eine Bewegung der Trennung von Gegensatz und Wiedervereinigung.[43]

Mit dieser Methodenlehre hat Hegel außerdem vermieden, was er selbst Jahre später an Schelling kritisieren wird: Dass die Philosophie zur Sache eines Genies, unzugänglich für die Mehrheit der Menschen wird, weil die intellektuelle Anschauung, die bei Schelling unmittelbare Bedingung philosophischen Erkennens ist, dem gemeinen Menschen nicht vergönnt ist.[44] Wie der späte Hegel in seinen *Vorlesungen über die Geschichte der Philosophie* erklärt, ist die Philosophie Schellings der Allgemeinheit nicht zugänglich, eben weil sie ein sehr besonderes Talent verlangt. „Indem die Voraussetzung der Philosophie ist, daß die Individuen die unmittelbare Anschauung von dieser Identität des Subjektiven und Objektiven haben, so erscheint die Philosophie in den Individuen als ein Kunsttalent, Genie, als ob nur Sonntagskinder sie hätten."[45] Hegel geht schon in Jena im Gegensatz zu Schelling davon aus, dass das Bedürfnis der Philosophie allgemein und schon im natürlichen Bewusstsein angesiedelt ist, einem Bewusstsein, welches immer in der Entzweiung lebt. Angesichts dieser Textstellen aus der *Differenzschrift* einerseits und den Berliner *Vorlesungen über die Geschichte der Philosophie* andererseits, die zeitlich fast sein ganzes philosophisches Leben abdecken, kann man nebenbei bemerken, dass Hegel dieser Überzeugung immer treu geblieben ist. Berücksichtigt man außerdem die ersten Schriften über Volksreligion aus der Berner Zeit sowie die *Phänomenologie des Geistes* als propädeutische Einleitung zum System, dann kann man nicht umhin, daran zu denken, wie wichtig für Hegel diese Forderung an die Philosophie war, dass sie dem gemeinen Menschen nahe stehen und sich nicht für eine ausgebildete Elite reservieren lassen soll. Auch noch in der Jenaer Zeit, als er Schellings Positionen sehr nahe stand, hielt Hegel an dieser Meinung immer fest.

Das allgemeine Bedürfnis der Philosophie wird befriedigt, laut dem frühen Jenaer Hegel, durch die Überwindung aller Beschränkung und Opposition und die

---

[42] GW 4, S. 20.
[43] Vgl. GW 4, S. 64-67.
[44] Siehe Einleitung.
[45] TW 20, S. 428.

Beziehung zum Absoluten.[46] Die Spekulation soll die Entzweiung, in welcher das natürliche Bewusstsein lebt, auflösen und es zu einer bewussten Identität erheben. Das ist die wesentliche philosophische Forderung: die Entzweiung aufzuheben. Und die Spekulation vermag es, indem sie den Verstand, welcher allen Menschen angehört, seine Tätigkeit frei ausüben lässt, und zwar bis zu dem Punkt, an dem man nicht mehr anders kann, als die Einheit zu vergegenwärtigen. Dieser Unterschied zu Schelling wird in Hegels späterem Denken immer wieder vorkommen. So in der *Phänomenologie des Geistes,* in deren Vorrede er schreibt: „Die verständige Form der Wissenschaft ist der Allen dargebotene und für Alle gleichgemachte Weg zu ihr, und durch den Verstand zum vernünftigen Wissen zu gelangen, ist die gerechte Forderung des Bewußtseyns, das zur Wissenschaft hinzutritt."[47]

Doch trotz all dieser bedeutenden Differenzen zu Schelling bekennt sich Hegel in der *Differenzschrift* eindeutig zu einer Philosophie des Absoluten. Die Nähe seines Denkens zu den Ideen von Spinoza, Hölderlin und Schelling ist unverkennbar. Die monistische Ontologie des Absoluten findet noch einmal ihren Ausdruck in Hegels Behauptung, dass das wahre Verhältnis der Spekulation das Substantialitätsverhältnis ist. Das Kausalitätsverhältnis ist hingegen Hegel zufolge für die Betrachtung des Absoluten unangemessen, weil der Kausalität die Entgegensetzung immer immanent ist. Deshalb vermag der Begriff der Kausalität die Vereinigung im Absoluten nicht zu fassen. Im Unterschied dazu ist das Substantialitätsverhältnis das spekulative Verhältnis *par excellence*.[48] Denn das Absolute ist die einzige unendliche Substanz, die die allerlei endlichen Akzidenzen in sich befasst und ihnen Bestand gibt. Ohne das Absolute kann etwas weder sein noch begriffen werden, denn alles besteht in ihm. „Jedes beschränkte ist aber selbst im Absoluten, also innerlich ein unbeschränktes; seine äussere Beschränkung verliert es dadurch, daß es im systematischen Zusammenhange in der objektiven Totalität gesetzt ist; in dieser hat es auch als ein beschränktes Wahrheit, und Bestimmung seiner Stelle ist das Wissen von ihm."[49] Das höchste Prinzip der Philosophie liegt dann in der Einheit des Absoluten. Die Mannigfaltigkeit des Alls ist auf die identische Substanz zurückzuführen. Das System soll die zugrunde liegende Vereinigung aller Seienden aufdecken, die Einheit, die hinter jedem Unterschied liegt und alles begründet. Für Hegel besteht der Grundirrtum von Fichtes Philosophie darin, dass er zwar die Identität von Subjekt und Objekt richtig als das unbedingte Prinzip der Philosophie aufstellt, dennoch aber bald aus dieser

---

[46] Vgl. GW 4, S. 30.
[47] GW 9, S. 15f. Es ist eine bemerkenswerte Ironie des Schicksals, die würdig zu erwähnen ist, dass, obwohl Hegel so viel Wert wie kein anderer Philosoph darauf legte, dass Philosophie verständlich für das allgemeine Publikum sein sollte, bis zu dem Punkt, dass er ein ganzes Werk, nämlich die *Phänomenologie des Geistes* verfasst, welches den Weg des normalen Individuums, des natürlichen Bewusstseins zur Wissenschaft beschreibt, seine Philosophie dennoch als eine der unverständlichsten der Geschichte gilt und voraussichtlich auch weiterhin gelten wird.
[48] Vgl. GW 4, S. 32f.
[49] GW 4, S. 71.

Identität heraustritt, um nie wieder zu ihr zurückzukehren. Dieser Mangel ist in der Schellingschen Philosophie beseitigt worden. Am Prinzip der Identität hält Schelling im ganzen System fest und nicht bloß am Anfang, und es geht ihm eben darum, diese Identität zu behalten und richtig darzulegen. Anfang, Mitte und Ende des Systems legen diese Identität dar. „Das Princip der Identität ist absolutes Princip des *ganzen* Schelling'schen Systems; Philosophie und System fallen zusammen; die Identität verliert sich nicht in den Theilen, noch weniger im Resultate."[50]

Damit die Identität nicht verloren gehe bzw. einseitig subjektiv dargelegt werde, bedarf die ganze Fichtesche Philosophie einer Ergänzung. Fichte hat in seiner Wissenschaftslehre den Gedanken einer subjektiven Subjekt-Objekt-Identität entwickelt. Damit die Identität aber vollständig ist, muss das Objekt auch als Subjekt-Objekt gesetzt werden. Zum subjektiven Subjekt-Objekt kommt also ein objektives Subjekt-Objekt hinzu, das die Aufgabe vor sich hat, die Objektivität als identisch mit der Subjektivität des Denkens aufzuzeigen.

Die vollständige Darstellung des Absoluten ist dann die Auffassung von beiden in ihrer Einheit, als „ihr absoluter Indifferenzpunkt".[51] Der Gedanke dahinter besteht darin, dass die Trennung von Subjekt und Objekt, was Hegel Entzweiung nennt, nur durch die Identifizierung von beiden Extremen zu überwinden ist. Es geht deshalb um den Beweis, dass das Subjektive objektiv, das Objektive wiederum subjektiv ist, und dass beide in Wahrheit die zwei Seiten einer einzigen Identität darstellen. Wissen, stellt aber Hegel klar, impliziert dennoch Trennung, und das Differente zu leugnen wäre in der Tat kein Wissen, sondern nur Schwärmerei. Das Wissen der Philosophie muss im Unterschied zu schwärmerischen Tendenzen die Getrennten als Getrennte im Absoluten setzen und das Absolute dabei als die Identität der Identität und der Nicht-Identität denken können. Daher kommt die berühmte Wendung: „Das Absolute selbst aber ist darum die Identität der Identität und der Nichtidentität; Entgegensetzen und Einsseyn ist zugleich in ihm."[52]

Das wahre Wissen der Philosophie erkennt die Identität des Subjektiven und des Objektiven als den Kern aller Wahrheit und aller Realität. Subjekt und Objekt sind Abstraktionen, bloße ideelle Konstrukte der Reflexion, beide sind bloß gedacht. In Wahrheit aber gibt es nur ein Identisches, ein Eines. Das Wissen trennt das Eine in diese Abstrakten, Subjekt und Objekt, Intelligenz und Natur, und stellt die zugrunde liegende Identität im System dadurch fest, dass es sie beide als Subjekt-Objekt setzt, oder anders gesagt, dadurch, dass es vom Objekt erweist, dass es Subjekt ist, und vom Subjekt erweist, dass es Objekt ist. Deswegen artikuliert sich das System in zwei besonderen Wissenschaften, die jeweils vom Subjekt oder vom Objekt ausgehen. Transzendentalphilosophie und Naturphilosophie beziehen verschiedene Standpunkte, gehen aber, wie sich im System zeigen muss, in-

---

[50] GW 4, S. 63.
[51] Ebenda.
[52] GW 4, S. 64.

einander über, sodass ihre Entgegensetzung keinen Widerspruch impliziert. Die Philosophie geht über die Einseitigkeit jeder dieser Wissenschaften hinaus und erhebt sich auf einen höheren Standpunkt, auf die Erkenntnis des Absoluten in beiden. Keine der beiden Wissenschaften ist für sich alleine selbständig und absolut; keine kann die andere widerlegen, keine ist die einzige.

Natur- und Transzendentalphilosophie stellen also in Hegels damaliger Konzeption das Absolute in zwei verschiedenen Hinsichten dar. Vom Subjekt her wird zur Objektivität gelangt und ein subjektives Subjekt-Objekt erreicht. Vom Objekt her wird zur Subjektivität und zum objektiven Subjekt-Objekt übergegangen. Das Absolute selbst steht im Zentrum, in der Mitte beider Wissenschaften, die sich jeweils von unterschiedlichen Perspektiven an es annähern. Will man diese beiden Perspektiven zur Darlegung des All-Einen noch spezifizieren, so ist der Grundcharakter der Transzendentalphilosophie die Freiheit, der Grundcharakter der Naturphilosophie dagegen die Notwendigkeit. Notwendigkeit und Freiheit, erklärt Hegel, sind die zwei Seiten des Absoluten. Sie existieren nicht getrennt, ihre Trennung ist bloß ideell. Denn es ist nur eines, das All-Eine, das im philosophischen Wissen in zwei unterschiedlichen Gestalten vorkommt: zum einen als eine objektive Totalität, deren Elemente getrennt voneinander da sind und sich durch die Notwendigkeit zum Naturganzen zusammenbinden; zum anderen als eine subjektive Totalität, wo das Absolute ein Inneres ist, das sich in die Objektivität setzt und dabei als ein Freies sich selbst gleich bleibt. Freiheit und Notwendigkeit sind daher für Hegel die zwei Grundzüge des selben absoluten Seienden, die zwei Seiten einer selben Wirklichkeit, die in dieser unterschiedlichen Weise zum Vorschein kommt.

Die Philosophie hat die innere Verbindung zwischen beiden Faktoren zu finden: Sie muss, anstatt sie getrennt zu halten, ihre Identität begreifen – dass das Notwendige Ausdruck der Freiheit des Absoluten ist und seine Freiheit wiederum eine Notwendigkeit ausmacht. Dementsprechend muss die Philosophie auch den Schein von beiden bloßlegen; sie muss erkennen, dass sowohl der Schein der Freiheit, die Willkür, als auch der Schein der Notwendigkeit, der Zufall, nichtig sind. Denn Willkür ist eine Freiheit, in der von jeder Notwendigkeit abgesehen wird, und Zufall eine Notwendigkeit, die jede Freiheit ausschließt. Willkür und Zufall sind deshalb Abstraktionen, die „aus dem Begriff der Wissenschaften des Absoluten verbannt" sind.[53]

In dieser allgemeinen Gestalt des philosophischen Systems wird daher zwar die Kantische Einteilung in theoretische und praktische Philosophie eingeholt, aber im Grunde genommen revidiert. Denn obgleich die Philosophie auch in Hegels Ansicht von der Trennung zwischen Theorie und Praxis ausgeht, so besteht ihre grundlegende Aufgabe darin, die ursprüngliche Einheit von Natur und Freiheit zu erkennen. Die Verbindung beider Wissenschaften geschieht Hegel zufolge im System, wie bei Schelling, mit dem Begriff des Lichtes. Das Licht ist der Mittelpunkt, in dem der Übergang von einer Wissenschaft in die andere erfolgt. „Das

---

[53] GW 4, S. 72.

Mittlere, der Punkt des Übergangs von der sich als Natur konstruierenden Identität zu ihrer Konstruktion als Intelligenz, ist das innerlich werden des Lichts der Natur".[54]

Der Begriff des Lichtes macht die Verbindung zwischen beiden Wissenschaften aus, sodass beide in einem einheitlichen System dargestellt werden. Erst im Ganzen des Systems, womit die Identität seiner beiden Teile anschaulich wird, ist das identische Absolute vollkommen dargelegt und die Wissenschaft der Philosophie vollendet. Erst dann erreicht man den „festen Standpunkt der Philosophie" – die intellektuelle Anschauung der Identität des Absoluten.

Zusammenfassend kann man sagen, dass in der *Differenzschrift* Hegels Bekenntnis zur Metaphysik des Absoluten zur vollen Entfaltung kommt. Seine spätere Metaphysik, als spekulative Logik aufgefasst, wird sich von der in dieser Schrift vertretenen Metaphysik des Absoluten schon dadurch unterscheiden, dass sie erstens das Spekulative nicht im Substantialitätsverhältnis, sondern allein im Verhältnis des Begriffs zu sich selbst sehen wird, und zweitens, dass sie mit der Identifizierung von Notwenigkeit und Freiheit brechen wird. In Hegels reifem System besteht die Metaphysik nicht in der Darlegung der inneren Einheit von Notwendigkeit und Freiheit, sondern vielmehr in der Erkenntnis des Vernünftigen und Freien als solchen. Im dritten und vierten Kapitel der vorliegenden Arbeit werden wir es ausführlich dargelegt sehen. Nun aber ist im Rahmen dieser ersten entwicklungsgeschichtlichen Betrachtungen noch das kritische Verhältnis zu Kant und Fichte anzusprechen, das sich Hegel in seiner Jenaer Zeit erarbeitet.[55]

1.3 Hegels Hauptargumente gegen Kant und Fichte

Zusammen mit seinem Bekenntnis zur Philosophie des Absoluten, welches gleich nach der *Differenzschrift* allmählich bis hin zur Abgrenzung modifiziert wird, setzt Hegel sich mit der sogenannten Reflexionsphilosophie seiner Zeit auseinander. Unter diesem Ausdruck bringt er drei Philosophien zusammen, zwischen denen man allerdings Widerstreitendes erkennen kann. Hegel ist sich dessen ebenfalls bewusst, glaubt aber in *Glauben und Wissen* zeigen zu können, dass die drei Philosophien von Kant, Jacobi und Fichte einen gemeinsamen Boden teilen. Gegen ihn wenden sich hauptsächlich seine Argumente.

Glauben und Wissen ist im Großen und Ganzen ein polemisches Werk gegen die Reflexionsphilosophie, die im Grunde genommen Philosophie der Subjektivität ist. Das Ziel der Abhandlung ist es, sich intensiv mit dieser Ansicht der neu-

---

[54] GW 4, S. 74.
[55] Eine ausführliche Untersuchung über Hegels Entwurf eines Systems des Absoluten in Jena bietet die klassische Arbeit von Henz Kimmerle, *Das Problem der Abgeschlossenheit des Denkens. Hegels „System der Philosophie" in den Jahren 1800-1804*, Bonn, 1970.

eren Philosophie auseinanderzusetzen, ihren Kern und ihre Grenzen bloßzulegen und dadurch schließlich den Weg für ihre Überwindung zu erhellen. Hegel ist offenbar der Meinung, dass die Reflexionsphilosophie der Kritik unterzogen werden muss, anstatt dass man ein alternatives System bloß *daneben* aufstellt. Seinem Anspruch nach übt er eine generelle Kritik an der Reflexionsphilosophie im Allgemeinen und „in der Vollständigkeit ihrer Formen", wie der Untertitel lautet. Es geht also nicht bloß um eine Kritik an der konkreten Philosophie Kants oder Jacobis, sondern um eine grundlegende Auseinandersetzung mit der Subjektivitätsposition, für die Kant, Fichte und Jacobi Vorbilder darstellen.

Schon der Titel des Werkes *Glauben und Wissen* verweist auf Hegels grundsätzlichen Einwand: Diese Philosophie hat das Wissen auf die Endlichkeit eingeschränkt, hat aber zugleich erklärt, dass das Höchste und Wahre, das Ansich, außerhalb der Endlichkeit und daher auch außerhalb des Wissens liegt, wofür nur der Glaube übrig bleibt. Der Sieg der Vernunft über den Glauben, den die Aufklärung vermeintlich erreicht hat, ist daher illusorisch. In der Tat nämlich ist die Vernunft dabei in der Endlichkeit verloren gegangen, und die höchste Wahrheit ist nach wie vor dem Glauben zugerechnet.

Die Entgegensetzung von Religion und Philosophie, von Glauben und Wissen, welche Jahrhunderte die intellektuelle Diskussion Europas geprägt hatte, ist nun für Hegel „innerhalb der Philosophie selbst verlegt worden."[56] Die Philosophie hat sich den Glauben angeeignet und ihn dem Wissen gegenübergestellt. Dadurch sind beide, Glauben und Wissen, verdorben worden, und man hat das Wesentliche weder vom Glauben noch von der Vernunft erlangt. Die von Kant vollzogene Kritik der Vernunft hat diese auf den Verstand beschränkt und das eigentlich Vernünftige, die Idee, für realitätsfern erklärt. Das Vernünftige wird zwar gedacht, dennoch aber in ein Jenseits verlegt und bleibt so auf den Glauben angewiesen. Die Religion ihrerseits hingegen wird auch nur negativ aufgefasst, während ihr spekulativer Inhalt verkannt wird. Das Übersinnliche wird von allen drei Autoren Kant, Jacobi und Fichte zwar zum Wahren erklärt, aber zugleich für unerkennbar gehalten. Es ist nicht für die Vernunft, sondern *über* die Vernunft.[57] Diesbezüglich und im Gegensatz dazu steht hier Hegel mit Schelling völlig auf derselben Linie: Das Vernünftige und Übersinnliche ist nicht nur begreifbar, sondern es macht den wesentlichen Gegenstand der Philosophie aus, und die wahre Philosophie muss von der Nichtigkeit des Endlichen ausgehen. Ob dieses Vernünftige als ein allumfassendes, seiendes Absolutes zu fassen ist oder nicht, wird später allerdings einen wesentlichen Unterschied zwischen beiden ausmachen.

Kant, Jacobi und Fichte haben gemeinsam die Philosophie auf den Standpunkt der Subjektivität gestellt. Als Korrelat zum religiösen Protestantismus setzt diese Subjektivitätsansicht die Perspektive der Philosophie mit derjenigen des Individuums gleich. Ihre Gedanken kreisen um diesen Bezugspunkt. Die subjektive Perspektive drückt sich je nachdem in Gefühl und Gesinnung, in Liebe oder in

---

[56] GW 4, S. 315.
[57] Vgl. GW 4, S. 316.

1.3 HEGELS HAUPTARGUMENTE GEGEN KANT UND FICHTE

Verstand aus. Das Subjektive muss zwar objektiv werden, „die Absicht, in der Handlung Wirklichkeit erlangen, die unmittelbare religiöse Empfindung sich in äußerer Bewegung ausdrücken und der die Objectivität der Erkenntniß fliehende Glauben sich in Gedanken, Begriffen und Worten objektiv werden".[58] Aber der Verstand trennt Subjektives und Objektives und reißt einen Abgrund zwischen beiden auf.

Die Verabsolutierung des Endlichen zum Einzigen, das erkannt werden kann und aus dem der menschliche Geist nicht heraustreten darf, ohne sich in die Träume der Vernunft zu verwickeln, verhindert allerdings nicht den Bezug auf das Unendliche und Ewige. Im Gegenteil – eines ist ohne das andere undenkbar. Denn das Endliche verweist auf das Unendliche, das Vergehende auf das Ewige. Da aber das Endliche und Einzelne für die einzige Realität und Wahrheit erklärt wird, so ist sein Gegenteil das Unbegreifliche und Leere, das Jenseits der Vernunft. Auf dieses Jenseits muss sie sich allerdings immer beziehen, und die übrig bleibende Form für diesen Bezug ist eben die Sehnsucht, das unerfüllte Streben und der Glaube.

Das gemeinsame Grundprinzip dieser Philosophien sieht Hegel also in der Verabsolutierung der Endlichkeit und dem aus ihr folgenden Gegensatz zwischen Endlichkeit und Unendlichkeit, sinnlicher und übersinnlicher Welt, Realität und Idealität. Die Subjektivitätsphilosophie hält an einer dieser Seiten fest, kann aber die andere Seite nicht leugnen und betrachtet sie dann als unerreichbar. Nur auf dieser gemeinsamen Grundlage treten die Unterschiede zwischen Kant, Fichte und Jacobi auf, so bedeutend diese Unterschiede auch sein mögen. Im Laufe seiner Darstellung lässt Hegel außerdem eigene philosophische Termini auftauchen, welche die Herausbildung einer eigenständigen Position zu erkennen geben. So erscheinen in *Glauben und Wissen* die Ausdrücke „Begriff", „Idee" und „Idealismus", grundlegend für seine eigene Philosophie. Doch Hegels Ausführungen widmen sich grundsätzlich der Kritik an Kant, Jacobi und Fichte. Alle drei teilen Hegel zufolge den gemeinsamen Mangel, dass sie in der Abhängigkeit vom Empirischen verbleiben und es nicht wagen, sich zur Idee zu erheben.

So viel zu Hegels allgemeiner Kritik an der Reflexionsphilosophie. Im Folgenden werden wir uns auf Kant und Fichte beschränken als die beiden Autoren, welche Hegel zufolge den Keim des Spekulativen erreicht haben.[59] Denn Kant und Fichte haben in Hegels Augen den spekulativen Begriff erblickt, aber ihn bloß leer als einen hohlen Bezugspunkt aufgefasst. Indem die Vernunft bei ihnen sich ständig auf das Empirische fixiert und das eigentlich Vernünftige von ihnen für einen unerreichbaren Gegenstand gehalten wird, beschränken sich ihre Phi-

---

[58] GW 4, S. 317.
[59] Birgit Sandkaulen hat in dieser Trias von Reflexionsphilosophen Jacobi gewissermaßen verteidigt und ihm eine Sonderrolle zugesprochen. Denn für sie habe Jacobi zum einen in dieser Triade eigentlich nichts zu suchen, zum anderen aber sei sogar Hegels Kritik an Kant und Fichte in derjenigen Jacobis präfiguriert. Vgl. Birgit Sandkaulen, „Das Nichtige in seiner ganzen Länge und Breite. Hegels Kritik der Reflexionsphilosophie", in Andreas Arndt, Karol Bal, Hennig Ottmann, *Glauben und Wissen II*, Berlin, 2004, S. 165-173.

losophien selbst auf das Feld der Endlichkeit. Obwohl sie von Anfang an die Erscheinung vom wahren Ansich unterscheiden, können sie eigentlich über die Erscheinungswelt nicht hinausgehen. Sie vermögen allein eine nur Endliches denkende Vernunft zu fassen.

In dieser subjektiven Version des Idealismus wird das Denken zum Subjektiven gemacht. Der wahre Idealismus besteht Hegels Ansicht nach allerdings in der Einsicht, dass das Denken das Objektive und Wahre ist. Aber die Philosophie der Subjektivität ist nur eines Idealismus des Endlichen fähig. Ihre einzige Gewissheit drückt sich im Dasein eines denkenden Subjekts aus, welches das Universum zu erkennen versucht. Die Vernunft wird auf die Form der Endlichkeit eingeschränkt und das Individuum zum einzig möglichen Standpunkt erhoben. Dieser Egoität als Stand- und Bezugspunkt entspricht eine gleich abstrakte Dingheit auf der anderen Seite, und das Denken erschöpft sich und bleibt gefangen in der Endlichkeit dieses Gegensatzes.

Die *Kantische Philosophie* hat in Hegels Augen das große Verdienst, den wahren Idealismus erwiesen zu haben. Hegel sieht das wichtigste Resultat von Kant im Nachweis, dass weder Begriff noch Anschauung allein und für sich Wahrheit haben, sondern vielmehr beide nur in einer synthetischen Einheit sinnvoll sind. Diese Einheit macht die Erfahrung aus, aber die Erfahrung ist weiterhin ebenso wenig etwas Wahres an sich, sondern vielmehr nur Erscheinung. Kant zeigt also, so Hegel, dass Wahrheit in der Synthesis liegt, aber ebenfalls, dass die endliche Verstandeserkenntnis, nämlich die Erfahrung, nichts an sich ist. Während aber für Hegel der nächste sinnvolle Schritt gewesen wäre, sich an den Vernunftbegriff zu wenden, erklärt hingegen die Kantische Philosophie jene endliche Erkenntnis, die nur Erkenntnis von Erscheinungen ist, für die einzig mögliche, und fällt dadurch in die Endlichkeit und Subjektivität zurück. Sie beschränkt sich somit auf „das Erkennen dieser Subjectivität oder eine Kritik der Erkenntnißvermögen"[60] anstatt sich der Erkenntnis des Spekulativen zu widmen.

Das wahrhafte Spekulative, die Vernunftidee, liegt jedoch bereits in der anfänglichen Fragestellung der Kantischen Kritik der Vernunft, nämlich wie synthetische Urteile *a priori* möglich sind. Die Aufgabe der Kantischen Untersuchung besteht eben darin, zu erklären, wie denn im synthetischen Urteil Subjekt und Objekt, Allgemeines und Besonderes zugleich verschieden und identisch sein können. Es handelt sich für Hegel um die Herausforderung, Identität und Differenz in einem zu denken, ein Problem, das sich im Kern von Hegels späterer Begriffslehre befindet. Die Identität dieser Ungleichartigen ist allein das Wesen der Vernunft und macht die Einheit des Vernunftbegriffes aus. Diese Einheit lässt sich für Hegel in Kants Deduktion der Kategorien erblicken, und zwar in der synthetischen Apperzeptionseinheit, welche für Hegel nicht nur das Prinzip des Verstandes und seiner reinen Begriffe ist, sondern vielmehr die einheitliche Grundlage von Denken und Anschauung ausmacht. Es handelt sich um Hegels idealistische Lektüre der transzendentalen Deduktion der Kategorien. Da diese

---

[60] GW 4, S. 326.

Hegelsche Interpretation von Kant die Pointe ist, worauf es bezüglich des Verständnisses seiner eigenen Metaphysik ankommt, müssen wir darin eindringen.[61]

Die ursprüngliche synthetische Apperzeptionseinheit ist die ursprüngliche Identität Entgegengesetzter. Die Apperzeptionseinheit begründet die Einheit des Verstandes, und die reinen Verstandesbegriffe oder Kategorien sind die Formen, die diese Einheit annimmt und unter denen das Mannigfaltige subsumiert wird. Das Mannigfaltige aber muss gegeben werden, und die Quelle dafür ist die Anschauung. Zwischen Verstand und Anschauung fungiert die produktive Einbildungskraft als Verbindungsstück. Denn die Synthesis der Einbildungskraft ist bei Kant Bedingung der Reproduktion und Einheit des Mannigfaltigen in einer Vorstellung, was wiederum eine allgemeine Bedingung der Erfahrung ausmacht. Erst auf der Grundlage der Einheit in einer Vorstellung ergibt sich die Begriffseinheit. Denn ein Begriff ist Kant zufolge eine Regel der Einheit von Vorstellungen, und Vorstellungen ergeben sich erst aus der Vereinigung von vielfältigen Daten der Sinnlichkeit dank der transzendentalen Einbildungskraft. Die transzendentale Einbildungskraft vereint also das Chaos empirischer Daten in Vorstellungen, und der Verstand vereint unter der Regel eines Begriffes verschiedene Vorstellungen zu einem Gegenstand. Die reinen Verstandesbegriffe sind dabei die unterschiedlichen Begriffe eines Gegenstandes überhaupt und beruhen auf der Apperzeptionseinheit oder Einheit des Selbstbewusstseins.

Egal wo die Empfindungen oder rein sinnlichen Daten herkommen – sie stehen immer unter der Einheit der Formen der Anschauung, nämlich Raum und Zeit. Für Erkenntnis ist aber bei Kant noch zweierlei Weiteres erforderlich: erstens die Einheit dieses Mannigfaltigen in Raum und Zeit unter einer Vorstellung und, darüber hinaus, zweitens, die Einheit verschiedener Vorstellungen unter einem Begriff. Erst mit einem Begriff wird ein Gegenstand wahrhaft erkannt, und werden nicht bloß empirische Daten sinnlos empfangen. Die transzendentale Einbildungskraft ermöglicht die Einheit unter einer Vorstellung, genauso wie die Einheit des Selbstbewusstseins die Einheit unter einem Begriff und die Erkenntnis eines Gegenstandes möglich macht.

Aber im Unterschied zu Kant sieht Hegel ferner in der Einheit des Selbstbewusstseins das Prinzip der Einbildungskraft und wiederum in der transzendentalen Einbildungskraft das Prinzip der Anschauung. In der Einheit des Selbstbewusstseins oder der Apperzeptionseinheit liegt also in Hegels Augen das absolute und ursprüngliche Prinzip von Verstand und Anschauung. Beide beruhen auf ein und derselben ursprünglichen Einheit, und vom Kantischen Ich als einseitiger Einheit des Verstandes unterscheidet sich nun bei Hegel das reine Selbstbewusstsein als ursprüngliche und synthetische Einheit aller Erkenntnis. Es handelt sich um den Keim dessen, was er später den spekulativen Begriff nennen wird.

---

[61] Zu Hegels Lektüre der transzendentalen Deduktion vgl. John McDowell, „Hegel's Idealism as a Radicalization of Kant", in derselbe, *Having the World in View. Essays on Kant, Hegel, and Sellars*, Cambridge und London, 2009, S. 69-89.

Kant weist jedoch in verschiedenen Stellen nachdrücklich darauf hin, dass außer der Einheit des Selbstbewusstseins „das Mannigfaltige für die Anschauung noch vor der Synthesis des Verstandes, und unabhängig von ihr, gegeben sein müsse".[62] Mit seiner Auslegung der Deduktion der Kategorien gelangt Hegel dennoch zum Schluss, dass Erkenntnis und Wahrheit allein in der Einheit des Selbstbewusstseins liegen, wodurch diese Einheit absolut wird. Die vielfältigen empirischen Daten, so wie sie vor der Synthesis sind, haben nun für Hegel jeden Wert verloren. Sie sind nichtig. Alle Objektivität und Wahrheit beruht auf der Einheit des Selbstbewusstseins. Kants Duplizität von einem erkennenden Subjekt und einem erkannten Gegenstand gilt nicht mehr, und zwar aus Kant-internen Gründen. Denn aus Kants kritischer Untersuchung der Vernunft und der Möglichkeit der Erkenntnis geht Hegel zufolge ein einheitliches Prinzip hervor, auf dessen Grundlage überhaupt Subjektivität und Objektivität sich erst hinterher unterscheiden lassen. Der Dualismus ist also mit der Deduktion der Kategorien ein und für allemal widerlegt worden. Es gibt für Hegel nicht mehr zwei Prinzipien, etwa Verstand und Anschauung, Apperzeptionseinheit und transzendentale Einbildungskraft, sondern nur eins. Die wahrhafte Vernunft liegt gerade in der Vereinigung von Verstand und Einbildungskraft, welche nicht mehr besondere menschliche Vermögen sind, sondern die eine und selbe Vernunft aus unterschiedlichen Perspektiven angesehen.

> „Diese Einbildungskraft nicht als das Mittelglied, welches zwischen ein existirendes absolutes Subject und eine absolute existirende Welt erst eingeschoben wird, sondern sie als das, welches das Erste und Ursprüngliche ist, und aus welchem das subjective Ich sowohl als die objective Welt erst zur nothwendigen zweytheiligen Erscheinung und Product sich trennen, allein als das Ansich zu erkennen [...] und daß diese producctive Einbildungskraft nur Verstand heißt, insofern die Kategorien als die bestimmten Formen der erfahrenden Einbildungskraft unter der Form des Unendlichen gesetzt und als Begriffe fixiert werden."[63]

Die transzendentale Einbildungskraft heißt Verstand, der Verstand heißt transzendentale Einbildungskraft, je nach Blickwinkel. Denn im Grunde genommen handelt es sich um dieselbe Einheit – das Selbstbewusstsein. Die Auseinandersetzung mit der Deduktion der Kategorien und Hegels Position, dass in Kants Deduktion in Wahrheit das einheitliche Prinzip von Verstand und Sinnlichkeit aufgezeigt wird, dass demzufolge alle Wahrheit allein in der Einheit des Denkens liegt, eine Einheit, die weder subjektiv noch objektiv auszulegen ist, sondern die beide Seiten erst ermöglicht, trägt zum klareren Verständnis der späteren Begriffslogik wesentlich bei. Die Einheit des Denkens soll sowohl die Verstandeseinheit des Selbstbewusstseins als auch die Anschauungseinheit der transzendentalen Einbildungskraft in einer ursprünglicheren Einheit vereinigen. Gegen

---

[62] KrV B 145.
[63] GW 4, S. 329.

1.3 HEGELS HAUPTARGUMENTE GEGEN KANT UND FICHTE

die Kantische Verdopplung von existierendem Subjekt und existierender Welt behauptet Hegels Philosophie den Erscheinungscharakter beider Extreme und erklärt das Denken als die einzige Quelle aller Wahrheit.

„Das absolute Urteil des Kantischen Idealismus" besteht also für Hegel darin, dass weder Empfindungen noch Dinge an sich Wahrheit haben, dass ihre ganze Objektivität in ihrer Einheit liegt, ihre Einheit aber die Einheit des Selbstbewusstseins ist. Die sinnlichen Daten besitzen keine objektive Bestimmtheit:

> „Und deßwegen kann, und in dieser Potenz muß das absolute Urtheil des Idealismus in der kantischen Darstellung so aufgefaßt werden, daß das Mannigfaltige der Sinnlichkeit, das empirische Bewußtseyn als Anschauung und Empfindung, an sich etwas unverbundenes, die Welt ein in sich zerfallendes ist, das erst durch die Wohlthat des Selbstbewußtseins der verständigen Menschen einen objectiven Zusammenhang und Halt, Substantialität, Vielheit und sogar Wirklichkeit und Möglichkeit erhält, – eine objective Bestimmtheit, welche der Mensch hin-sieht und hinauswirft."[64]

Gewiss, es wird der Kantischen Darstellung nicht gerecht, die Transzendentalphilosophie so aufzufassen, als ob es der einzelne Mensch, also jeder von uns sei, welcher der Welt ihre Einheit und Objektivität gibt. Denn Kant spricht mehrmals genau vom transzendentalen Subjekt und unterscheidet dieses ganz eindeutig vom empirischen Subjekt – auch nicht zuletzt deshalb, weil die Erkenntnis und sogar die Selbsterkenntnis des empirischen Menschen die Einheit jenes transzendentalen Subjekts voraussetzten.[65] Hegel fasst den wahrhaften Idealismus auch nicht in dieser empirisch-subjektivistischen Perspektive. Jedenfalls aber ist Hegels Schlussfolgerung schwer zu bestreiten, dass der Kantischen Philosophie zufolge die Welt keine Wahrheit an sich hat, dass die Dinge an sich weder Wirklichkeit noch Möglichkeit, noch Substantialität noch die Bestimmtheit anderer Kategorien für sich alleine besitzen, sondern diese erst in Beziehung auf eine erkennende Subjektivität bekommen. Aber obwohl die Dinge an sich keine Wahrheit ohne das transzendentale „ich denke" haben, so haben wiederum das Subjekt und seine Kategorien nach Kants Auffassung ebensowenig Wahrheit für sich allein, sondern erst in Bezug auf Gegenstände möglicher Erfahrung. Beide, Ich und Dinge, sind an sich absolut, allerdings aber leer und ohne Wahrheit, denn die Kategorien sind weder auf das reine Ich noch auf die Dinge an sich anwendbar. „Der kritische Idealismus bestände demnach in Nichts als in dem formalen Wissen, daß Subjekt und die Dinge oder das Nicht Ich jedes für sich existiren, das Ich des: Ich denke, [...] als Subject, ist absolut, so wie das jenseits desselben liegende Ding an sich, beyde ohne weitere Bestimmtheit nach Kategorieen."[66]

Dadurch entsteht der formale Dualismus eines an sich unerkennbaren Subjekts und einer an sich unerkennbaren Objektivität. Die Kantische Philosophie

---

[64] GW 4, S. 330.
[65] Vgl. z. B. KrV B 155, 156.
[66] GW 4, S. 331.

hält somit an dem Gegensatz zwischen einer reinen und leeren Egoität und ihres Verstandes und einer ebenso leeren Dingheit fest; sie verabsolutiert Verstand einerseits und Sinnlichkeit andererseits und fasst sowohl die theoretische als auch die praktische Philosophie nur in diesem Rahmen. Zwar ist es eins ihrer wichtigsten Ergebnisse, dass der Verstand nur Erscheinungen und nichts an sich erkennt; dennoch aber wäre so für Hegel daraus der konsequente Schluss zu ziehen, dass ein Verstand, der nichts an sich erkennt und keine Wahrheit erreicht, selbst nichts an sich ist und nur eine erscheinende Wahrheit haben kann. Kant hingegen fasst die Erkenntnis nur als Verstandeserkenntnis von Gegenständen möglicher Erfahrung – also, von Erscheinungen – und leugnet Hegel zufolge jede Vernunfterkenntnis und, in der Tat, jede Erkenntnis der Wahrheit überhaupt.

Schließlich ist in Hegels Augen noch ein Verdienst Kants anzuerkennen: dass er die Kausalität auf die Ebene der Erfahrung, also auf den Bereich des Endlichen und Erscheinenden beschränkt hat. Denn dadurch hat Kant zugleich die Philosophie von der Endlichkeit befreit. Handelt die Philosophie vom Unendlichen und Wahren, so sind die Kausalität und die damit verbundenen Denkbestimmungen nicht von ihr zu gebrauchen. Das Ansich und Wahre wird also durch Kausalität und Verstand nicht erkannt; sondern nur Erscheinungen sind es, was unter das Gesetz der Kausalität und der Notwendigkeit fällt und von diesem beherrscht wird.

> „Nach Kant sind alle diese Begriffe, von Ursache und Wirkung, Succession usw. schlechthin auf die Erscheinung eingeschränkt; die Dinge, in welchen diese Formen objectiv sind, sowohl als eine Erkenntniß dieser Objecte ist schlechthin nichts *an sich*; das Ansich und die Vernunft werden schlechthin über diese Formen der Endlichkeit erhoben, und von ihnen rein erhalten; ein Resultat, womit Kanten den Anfang einer Philosophie überhaupt gemacht zu haben, das unsterbliche Verdienst bleibt."[67]

Denn die Philosophie handelt von Vernunftideen. Ihr eigentümliches Gebiet ist das Vernünftige, und ihr einziges Interesse die Freiheit. Im letzten Kapitel der vorliegenden Arbeit wird man sehen, wie ernst Hegel das meint. Hegel setzt mit seiner Philosophie Kantische Gedanken fort, indem er nachdrücklich Kants Erklärung der Verstandeserkenntnis durch Kategorien als Erkenntnis von Erscheinungen und nicht von Dingen an sich verinnerlicht, auf diese Weise aber die Philosophie von der Endlichkeit befreit und sie allein den Ideen der Vernunft zugewandt sieht.

Das Prinzip der Deduktion der Kategorien enthält den Keim des Spekulativen und eröffnet den Anfang einer neuen Philosophie. In der Kantischen Deduktion ist die Identität des Subjekts und des Objekts „aufs bestimmteste" ausgesprochen. Das Spekulative muss man aber von den Buchstaben der Kantischen Philosophie unterscheiden, und es macht für Hegel das größte Verdienst *Fichtes* aus, „den Geist der Kantischen Philosophie" daraus prächtig herausgehoben zu haben.

---

[67] GW 4, S. 350.

1.3 HEGELS HAUPTARGUMENTE GEGEN KANT UND FICHTE 59

Kant hat trotz der Entdeckung des Spekulativen die Dinge an sich und somit die Entgegensetzung zwischen Subjekt und Objekt wiederum hypostasiert. Nachdem er Subjektivität und Objektivität in ihren Kernen auf die Einheit zurückgebracht hat, räumt er wiederum – und gar im Gegensatz dazu – eine absolute Objektivität ein. Gleichzeitig macht er die Kategorien zu Denkformen einer endlichen Subjektivität und erhebt sie zugleich zur Begrenzung der Erkenntnis, indem Erkenntnis allein als Verstandeserkenntnis zugegeben und aufgefasst wird. Diese „Umstände", schreibt Hegel bereits in der *Differenzschrift*, in denen das spekulative Eine der Subjekt-Objekt-Identität so gut wie vergessen scheint, „liegen höchstens in der Form der Kantischen Deduktion der Kategorieen, nicht in ihrem Princip, oder Geist; und, wenn wir von Kant sonst kein Stück seiner Philosophie hätten, als dieses, würde jene Verwandlung fast unbegreiflich seyn."[68]

Unbegreiflich ist für Hegel der Zusammenhang zwischen der Einheit von Subjektivität und Objektivität, worauf die Deduktion der Kategorien beruht, und der restlichen Philosophie Kants. Denn Kant erreicht einmal diese Einheit, um sie hinterher wieder zu verlassen. Im Gegensatz dazu will Fichtes Philosophie das Kantische Denken konsequent vollbringen. Diesen Anspruch kann Fichte aber leider auch nicht einlösen, so Hegel.[69] Dabei bezieht sich Hegel allerdings nur auf die erste, in Jena entwickelte Philosophie Fichtes. Von der späteren, in seiner Berliner Zeit veränderten Konzeption der Wissenschaftslehre als Wissen vom Wissen bzw. absolutes Wissen wird weiter unten die Rede sein.[70]

Fichte erhebt die Identität von Subjekt und Objekt in der Form Ich=Ich zum Prinzip seines Systems. Damit „hat man das kühn ausgesprochene ächte Princip der Spekulation."[71] Ich=Ich ist der Grundsatz der Philosophie des frühen Fichte. In diesem Grundsatz sind sowohl Identität als auch Duplizität vorhanden. Das eine Ich ist Subjekt, das andere Ich Objekt, aber beide sind identisch. Ich=Ich ist damit das Prinzip der Spekulation, die Identität von Subjekt und Objekt. Aber, obwohl Fichte in seiner *Wissenschaftslehre* am Anfang dieses Prinzip deutlich aufstellt, entfaltet sein System diese Identität nicht mehr. Der Identität Ich=Ich folgt im Gegenteil sogleich die Entzweiung. Denn dem Ich wird ein Nicht-Ich entgegengesetzt. Aus dieser Entzweiung vermag das Fichtesche System dann nicht mehr heraus zu gelangen. Das Heraustreten aus der Identität in die Entzweiung und die Differenz ist Hegel zufolge bei Fichte ein Weg ohne Rückkehr. Die Wiedervereinigung des Ichs mit sich selbst findet nicht mehr statt. Dieser Mangel macht Hegels grundsätzlichen Einwand gegen Fichte aus, worauf die ge-

---

[68] GW 4, S. 5f.
[69] Siep zufolge kann man weder von der *Differenzschrift* noch von *Glauben und Wissen* sagen, dass sie Fichtes Philosophie gerecht werden. Vgl. Ludwig Siep, *Der Weg der Phänomenologie des Geistes*, Frankfurt am Main, 2000, S. 40. Da unser Interesse sich hier auf die Herausbildung von Hegels eigener Position richtet, können wir die Frage außen vorlassen. Zu Hegel Jenaer Fichtekritik vgl. auch Ludwig Siep, *Hegels Fichtekritik und die Wissenschaftslehre von 1804*, Freiburg, München, 1970.
[70] Vgl. Ziffer 1.5.
[71] GW 4, S. 6.

samte folgende Kritik aufbaut. Dem absoluten Ich wird eine Objektivität gegenüber gestellt, und die Vereinigung von beiden wird dann zu unerfüllbarer Aufgabe. Aufzuzeigen, wie das Ich sich in der Objektivität darstellt, wie das Ich aus seiner Subjektivität heraustritt und objektiv wird – das ist es, was die *Wissenschaftslehre* nicht vermag; und wo anfangs Ich=Ich behauptet wird, wird hinterher präzisiert, Ich *soll* Ich gleich sein, das Subjekt *soll* das Objekt vollkommen bestimmen. Das Sollen allerdings deutet schon darauf hin, dass dies nicht mehr der Fall sein wird.

> „Ich=Ich ist absolutes Princip der Spekulation, aber diese Identität wird vom System nicht aufgezeigt; das objektive Ich wird nicht gleich dem subjektiven Ich; beyde bleiben sich absolut entgegengesetzt; Ich findet sich nicht in seiner Erscheinung, oder in seinem Setzen, um sich als Ich zu finden, muß es seine Erscheinung zernichten; das Wesen des Ich und sein Setzen fallen nicht zusammen, *Ich wird sich nicht objektiv*."[72]

Das Grundproblem besteht in Hegels Augen darin, dass bei Fichte keine vollständige Darstellung des Ich in der Erscheinung möglich ist. Diese Darstellung ist von vornherein ausgeschlossen, weil die Objektivität bloß als Nicht-Ich verstanden wird. Da Fichte im Grunde keinen spekulativen Begriff von Natur hat, kommt das Objektive bei ihm nur als das Fremde und Tote vor, das zu Vernichtende, das Andere, das Unbestimmte, als die bloße Grenze der Intelligenz. Wenn das Ich also das Objekt setzt, so entspricht diese Setzung nicht vollkommen seinem Wesen. Die Intelligenz stellt sich nicht in der Objektivität dar. Die Objektivität ist nicht *seine* Objektivität, sondern das Fremde, das zu vernichten ist. Das Ich wird sich deshalb nicht objektiv, weil alles Objektive ihm entgegensteht und fremd ist; weil es ein X gibt, das ihm immer fremd bleibt, egal wie weit das Ich in der Bestimmung der Objektivität kommt. Eine vollkommene Darstellung des reinen Denkens in der Gegenwart gibt es bei Fichte daher nicht, und deshalb ist die Identität des Subjekts und Objekts nur eine postulierte, niemals aber eine vollzogene.

Dieses Grundproblem wurzelt im Prinzip der Fichteschen Philosophie selbst. Denn der erste Grundsatz seiner *Wissenschaftslehre* ermangelt jedes spekulativen Gehalts. Sein Inhalt ist vielmehr ein hohler Punkt, ein leeres Ich ohne weitere Bestimmung. Dieser Mangel am Prinzip, erklärt Hegel, führt sofort zur Entgegensetzung, zum Nicht-Ich. Die Leerheit des reinen Ichs bewegt zur Deduktion der Sinnenwelt.

> „Diese erkannte Unvollständigkeit des absoluten Princips und die daraus erkannte Nothwendigkeit eines Fortgehens zu einem andern, ist das Princip der Deduktion der Sinnenwelt; das völlig leere, womit angefangen wird, hat durch seinen absoluten Mangel den Vortheil, in sich immanent, die unmittelbare Nothwendigkeit zu tragen, sich

---

[72] GW 4, S. 37.

zu erfüllen, zu einem andern, und von diesem Andern zu andern Andern in eine unendliche objective Welt fortgehen zu müssen."[73]

Der Vorteil des Fortgehens bringt aber den Nachteil mit sich, dass damit die Absolutheit des Prinzips aufgegeben wird. Denn zum Ich als Prinzip des Wissens wird das Nicht-Ich hinzugefügt. Fichte nimmt die von Locke und Hume gestellte Aufgabe der Philosophie auf, die Welt vom Standpunkt des Subjekts aus zu erklären. Seine Philosophie beginnt mit einer Abstraktion von allem, was Nicht-Ich ist, und das Denken versucht sich somit selbst zu denken – darin besteht die intellektuelle Anschauung.[74] Aber zu all dem, wovon man zu Anfang abstrahiert, um zum reinen Wissen oder zur Einheit des Selbstbewusstseins zu gelangen, muss man hinterher doch wieder zurückkehren. Denn die einzige Art und Weise zur Bestimmung dieses leeren Ichs ist es, ein Nicht-Ich zu setzen. Das Ich geht zu seinem Anderen fort und von diesem zu einem anderen Anderen usw. bis die Mannigfaltigkeit der Welt konstruiert ist. Allerdings ermangelt die Objektivität, die Fichte auf diese Weise denkt, einer inneren Einheit. Deshalb meint Hegel, dass Fichte keinen Begriff von Natur besitzt. Die Sinnenwelt erhebt sich nicht zum einheitlichen Ganzen, sondern bleibt bei Fichte eine unbegreifliche Kollektion von Vorstellungen, die ins Unendliche geht. Durch das Wiederaufnehmen dessen, wovon vorher abstrahiert worden ist, versenkt sich Fichte in der Mannigfaltigkeit der Welt, vermag aber darin keine Totalität zu begreifen.

Aus Hegels Sicht besteht deshalb die Fichtesche Philosophie in der Wiederholung des Dualismus zwischen einer leeren Subjektivität und einer empirischen Realität. Aber während die Realität von Kant durch den Begriff der Natur als eine organische Einheit verstanden wird, ist sie bei Fichte zur bloßen der Empfindung des Subjekts gegebenen Menge empirischer, chaotischer Daten herabgesetzt.[75] Hegels Kritik zielt also darauf, dass Fichte keinen Begriff von Natur als einer organisch-einheitlichen Objektivität gefasst hat. Fichte habe sich in der Tat darum gar nicht gekümmert, denn seine Position besteht Hegel zufolge vielmehr darin, die Objektivität als bloßes Produkt unseres Vorstellungsvermögens herabzusetzen. Mit dieser Herabsetzung will er den menschlichen Geist von der Notwendigkeit und Wirklichkeit der Dinge befreien.

„Um der Ueberzeugung willen, daß das Bewußtseyn *eines* Dinges außer *uns* absolut nichts weiter ist als das Product unseres eigenen Vorstellungsvermögens, erklärt der Geist den Ich für frey und auf ewig erlöst von der Furcht, die ihn erniedrige und quälte; frey von einer Nothwendigkeit, die nur in seinem Denken sey, und von der Wirklichkeit von Dingen, die außer ihm existiren."[76]

---

[73] GW 4, S. 390.
[74] Ebenda.
[75] GW 4, S. 395.
[76] Ebenda.

Fichte fasst eine Vielfalt von Dingen, niemals aber eine Totalität, genauso wie er vom Standpunkt des endlichen Individuums ausgeht, und es geht ihm darum, das endliche, empirische Individuum vom empirischen, einzelnen Ding abzulösen. Durch die Gewissheit, dass die Notwendigkeit der Außenwelt eigentlich das Gesetz seines eigenen Denkens ist, soll die Freiheit des Subjekts von den empirischen Einflüssen auf sein Gemüt erreicht werden. Aber die Herabsetzung der Realität auf bloßes Produkt unseres Vermögens gewährleistet die wahre Freiheit keineswegs, wie Hegel zu Recht feststellt. Denn immer noch besteht die Möglichkeit, dass man innerlich in eben derselben Notwendigkeit befangen sei. Das innere Gefängnis des Menschen, gerade wie Spinoza ausführlich im dritten und vierten Teil seiner *Ethik* zeigt, setzt sich nicht aus Ketten und Mauern, sondern aus Affekten und Gemütszuständen zusammen, welche mit der bloßen Gewissheit, die Welt sei Vorstellung meines Ichs, nicht beseitigt werden können. Dessen ist sich Hegel auch völlig bewusst.

Fassen wir zum Abschluss Hegels Auseinandersetzung mit der Reflexionsphilosophie sowie deren Relevanz für die Herausbildung einer eigenständigen Hegelschen Position zusammen. Die Reflexionsphilosophie besteht generell im Gegensatz zwischen Subjektivität und Objektivität und in der Fixierung auf die Endlichkeit. Wahrheit und Vernunft bleiben dabei immer ein Jenseits. Die Reflexionsphilosophie verabsolutiert das Subjekt und zwar in der Form der Persönlichkeit und der Einzelheit. Insbesondere die Auseinandersetzung mit Kant und Fichte ist für die Herausbildung von Hegels eigener Position maßgebend. Die Bedeutung der Kantischen Philosophie liegt im Begriff des Idealismus. Das größte Verdienst von Kant besteht darin, den Idealismus erwiesen zu haben. Nicht nur das: In Kants Denken liegt die Befreiung der Philosophie von der Endlichkeit der Erscheinungswelt. Diese idealistische Befreiung hat jedoch Kant selbst nicht konsequent durchgeführt, und das Verdienst Fichtes beruht gerade darauf, den Geist der Kantischen Philosophie deren Buchstaben ungeachtet gefasst und ausgedrückt zu haben. Allerdings begeht Fichte denselben Fehler wie Kant: die Verabsolutierung der Endlichkeit, die Fixierung des Gegensatzes zwischen Subjekt und Gegenstand. Der Keim der wahren Philosophie ist aber im Werk von beiden Denkern enthalten. Das Wahre liegt Hegel zufolge im entsubjektivierten, reinen Denken bzw. im reinen Gedanken,[77] und es ist das reine Denken des Denkens oder das Reich des reinen Gedanken, was die wahre Philosophie ausmacht.

---

[77] Wenn Hegel üblicherweise vom Denken spricht, so ist damit das reine, aller subjektiven Bedingungen enthobene Denken gemeint. Man kann auch vom reinen Gedanken und so von der spekulativen Logik als der Wissenschaft der Gedankenbestimmungen sprechen. Mehr dazu im nächsten Kapitel, Ziffer 2.1.

1.4 Der Bruch mit der Philosophie des Absoluten in der Vorrede zum System von 1807

Bereits während der Jenaer Zeit distanziert sich Hegel allmählich vom Grundgedanken des Absoluten.[78] Immer deutlicher wird es, dass er die Leistung des spekulativen Denkens nicht mehr im Hinblick auf die Gegenstanderkenntnis sieht, nicht einmal auf die Erkenntnis *des* Gegenstandes überhaupt, nämlich des Absoluten. Stattdessen kommt es ihm verstärkt darauf an, die Bestimmungen des Denkens allein für sich zu betrachten und an ihnen zu untersuchen, wie sie eine sich entwickelnde und systematische Totalität ergeben. Hegels metaphysisches Interesse richtet sich nach und nach auf die Darlegung der universellen Vernunft überhaupt anstatt darauf, Auskunft über das allumfassende Seiende zu geben. Entscheidend in diesem Zusammenhang ist die Einsicht, dass Metaphysik nach Kant nur noch als Logik möglich ist. Oder andersherum: Die Logik ist die eigentliche Metaphysik. Von dieser folgenreichen Zusammenfügung von Logik und Metaphysik überzeugt sich Hegel in Jena. Da dieses Thema aber bereits in der Hegelforschung erfolgreich behandelt wurde, können wir uns hierauf berufen.[79]

Spätestens in der Vorrede zur *Phänomenologie des Geistes* wird deutlich, dass Hegel seine affirmative Einstellung zum Begriff des Absoluten sehr stark *abgeschwächt* hat. Dabei handelt es sich um einen sehr bedeutenden Text, welcher die Relevanz einer bloßen Vorrede zweifelsohne überschreitet. Der Grund dafür liegt in den darin enthaltenen programmatischen Aussagen Hegels. In der Hegelforschung hat man deshalb – dem Titelblatt von Hegels eigener Ausgabe der *Phänomenologie* entsprechend – oft vielmehr von einer Vorrede zum gesamten System gesprochen. In der Tat hat Hegel ja mit diesem Werk sein System der Wissenschaft zum ersten Mal präsentiert, und dessen erster Teil sollte die *Phänomenologie* als „Wissenschaft der Erfahrung des Bewusstseins" sein.

Für die vorliegende Untersuchung aber wäre weder eine detaillierte Auslegung der *Phänomenologie* noch die Erkundung ihrer Grundzüge sinnvoll. Gesamtinterpretationen sowie Spezialstudien geben in der Forschungsliteratur sowohl über das Programm des Werkes und dessen Ausführung als auch über verschiedene

---

[78] Mit der Wendung von Hegels Denken in Jena hat sich Klaus Düsing intensiv beschäftigt. Dass ein sogenannter Paradigmenwechsel damals bei Hegel stattfand, gilt dank seiner Forschungsarbeiten für sicher. Hier sei noch auf den aktuelleren Aufsatz hingewiesen „Von der Substanzmetaphysik zur Philosophie der Subjektivität. Zum Paradigmenwechsel Hegels in Jena", in Heinz Kimmerle (Hrsg.), *Die Eigenbedeutung der Jenaer Systemkonzeptionen Hegels*, Berlin, 2004, S. 185-199. Umstritten bleibt allerdings bis heute, dass diese Änderung sich in Richtung einer Metaphysik der Subjektivität vollziehe, zumal wenn man die von uns gerade betrachtete Kritik Hegels an der Reflexionsphilosophie mitberücksichtigt. Wie in der vorliegenden Arbeit ausführlich dargelegt werden wird, ist der Paradigmenwechsel grundsätzlicher. Denn mit ihm wird das Programm einer im Ganzen systematischen Vernunfterkenntnis des Absoluten überhaupt aufgegeben.

[79] Zu Hegels Zusammenschluss von Logik und Metaphysik in Jena siehe besonders Hans Friedrich Fulda, *G. W. F. Hegel*, S. 75-81; auch Walther Jaeschke, Andreas Arndt, *Die Klassische Deutsche Philosophie nach Kant*, S. 552-559.

Werkteile genügend Auskunft.[80] An dieser Stelle sei nur an den Einleitungscharakter erinnert, den Hegel seiner *Phänomenologie* ursprünglich zugedacht hat. Die *Phänomenologie* soll das unphilosophische Bewusstsein des Individuums über einen langen Bildungsweg zum philosophischen Standpunkt bringen. Es handelt sich dabei also um eine propädeutische, aber wissenschaftlich ausgeführte Einleitung zum System, gemäß welcher das Individuum sich vom Standpunkt des gesunden Menschenverstandes, auf dem es sich als natürliches Bewusstsein immer befindet, in den Äther der Wissenschaft erheben soll. Als solche propädeutische, jedoch das spekulativ-philosophische Erkennen nicht eigens thematisierende Einleitung zur Philosophie – denn die reine Philosophie hat für Hegel keine solche Einleitung, sondern nur die Forderung, rein denken zu wollen – wird dieses Werk in der vorliegenden Arbeit verstanden. Und es geht nun darum zu untersuchen, wie dieses Werk die Herausbildung von Hegels eigenständiger Position bekundet und in welchem Verhältnis diese Position zur Philosophie des Absoluten steht. Diese Aufgabe werden wir anhand der Vorrede zum System und später des letzten Kapitels der *Phänomenologie* angehen.

Die Vorrede von 1807 bietet dem Leser einige Schwierigkeiten, weil sie verschiedene, manchmal sogar lakonische Aussagen enthält, welche ohne ausreichende Kenntnisse über das gesamte Systemkonzept kaum richtig zu verstehen sind. So beginnt Hegel mit dem Gedanken, die Philosophie befinde sich im Element der Allgemeinheit, die das Besondere in sich schließt.[81] Wie diese Allgemeinheit zu denken ist und wie überhaupt die Allgemeinheit das Besondere enthalten soll, anstatt es vielmehr auszuschließen, erläutert er nicht weiter. Zu diesen Fragen gibt eigentlich erst die Begriffslogik Auskunft, wie wir im letzten Kapitel dieser Arbeit sehen werden, sodass sie am Anfang der *Phänomenologie* etwas dunkel bleiben. Andere Äußerungen programmatischen Charakters bedürfen hingegen sogar einer Präzision, wie ersichtlich wird im späteren, in Grundrissen enzyklopädisch dargestellten System. So bezieht sich z. B. Hegels Fragestellung in der Vorrede zunächst einmal auf die Darstellung philosophischer Wahrheit. Die Sache, erklärt Hegel, sei nur in ihrer Ausführung erschöpft, das wirkliche Ganze nur in seinem Werden. Die wahre Gestalt der Wahrheit sei deshalb das *wissenschaftliche System*.[82] Aus den späteren Werken Hegels weiß man aber, dass hier eine Ergänzung erforderlich ist. Denn es handelt sich bei der *Phänomenologie* von 1807 ja eigentlich nicht um das die Wahrheit darstellende System der *Wissenschaft* und auch nicht schlicht um ein *wissenschaftliches* System überhaupt. Vielmehr ist das Hegelsche „System der Wissenschaft" ein genuines System der *Philosophie,* das wesentlich drei *philosophische* Wissenschaften in sich schließt, wie das Titelwerk der *Enzyklopädie* ankündigt. Dieselbe Präzision kann

---

[80] Hier sei nur verwiesen auf Ludwig Siep, *Der Weg der Phänomenologie des Geistes*. Frankfurt am Main, 2000; Terry Pinkard, *Hegel's Phenomenology*. Cambridge & New York, 1994; Michael N. Forster, *Hegel's Idea of a Phenomenology of Spirit*. Chicago & London, 1998; schließlich Hans Friedrich Fulda, *G. W. F. Hegel*, S. 81-93.
[81] GW 9, S. 9.
[82] GW 9, S. 11.

man bei der ersten Vorrede zur *Wissenschaft der Logik* gebrauchen. Diese Ergänzung sollte nicht unterschätzt werden. Denn hinter ihr steckt eine klare Unterscheidung zwischen Philosophie und Fachwissenschaften hinsichtlich Methode und Gegenstand, wie sie Hegel in seiner Lehre über die Idee entwickelt.[83]

Zusammen mit solchen programmatischen Aussagen enthält die Vorrede von 1807 Hegels Polemik gegen manche philosophische Positionen seiner Zeit. Erst äußert er sich gegen das unmittelbare Wissen, und dies ist bekanntlich nicht der einzige Ort, wo er das tut. An dieser Stelle findet man einen der besten Gedanken Hegels: Der laute Widerspruch gegen ein System oder eine Position in der Philosophie ist eigentlich nur die Aufstellung der Gegenposition *daneben*. Die wirkliche Widerlegung aber – wie wir später bei der Widerlegung des Spinozismus sehen werden – muss vielmehr die Gegenposition in sich integrieren. Eine solche Widerlegung kann in einer Vorrede natürlich nicht unternommen werden; gleichzeitig aber findet es Hegel nötig, die damals aufkommende Tendenz, sich auf unmittelbares Wissen zu berufen, bereits dort zu bekämpfen. Uns interessiert jedoch nicht dieser Streit als solcher, vielmehr soll hier vor zu schnellen Schlussfolgerungen gewarnt werden. So könnte man meinen, wenn Hegel schreibt: „Das Absolute soll nicht begriffen, sondern gefühlt und angeschaut"[84] werden und wenn er sich gegen diese Position stellt, so heiße das im Umkehrschluss, dass für ihn das Absolute vielmehr begriffen werden muss. Etwas weiter unten liest man die berühmte Wendung, das Absolute sei wesentlich Resultat. Das Absolute, so Hegel, ist nicht unmittelbar gegeben, sondern seine Erkenntnis bedarf vielmehr der ganzen Vermittlung der Philosophie. An dieser Stelle sei allerdings an das erinnert, was in der Einleitung zur vorliegenden Arbeit gesagt worden ist. Die Verwendung des Ausdrucks „Das Absolute" schwankt offensichtlich bei Hegel zwischen einem weiten und einem engeren Sinn. Streng genommen ist das Absolute das All-Eine, das Sein in allem Dasein, das unendlich Eine, das alles in sich vereinigt und werden lässt. Im weiteren Sinne aber ist mit dem Absoluten keine ontologische Position, sondern schlicht das Höchste und Wahre gemeint, und das bleibt bei Hegel als ein Ausdruck seiner Zeit bestehen. Wenn es also klar ist, dass für Hegel das Absolute begriffen werden muss, so bleibt wiederum unklar, ob damit Hegel zugunsten einer gewissen ontologischen Position Stellung bezieht, oder ob er vielmehr sagen will, das eigentlich Wahre und Höchste sei begrifflicher Natur.

Dass diese zweite Auslegung vorzuziehen ist, dass also Hegel in seiner Vorrede von 1807 seine Stellung zur Philosophie des Absoluten geändert hat, deutet sich anhand der nächsten Polemik im Text an. Denn nach der Kritik am unmittelbaren Wissen polemisiert Hegel gegen eine andere philosophische Position, und zwar genau gegen die Philosophie des Absoluten. Zum ersten mal übt Hegel nun öffentlich eine eindeutige und scharfe Kritik an dieser Philosophie. Deren Position enthält ja ebenfalls den Grundgedanken des unmittelbaren Wissens, sie be-

---

[83] Vgl. dazu das letzte Kapitel, Ziffer 4.4.3. und 4.5.
[84] GW 9, S. 12.

steht aber nicht nur darin. Die Stelle, die wir nun in Erinnerung rufen möchten, befindet sich unmittelbar vor der berühmten Aussage, das Wahre sei nicht als Substanz, sondern ebenso sehr als Subjekt aufzufassen und auszudrücken. Unmittelbar davor nimmt Hegel zur Philosophie des Absoluten Stellung. Er spricht im Allgemeinen über eine philosophische Tendenz, welche „der allgemeinen Idee in dieser Form der Unwirklichkeit allen Werth zugeschrieben" hat.[85] Diese „allgemeine Idee" ist weder mit Hegels eigentlicher Verwendung des Terminus in der *Wissenschaft der Logik* noch mit Kants Vernunftideen zu verwechseln, sondern weist hier nur auf den höchst abstrakten und allgemeinen Gedanken eines allumfassenden Seienden hin, das alles in einer vollkommenen Identität versinken lässt. Dieser Gedanke ist eben der Gedanke eines Absoluten, der zu damaliger Zeit an die Spitze des philosophischen Denkens gestellt wurde. Hegel behauptet dabei, dass dieser höchst allgemeine Gedanke mit Unwirklichkeit behaftet ist, weil in ihm alles Konkrete aufgelöst wird. Der Philosophie des Absoluten gilt dann für Spekulation „die Auflösung des Unterschiedenen und Bestimmten, oder vielmehr das weiter nicht entwickelte noch an ihm selbst sich rechtfertigende Hinunterwerfen desselben in den Abgrund des Leeren".[86] Sie besteht darin, alles Bestimmte und Konkrete in der absoluten Identität des All-Einen zu verschmelzen. Im Absoluten ist kein konkretes Dasein erkennbar, weil dort alles eins ist. Denn für eine Philosophie des Absoluten gibt es keine unhintergehbaren Unterschiede, sondern jeder Unterschied hat seine Grundlage in der Identität des All-Einen. Man muss, wie es schon Hölderlin gegen Kant ursprünglich vertreten hat, von der All-Einheit ausgehen und voraussetzen, dass alle Trennung nur Schein ist, um überhaupt in jene Einheit zurückkehren zu können. Diese Philosophie ist aber nun für Hegel „die Naivität der Leere an Erkenntniß."[87] Denn sie erhebt das Absolute zum höchsten Ziel des Denkens und behauptet, dass es in Wahrheit nur Eins gibt und alles Konkrete und Unterschiedene lauter Schein ist. Jedoch strebt sie ebenfalls eine wirklich philosophische Erkenntnis des Konkreten an. Tatsächlich aber geht ihre ganze Erkenntnis ins Leere. Denn sie vermag nur das Konkrete in der Identität des All-Einen aufzulösen. Die soeben formulierte Kritik legt Hegel an anderen Stellen ausführlicher dar, vornehmlich am Ende der *Phänomenologie*, wie wir gleich sehen werden, und in der *Wissenschaft der Logik*.[88]

In der Vorrede zur *Phänomenologie* stellt er unmittelbar nach dieser Kritik sein eigenes philosophisches Programm auf: „Es kömmt [...] alles darauf an, das Wahre nicht als *Substanz*, sondern ebensosehr als *Subject* aufzufassen und auszudrücken."[89] Das Wahre, sagt Hegel, soll als eine lebendige Substanz, als Subjekt aufgefasst werden. Man beachte dabei, dass hier vom Wahren und nicht vom Abso-

---

[85] GW 9, S. 17.
[86] GW 9, S. 18.
[87] GW 9, S. 17.
[88] Siehe das dritte Kapitel der vorliegenden Arbeit, insbesondere Ziffer 3.4.
[89] GW 9, S. 18.

luten die Rede ist. Es handelt sich um ein Verständnis der *Wahrheit* und *nicht um eines des Absoluten*. Anders gesagt: Hegel behauptet an dieser berühmten Stelle nicht, dass die Realität eine unendliche, ursprüngliche und allumfassende Subjekt-Substanz sei.

Die Wahrheit soll Hegel zufolge nicht (oder nicht nur) als Substanz verstanden werden, sondern als Subjekt. Das Wahre wird als Substanz aufgefasst, wenn es als eine richtige Aussage über ein Dasein oder einen Sachverhalt verstanden wird. Das Wahre wird dabei in der Form der Beharrlichkeit festgehalten. So begriffen ist die Wahrheit eine *Feststellung*. Sie besteht in einem Inhalt, welcher eingesehen und festgehalten wird. Dieses Wahrheitsverständnis ist den historischen Wissenschaften sowie der Mathematik eigentümlich. Aber in der Philosophie macht diese Konzeption der Wahrheit Hegel zufolge die Quintessenz des Dogmatismus aus: „Der *Dogmatismus* der Denkungsart im Wissen und im Studium der Philosophie ist nichts anderes, als die Meynung, daß das Wahre in einem Satze, der ein festes Resultat oder auch der unmittelbar gewußt wird, bestehe."[90] Die Wahrheit, behauptet Hegel dagegen, soll in der Philosophie als eine lebendige Substanz oder ein Subjekt aufgefasst werden. Mit „lebendiger Substanz" oder „Subject" ist „die Bewegung des sich selbst Setzens, oder die Vermittlung des sich anders Werdens mit sich selbst" gemeint.[91] Im Unterschied zur Beharrlichkeit der Substanzform wird die Wahrheit hier als ein Prozess und eine Bewegung gefasst, die daher kaum in einem Satz festgehalten werden kann.[92] Wir werden im letzten Kapitel in das Hegelsche Verständnis der philosophischen Wahrheit eindringen müssen. Hier aber ist es schon wichtig zu bemerken, dass Wahrheit philosophisch gedacht in der Vermittlung einer Sache bzw. eines Inhaltes *zu sich selbst* besteht. Zu dieser Selbstvermittlung gehört ein Anderswerden hinzu.

Lassen wir nun die Ausführungen über das Verfahren der Philosophie und seine Polemik gegen die mathematische Methode, die philosophische Konstruktion und den Kantischen Formalismus beiseite. Zu all diesen Fragen, soweit sie in der Vorrede zur *Phänomenologie* thematisiert sind, findet man in der Forschungsliteratur genug Auskunft. Hier ist aber ein anderer, wichtiger Aspekt ins Licht zu heben, der bisher kaum Aufmerksamkeit erregt hat. Hegels eigenständige Position, die in dieser Vorrede allerdings nur umrissen wird, bildet sich weiter mit einer genuinen Reflexion über das Verhältnis vom Denken und Sein heraus. Doch auch hier findet sich ein entscheidender Unterschied, der ein Spezifikum der Hegelschen Philosophie ausmacht.

Die von Spinoza beeinflusste monistische Metaphysik des Absoluten zeichnet sich durch die Behauptung der Identität vom Denken und Sein aus. Denken und Sein sind bei dieser metaphysischen Lehre die zwei Seiten des All-Einen – zwei Weisen, auf welche das Absolute ausströmt und sich entfaltet. Das Seiende ist demzufolge zutiefst vernünftig, genauso wie die Vernunft das einzig absolute

---

[90] GW 9, S. 31.
[91] GW 9, S. 18.
[92] Zur Unangemessenheit des Urteils, das Wahre aufzufassen, vgl. Enzyklopädie § 31 A.

Seiende und alles Seiende ist. Diese Identität von Denken und Sein ist der Gipfel der Allwissenheit, die Behauptung eines alles durchdringenden, an und für sich seienden und vernünftigen Zusammenhanges, der in einem philosophischen System darstellbar ist. Mit ähnlichen Erwartungen gehen viele Leser an die Hegelsche Philosophie heran.

Doch eine ausdrückliche Erklärung über die Identität von Denken und Sein enthält die Hegelsche Philosophie eigentlich nicht. Dies ist in der *Wissenschaft der Logik* eindeutig, wie wir im nächsten Kapitel sehen werden, aber auch bereits in der Vorrede zur *Phänomenologie* zu finden. Denn an die Stelle von „dem gewöhnlichen begrifflosen Sprechen von der Identität des Denkens und Seyns",[93] schreibt Hegel, soll die richtige Auffassung gesetzt werden: Sein, Dasein, Anderes usw. sind Gedanken, Bestimmungen des Denkens. Aber das Denken selbst, indem es über sie nachdenkt, befindet sich eigentlich immer nur bei sich. Das Denken verfolgt dabei die Dynamik dieser Gedanken so, dass es sich einerseits in diesen Inhalt versenkt, andererseits aber in seine eigene Innerlichkeit eindringt.

> „Indem das Wissen den Inhalt in seine eigne Innerlichkeit zurückgehen sieht, ist seine Thätigkeit vielmehr sowohl versenkt in ihn, denn sie ist das immanente Selbst des Inhalts, als zugleich in sich zurückgekehrt, denn sie ist die reine Sichselbstgleichheit im Andersseyn."[94]

Das Wissen sieht bloß der Entwicklung des Inhalts zu, aber gleichzeitig versinkt es mit der Entwicklung des Inhalts in sich selbst. Denn der Inhalt besteht aus Bestimmungen des Denkens, und indem das Denken diese Bestimmungen sich frei entwickeln lässt, erforscht es in Wahrheit seine eigene Natur. Nun aber ist Hegel weit davon entfernt, Denken und Sein als gleichgestellt zu denken und ihre Identität im Absoluten als den wahrhaften, unendlichen Grund von allem zu erklären. Vielmehr sind für ihn das Sein sowie alle seine Bestimmungen in sich selbst Bestimmungen des Denkens. Aber das Denken erschöpft sich im einfachen Gedanken des Seins nicht, ebenso wenig in der ganzen Sphäre der Seinsbestimmungen, sondern zum reinen Denken gehören auch noch zwei andere Sphären, nämlich die des Wesens und des Begriffs. Von einer Identität zwischen Denken und Sein darf also bei Hegel keine Rede sein. Auf das Verhältnis vom Denken und Sein werden wir noch einmal im nächsten Kapitel hinsichtlich der Diskussion über einen angeblichen ontologischen Charakter der *Wissenschaft der Logik* zurückkommen. Noch deutlicher wird die ganze Sache schließlich werden, wenn wir uns im letzten Kapitel mit Hegels eigener idealistischen Metaphysik auseinandersetzen.[95]

In der Vorrede von 1807 hat Hegel, wie man sieht, seine eigene Philosophie von der Philosophie des Absoluten sehr stark abgegrenzt. Vor allem hat er diesen

---

[93] GW 9, S. 39.
[94] GW 9, S. 39f.
[95] Vgl. vor allem Ziffer 4.1.

philosophischen Ansatz einer Kritik unterzogen, welche er in seinem späteren Werk weiter entwickeln wird. Das Streben nach einer Erkenntnis des Absoluten macht nicht mehr sein eigentliches Interesse aus. Um diese interpretative These zu bekräftigen, werden wir nun zur Analyse der letzten Gestalt der *Phänomenologie*, also zur Analyse des absoluten Wissens übergehen. Dort wird man sehen, dass sowohl die in der Vorrede ausgesprochene Konzeption von Wahrheit als auch die Kritik an der Philosophie des Absoluten sich noch einmal wiederholen.

1.5 Das absolute Wissen und das Absolute

Die Vertreter der Interpretation von Hegels Metaphysik als einer systematischen Darstellung des Absoluten pflegen oft an die Hegelsche Formulierung in der Vorrede von 1807 „das Wahre ist das Ganze" zu erinnern. Damit argumentieren sie, die Hegelsche Philosophie sei ein holistischer Monismus, die die Wahrheit als die Übereinstimmung der absoluten, einheitlichen Wirklichkeit mit sich selbst versteht. Hinzu kommt, dass Hegel selbst erklärt habe, die Wissenschaft werde in der *Phänomenologie des Geistes* und in der *Wissenschaft der Logik* zwar von verschiedenen Standpunkten aus, jedoch immerhin in beiden Werken vollständig dargelegt. Daraus soll folgen, erstens, dass sowohl die *Phänomenologie des Geistes* als auch die *Wissenschaft der Logik* nichts anderes als eine Darstellung des Absoluten beanspruchen; und zweitens, dass das Hegelsche Konzept des Absoluten vollständig am Schluss von beiden Werken zu finden ist, welcher auf die ganze Entwicklung zurückblickt und sie als abgeschlossen auffasst. Die Vertreter dieser Argumentation meinen also, dass Hegel sowohl am Ende der *Phänomenologie*, im Kapitel *Das absolute Wissen*, als auch am Ende der *Logik*, im Kapitel *Die absolute Idee*, Auskunft über sein Verständnis des Absoluten gibt.

Wir werden in den nächsten Kapiteln in die *Wissenschaft der Logik* eindringen und die Gelegenheit finden, einzuschätzen, inwieweit Hegels Begriff der absoluten Idee als seine Version des Absoluten zu lesen ist. An dieser Stelle ist aber die These zu erwägen, im Kapitel *Das absolute Wissen* der *Phänomenologie des Geistes* finde Hegels Konzept des Absoluten seine Darlegung. Auf diesen Schluss kommt man, indem man argumentiert, die *Phänomenologie* habe am Ende ihres Verlaufs den Gegensatz des Bewusstseins überwunden und schließlich das absolute Wissen erreicht – nämlich *ein Wissen auf dem Standpunkt des Absoluten*, auf dem alle Gegensätze in ihrer Wahrheit, also im Absoluten vereinigt und vollkommen durchsichtig sind. So wäre man zum Wahren, d. i. zum Absoluten, als Resultat des ganzen Weges des Bewusstseins gelangt.

Eine andere mögliche Argumentation beharrt darauf, dass nach Hegels Ansicht die *Phänomenologie des Geistes als Ganzes* die Darstellung der Wissenschaft vornimmt. Wenn dem so ist, dann ist die Gesamtheit der Bewusstseinsgestalten als die eine philosophische Wissenschaft anzusehen. Da gleichwohl Hegels Grundüberlegung ist und bleibt, dass das Wahre das Ganze ist, so kann das Hegelsche

Wahre, und was für diese Interpretation dasselbe ist, das Absolute innerhalb der Wissenschaft des Bewusstseins nur in einer Synthesis aller Bewusstseinsgestalten bestehen. Das Kapitel *Das absolute Wissen*, indem es angeblich eine solche Synthesis der ganzen *Phänomenologie* unternimmt, legt deshalb Hegels Konzept des wahren Absoluten dar.

Durch welchen von beiden Wegen auch immer, soll *Das absolute Wissen* die Grundeinsichten von Hegels monistischer Ontologie des Absoluten präsentieren. Unsere Aufgabe ist nun, diese These anhand des Textes der *Phänomenologie* zu überprüfen. Es kommt hierbei darauf an zu überlegen, inwiefern man mit dieser Hypothese Aufklärung über den Hegelschen Text bekommt und ob sie sich mit dem Inhalt des Textes überhaupt in Einklang bringen lässt. Aufgrund des Textes ist aber bereits zu bemerken, dass die zweite Argumentation insofern richtiger als die erste erscheint, als Hegel in der Tat einen großen Teil dieses sonst kleinen Kapitels dazu verwendet, einen Überblick über die ganze *Phänomenologie* zu bieten. Der Überblick dehnt sich über die ersten zehn Absätze des Kapitels aus, während das ganze Kapitel insgesamt aus nur einundzwanzig Absätzen besteht.

Es ist also zu erwägen, ob das absolute Wissen der *Phänomenologie* ein Wissen über das Absolute oder gar das Wissen des Absoluten von sich selbst ist. Handelt es sich um ein Wissen auf dem Standpunkt des Absoluten? Was zunächst einmal bloß den Titel des Kapitels betrifft, so ist es richtig zu bemerken, dass es sich um ein *absolutes* Wissen und nicht um ein Wissen *des* Absoluten handelt. Es geht also nicht darum zu erkennen, dass es ein unendliches, ursprüngliches, einzig wahrhaftes und allumfassendes Seiendes ist, in dem es ein Wissen, ja sogar ein Wissen von sich selbst gibt. Vielmehr geht es um ein Wissen, das absolut ist, d. h., ein Wissen, das nicht relativ zu diesem oder jenem Untersuchungsgegenstand ist. Es ist das Wissen überhaupt, das Wissen im Allgemeinen oder ein allgemein gültiger Begriff vom Wissen.

Dass der soeben gemachte Unterschied besteht, belegt auch noch die Tatsache, dass der Ausdruck „das absolute Wissen" eigentlich entliehen ist. Diesen Ausdruck hat ursprünglich Fichte in seiner *Darstellung der Wissenschaftslehre von 1801* geprägt, und zwar mit der Absicht, dadurch einen bewussten Abstand zu Schellings Philosophie des Absoluten zu markieren. Denn das absolute Wissen, worüber die Philosophie Fichte zufolge Auskunft geben soll, ist eben nicht das Absolute. Dass Hegel das abschließende Kapitel seiner *Phänomenologie* mit gerade demselben Ausdruck betitelt, deutet darauf hin, dass er ebenfalls von Schellings Verständnis der Philosophie als Darlegung des Absoluten Abstand nehmen will. Die Wissenschaftslehre von 1801 gehört bereits zu Fichtes Berliner Zeit. Nach der öffentlichen Kritik Jacobis und dem Atheismusstreit, der ihm sogar seine Professur in Jena kostet, verändert Fichte in Berlin seine Philosophie maßgeblich.[96] Es interessiert ihn nunmehr zu betonen, dass seine Philosophie keinen Nihilismus zur Folge hat, d. h. dass sie nicht alle Realität in der Idealität

---

[96] Vgl. Jacinto Rivera de Rosales, „Fichte: del Yo puro al saber absoluto (1798-1802)", in *Contrastes. Revista internacional de filosofía*, 2014, S. 131-158.

1.5 DAS ABSOLUTE WISSEN UND DAS ABSOLUTE

des Wissens auflösen will. Aller bisherigen Vorwürfe entgegen gibt sich Fichte deshalb vehement als radikaler Realist: Es gibt das Sein, und dieses Sein ist grundsätzlich das Absolute. Die von Schelling eröffnete Thematik aufgreifend behauptet Fichte also ebenfalls das Absolute als *ratio essendi* von allem. Das Absolute ist an und für sich und in sich begründet, das Eine und das All, und alles beruht auf ihm. Allerdings unterscheidet sich sein Verständnis des Absoluten von dem Schellings in der bereits im Briefwechsel vorgezeigten Richtung: Die Philosophie besitzt nur eine Erklärung des Absoluten als *causa sui*, kann aber das Absolute selbst nicht durchdringen. Das Absolute ist unbegreiflich für das Wissen, denn alle Reflexion verstellt sein Wesen, macht es zum Relativen und kann es in der Tat nicht fassen. Das Absolute ist eben das Absolute, und jedes zweite Wort ist bereits zu viel. Die Philosophie kann nur die Erscheinung des Absoluten darlegen: das absolute Wissen, ein wahrhaft absolutes Wissen oder das in sich begründete Wissen von Wissen. Die Wissenschaftslehre ist deshalb keine wissenschaftliche Darstellung des Absoluten, denn eine solche ist für Fichte im Gegensatz zu Schelling unmöglich. Die Wissenschaftslehre fasst und entwickelt vielmehr nur das absolute Wissen, die ewige Erscheinung des Absoluten. Aber das Absolute selbst bleibt immer undurchdringlich und fremd, schwebt uns vor, ist aber nicht zu begreifen.

Dieser entscheidende Unterschied zwischen dem Absoluten und dem absoluten Wissen wird von Fichte gleich am Anfang seiner Wissenschaftslehre von 1801 gemacht und terminologisch pointiert. Das absolute Wissen, erläutert Fichte, ist nicht das Absolute, weil das „Wissen" im Ausdruck die Absolutheit aufhebt.

> „Zuvörderst, welches lediglich darum gesagt wird, um unsere Untersuchung zu leiten, ist durch den blossen Begriff eines absoluten Wissens so viel klar, dass dasselbe nicht das Absolute ist. Jedes zu dem Ausdrücke: das absolut gesetzte zweite Wort hebt die Absolutheit, schlechthin als solche, auf, und lässt sie nur noch in der durch das hinzugesetzte Wort bezeichneten Rücksicht und Relation stehen."[97]

Indem man die Absolutheit nicht als solche und schlechthin ausspricht, sondern gerade adjektivisch, also in Bezug auf ein Nomen verwendet, wird sie eben deshalb aufgehoben. Das absolute Wissen ist also nicht das Absolute, sondern ein Wissen, das absolut ist. Es handelt sich, erklärt Fichte weiter, nicht um ein Wissen von Etwas, auch nicht um ein Wissen von Nichts; es ist auch kein Wissen von sich selbst. Denn es ist kein Wissen *von*, es ist nicht *ein* Wissen, sondern *das* Wissen. Das absolute Wissen ist nicht dem Etwas entgegengesetzt, weil das nur beim Wissen von Etwas zutrifft; sondern das absolute Wissen ist dem Etwaswissen entgegensetzt. Daher ist das absolute Wissen *weder* das Wissen *vom* Absoluten *noch* das Wissen *des* Absoluten. Es ist schlechthin nur Wissen. In diesem Sinn verwendet ebenfalls Hegel den Ausdruck.

Aber nicht nur das. Dass Hegel allerdings den Begriff des absoluten Wissens nicht aus einer kurzschlüssigen Reflexion wie Fichte, sondern aus dem ganzen

---

[97] Fichte, *Sämtliche Werke* 2, S. 12f.

vorherigen Gang der dialektischen Bewegung des Bewusstseins gewinnt, macht natürlich einen erheblichen Unterschied aus. Dieser Unterschied zieht außerdem wichtige Folgen nach sich. Denn das Kapitel *das absolute Wissen*, als letzte Gestalt der *Phänomenologie*, präsentiert eigentlich nur noch die *Erscheinung* des absoluten Wissens. Gleichwohl wie das absolute Wissen nicht das Wissen des Absoluten ist, so ist ebenfalls zu bemerken, dass das letzte Kapitel der *Phänomenologie* nicht das absolute Wissen als solches, sondern allein das *erscheinende* absolute Wissen darstellt, und somit jedoch den Zugang zum wirklichen absoluten Wissen ermöglicht.

Erscheinend ist das Wissen, wenn es unmittelbar als das Wahre vorgestellt wird. Die Darstellung erscheinenden Wissens ist die Wissenschaft der Erfahrung des Bewusstseins, die *Phänomenologie des Geistes*. Ihre Hauptfigur ist das natürliche, d. i. das nicht philosophisch-wissenschaftlich gebildete Bewusstsein, das ähnlich wie bei einem Bildungsroman seinen Weg zur Wissenschaft durchläuft. Und zu diesem Programm, nämlich zur Darstellung des langen Erfahrungsweges des Bewusstseins, gehört das somit auch erscheinende absolute Wissen als dessen letzte Gestalt. Das absolute Wissen ist in der Tat die letzte und endgültige Erfahrung des Bewusstseins. Man muss also zwischen dem aus der *Phänomenologie* sich ergebenden Grundbegriff eines neuen Wissens und dessen erscheinenden Charakters einerseits und seiner Ausführung und Wirklichkeit – welche den Rahmen der *Phänomenologie des Geistes* sprengt und einer eigenen Betrachtung bedarf – andererseits unterscheiden.

Das bloße Auftreten der Wissenschaft, erklärt uns die Einleitung des Werks, macht sie nur zur Erscheinung. Die Wissenschaft soll sich aber von diesem Schein befreien und dadurch sich zum wirklichen Wissen legitimieren. Das Wissen befreit sich von diesem seinen unmittelbaren Schein, indem die Form der Gegenständlichkeit überwunden wird. So hat man nicht mehr ein Wissen von Etwas, sondern ein Wissen, das allein durch sich selbst bestimmt wird. Dadurch ist aber zunächst einmal das absolute Wissen ebenfalls nur präsentiert. Vorgestellt wird der Begriff einer neuen, absoluten Wissensweise, doch dies macht zuerst nur seinen Auftritt aus. Gewiss: Der lange Weg des Bewusstseins war durchaus nicht umsonst, und durch die Überwindung aller Formen des Wissens von Etwas hat sich das Wissen vom Wissen selbst als das absolute Wissen legitimiert. Jedoch liefert die letzte Gestalt der *Phänomenologie* nur das Konzept des absoluten Wissens und damit nur die Erscheinung desselben. Das absolute Wissen muss daraufhin wirklich werden. Wirklichkeit erlangt es aber nur durch seine Ausführung bis zur vollen Entfaltung. Doch seine Ausführung begründet eine neue, eigenständige Disziplin: die spekulative Logik, oder die eigentliche Metaphysik. Die *Phänomenologie des Geistes* hingegen als Darstellung erscheinenden Wissens findet im Begriff eines erscheinenden absoluten Wissens ihren Abschluss.[98]

---

[98] Mehr zum absoluten Wissen als erscheinendes Wissen, über seinen erscheinenden Charakter im Unterschied zu seinem Wirklich-Werden und über den Übergang vom erscheinenden zum wirklichen absoluten Wissen findet man bei Hans Friedrich Fulda, „Das absolute Wissen – Sein

1.5 DAS ABSOLUTE WISSEN UND DAS ABSOLUTE

Weder ist also begrifflich das absolute Wissen das Wissen des Absoluten noch geht es als Gestalt der *Phänomenologie des Geistes* über sein bloßes Erscheinen hinaus. Was nun den Inhalt des Kapitels angeht, so zeigt die Analyse desselben auf, dass Hegel darin keine Auskunft über das Absolute als solches zu geben versucht. Im Wesentlichen geht es vielmehr, wie bereits erwähnt, um die allerletzte Erfahrung des Bewusstseins, nämlich die Überwindung des ihm eigentümlichen Gegensatzes. Mit einer Zusammenfassung der letzten Gestalten der *Phänomenologie* versucht Hegel den roten Faden dieser Überwindung aufzuweisen. Schauen wir uns diesen roten Faden an!

Der Geist der offenbaren Religion, d. h. der vorletzten Gestalt, hat die Gegenständlichkeit noch nicht überwunden. Denn er hat sich selbst nicht zum Gegenstand, sondern sein Gegenstand ist ein anderer, ein Fremder. Auf dieser Tatsache beruht die Positivität, die der christlichen Religion innewohnt, wie Hegel schon in Bern eingesehen hat. Der Inhalt dieser Religion ist der absolute Geist, aber die Form, in welcher dieser Inhalt vermittelt wird, ist die Vorstellung. Dadurch, dass der Gegenstand immer noch Gegenstand eines Bewusstseins und zwar eines religiösen Bewusstseins ist, wird er *vor*gestellt. Er hat immer noch die Gestalt eines Objektiven und Fremden. Die Tatsache also, dass die offenbare Religion denselben Inhalt wie die Philosophie hat, diesen Inhalt aber nicht in begrifflicher Form, sondern bloß *vorgestellt*, macht einen entscheidenden Unterschied aus. Hegels Jugendschriften geben genug Auskunft darüber, wie die Vermittlung eines an sich subjektiven Inhaltes, nämlich der Moralität und des Sittengesetzes, welcher allein im menschlichen Geist liegt und aus ihm entspringt, durch die Form einer positiven Religion zur Entfremdung führen kann.[99]

Erst durch die Philosophie erreicht man die Überwindung des Gegensatzes des Bewusstseins und somit die Wahrheit des Bewusstseins überhaupt. Die Überwindung ergibt sich im Wesentlichen aus der Erkenntnis, dass die Dingheit durch

---

Begriff, Erscheinen und Wirklich-werden", auf Deutsch und ins Französische übersetzt, in *Revue de Métaphysique et Moral*, 2007, Nr. 3, S. 338-401. Darin insbesondere S. 350ff und 374-382.

[99] Am Anfang dieses Kapitels ist schon die Problematik der Positivität der christlichen Religion beim jungen Hegel erwähnt worden. Der wesentliche Zweck aller wahren Religion ist für den jungen Hegel, Moralität zu den Menschen zu bringen. Der eigentliche Inhalt der Religion ist das Sittengesetz, und ihr einziges Ziel, dass die Menschen lernen, Gott und sich untereinander zu lieben, und dass sie so in Liebe leben. Diese Tugendreligion, wie Hegel sagt, gründet sich auf die Moralität, was das eigentliche Wesen der Menschen ist. Und so liegt der Fall, Hegel zufolge, in der christlichen Religion. Die Lehre Jesus' besteht in den einfachen Prinzipien der Moralität. Allerdings hat sich die einfache Lehre der Liebe später zu einer entfremdeten, positiven Religion gewandelt. Positivität heißt die allgemeine Tatsache der Entgegensetzung von Etwas gegenüber der Subjektivität, in welchem Etwas diese Subjektivität sich nicht erkennt und von ihm unterjocht fühlt. Die christliche Religion ist positiv, indem sie sich in Glauben, Geboten und Handlungen erschöpft, die die Menschen als etwas Fremdes ansehen und die nicht aus dem Volk selbst kommen. Aufgrund dessen kann das einzige Verhältnis zwischen dieser Religion und dem Volke die Herrschaft sein. In dieser Lage hat weder das Volk Moralität noch ist die Religion in ihrem wahrhaften Wesen. Sie verliert sich in einem riesigen Gebäude von Pseudokenntnissen über Gott, Jesus, die Trinität und die Wunder im theoretischen Sinne und von Geboten und Verboten im praktischen Sinne.

Entäußerung des Selbstbewusstseins gesetzt wird. Erreicht und vollzieht man diese Einsicht, so wird der Gegensatz zwischen dem Bewusstsein und seinem Gegenstand aufgehoben.

Dieses Ergebnis wurde zuerst in der Kantischen Philosophie durch die transzendentale Deduktion der Kategorien erreicht, wie wir bereits gesehen haben. Denn die Einheit des Gegenstandes, lehrt uns die transzendentale Deduktion, erfolgt durch die Synthesis der Mannigfaltigkeit der Anschauung, und diese Synthesis beruht auf der Einheit des Selbstbewusstseins. Einheit und Bestand des Gegenstandes liegen in der Einheit des Selbstbewusstseins. Der Gegenstand wird also in Wahrheit erst vom Selbstbewusstsein gesetzt. Hierbei ist übrigens gleichgültig, dass Kant, der großen Wert auf die Ansicht legte, Erkenntnis sei Synthesis von Begriff und Anschauung, dieses Ergebnis seiner eigenen Philosophie nicht eingesehen hat. Für Hegel nämlich liegt es schon im Kern der Kantischen Philosophie – es macht sogar den Geist dieser Philosophie aus.

Dass das Selbstbewusstsein den Gegenstand setzt, dieser Schluss ist schließlich, wie wir auch gesehen haben, in der Fichteschen Philosophie gezogen worden. In ihr ist die Nichtigkeit des Dinges ausgesprochen und die Ansicht erreicht, dass die Identität des Dinges erst durch einen Akt des Ich verwirklicht wird. Für Hegel aber ist dieses Resultat bei Fichte nur negativ aufgefasst worden, indem Fichte allein die Nichtigkeit des Dinges gegenüber dem Ich sieht. Aufgrund dessen zieht sich seine Philosophie in das Selbst zurück und versteht alles Objektive als bloß verschwindend. Eine solche Auffassung ist für Hegel einseitig, denn dieses Resultat indiziert auch eine positive Seite. Seine positive Bedeutung liegt darin, dass das Selbstbewusstsein, indem es den Gegenstand als sich selbst weiß, weiterhin in diesem Anderem durchaus bei sich ist. Dies, dass das Selbst im Anderen bei sich ist, ist es, was darzulegen bleibt und von Fichte beiseite gelassen wurde.

Nun hat es sich im langen Erfahrungsweg des Bewusstseins als das philosophische Ergebnis schlechthin erwiesen. Das Bewusstsein hat in der *Phänomenologie* gemäß seinen eigenen Bestimmungen den Gegenstand erkannt. Es hat ihn nach jeder Bestimmung von ihm selbst aus erfasst: als unmittelbares Sein, als Anderswerden oder Fürsichsein und als Allgemeines. Der Gegenstand ist auf diese Weise der Schluss dieser drei Momente oder ihre Vereinigung und zwar als Bewegung vom einen Extremen zum anderen: „Er ist, als Ganzes, der Schluß oder die Bewegung des Allgemeinen durch die Bestimmung zur Einzelheit, wie die umgekehrte, von der Einzelheit durch sie als aufgehobne oder die Bestimmung zum Allgemeinen."[100] Als diese Totalität ist der Gegenstand „eine geistige Wesenheit" und das Wissen von ihm ein „reines Begreifen"[101]. Denn ein Gegenstand wird *begriffen*, wenn er als die Selbstvermittlung der Begriffsbestimmungen erkannt wird. Das entspricht, wie wir im vierten Kapitel der vorliegenden Arbeit sehen

---

[100] GW 9, S. 423.
[101] Ebenda.

werden, Hegels Lehre des Begriffs und Begreifens als Einheit von drei Bestimmungen: Allgemeinheit, Besonderheit und Einzelheit.

Allerdings ist die Erkenntnis des Bewusstseins über den Gegenstand noch nicht ein solches reines Begreifen. Denn das Bewusstsein betrachtet ihn nicht als diese geistige Totalität, was das Begreifen desselben wäre, sondern es verhält sich zu ihm einseitig in einzelnen Bewusstseinsgestalten nach jeweils einem dieser Momente. Es vermag deshalb den Gegenstand nicht als eine geistige Totalität zu erfassen, sondern beharrt, je nach Gestalt, in einem Moment desselben. Jedoch können „wir" nun, außerhalb des Standpunktes des Bewusstseins, die Gestalten desselben überblicken und den Gegenstand als diese Totalität erkennen.

Daraufhin erwähnt Hegel rückblickend die Gestalten der *Phänomenologie*, in denen diese drei Momente zum Vorschein kommen. Das Moment der Unmittelbarkeit des Gegenstandes entspricht der beobachtenden Vernunft. Die beobachtende Vernunft hat einen unmittelbaren Gegenstand vor sich und ist sich dessen bewusst. Alsdann besteht ihre Tätigkeit darin, sich selbst zu suchen und zu finden. Am Schluss ihrer Entwicklung ergibt sich das *unendliche Urteil*, dass das Sein des Ichs ein Ding ist, ein unmittelbares, sinnliches Ding. Damit bezieht sich Hegel implizit auf die von Kant in der *Kritik der reinen Vernunft* vertretene Ansicht, das Ich sei als Seele genauso Erscheinung wie ein äußerer Gegenstand. Damit nämlich besteht für Kant kein unauflösbares Problem im Verhältnis zwischen Körper und Seele.[102] Dieses Problem entsteht Kant zufolge nur, weil man davon ausgeht, dass die Seele von einer anderen Natur als der des Körpers sei. Hat man aber die Einsicht gewonnen, dass die Seele genau wie der Körper eine Erscheinung ist, und zwar eine innere Erscheinung, die durch den inneren Sinn gegeben ist und unter der Form der Zeit steht, so besteht das Problem des Verhältnisses zwischen Körper und Seele bloß darin zu erklären, wie innere und äußere Erscheinungen unter allgemeinen Naturgesetzen zusammenhängen. Dadurch aber ist wohl gemerkt das empirische, konkrete Ich in der Tat zum Ding gemacht worden, und zwar, wie Hegel behauptet, zu einem sinnlichen Ding, von dem es eine empirische Wissenschaft gibt, nämlich die Psychologie. Dieses Resultat der Kantischen Philosophie, dass das Ich ein Ding ist, stellt gewiss eines der unheimlichsten Urteile der Geschichte der Philosophie dar. Hegel vermag dies bestens zu fassen: „Jenes Urtheil so genommen wie es unmittelbar lautet, ist es geistlos oder vielmehr *das geistlose selbst*"[103]. Eine solche Behauptung, dass das Ich ein Ding ist, entfernt tatsächlich *unmittelbar* das Geistige auf der Erde. Aber das Positive darin liegt in der Umkehrung dieses Urteils – einer Umkehrung, welche die Kantische Philosophie ebenfalls vollzieht und welche für Hegel ihr größtes Verdienst darstellt. Auf dem Gipfel der beobachtenden Vernunft, welche die Kantische Philosophie darstellt, ergibt sich nämlich, wie bei Kant, nicht nur, dass das Ich Erscheinung ist, sondern zudem, dass Objektivität und Dingheit auf der Einheit des Ich beruhen – dass das Sein des Dinges also, im Wesentlichen, das Ich ist. In

---

[102] KrV B 427f.
[103] GW 9, S. 423. Hervorhebung von mir.

der Gestalt der beobachtenden Vernunft wird dadurch das Ding aufgehoben. Der Gegenstand des Bewusstseins wird zum Sein für Anderes bloßgelegt: Das Ding ist nur durch das Ich oder in Beziehung auf das Ich.

Dieses zweite Moment fand nun seine Darlegung in der reinen Einsicht und der Aufklärung. Die Grundüberlegung des zweiten Moments lautet: „Die Dinge sind schlechthin nützlich und nur nach ihrer Nützlichkeit zu betrachten."[104] Dieser Gedanke entspringt aus der Überzeugung, dass das Sein des Dinges vom Ich verliehen ist, und daher das Ding bloß ein Sein für Anderes besitzt. Als Dasein für das Subjekt erschöpft sich die *quidditas* des Dinges in seiner Nützlichkeit. Der Gipfel dieses Gedankenganges ist das gebildete Selbstbewusstsein, welches das Ding als sich selbst erzeugt, indem es sich entäußert; hiermit wird das Sein-für-Anderes des Dinges vollendet.

Dem Moment der Allgemeinheit schließlich entspricht die Gestalt der Moralität. Der in der Moralität betrachtete Gegenstand wird als das Selbst gewusst. Dadurch ist in dieser Gestalt ausgesprochen, dass nur das Selbst, sein Willen und Wissen, wahrhaftes Sein ist. Alles, was nicht das Selbst ist und dennoch einen Schein von Gegenständlichkeit und Selbstständigkeit besitzt, ist in Wahrheit eine leere Fassade. Das moralische Selbstbewusstsein handelt, und durch seine Handlung setzt es ein Dasein in die Welt. Bei seiner Handlung geht es ihm aber immer nur darum, sich im Produkt seiner Tätigkeit zu erkennen. „Das gegenständliche Element, in welches es als handelnd sich hinausstellt, ist nichts anderes, als das reine Wissen des Selbst von sich."[105]

Durch diese drei Momente hat das Bewusstsein tatsächlich den Gegenstand in seiner Totalität erfasst – als unmittelbares Sein, als Anderswerden oder Verhältnis zu anderem, und schließlich als sich selbst. Die drei Hinsichten werden außerdem im letzten Moment vereinigt. Denn in der Gestalt des moralischen Bewusstseins werden in der Tat die drei Momente durch zwei Bewegungen zusammengezogen: erstens durch das Handeln und zweitens durch das Anerkennen der Pflicht. Die vom moralischen Bewusstsein ausgeführte Handlung geht vom Allgemeinen, nämlich dem Sittengesetz aus und bringt ein einzelnes Dasein hervor. Aber sie bringt es hervor als moralische Tat gemäß und aufgrund dieses Allgemeinen. Das moralische Handeln besteht in einem „Trennen der Einfachheit des Begriffs", indem sich das Allgemeine durch das Besondere urteilt, das Subjekt zum Einzelnen bestimmt. Aber diese Bewegung kehrt zur Allgemeinheit ebenfalls wieder zurück, weil das Bewusstsein in seinem Handeln und in der Wirkung seiner Handlung, nämlich im hervorgebrachten Dasein, sich selbst als zweierlei erkennt: zum einen als besonderes Individuum, zum anderen als zum Einzelnen bestimmtes Allgemeines, als erfüllte Pflicht. Der Gegenstand zeigt hierdurch dem Bewusstsein die drei Momente auf. Er ist ein unmittelbares Dasein, das vor ihm steht, welches jedoch vom Selbstbewusstsein hervorgebracht wurde und nur im Verhältnis zu ihm ist und welches schließlich ein Allgemeines

---

[104] GW 9, S. 423f.
[105] GW 9, S. 424.

1.5 DAS ABSOLUTE WISSEN UND DAS ABSOLUTE

darstellt, worin das Bewusstsein seine Pflicht erfüllt hat. Auf diese Weise wird der Gegensatz zwischen dem Bewusstsein und der Wirklichkeit aufgehoben. Denn die Wirklichkeit hat sich als Produkt des Bewusstseins gezeigt, und das Wissen ist auf die Selbsterkenntnis des Ich zurückgeführt worden. Diese Entwicklung meint die „Versöhnung des Bewusstseins mit dem Selbstbewusstsein".

Die Versöhnung des Bewusstseins mit dem Selbstbewusstsein ist schon zweimal in der *Phänomenologie des Geistes* erreicht worden. Zum ersten Mal ist das Bewusstsein in die Ebene des Selbstbewusstseins gelangt, indem es über den Verstand hinaus als sich selbst erkennend sich gewusst hat. Doch das Bewusstsein versöhnt sich mit dem Selbstbewusstsein noch auf einer zweiten, soeben umrissenen Ebene, nämlich im religiösen Geist.

Dass die geistige Wirklichkeit und ihr Inhalt die Form des Selbst besitzen, ist das Hauptergebnis, das Hegel den letzten Gestalten des Geistes entnehmen will. Dadurch hat er aber eine eigene Position vorgelegt, welche weder am Subjekt noch am Gegenstand festhält. Denn die wahre Wissenschaft besteht, so belehrt uns das Ende der *Phänomenologie*, in der Betrachtung der Bewegung des Geistes, der seiner selbst gewiss handelt und somit sich selbst seine eigene Wirklichkeit und Objektivität gibt, diese seine Realität aber nicht für nichtig erklärt, sondern sie vielmehr „begeistet" und mit sich selbst erfüllt. Dies wird in der letzten Gestalt des Geistes vor dem absoluten Wissen, in der Religion, erreicht, und der Geist hat bereits in der Religion sich selbst zum Gegenstand. Im absoluten Wissen aber geht es im Unterschied zur Religion darum, jenen Inhalt in begrifflicher Form zu erfassen.[106]

Das absolute Wissen ist also das selbstbewusste Wissen des Geistes von sich: dass der Geist sich seinen Inhalt und Gegenstand gibt und zwar in Form des Selbsts. „Die *Wahrheit* ist nicht nur *ansich* vollkommen der *Gewißheit* gleich, sondern hat auch die *Gestalt* der Gewißheit seiner selbst."[107] Die Wahrheit liegt deshalb für Hegel in der Selbsterkenntnis des Geistes, welche dieser in seinem Anderen findet. Das ist das absolute Wissen. Ein Inhalt ist dementsprechend allein dadurch begriffen, „daß Ich in seinem Andersseyn bei sich selbst ist."[108] Der Geist erhebt sich so zum absoluten Wissen schlechthin. Die letzte Gestalt der *Phänomenologie* stellt die Erscheinung des absoluten Wissens vor.

Die *Phänomenologie des Geistes* schließt auf diese Weise mit einem allgemeinen Begriff der philosophischen Wissenschaft. Und nun, da man einen inhaltlichen Überblick erhalten hat, kann man Bilanz für unsere Problematik ziehen. Mit seiner *Phänomenologie* hat Hegel einen neuen Weg für die Philosophie geschaffen, der über den Gegensatz zwischen den Positionen Fichtes und Schellings hinausgeht. Alle Wahrheit hat die Gestalt der Gewissheit seiner selbst, des Ich=Ich, jedoch beschränkt sich diese Wahrheit nicht auf das Selbst. Nicht allein die Subjektivität ist das Wahre. Sie ist nicht die einzige Quelle aller Wahrheit,

---

[106] Vgl. GW 9, S. 427.
[107] Ebenda.
[108] GW 9, S. 428.

sondern Hegels Überlegung lautet vielmehr, dass alle Wahrheit in der Gleichheit mit sich und der Selbsterkenntnis des Geistes besteht. Für die Überwindung von Fichtes Position hat Hegel eine Menge geleistet. Bislang aber nicht so sehr gegen die andere Philosophie, von der er sich abgrenzen will, nämlich gegen Schellings Grundgedanken, das Wahre sei das Absolute, die unendliche Substanz, die alle Gegensätze in sich vereinigt. Von ihr unterscheidet Hegel seine Konzeption nun allerdings ebenfalls eindeutig.

> „Die Substanz für sich allein, wäre das inhaltsleere Anschauen oder das Anschauen eines Inhalts, der als bestimmter nur Acczidentalität hätte, und ohne Nothwendigkeit wäre; die Substanz gälte nur in sofern als das Absolute, als sie als die *absolute Einheit* gedacht oder angeschaut wäre, und aller Inhalt müßte nach seiner Verschiedenheit ausser ihr in die Reflexion fallen, die ihr nicht angehörte, weil sie nicht Subject, nicht das über sich und sich in sich reflectierende oder nicht als Geist begriffen wäre. Wenn doch von einem Inhalte gesprochen werden sollte, so wäre es theils nur, um ihn in den leeren Abgrund des Absoluten zu werfen, theils aber wäre er äusserlich aus der sinnlichen Wahrnehmung aufgerafft; das Wissen schiene zu Dingen, dem Unterschiede von ihm selbst, und dem Unterschiede mannichfaltiger Dinge gekommen zu seyn, ohne daß man begriffe, wie und woher."[109]

Dieses aussagekräftige Fragment fasst die Haupteinwände zusammen, die Hegel in der *Phänomenologie* gegen die Philosophie des Absoluten erhebt. Die Kritik taucht noch mehrmals in seinem späteren Werk auf und besteht wesentlich aus zwei Einwänden. Der erster Einwand zielt darauf, dass, wenn das Wahre das Absolute wäre, und die Philosophie dementsprechend in der Erkenntnis über dieses Absolute bestünde, dann gäbe es konsequenterweise nur diese absolute Einheit zu denken, oder vielmehr anzuschauen, und aller verschiedene Inhalt, alle Bestimmung überhaupt, wäre bloß als ein Akzidenz dieses Absoluten zu betrachten und in seine Identität aufzulösen. Die Philosophie bestünde allein darin, jeden möglichen Inhalt in den Abgrund des Absoluten zu werfen.

Hieraus ergibt sich Hegels zweiter Einwand. Dieser zweite Einwand richtet sich gegen die Vorgehensweise einer solchen Philosophie. Denn in der Tat kann Hegel zufolge aus dieser Identität des Absoluten kein richtiges philosophisches Verfahren hervorgehen. Die verschiedenen Inhalte, Themen und Gegenstände des philosophischen Denkens kämen unzusammenhängend nacheinander zur Sprache, ohne dass man wüsste, „wie und woher", weil aus der reinen Identität des Absoluten sich im Grunde nichts weiter Bestimmtes ableiten lässt, außer gerade der Auflösung alles Konkreten. Insofern die Philosophie des Absoluten einen bestimmten Gegenstand aufgreift, hat sie ihn gar nicht aus der Identität des Absoluten ableiten können, sondern der Gegenstand wurde vielmehr von der Vorstellung akritisch aufgenommen. Unterscheidet man im Absoluten zum Beispiel zwischen Denken und Ausdehnung oder Natur und Freiheit, oder was man sonst

---

[109] GW 9, S. 431.

1.5 DAS ABSOLUTE WISSEN UND DAS ABSOLUTE

möchte, so kann man eigentlich keine Begründung angeben, warum genau diese zwei Facetten unterschieden werden sollen und nicht andere, warum gar nur zwei – und nicht mehr oder weniger – zu berücksichtigen sind. Vergeblich ist aber auch jede Unterscheidung. Denn das einzige mögliche Resultat der Beschäftigung mit irgendwelchem konkreten Gegenstand kann nur darin bestehen, ihn „in den Abgrund des Absoluten zu werfen". Der Bruch mit dem Verständnis der Philosophie als systematischer Erkenntnis des Absoluten, und daher mit der Fragestellung und Problemkonstellation einer solchen Philosophie Art liegt zu Tage.

Hegels gesamte Kritik an der Philosophie des Absoluten in der *Phänomenologie* von 1807 lässt sich auf diese zwei Punkte bringen. Beide Einwände sind zwar schwerwiegend. Dennoch bedeuten sie noch lange nicht eine *Widerlegung* derselben, wie Hegel selbst später in der *Wissenschaft der Logik* schreibt. Eigentlich hat sich die *Phänomenologie* weder mit Spinozas noch mit Schellings Position gründlich auseinandergesetzt. Es ist sogar fraglich, ob die *Phänomenologie des Geistes*, als Darstellung vom Weg des Bewusstseins zur Wissenschaft, eine solche Widerlegung überhaupt unternehmen kann. Denn wohl bemerkt wird ja in der Philosophie des Absoluten, sowohl bei Schelling als auch bei der damaligen Vorstellung vom Spinozismus, vorausgesetzt, dass man den Standpunkt des Bewusstseins aufgeben soll, um sich auf den der Substanz zu stellen. Die wahrhafte Widerlegung der Philosophie des Absoluten steht eigentlich noch aus.

Gleichwohl gilt nun für das erscheinende Wissen am Ende von dessen Darstellung in der *Phänomenologie des Geistes* als Wissenschaft der Erfahrung des Bewusstseins: Weder Fichtes subjektiver Idealismus noch Schellings Philosophie des Absoluten kommt noch in Frage. Hegel hat mit seiner *Phänomenologie* seinen eigenen philosophischen Weg eingeschlagen:

> „Weder hat Ich sich in der *Form* des *Selbstbewußtseyns* gegen die Form der Substantialität und Gegenständlichkeit festzuhalten, als ob es Angst vor seiner Entäusserung hätte; [...] noch ist es ein Drittes, das die Unterschiede in den Abgrund des Absoluten zurückwirft, und ihre Gleichheit in demselben ausspricht, sondern das Wissen besteht vielmehr in dieser scheinbaren Unthätigkeit, welche nur betrachtet, wie das Unterschiedne sich an ihm selbst bewegt, und in seine Einheit zurückkehrt."[110]

Weder ein absolutes Ich noch ein Drittes, also auch nicht das Absolute als Vereinigung von Natur und Freiheit ist das Thema schlechthin, sondern vielmehr das wirkliche absolute Wissen, wie es am Ende der *Phänomenologie* aus dem erscheinenden absoluten Wissen hervorgeht. Mit anderen Worten: Aus der Entwicklung der *Phänomenologie des Geistes* geht ein Begriff von Wissenschaft und Wahrheit hervor, der eine neue Konstellation eröffnet, in welcher die Philosophie nicht mehr als Erkenntnis des Absoluten verstanden wird. Die Ausführung des wirklich absoluten Wissens vollzieht sich nunmehr in einer neuen philosophi-

---

[110] Ebenda. Jenes „Dritte" verweist, wie in unserer Einleitung bemerkt, auf Schellings *Darstellung meines Systems der Philosophie*.

schen Disziplin: der *Wissenschaft der Logik* oder rein spekulativer Logik, dem Thema unseres nächsten Kapitels.

Hiermit beschließen wir unsere entwicklungsgeschichtlichen Betrachtungen. Sie sind nur fürs Folgende wertvoll, insofern sie Hegels Begeisterung von einer Metaphysik des Absoluten in Jena kontextualisieren und Indizien einer Veränderung in seinem Denken aufzeigen. Somit werden Vormeinungen weggeräumt, die sich aus der Lektüre von Hegels frühem Werke leicht ergeben können. Aus guten Gründen, haben wir gesehen, sollte man anhand der *Phänomenologie des Geistes* das Verständnis der Hegelschen Philosophie als einer Philosophie des Absoluten ernsthaft in Frage stellen. Doch damit ist die Sache nicht erledigt. Denn zum einen wird die *Phänomenologie* von Hegel als eine Einleitung in das System der Philosophie konzipiert, zum anderen thematisiert sie den Gegensatz zwischen einem Bewusstsein und seinem Gegenstand. Das Problem des Absoluten stellt allerdings eine Herausforderung dar, die in der Einleitung zum System kaum zu bewältigen ist. Darüber hinaus steht eine Philosophie des Absoluten jenseits des Gegensatzes von Subjekt und Objekt. Das Absolute ist vielmehr die Identität, die Vereinigung von beiden in Einem. Eine Lehre, die sich im Rahmen dieses Gegensatzes bewegt, erreicht daher nicht den erforderlichen Standpunkt. Erst wenn der Gegensatz des Bewusstseins aufgelöst ist, darf von einer Erkenntnis des All-Einen die Rede sein. Man hat dann zwar gesehen, dass auch noch im absoluten Wissen eine *Kritik* an der Philosophie des Absoluten zu finden ist. Aber die Frage ist damit noch nicht abgeschlossen. Man mag ja mit eigenem Recht behaupten: Was in der *Phänomenologie des Geistes*, – sowohl in ihrer Vorrede als auch im Kapitel über das absolute Wissen – kritisiert wird, sei ein besonderes Muster einer Philosophie des Absoluten, nämlich die Schellingsche Philosophie. Bei Hegel hingegen werde ein anderes Absolutes und ein anderes System begründet, und zwar in seiner Metaphysik, der *Wissenschaft der Logik*.

Die Frage, ob Hegels Philosophie eine Philosophie des Absoluten ist oder nicht, kann also nur im Eingehen auf ihre Fundamentaldisziplin, die spekulative Logik, endgültig entschieden werden. Sie nämlich ist in Hegels System die eigentliche Metaphysik.[III] In den folgenden Kapiteln kommt es deshalb auf eine systematische Untersuchung von Hegels *Wissenschaft der Logik* an.

[III] Vgl. GW 21, S. 7: „Die logische Wissenschaft, welche die eigentliche Metaphysik oder die reine spekulative Philosophie ausmacht."

2. KAPITEL

Das Programm einer spekulativen Logik

Seit dem Erscheinen des ersten Bandes der *Wissenschaft der Logik* 1812 sind mehr als zweihundert Jahre vergangen. Während dieser Zeit blieb Hegels *Logik* durchaus nicht unbemerkt. Das große Interesse hat eine umfangreiche Literatur zur Folge gehabt, wo viele Aspekte von ihr bereits aufgeklärt wurden. Das zur Kenntnis genommen, geht es hier nicht darum, eine vollständige Interpretation der Hegelschen *Logik* zu versuchen, geschweige denn der ganzen Literatur darüber Rechnung zu tragen.

Das zweite Kapitel dieser Arbeit soll sich vielmehr mit dem allgemeinen Programm einer spekulativen Logik auseinandersetzen. Unser Zweck muss hier sein, drei Aspekte des Hegelschen Programms einer spekulativen Logik in den Vordergrund zu rücken, die relevant für unsere Fragestellung sind: erstens die *Logik* als Wissenschaft des Denkens und seiner Bestimmungen, zweitens ihr Verhältnis zur Ontologie und zur vormaligen Metaphysik insgesamt und drittens der Begriff vom Absoluten innerhalb der *Logik*. Zwei interpretative Thesen sollen dabei differenziert und begründet werden: erstens, dass man Hegels *Wissenschaft der Logik* als Erkenntnis reiner Gedankenbestimmungen ohne jeden ontologischen Anspruch deuten muss; und zweitens, dass die sogenannte objektive Logik mindestens in einer Hinsicht eine kritische Darstellung der Gedankenbestimmungen der vormaligen Metaphysik bedeutet – was allerdings nicht heißt, dass diese kritische Darstellung der Metaphysik sich auf die objektive Logik beschränken muss. Eine dieser Gedankenbestimmungen, die kritisch dargestellt wird, ist das Absolute.

2.1 Die Wissenschaft der Logik als Wissenschaft von reinen Gedankenbestimmungen

„Die Logik ist die Wissenschaft *der reinen Idee,* das ist der Idee im abstrakten Elemente des *Denkens.*"[1]

Mit dieser Aussage führt Hegel den Vorbegriff der Logik in seiner *Enzyklopädie* ein. Für sich genommen ist diese erste Erklärung der logischen Wissenschaft jedoch nicht sehr erhellend, sofern man bedenkt, dass sie ihren ganzen Wert auf den Ausdruck „Idee" legt, welcher hier offensichtlich in einem ganz anderen Sinn

---

[1] Enzyklopädie § 19.

als gewöhnlich gebraucht wird. Die Behauptung, dass es eine Wissenschaft von *einer* Idee gäbe, findet man zunächst einmal eher unglaubwürdig. Denn man könnte sogar zugeben, dass *mehrere* Ideen in einer Wissenschaft enthalten sind, obwohl der Ausdruck „Begriffe" angemessener wäre. Aber eine Wissenschaft von nur einer Idee scheint eine ungeschickte Ausdrucksweise zu sein. Außerdem bietet die Ergänzung, es handele sich um die Idee „im abstrakten Elemente des *Denkens*", keine große Hilfe. Denn, wo anders soll sich eine Idee befinden, wenn nicht im Denken?

Leider wird dem Leser ein vollkommenes Verständnis des Terminus „Idee" fast bis zum Ende des Werkes vorenthalten. Zu Beginn liefert Hegel nur eine vorläufig umrissene Erklärung bzw. auch nur alternative, hilfreichere Charakterisierungen der *Logik*. Eine *vorläufige* Erklärung dessen, was unter Idee zu verstehen ist, findet man unmittelbar in der Anmerkung zum selben Paragraphen. Dort wird erklärt, dass die Idee die sich entwickelnde Totalität der eigentümlichen Bestimmungen und Gesetze des Denkens ist.[2] Ist dem so, dann darf man in jener ersten, enzyklopädischen Definition der *Logik* das Wort „Idee" ersetzen, so dass die *Logik* folgendermaßen definiert werden würde: Die *Logik* ist die Wissenschaft der sich entwickelnden Totalität der eigentümlichen Bestimmungen und Gesetze des reinen Denkens.

Kurz gefasst lässt sich also die Hegelsche *Logik* zunächst einmal als die Wissenschaft des Denkens, seiner Bestimmungen und Gesetze erklären.[3] Dies, schreibt Hegel, „kann man wohl sagen".[4] Dennoch entspricht diese Erklärung nicht ganz genau dem, was er in seiner spekulativen Logik entwickelt. Denn unter diesen Begriff (oder Vorbegriff) von Logik fällt ebenfalls die *formale* Logik. Um zu erhellen, was in Hegels Zeit unter formaler Logik verstanden wurde und dadurch seine spekulative Logik davon besser abgrenzen zu können, kann man auf die *Kritik der reinen Vernunft* zurückgreifen.[5] Die Logik wird dort von Kant zuerst im Unterschied zur Ästhetik bestimmt. Ist die Ästhetik die Wissenschaft der Regeln der Sinnlichkeit, so ist die Logik überhaupt die Wissenschaft der Verstandesregeln. Weiterhin kann man Kant zufolge zwischen einer Logik des allgemeinen und einer des besonderen Verstandesgebrauchs unterscheiden. Die Logik des besonderen Verstandesgebrauchs handelt von Regeln und Begriffen, sofern sie sich auf Gegenstände beziehen, von welcher Art diese Gegenstände auch sein mögen. Die Logik des allgemeinen Verstandesgebrauchs enthält hingegen die elementaren Regeln des Verstandes unabhängig von allen Gegenständen überhaupt. Sie belehrt uns über die Regeln des Denkens ganz abgesehen davon, was auch immer Gegenstand jenes Denkens sein mag. Wenn diese allgemeine Logik keine angewandte ist und deshalb auch noch von allen empirischen Bedingungen unse-

---

[2] Vgl. Enzyklopädie § 19 A.
[3] Wohl bemerkt aber, dass hier mit Denken kein menschliches Vermögen und ebenso wenig ein Moment der Entwicklung des subjektiven Geistes, sondern vielmehr das reine Denken oder der reine Gedanke gemeint ist.
[4] Ebenda.
[5] Vgl. KrV A 50-55 / B 74-79.

rer Denktätigkeit als Menschen, also von allen psychologischen Umständen abstrahiert, dann ist sie eine allgemeine reine Logik, welche sich allein mit den reinen Regeln des Denkens überhaupt beschäftigt und für uns als Kanon unseres endlichen Denkens gilt. Sie wird auch formale Logik genannt, weil sie von jedem gegenständlichen Inhalt absieht und das Formale im Gebrauch des Verstandes betrachtet.

Insofern die formale Logik sich mit den allgemeinen Regeln des Denkens beschäftigt, vermag sie nur negative bzw. bloß logische Kriterien der Wahrheit anzugeben. Die Harmonie einer Erkenntnis mit den formalen Regeln des Denkens ist zwar natürlich eine notwendige Bedingung seiner Wahrheit. Dennoch ist allein diese Übereinstimmung mit dem Denken unzureichend und nur eine negative Bedingung. Denn mittels der formalen Logik, welche die Form der Erkenntnis behandelt, kann man zwar behaupten, dass etwas denkbar ist. Das aber reicht noch lange nicht aus, um die Wahrheit zu erkennen. Die Logik, die mit den bloßen Regeln des allgemeinen Verstandesgebrauchs darüber hinaus zu gehen wagt, um allein mittels des Verstandes über die Wahrheit zu urteilen, heißt Kant zufolge „Dialektik". Aber für Kant ist sie eine Logik des Scheins und eine sophistische Kunst.[6]

Von der formalen Logik will Hegel seine spekulative Logik deutlich unterscheiden. Sie soll mehr als formale Regeln des Denkens aufdecken. Hierzu legt er zunächst einmal in der Anmerkung zum § 19 Wert darauf, dass die spekulative Logik die *sich entwickelnde* Totalität der Bestimmungen und Gesetze des Denkens ist. Das Denken, das sich seine Bestimmungen und Gesetze selbst gibt und sie in eine Totalität entwickelt, unterscheidet sich Hegel zufolge vom formalen Denken sofort darin, dass das Letztere seine Bestimmungen schon hat und vorfindet. Ein erster Unterschied vom spekulativen zum formalen Denken liegt also darin, dass das spekulative Denken ein Ganzes zu bilden vermag, das sich selbst entwickelt.

Mit diesem ersten vorläufigen Verständnis des Terminus „Idee" haben wir eine erste allgemeine Erklärung sowie eine Unterscheidung der spekulativen Logik von der formalen gewonnen. Will man auch noch eine alternative Bestimmung der *Logik* haben, die die Schwierigkeit einer Auslegung des Terminus „Idee" vermeide, so muss man sich dem Anfang der *Wissenschaft der Logik* – der sogenannten großen Logik – selbst zuwenden. Ihrer Einleitung zufolge ist die *Wissenschaft der Logik* als „das System der reinen Vernunft, als das Reich des reinen Gedankens zu fassen".[7] Diese Formulierung vermeidet im Unterschied zur Formulierung der *Enzyklopädie* das Wort „Idee", aber sie enthält wiederum im Wesentlichen dasselbe. Die *Logik* befasst sich mit dem reinen Denken und entfaltet eine sich entwickelnde Totalität des Denkens, die sich selbst ihre Bestimmungen und Gesetze gibt.

Bei diesen ersten, vorläufigen Erklärungen der *Logik* ist wichtig hervorzuheben, dass der Gegenstand der *Logik* das Denken und seine Bestimmungen sind.

---

[6] Vgl. KrV A 58-62 / B 82-87.
[7] GW 21, S. 34.

Denn es macht einen grundlegenden Punkt aus. Wie von der formalen unterscheidet sich die spekulative Logik jedoch gleichfalls von Kants Auffassung einer transzendentalen Logik und zwar diesmal dadurch, dass sie von bloßen Denkbestimmungen unabhängig von deren Anwendung auf Gegenstände handelt. Dass allein das Denken oder die reinen Gedanken den Inhalt der *Logik* ausmachen, wird von Hegel an mannigfaltigen Stellen immer wieder betont. So heißt es z. B. in der Einleitung: „Ihr Gegenstand, das *Denken* oder bestimmter das *begreifende Denken*, wird wesentlich innerhalb ihrer abgehandelt".[8] Weiter unten erklärt Hegel, dass der Inhalt der *Logik* das Denken ist, ohne dass sie dabei bloß formal wäre und keine Materie hätte: „Denn da das Denken und die Regeln des Denkens ihr Gegenstand seyn sollen, so hat sie ja unmittelbar daran ihren eigenthümlichen Inhalt".[9] Und noch weiter unten, ebenfalls in der Einleitung, wird „der Gedanke" als eigentümlicher Inhalt der *Logik* proklamiert: „Sie enthält den *Gedanken, insofern er eben so sehr die Sache an sich selbst ist,* oder *die Sache an sich selbst,* insofern sie *eben so sehr der reine Gedanke ist*."[10]

Das ist zunächst einmal nicht verwunderlich. Dennoch hält es Hegel für eine der großen Schwierigkeiten der *Logik*, allein beim Gedanken zu verbleiben und ihn festzuhalten. So bemerkt er in der *Enzyklopädie*:

> „Die Logik ist in sofern die *schwerste* Wissenschaft, als sie es nicht mit Anschauungen, nicht einmal wie die Geometrie mit abstracten sinnlichen Vorstellungen, sondern mit reinen Abstraktionen zu thun hat, und eine Kraft und Geübtheit erfordert sich in den reinen Gedanken zurückzuziehen, ihn festzuhalten und in solchem sich zu bewegen."[11]

Das große Hindernis, auf das Hegel hier hinweist, ist die gewöhnliche Neigung unseres Denkens, uns über das Denken von Gedanken hinaus noch einen Gegenstand vorzustellen. Diese Gewohnheit ist unserem Denken natürlich eingegeben, insofern jeder Mensch ein endliches Bewusstsein besitzt. Dem nachdenkenden Bewusstsein ist es eigentümlich, sich auf einen Gegenstand als ein intentionales Korrelat seiner Meditationen zu beziehen. Unser natürliches Denken verhält sich bei Hegel so, wie es in der *Phänomenologie des Geistes* beschrieben worden ist. Aber die *Logik* fällt nicht mehr unter dieses Schema, denn sie geht von der Überwindung der Bewusstseinsstruktur aus: „Die reine Wissenschaft setzt somit die Befreyung von dem Gegensatze des Bewußtseyns voraus."[12] Sie sieht also von allen Korrelaten des Denkens ab und befindet sich außerhalb der Struktur eines nachdenkenden Bewusstseins und seines intentionalen Korrelats. Ihr Inhalt sind folglich Gedanken, und nicht das darunter vorgestellt Gedachte:

---

[8] GW 21, S. 27.
[9] GW 21, S. 28.
[10] GW 21, S. 33.
[11] Enzyklopädie, § 19 A.
[12] GW 21, S. 33.

„In der Logik haben wir es mit dem reinen Gedanken oder den reinen Denkbestimmungen zu tun. Beim Gedanken im gewöhnlichen Sinn stellen wir uns immer etwas vor, was nicht bloß reiner Gedanke ist, denn man meint ein Gedachtes damit, dessen Inhalt ein Empirisches ist. In der Logik werden die Gedanken so gefaßt, daß sie keinen anderen Inhalt haben als einen dem Denken selbst angehörigen und durch dasselbe hervorgebrachten. So sind die Gedanken reine Gedanken."[13]

Die strenge Norm der *Logik* verlangt daher, bei einem Gedanken nur an den Gedanken und an nichts anderes zu denken. Das ist nach Hegel eine notwendige Bedingung des logischen Erkennens und ein bedeutendes Ergebnis, dem gemäß es die alte griechische Metaphysik zu loben gilt.

„Zunächst ist es als ein unendlicher Fortschritt anzusehen, daß die Formen des Denkens von dem Stoffe, in welchen sie im selbstbewußten Anschauen, Vorstellen, wie in unserem Begehren und Wollen oder vielmehr auch in dem vorstellenden Begehren und Wollen (– und es ist kein menschliches Begehren oder Wollen ohne Vorstellen –) versenkt sind, befreyt, diese Allgemeinheiten für sich herausgehoben und wie *Plato*, dann aber *Aristoteles* vornehmlich gethan, zum Gegenstande der Betrachtung für sich gemacht worden."[14]

Es ist also eine methodische Voraussetzung der *Wissenschaft der Logik*, dass man bloß die Gedanken betrachte und darüber hinaus keine Gegenstände, die unter diesen Gedanken subsumiert werden könnten. Nur Gedanken, wie sie an und für sich sind, machen den Inhalt und Gegenstand der *Logik* aus. Das sollte man im Folgenden immer im Auge behalten. Wenn wir also in der logischen Entwicklung vom Absoluten reden, erkennen wir nicht das irgendwie vorgestellte Absolute, sondern untersuchen wir *den Gedanken* eines Absoluten und seine Folgen. Es wird also davon abgesehen, ob der jeweilige Gedanke irgendeiner Wirklichkeit entspricht, weil es auf eine Diskussion über die Struktur des Gedankens selbst und seiner Dynamik ankommt. Dafür spricht nicht zuletzt, dass auch „die Wirklichkeit" als Gedankenbestimmung thematisiert werden soll.

Wenn wir einen technischen Ausdruck aus der Philosophie Husserls gebrauchen dürfen, dann würden wir behaupten, die *Logik* Hegels verlange von uns eine *Epoché*.[15] Es ist bei ihr erforderlich, dass wir uns gegenüber einer Gedankenbestimmung aller Setzungen und aller Urteile über mögliche Gegenstände, die sich unter jenem Gedanken denken lassen, enthalten, dass wir alle Urteile darüber einklammern und uns in den Gedanken zurücknehmen, um seine innere Logik zu betrachten. Anders ausgedrückt: Es gilt nicht jeder Denkbestimmung die Vor-

---

[13] Enzyklopädie, § 24, zweiter Zusatz, TW 8, S. 84.
[14] GW 21, S. 12.
[15] Dieser Analogie sind allerdings Grenzen gesetzt. Denn bei Husserl bezieht sich die *Epoché* immer auf die Beschreibung von Phänomenen und verbleibt immer im Bereich des Phänomenalen, während es in Hegels spekulativer Logik hingegen, wie bereits ausgeführt, um die Betrachtung vom reinen Denken und reinen Gedankenbestimmungen geht.

stellung eines Gegenstandes zu unterlegen oder sie mit einer anderen Denkbestimmung, welche einen anderen systematischen Ort hat, zu belegen. Letzteres ist der Fall, wenn man die absolute Idee als Hegels Begriff des Absoluten auslegt. Denn es sei ein

> „Grundmißverständnis, das üble d. h. ungebildete Benehmen, bey einer Kategorie, die betrachtet wird, *etwas Anderes* zu denken und nicht diese Kategorie selbst. Diese Bewußtlosigkeit ist um so weniger zu rechtfertigen, als solch *Anderes* andere Denkbestimmungen und Begriffe sind, in einem Systeme der Logik aber eben diese andere Kategorien gleichfalls ihre Stelle müßen gefunden haben, und daselbst für sich der Betrachtung werden unterworfen seyn."[16]

All dies unterscheidet die spekulative Logik ganz und gar von der Kantischen transzendentalen Logik. Denn Kant hat in der *Kritik der reinen Vernunft* seine transzendentale Logik von der allgemeinen Logik dadurch abgegrenzt, dass die transzendentale Logik erstens *Kategorien im strengen Sinne* betrachten soll, das ist, Gedankenbestimmungen, die sich auf Gegenstände beziehen und diese konstituieren; und dass sie zweitens den Ursprung unserer Erkenntnis untersuchen soll. Kant unterscheidet Hegel zufolge die transzendentale Logik

> „von dem, was er allgemeine Logik nennt, so, daß sie α) die Begriffe betrachte, die sich a priori auf *Gegenstände* beziehen, somit nicht von allem *Inhalte* der objektiven Erkenntniß abstrahire, oder daß sie die Regeln des reinen Denkens eines *Gegenstandes* enthalte, und β) zugleich auf den Ursprung unserer Erkenntniß gehe, insofern sie nicht den Gegenständen zugeschrieben werden könne."[17]

Kant versucht, wie Hegel zu Recht erklärt, die reinen Kategorien des Verstandes in der Einheit der Apperzeption und dem Ich zu begründen. Dabei sieht er anfangs nahezu von den Gegenständen ab, auf welche sich diese Kategorien beziehen. Allerdings bleibt er immer noch bei dem Gegensatz des Bewusstseins stehen. Hegel zufolge haben deshalb die Kategorien als bloße Gedankenbestimmungen für sich selbst genommen gar keine zureichende Betrachtung bei Kant gefunden:

> „Indem nun das Interesse der Kantischen Philosophie auf das sogenannte *Transcendentale* der Denkbestimmungen gerichtet war, ist die Abhandlung derselben selbst leer ausgegangen; was sie an ihnen selbst sind, ohne die abstracte, allen gleiche Relation auf Ich, ihre Bestimmtheit gegen und ihr Verhältnis zu einander ist nicht zu einem Gegenstande der Betrachtung geworden"[18]

---

[16] GW 21, S. 18f.
[17] GW 21, S. 47.
[18] GW 21, S. 48.

Es bleibt also die Aufgabe übrig, ebenfalls das Ich aus dem Blick zu lassen und sich auf die Gedanken in ihrer Reinheit und ihrem notwendigen Zusammenhang zu konzentrieren. Das komplexe Gebilde, das daraus aufgebaut wird, ist das System der reinen Denkbestimmungen.[19] In dieser Hinsicht geht Hegel bewusst den Weg, den bereits Fichte eröffnet hatte mit dem ihm nicht gelungenen Versuch, alle Denkbestimmungen, sowohl der theoretischen als auch der praktischen Sphären, in ihrem notwendigen Zusammenhang darzustellen:

> „Das Fichtesche System ist bekanntlich durch das Kantische in eine höhere Abstraction erhoben und consequenter durchgeführt. Es ist ein Versuch, die Kategorieen, die Denkbestimmungen der theoretischen sowohl als der praktischen Sphäre, auf eine systematische Weise im Zusammenhang der Nothwendigkeit darzustellen."[20]

Maßgebend ist aber festzuhalten: Dadurch, dass die *Wissenschaft der Logik* die Kategorien für sich selbst untersucht und in ihrer Notwendigkeit darstellt, handelt sie in Wahrheit keine Kategorien mehr (als Bestimmungen eines Gegenstandes überhaupt) ab, sondern reine Denkbestimmungen. Diese Unterscheidung zwischen Kategorien und reinen Denkbestimmungen ist für das Verständnis der spekulativen Logik entscheidend und wird von Hegel bewusst unternommen. Kategorien sind Denkbestimmungen in Bezug auf Gegenstände. Als solche aber fallen sie in die allgemeine Struktur eines erkennenden Bewusstseins und seines Gegenstandes hinein, und dementsprechend finden sie ihre Abhandlung innerhalb der Hegelschen Philosophie nicht in der *Logik*, sondern in der Bewusstseinslehre, der *Phänomenologie des Geistes*. Dort, in C (AA) Vernunft, 5. Kapitel *Gewißheit und Wahrheit der Vernunft* wird der Begriff von Kategorie im Rahmen eines Bewusstseins entwickelt, das Vernunft *hat*.[21] In der *Logik* ist aus den bereits genannten Gründen die Rede in der Regel nicht von Kategorien, sondern von Denkbestimmungen. Damit spielt Hegel wahrscheinlich auf folgende Stelle Kants aus der *Kritik der reinen Vernunft* an, worin Kant erklärt, dass die Verstandesbegriffe (Kategorien) ohne Bezug auf Gegenstände möglicher Erfahrung bloße leere Gedankenformen wären:

> „Diese weitere Ausdehnung der Begriffe, über unsere sinnliche Anschauung hinaus, hilft uns aber zu nichts. Denn es sind leere Begriffe von Objekten, von denen, ob sie nur einmal möglich sind oder nicht, wir durch jene gar nicht urteilen können, bloße Gedankenformen ohne objektive Realität, weil wir keine Anschauung zur Hand haben."[22]

Die *Wissenschaft der Logik* zeigt aber im Gegensatz zu Kants Meinung ausführlich, dass die Denkbestimmungen, rein für sich betrachtet und ohne Bezug auf

---

[19] Ebenda.
[20] G. W. F. Hegel, *Rezension zu Friedrich Heinrich Jacobi's Werke*. GW 15, S. 18.
[21] Vgl. GW 9, S. 134ff.
[22] KrV B 148f.

irgendeinen Gegenstand, sei er der einer möglichen Erfahrung oder nicht, durchaus nicht leer sind, und dass ihre Abhandlung als solche weit entfernt davon ist, trivial zu sein.

Damit sind wir zur vorläufigen Erklärung der *Wissenschaft der Logik* als Wissenschaft des Denkens und seiner Bestimmungen zurückgekehrt, was in Hegels Sinn noch lange nicht einen wahrhaften Begriff von dieser Disziplin bietet. Die Unmöglichkeit, zu Anfang mehr als einen Vorbegriff der *Logik* angeben zu können, ergibt sich aber aus guten Gründen. Denn die *Logik* erreicht ihren Begriff als *ihr letztes Resultat*. Was die Wissenschaft ist – und das beinhaltet sowohl ihren Begriff als auch ihr Verfahren und ihren Gegenstand –, ergibt sich für die Philosophie aus der Betätigung selbst und wird nicht vorausgesetzt. Hierin liegt ein fundamentaler Unterschied zu den Fachwissenschaften. Die Fachwissenschaften stellen ihre Definition, ihren Gegenstand und ihre Methode unmittelbar vor. Damit erfüllen sie eine notwendige Bedingung wissenschaftlichen nicht-philosophischen Erkennens: den Bereich zu bestimmen, die Instrumente zu präsentieren, die Begründungen und Schlussfolgerungen zu rechtfertigen. Der Anfang einer Fachwissenschaft stellt daher meistens die schwierigste Herausforderung dar, denn er enthält die ganze Wissenschaft in unentwickelter Form. Anders die philosophische Logik:

> „Die Logik dagegen kann keine dieser Formen der Reflexion oder Regeln und Gesetze des Denkens voraussetzen, denn sie machen einen Theil ihres Inhalts selbst aus und haben erst innerhalb ihrer begründet zu werden. Nicht nur aber die Angabe der wissenschaftlichen Methode, sondern auch der *Begriff* selbst der *Wissenschaft* überhaupt gehört zu ihrem Inhalte, und zwar macht er ihr letztes Resultat aus."[23]

Nun, dass die Regeln und Gesetze des Denkens den Inhalt der *Logik* ausmachen und diese sie daher nicht voraussetzen kann, ist nichts Neues, sogar selbstverständlich. Aber dass sie ihren Begriff als logische Wissenschaft erreichen muss und darüber hinaus dies als Letztes leistet, das bedarf noch einer Erklärung. Die *Logik* beginnt weder mit einer Definition, worin ihr Begriff gegeben würde, noch mit einer Bestimmung ihres Gegenstandes, noch mit einer Vorstellung ihrer Erkenntnismethode. Zwar weiß man schon zu Beginn, dass Thema der *Logik* allein das Denken ist. Damit wird überhaupt von den Gegenständen abgesehen, worauf sich die Bestimmungen des Denkens in ihrer Anwendung auf Reales beziehen. Was das Denken aber des Näheren ist, bleibt allerdings im Schatten. Vielmehr steht das Denken hier für die *Betätigung* des Denkens. Am Anfang finden wir nicht eine theoretische Erklärung des Denkens, sondern vielmehr die Forderung: denken, rein denken zu wollen.

Während also die üblichen Fachwissenschaften ihren Begriff zu Beginn präsentieren, macht der Begriff der logischen Wissenschaft deren Ende aus. Die Astronomie, die Mathematik oder die Geologie sind zu Beginn als Wissenschaften

---

[23] GW 21, S. 27.

konstituiert. Die Tatsache, dass sie noch nicht zu Ende gebracht worden sind, dass es also noch vieles zu erkennen gibt, ändert hieran nichts. Es stellt im Gegenteil ihre Eigentümlichkeit als Wissenschaften des Endlichen dar, sich in einem unendlichen Fortschritt zu entwickeln. Das gilt für die Logik im philosophischen spekulativen Sinne nicht mehr. Denn ihr Begriff, ihr Gegenstand und ihre Methode sind ihr Resultat, und zwar ihr letztes Resultat. Damit ändert sich selbstverständlich auch die Perspektive. Zu Beginn sowie im Laufe der Betätigung hat man Denkbestimmungen, die sich auseinander generieren und von einer zur anderen fortschreiten. Man kann sie als Phasen in der Entwicklung reinen Denkens auffassen. Dennoch besteht bis zum Ende die Möglichkeit, dass die reiche Vielfalt von Denkbestimmungen nicht zu einer Einheit verbunden werden kann. Denn sie sind noch nicht in einer Wissenschaft vereint; ihnen droht die Gefahr, auseinanderzugehen. Erst mit dem Begriff der absoluten Idee erfasst die Wissenschaft sowohl ihren *Begriff* als auch ihren *Gegenstand* und ihre *Methode*. Erst dann ist die logische Wissenschaft wirklich, was sie ist: „die Wissenschaft *der reinen Idee,* das ist der Idee im abstrakten Elemente des *Denkens.*"[24]

Daraus geht aber leider auch hervor, dass man am Anfang der *Wissenschaft der Logik* auf endgültige Auskunft über die Methode des Logischen verzichten muss. Denn die Erkenntnis über die Methode der spekulativen Logik erfolgt ebenfalls erst dann, wenn die ganze Abhandlung ihr Ende erreicht hat. Diesen erforderlichen Verzicht kompensiert Hegel in der enzyklopädischen Fassung der *Logik*, indem er die drei Seiten des Logischen, nämlich die abstrakte oder verständige, die dialektische und die spekulativ-vernünftige vorwegnimmt.[25] Das Logische pendelt dementsprechend ständig vom Festhalten eines Inhaltes über die skeptische Prüfung desselben hin zur spekulativen Erhebung in einer neuen Gedankenbestimmung. Dabei ist der Skeptizismus die Quelle des Fortgangs und die treibende Kraft der kritischen Darstellung; ihm kommt deshalb eine besondere Rolle zu, die ausführlicher zu behandeln ist.

Gegen die traditionelle Haltung vertritt Hegel die Meinung, dass der Skeptizismus innigst mit der Philosophie verbunden ist und durchaus zu ihr gehört. Wahre Philosophie enthält Skeptizismus, und zwar nicht als eine äußerliche Vorstufe, als eine Art, deren Grundsätze bzw. Grundpositionen mit unerschütterlicher Gewissheit zu begründen. Vielmehr gehört Skeptizismus zur Philosophie selbst in dem Sinne, dass Philosophie in einer Hinsicht, nämlich in ihrer negativen und freien Seite, Skeptizismus ist. *Skepsis* ist das altgriechische Wort für Betrachtung oder Untersuchung und zwar mit dem Zusatz, dass man sich vorsichtig verhalten und mit Umsicht vorgehen soll, bevor man etwas behaupten oder gar wissen will. Im Hinblick auf die *Wissenschaft der Logik* wird der Skeptizismus nicht als eine lästige, aber notwendige Vorbereitung und Vergewisserung von metaphysischen Grundlagen eines philosophischen Systems gedacht, das ohnehin und abgesehen davon präfiguriert worden ist. Skeptizismus läuft also nicht

---

[24] Enzyklopädie § 19.
[25] Vgl. Enzyklopädie §§ 79-82.

auf die Bestätigung einer von vornherein ausgedachten Metaphysik hinaus, um deren Prüfung willen. Hegels Verbindung von Skeptizismus und Metaphysik ist vielmehr von grundlegender Natur: Denn die Skepsis ist vielmehr ein wesentlicher Bestandteil von Metaphysik.

Bereits in der *Phänomenologie des Geistes*, von Hegel bekanntlich als sich vollbringender Skeptizismus charakterisiert, ist der Skeptizismus keineswegs als Vorstufe zur Metaphysik *sensu stricto* zu verstehen. Denn die *Phänomenologie des Geistes* hat eigentlich keine Metaphysik, kein System und kein Programm vor sich. In ihrer internen Darstellung, also von der Vorrede abgesehen, besteht sie in der äußerst freien Mobilisierung der Skepsis. Sie beginnt bei der einfachsten und unmittelbarsten Gewissheit und lässt die Skepsis frei laufen, ohne gar eine bestimmte Richtung vorzugeben oder einen gewissen Zweck vorauszusetzen. Nicht einmal ist die Darstellung auf Erfolg oder Misserfolg des Wissens- und Wahrheitsanspruches festgelegt, sondern vollzieht sich, worauf Fulda treffend hinweist, „in einem offenen Horizont sowohl für die Prüf-Ergebnisse als auch für weitere Folgen, die sich dem darzustellenden Bewußtsein oder dem Darstellenden an ein eventuell negatives Ergebnis knüpfen mögen."[26] Deshalb ist die *Phänomenologie des Geistes* als der sich vollbringende Skeptizismus zu denken. Solcher Skeptizismus gilt zwar im Nachhinein als Einführung in die eigentliche Metaphysik, ist aber nicht als deren Vorstufe zu verstehen.

Die *Phänomenologie des Geistes* führt zu einem neuen Konzept von Metaphysik, die dem Skeptizismus nicht deshalb standhält, weil sie in einer etwa kritischen Vorbereitung begründet worden wäre. Vielmehr ist Hegels Metaphysik skeptisch-immun, weil sie selbst Skepsis enthält und betätigt. Skeptizismus als sich vollbringender ist also in der *Wissenschaft der Logik* weiter tätig als eine Prüfung dessen, was Wahrheit ist. Zum Philosophieren überhaupt und hier insbesondere zum reinen, in einer spekulativen Logik sich selbst entwickelnden Denken gehört Skepsis als die Prüfung des Inhalts in jeder Stufe, als die Tätigkeit des Infragestellens, des Fragens, die Tätigkeit, Unterscheidungen zu treffen, mangelnde Bestimmtheit aufzudecken und gelegentlich sogar als das Hinführen zum Widerspruch. Somit erfolgt der logische Fortgang bei jeder Gedankenbestimmung, indem auf das jeweilige Gegenteil hingewiesen wird, denn der Hinweis auf das Gegenteil lässt die Endlichkeit der Bestimmung zutage treten. Philosophie als Skeptizismus ist der Nachweis, dass ein gegebener Begriff, eine gegebene Position oder Bestimmung endlich ist, also dessen Gegenteils bedarf, um sich völlig begrifflich zu machen. Alles Endliche enthält den Widerspruch in sich, denn als Endliches wird es durch ein Anderes begrenzt, definiert sich überhaupt durch sein Anderes, enthält also in seiner Bestimmung dessen Gegenteil. Darin besteht das skeptisch-dialektische Moment. Das skeptische Moment zeigt eben

---

[26] Hans Friedrich Fulda, „Vom ‚sich vollbringenden Skeptizismus' zur ‚eigentlichen Metaphysik'. Das Ende einer Darstellung erscheinenden Wissens und der Anfang von Hegels ‚Wissenschaft der Logik'", in *Deutsche Zeitschrift für Philosophie. Sonderband: Skeptizismus und Metaphysik*, hrsg. von Markus Gabriel, 2012, S. 320.

die Endlichkeit des Inhalts und somit die Notwendigkeit des Fortgangs. Dem folgt genau deshalb das spekulative Moment, die Erfassung der Einheit bzw. der oberen Vereinigung und Aufhebung der Bestimmungen. Der Skeptizismus mündet bei Hegel nicht wie bei den Alten in einem Sich-Zurechtfinden im alltäglichen Leben bloß mit der einzigen Gewissheit, dass alles entbehrlich, lauter Schein ist. Vielmehr betont Hegel die positive Seite der Skepsis: Insofern der Inhalt endlich ist, mangelt er an Bestimmung, und in diesem Mangel liegt die Quelle des Fortdenkens. Vom jeweiligen Inhalt geht man zum Gegenteil fort. Dessen Gegenteil ist eben deswegen, weil es ein Gegenteil ist, auch endlich. Beide lassen sich nur zusammen begreifen, wie Ursache und Wirkung, Sein und Nichts, Substanz und Akzidenz, Ding und Eigenschaft, Identität und Unterschied und so alle anderen Gedankenbestimmungen. Das Zusammenfassen von beiden Bestimmungen ist aber das spekulative Moment. Es ist das Produkt der Skepsis, das Ergebnis der Dialektik: das Begreifen der vorhergehenden Bestimmungen in einer höheren, sie aufhebenden in dem doppelten Sinn, dass sowohl die neue Bestimmung die anderen aufbewahrt und emporhebt als auch dass sie das Einsehen von deren Endlichkeit impliziert und daher selbst den Nachweis ihrer Unfähigkeit ausmacht, das Wahre und Spekulative zu fassen. Deshalb hatte Hegel in seiner *Skeptizismusschrift* etwas provokativ behauptet, dass die Wahrheit der Vernunft einen Verstoß gegen den Satz des Widerspruchs enthält.[27] Denn das Spekulative muss die sich widersprechenden Bestimmungen vereinigen, nicht in einem selbst unmittelbar widersprüchlichen Begriff, sondern in einer höheren Gedankenbestimmung, die aus der Dialektik der ersteren hervorgeht und sie zusammenfasst. Die neue Bestimmung muss dann aber wiederum entwickelt werden, ihre Dynamik muss entfaltet werden, sie muss letztlich selbst auch skeptisch geprüft werden, ob sie die wahre Unendlichkeit erreicht hat, oder ob sie vielmehr ebenfalls endlich ist. Diese allgemeine negative Tätigkeit des Skeptizismus, die Beschränkung bzw. die Einseitigkeit des Inhalts aufzudecken und gegen sie zu agieren, bleibt immer als wesentliches Moment des spekulativ-logischen Fortgangs. Der sich vollbringende Skeptizismus hört daher mit der *Phänomenologie des Geistes* keineswegs auf, sondern durchzieht die gesamte spekulative Logik und treibt ständig ihre Bewegung voran.

2.2 Ist die Hegelsche Logik eine Ontologie?

Wir haben gesehen, dass die spekulative Logik sich nur mit Gedanken und Gedankenbestimmungen beschäftigt. Dennoch bedeutet sie mehr als eine bloß formal angelegte Logik. Ein erster Grund dafür war, dass sie eine sich entwickelnde Totalität des Denkens darstellt. Es gibt aber außerdem noch einen anderen grundlegenden Unterschied zur formalen Logik. Denn vom Standpunkt der Hegelschen

---

[27] Vgl. TW 2, S. 230.

Metaphysik aus betrachtet heißt es, dass allein der Gedanke die Wahrheit fassen kann: „Andererseits hat nun aber auch die Logik als Wissenschaft des Denkens einen hohen Standpunkt, insofern der Gedanke allein das Höchste, das Wahre zu erfassen vermag."[28]

Nur durch Gedanken kann die Wahrheit erkannt werden. Die Wichtigkeit der spekulativen Logik ist daher größer als die einer formalen Logik. Denn das Bedürfnis nach einer solchen Logik ergibt sich aus dem Interesse sowohl des metaphysischen als auch des praktischen Denkens. Die spekulative Logik begründet eine philosophisch-systematische Erkenntnis über das Reale, unter welcher wir adäquat die Wahrheit über Natur, aber auch über Recht, Sittlichkeit und Staat erkennen können. Sie ist deshalb keine leere Beschäftigung mit bloßen Abstraktionen, die darüber hinaus keine Relevanz hätten. Im letzten Kapitel der vorliegenden Arbeit werden wir die logisch-spekulative Begründung einer philosophischen Erkenntnis über das Reale im Rahmen einer Systemphilosophie näher betrachten.[29] An dieser Stelle ist aber bereits zu sehen, was mit dieser Relevanz der Logik für eine Erkenntnis des Realen durchaus nicht gemeint ist. Heißt die Aussage, allein der Gedanke könne das Wahre fassen, dass die spekulative Logik als Metaphysik die innere Struktur der Wirklichkeit, das Wesen der Seienden enthüllt? Oder anders formuliert: Ist diese fundamentale philosophische Disziplin eine Ontologie?

Ontologie war bei ihrem bedeutendsten Repräsentanten, Christian Wolff, die Wissenschaft vom Seiendem im Allgemeinen bzw. sofern es Seiendes ist.[30] Sie war eine erste Philosophie, die eine Begründungsfunktion für die *metaphysica specialis* oder Lehre der speziellen Gebiete des Seienden hatte, nämlich für die rationale Kosmologie, die auf den Zusammenhang von allen Körpern in einer Welt eingeht, für die rationale Psychologie oder die Lehre von den geistigen, innerweltlichen Substanzen, und für die rationale Theologie, die Lehre von dem unendlichen geistigen Wesen und höchsten Seienden. Ein kurzer Vergleich mit Hegels Systemauffassung erweckt zunächst einmal den Eindruck, Hegels Systemphilosophie sei eine Modifikation dieses Musters.[31] Denn an die Stelle der *metaphysica generalis sive ontologia* würde die *Wissenschaft der Logik* treten, die ebenso zwei philosophische Disziplinen fundiert: die Philosophie der Natur und die Philosophie des Geistes. Die erste würde der Kosmologie entsprechen, die zweite wäre dann die Hegelsche Variante der *Pneumatica* oder Wissenschaft vom Geist, die sowohl rationale Psychologie als auch rationale Theologie umfasst und die bei Hegel die Behandlungen vom jeweils endlichen und absoluten Geist wären.

Aus diesen und auch anderen Gründen hat sich die Auslegung der *Wissenschaft der Logik* als Hegels Ontologie in den letzten Jahrzehnten sehr weit ver-

---

[28] Vgl. Enzyklopädie § 19, zweiter Zusatz, TW 8, S. 70.
[29] Vgl. Ziffer 4.6.
[30] Vgl. Christian Wolff, *Philosophia prima sive Ontologia*, Frankfurt und Leipzig, 1730, § 1.
[31] Vgl. Hans Friedrich Fulda, „Die Ontologie und ihr Schicksal in der Philosophie Hegels. Kantkritik in Fortsetzung Kantischer Gedanken", in *Revue Internationale de Philosophie* (210), S. 455-474, hier S. 457f.

breitet: Sie ist tatsächlich zur herrschenden Meinung geworden. Gegeninterpretationen lassen sich inzwischen an einer Hand abzählen. Die Frage nach dem ontologischen Charakter von Hegels *Logik* hat für die Zielsetzung der vorliegenden Arbeit selbstverständlich große Bedeutung. Denn die Untersuchung darüber, ob die Hegelsche Metaphysik eine des Absoluten ist oder nicht, ist identisch mit der Untersuchung, ob sie eine monistische Ontologie ist. Daher ist eine entsprechende Diskussion sowohl der alten als auch der neueren wichtigsten Literatur zum Thema Ontologie bei Hegel erforderlich.

Von den neueren, ontologisierenden Interpretationen zur gesamten *Logik* hebt sich besonders wegen ihrer ins Detail gehenden Analyse Christian Martins *Ontologie der Selbstbestimmung* ab. Dort findet man eine Begründung der Betrachtung der *Wissenschaft der Logik* als Ontologie, die mit anderen Arbeiten der Forschung in ihrem Kern übereinstimmt. Martin stellt fest, dass Hegels *Logik* Wissenschaft in radikalem Sinn ist, weil sie weder Tatsachen noch Grundannahmen voraussetzt, woraus sie ihre Ergebnisse entwickeln würde, sondern die Forderung aufnimmt, voraussetzungslos zu denken.[32] Aus voraussetzungslosem Denken folgt nur Notwendiges, oder das, was aus ihm folgt, ist als notwendig erwiesen zu sehen, fährt Martin fort. Denn es beruht nicht auf zufälligen oder bezweifelbaren Annahmen. Ist die Folge notwendig, so gehöre sie zu etwas hinzu, das überhaupt ist. Anders ausgedrückt: Wenn etwas notwendig ist, dann, so Martin, *müsse es sein*. Die Ontologie aber ist die Untersuchung dessen, was dazu notwendig gehört, dass überhaupt etwas ist. Auf diese Weise verknüpft Martin spekulative Logik und Ontologie.[33]

Auf den ersten Blick scheint diese Argumentation einwandfrei. Sieht man aber genauer hin, so ergibt sich, dass der Sache ein Missverständnis zugrunde liegt. Denn aus Hegels logischem Unternehmen, rein voraussetzungslos denken zu wollen, geht kein ontologischer Charakter hervor. Zu Recht geht Martin davon aus, dass die Ontologie die Untersuchung dessen ist, was zum Seienden überhaupt notwendig gehört. Hierbei übersieht er allerdings Folgendes: Genau deshalb setzt die Ontologie zwangsläufig das Seiende voraus und versucht zu denken, was zu ihm notwendig gehört. Sie überspringt dadurch Leibniz' Frage, „warum ist überhaupt Etwas und nicht vielmehr das Nichts". Der Ontologie kann eine solche Frage nur als abgemacht gelten, denn sie stellt sich selbst bei dem Dilemma zwischen Sein und Nichts auf die Seite des Seins. Ein voraussetzungsloses Denken ist aber der Versuch, rein zu denken oder nur das Denken zu entwickeln, deshalb nicht *etwas* zu denken oder ein Denken von Etwas, das dadurch als gegeben angenommen wird. Wäre die *Logik* eine Ontologie, so würde sie das

---

[32] Vgl. Christian Georg Martin, *Ontologie der Selbstbestimmung. Eine operationale Rekonstruktion von Hegels „Wissenschaft der Logik"*, Tübingen, 2012, S. 2f.
[33] Vgl. Martin, a.a.O., 6. Eine ähnliche Überlegung befindet sich bei anderen Interpretationen, z. B. in Bruno Haas, *Die freie Kunst. Beiträge zu Hegels Wissenschaft der Logik, der Kunst und des Religiösen*, Berlin, 2003, S. 22: „Thema der Hegelschen Logik ist das Sein, insofern zu ihm noch mehr gehört als Sein, d. h., gewisse Kategorien; und deshalb ist sie Ontologie und prima philosophia oder Metaphysik."

Sein voraussetzen. Der *Gedanke* des Seins selbst wäre kein Gegenstand ihrer Untersuchung, sondern vielmehr deren Rahmen. Und so könnte sie diesen Rahmen nicht kritisch betrachten. Sie käme niemals zu der Schlussfolgerung, zu der Hegel kommt – dass Sein und Nichts eigentlich eins und dasselbe sind.[34] Leibniz' Frage hat daher keine Antwort, weil das Dilemma nur scheinbar ist: Es ist gleichgültig, ob Sein oder Nichts, denn beide sind gleich leer. Zu einem solchen bahnbrechenden Ergebnis kann man nur gelangen, wenn man den Gedanken des Seins analysiert und in Frage stellt, niemals aber, wenn man das Sein als den Rahmen und das Thema des Denkens, als die Sache selbst annimmt. Das, was aus einem voraussetzungslosen Denken folgt, ist ohne Zweifel notwendig, aber nicht, weil es notwendigerweise *sein* muss, sondern weil es zu einem reinen voraussetzungslosen Denken dazu gehört. Oder, um eine parallele Ausdrucksweise zu verwenden: Was sich derart als notwendig erweisen lässt, gehört notwendig dazu, dass überhaupt *gedacht wird*. Zeigt sich dementsprechend eine enge Verbindung zwischen reinem Denken und Leben, Freiheit, Natur oder Geist, so bezieht sich dies nicht darauf, dass sie *bloß* sind und sein müssen – und dieses „bloß" geht auf die Armut und Leerheit des Gedankens von Sein zurück, wie es sich in der *Logik* anfangs ergibt –, sondern vielmehr stellt sich jene Verbindung in Bezug auf das Denken selbst her. Werden „Leben", „Natur", „Freiheit" oder „Geist" als Themen einer auf die *Logik* folgenden Philosophie systematisch entwickelt, so geschieht dies nicht deshalb, weil sie sein müssen, sondern weil und insofern sie eine konstitutive Verbindung mit dem reinen Denken aufweisen.

Martin aber gilt die Ansicht der spekulativen Logik als Ontologie für erwiesen, und auf dieser Grundlage wird in seiner Arbeit eine Rekonstruktion der ganzen *Wissenschaft der Logik* versucht. In ihr ergebe sich aus den epistemischen Vollzügen „die Realität eines auch unabhängig von epistemischen Vollzügen bestehenden, inhomogenen organisierten Kontinuums."[35] Innerhalb von diesem und aus diesem Kontinuum würden leibhaftige Subjekte hervortreten, die ihrerseits das Kontinuum erkennend und handelnd verwandeln würden in die Welt diskreter Gegenstände, in der wir leben.

Man sieht, wie hier – und dies gilt im Allgemeinen für die meisten ontologischen Deutungen der *Wissenschaft der Logik* – die alte Aufgabe der Deduktion der Welt wieder zur Geltung kommt, eine Aufgabe, die Hegel schon in *Glauben und Wissen* an Fichte stark kritisiert hat.[36] Darüber hinaus ist ebenfalls kritisch anzumerken, dass hiermit der bei Hegel zentrale Begriff von Idealismus außer Acht gelassen wird. Denn der Idealismus, zu dem Hegel sich bekennt, stellt die These auf, dass nur das Denken das Wahre ist, und dass die diskreten Gegenstände und Tatsachen der Welt an und für sich keine Wahrheit haben, dass sie vielmehr nichtig sind. Ihre Objektivität und Wahrheit erhalten sie allein vom Denken. Das ist das Ergebnis der Kantischen Deduktion der Kategorien, idealis-

---

[34] Vgl. GW 21, S. 68f.
[35] Martin, *Ontologie der Selbstbestimmung*, S. 8.
[36] Vgl. GW 4, S. 388 und 390. Siehe auch das erste Kapitel, Ziffer 1.3.

tisch gelesen.[37] Die Philosophie muss daher die Welt nicht erklären, sondern sich gerade aus der Ebene der endlichen Dinge und weltlichen Vorstellungen heraus zum reinen Denken erheben. Eine Aufklärung des inneren Wesens der Welt, in der wir leben, muss deshalb, zumindest aus Hegels Position, nicht philosophisch unternommen werden. Denn die Welt hat für Hegel philosophisch betrachtet keine Wahrheit, sie ist nicht einmal ein Begriff, sondern höchstens eine „Kollektion des Geistigen und Natürlichen", die man mit dem Naturbegriff nicht verwechseln darf.[38] Hegel hat sehr deutlich gesehen, dass unter der Vorstellung „Welt" alles Mögliche, sei es natürlich oder geistig, ohne irgendeine Einheit zusammengebracht wird. Er zeigt sowohl in der *Phänomenologie des Geistes* als auch in der *Wissenschaft der Logik*, dass diese Vorstellung keinen wahrhaften Begriff im spekulativen Sinn ausmacht und sich in eine erscheinende und eine an sich seiende Welt spaltet, deren Gegensatz in einen reinen Widerspruch gelangt.[39] Deshalb kann es nicht mehr darum gehen, anhand der entwickelten Logik, worin die Welt als eine widersprüchliche Vorstellung entlarvt wird, diese hinterher doch noch erklären zu wollen. Übereinstimmend damit ist auch die Tatsache, dass Hegel eine Philosophie der *Natur* und nicht der Welt (Kosmologie) für sich in Anspruch nimmt, und dass er sehr wohl Natur und Geist differenziert, einzeln auffasst und niemals den Versuch unternimmt, beide Sphären unter einen angeblichen Begriff von Welt (oder Universum oder Ähnliches) im Nachhinein zu subsumieren.

Anhand der Arbeit von Martin sieht man sowohl die Hauptüberlegungen, die zu einer Deutung der *Wissenschaft der Logik* als Ontologie führen, als auch die Konsequenzen, die diese Deutung für die Interpretation der Hegelschen Philosophie insgesamt nach sich zieht. Doch die Auslegung von Hegels *Logik* als Ontologie geht in der Hegel-Forschung weit zurück. Bereits Charles Taylor verstand 1975 in seiner einflussreichen Hegel-Interpretation die *Logik* als Darlegung der begrifflichen Struktur der Wirklichkeit. „Wenn es das Wirkliche gibt, und wenn seine Struktur der Notwendigkeit des ‚begrifflichen Denkens' entspricht, besteht die Aufgabe der *Logik* darin, diese begriffliche Struktur durch rein begriffliche Argumente zu zeigen."[40] In Deutschland hat schon Rolf-Peter Horstmann jeweils 1984, 1990 und 1991 in verschiedenen Publikationen die Hegelsche Philosophie und insbesondere seine spekulative *Logik* als Ontologie ausgelegt.[41] Hegel versuche mit seinem System

---

[37] Mehr dazu im letzten Kapitel dieser Arbeit, Ziffer 4.1.
[38] Enzyklopädie § 247 Z, TW 9, S. 25.
[39] Vgl. GW 9, S. 89-100 und GW 11, S. 347-352. Mehr zum im Gedanken der Welt enthaltenen Widerspruch im nächsten Kapitel, Ziffer 3.1.2.
[40] Charles Taylor, *Hegel*, Frankfurt am Main, 1978 (englischer Original 1975), S. 297.
[41] Vgl. Rolf-Peter Horstmann, *Ontologie und Relationen. Hegel, Bradley, Russell und die Kontroverse über interne und externe Beziehungen*, Königstein/Ts, 1984; ders., *Wahrheit aus dem Begriff. Eine Einführung in Hegel*, Frankfurt am Main, 1990; ders., *Die Grenzen der Vernunft. Eine Untersuchung zu Zielen und Motiven des deutschen Idealismus*, Frankfurt am Main, 1991.

„alle, aber auch alle Formen der Wirklichkeit zu integrieren, so daß von Glimmerschiefer bis hin zu dem logischen Schlußfiguren nichts ist, was nicht dem Hegelschen Anspruch verfällt, als Ausdruck des Gedankens beziehungsweise des Begriffs angesehen zu werden und insofern „in seiner Notwendigkeit", wie es Hegel nennt, einsichtig gemacht zu werden."[42]

Dies sei eben einer der Gründe, weshalb Hegel das allgemeine Misstrauen auf sich gezogen hat – weil er wirklich eine Theorie zu bilden versuche, in der schlechthin *alles* rational erklärt werden soll. Die Ontologie mache die Grundlage von Hegels System aus, eine monistische Ontologie des Begriffs, die aufklärt, was es denn wirklich oder in Wahrheit gibt.[43]

In einem aktuelleren Aufsatz vertritt auch Klaus Düsing diese herrschende Meinung und geht ausdifferenzierter der Frage nach, welchen Ontologietyp Hegel vertrete.[44] Zunächst deutet Düsing Hegels Verhältnis zur vormaligen Metaphysik, an deren Stelle die objektive Logik treten soll.[45] Während die spekulative Logik das Vorgehen der *metaphysica specialis* nicht wiederholt, insofern sie nicht mehr wie diese Vorstellungssubstrate wie Welt, Seele oder Gott voraussetzt, bedeute sie aber doch schon eine Verbesserung der Ontologie, insofern sie die ontologischen Bestimmungen systematisch-dialektisch und vollständig entwickele und darlege, wozu auch die Bestimmungen des Wesens gehören würden.

Der reine Begriff des Seienden als Grundbestimmung einer Ontologie wird Düsing zufolge mit „Etwas" erreicht. Mit der Platons *Sophistes* entsprechenden Entwicklung von Etwas und Anderem und dem Anderen seiner selbst begründe Hegel eine „dialektische Ontologie", in der die ontologischen Bestimmungen ineinander übergehen.[46] Außerdem sei Hegels Ontologie im Gegensatz zu universalistischen Ontologien auch noch als „paradigmatisch" zu kennzeichnen. Während universalistische Ontologien Grundbestimmungen des Seienden aufstellen, die für alles Seiende gelten sollen, egal ob menschlicher, göttlicher oder sonstiger Art, orientiere eine paradigmatische Ontologie die Bestimmungen des Seienden hinsichtlich ihrer Vollkommenheit auf das höchste, vollkommenste, göttliche Seiende hin. Das Letztere sei bei Hegel der Fall. Zwar seien schon die einfachsten ontologischen Bestimmungen Hegel zufolge bereits Definitionen Gottes, dennoch wende sich Hegel gegen die Theorien von Proklos, Meister Eckhart, Spinoza oder Heidegger, die die ontologischen Bestimmungen von vornherein theologisch, also als Bestimmungen Gottes ansehen.[47] Düsing vermag diesen scheinba-

---

[42] Horstmann, *Wahrheit aus dem Begriff*, S. 10.
[43] Horstmann, *Wahrheit aus dem Begriff*, S. 18.
[44] Vgl. Klaus Düsing, „Kategorien als Bestimmungen des Absoluten? Untersuchungen zu Hegels spekulativer Ontologie und Theologie", in Rüdiger Bubner; Gunnar Hindrichs (Hrsg.), *Von der Logik zur Sprache. Stuttgarter Hegel-Kongress 2005*, Stuttgart, 2007, S. 164-181.
[45] Vgl. GW 21, S. 48.
[46] Vgl. Düsing, „Kategorien als Bestimmungen des Absoluten?", S. 169f.
[47] Düsing, a.a.O., S. 172.

ren Widerspruch zwischen seiner Deutung und Hegels eigener Aussage[48] zu lösen, indem er die These aufstellt, dass die Kategorien allein eine theologische Bedeutung als Bestimmungen Gottes erhalten, insofern die absolute Idee in ihnen sich selbst denkt.[49] Die Kategorien hätten für sich keine theologische Bedeutung. Aber von der absoluten Idee ausgehend, die sich in den Kategorien erfasste, erwiesen sie sich als Definitionen Gottes. Ontologie und Theologie hätten bei Hegel deswegen nicht unterschiedliche Untersuchungsgegenstände, sondern ihr Unterschied beruhe gerade auf der Methode philosophischen Erkennens. Denn: „Die dialektische Entwicklung muß allererst von den einfacheren ontologischen Bestimmungen zu den wesentlich bedeutungsreicheren und komplexeren der spekulativen Theologie hinführen."[50]

Insgesamt ergeben sich allerdings bei Düsings Interpretation zwei grundlegende Probleme. Denn erstens ist zu bezweifeln, dass jenes ambivalente Verhältnis zur vormaligen Metaphysik, zum einen negativ zur *metaphysica specialis*, zum anderen positiv zur Ontologie, dem Sinn des Hegelschen Textes entspricht. Man kann vielmehr verstehen, dass die objektive Logik als Kritik eines vergegenständlichenden Denkens die wahrhafte Kritik der vormaligen Metaphysik *insgesamt*, also Ontologie eingeschlossen, ist.[51] Wir werden in der Tat gleich sehen, dass sie, anstatt eine Rehabilitierung zu sein, eher eine Kritik der Ontologie darstellt. Zweitens aber ist ebenfalls in Frage zu stellen, dass sich die Lehre vom Begriff und besonders die von der absoluten Idee innerhalb einer ontologischen Interpretation lesen ließen als Auskunft über Hegels Gottesbegriff. Zwar stimmt es, dass der Gang der *Logik* den Selbstbestimmungsprozess der absoluten Idee darstellt. Es ist aber zweifelhaft, ob man die absolute Idee als ein Seiendes und zwar als das Seiende schlechthin verstehen muss. Denn wäre sie Hegels Auffassung vom höchsten, vollkommensten, und göttlichen Seienden, dann könnte man sich rechtens fragen, ob dann nicht die gesamte *Logik* eine Lehre vom Sein sei, und ob nicht dementsprechend überflüssig wäre, davon noch die Lehren vom Wesen und vom Begriff zu unterscheiden. Oder anders formuliert: Man könnte sich fragen, ob die absolute Idee nicht eigentlich in die Seinslogik hineingehöre und ob daher die Seinslogik nicht unvollständig sei. Man sieht also nochmals, dass sich die Auslegung der Hegelschen *Logik* als Ontologie mit dem gesamten Programm und Aufbau des Werkes schwer vereinbaren lässt. Nicht zuletzt ergibt sich diese Schwierigkeit deshalb, weil aus einer ontologischen Perspektive vor allem die Besonderheit der Hegelschen Lehre vom Begriff und von der Idee nicht völlig einsichtig wird.

Die am tiefsten entwickelte Ausarbeitung der Interpretation von Hegels *Wissenschaft der Logik* als Ontologie verdanken wir Dieter Henrich. Seine Lesart ist

---

[48] Vgl. Enzyklopädie § 85, worauf wir später noch einmal kommen werden.
[49] Düsing, a.a.O., S. 173.
[50] Düsing, a.a.O., S. 175.
[51] Vgl. Michael Theunissen, *Sein und Schein. Die kritische Funktion der Hegelschen Logik,* Frankfurt am Main, 1978.

vermutlich die Quelle der in den letzten Jahren vorgelegten ontologischen Auslegungen. Denn Henrich ist vielleicht der Philosoph, der einen ontologischen Charakter der Hegelschen Metaphysik mit den am besten überzeugenden Argumenten vertreten hat. Eine Auseinandersetzung mit seiner Lektüre ist deshalb unumgänglich.

Für Henrich bildet sich Hegels Ontologie im Gegensatz zur natürlichen Ontologie aus. Die natürliche Ontologie sei die Ontologie der Einzeldinge in der Weltordnung. Ihr Grundgedanke bestehe in der These: Die Welt ist „eine Zuordnung von in ihrem Dasein zugleich selbständigen Einzelnen".[52] Diese natürliche Ontologie liege im gesunden Menschenverstand als eine selbstverständliche Wahrheit, aber ihre Gewissheit ist für Henrich bloßer Schein. Denn weder das Ganze noch die Einzeldinge werden dadurch erklärt. Die Einzeldinge bestehen nur innerhalb der Weltordnung. Sie scheinen von der Ordnung abhängig zu sein. Umgekehrt gelte für die Ordnung, Ordnung von selbständigen Einzelnen zu sein. Die Einzelnen und ihre Ordnung setzen sich in der Tat wechselseitig voraus, sodass keine von beiden das andere erklärt. Auch die Physik könne die Verfassung der Welt nicht erklären, sondern nur „einen entwickelten Zustand des Kosmos auf einen früheren" zurückführen.[53]

Zur Lösung dieser Problematik trägt Henrich zufolge die Kantische Philosophie bei. Das Erkennen eines selbstbewussten Wesens *müsse* einzelne Objekte trennen und sie zugleich beziehen.[54] Die Kantische Begründung der natürlichen Ontologie mittels unseres Erkenntnisvermögens habe allerdings einen Nachteil: Die Voraussetzung einer unerkennbaren Welt der Dinge an sich. Hegel hingegen unternehme eine Analyse und Kritik der natürlichen Ontologie und im Anschluss daran die Begründung einer neuen Ontologie als Gegenentwurf. Zur natürlichen Ontologie gehöre das Wechselverhältnis von Einzelnen und ihrem Ordnungszusammenhang. Der Gegenüberstellung von Einzelnem und Ordnung entsprechen auf der Ebene der Erkenntnis positive und negative Aussagen, Identität und Nichtidentität sowie die Begriffe von „dem Einen" und „dem Anderen". Diese Kofunktionalität werde von Hegel überwunden, indem er die ko-relativen Termini in einem einzigen Grundbegriff vereint. Dadurch werde gezeigt, dass die Differenz der Einzelnen zwischen einander und zwischen Einzelnen und Ganzem nicht die letzte Voraussetzung ist.[55]

Zur Aufhebung der Grundlage der natürlichen Ontologie gelangt Hegel Henrich zufolge mit der dialektischen Methode. Ihre grundlegende Begriffsform sei „der Gedanke von der in sich negativen Positivität oder Negation, die in ihrer Selbstbeziehung positiv ist."[56] Alle Begriffe von Hegels System seien „Nachfolger und Komplikationen" dieses Grundbegriffs der selbstbezüglichen Negation oder

---

[52] Dieter Henrich, „Kant und Hegel", in ders., *Selbstverhältnisse. Gedanken und Auslegungen zu den Grundlagen der klassischen deutschen Philosophie*, Stuttgart, 1982, S. 193.
[53] Henrich, „Kant und Hegel", S. 194.
[54] Ebenda.
[55] a. a. O., S. 199.
[56] a. a. O., S. 201.

selbstbezüglichen Andersheit. Sie sind Henrich zufolge Weisen, das Wirkliche als das Andere seiner selbst zu denken. Somit begründe Hegel eine Theorie, die „wesentlich *Gegenzug* zum natürlichen Denken" ist.[57] Schließlich hätte Hegels „dialektische Ontologie" zwei Hauptaufgaben vor sich: erstens, die Ontologie der Einzelheit durch den Monismus abzulösen; zweitens, die Rückkehr zur natürlichen Welt, die Rekonstruktion der Wirklichkeit zu vollziehen.[58] Die Hegelsche *Logik* wäre dann der Weg von der Begriffsform einer neuen Ontologie zur Beschreibung der Welt.

Zur sogenannten Deduktion der Welt wurde oben bereits einiges gesagt. Doch hier ist außerdem besonders interessant, den von Henrich umrissenen Entwurf der Hegelschen Ontologie festzuhalten. Denn er stimmt tatsächlich genau mit dem Aufbau einer Philosophie des Absoluten überein, so wie Hegel sie beschreibt: Auflösung der Unterschiede und Einzeldinge im Absoluten und Wiederherstellung derselben. Anhand der *Phänomenologie des Geistes* wurden in der vorliegenden Arbeit bereits die Haupteinwände gegen diese Art von Philosophie behandelt. Im nächsten Kapitel wird Hegels Auseinandersetzung damit innerhalb der *Logik* zu betrachten sein. Wir werden dort noch einmal sehen, dass er seine Philosophie nicht unter diese Struktur bringt, sondern ganz im Gegenteil die Mängel dieses Philosophierens auch in der *Logik* aufzeigt.

Fast alle ontologischen Deutungen teilen die Unterstellung, dass die Hegelsche Philosophie die Identität von Sein und Denken behaupte, weshalb die *Wissenschaft der Logik* als Wissenschaft des Denkens selbstverständlich Ontologie sei. Die Betrachtung der reinen logischen Gedankenbestimmungen würde daher im Grunde ebenfalls eine Betrachtung der Kategorien des Seienden bedeuten. Und diese Identität von Denken und Sein wäre der höchste Standpunkt der Wissenschaft, der Standpunkt des Absoluten, zu welchem die *Phänomenologie des Geistes* abschließend gelangt sei. Deshalb solle man Hegels *Wissenschaft der Logik* vielmehr als die Krönung der Ontologie ansehen. Denn in ihr werde die Identität vom Denken und Sein bis zum Ende durchdacht.

Bereits im ersten Kapitel ist anhand der Vorrede zur *Phänomenologie* davon die Rede gewesen. Die Unterstellung ist, so plausibel sie zunächst erscheinen mag, schwerlich haltbar. Zunächst einmal verdient die Tatsache ein entsprechendes Augenmerk, dass Hegel die Identität von Denken und Sein oder Intelligenz und Objektivität nicht behauptet hat. Nicht Hegel, sondern Schelling ist es gewesen, der eine solche These aufgestellt hat. Hegel hingegen behauptet – und das heißt etwas ganz anderes –, dass die Wahrheit im Denken liegt, dass die Gedankenbestimmungen objektiv sind und deshalb die *Logik* eine Metaphysik ist, weil nur das reine Denken das Wahre ist. Das aber heißt noch lange nicht, dass das Denken identisch mit dem Sein sei. Eine solche Aussage wird zudem noch problematischer, wenn man bedenkt, dass das Sein eine erste äußerst abstrakte Denkbestimmung der *Logik* ausmacht, welche deswegen nur schwer das ganze

---

[57] a. a. O., S. 205.
[58] a. a. O., S. 203.

Denken in seinem Reichtum erfassen kann. Das Sein wird von Hegel als die erste, unmittelbarste Bestimmung des Denkens gefasst, denn das Sein ist ihm zufolge das unbestimmte Unmittelbare überhaupt.[59] Dieses unbestimmte Unmittelbare, eine Bestimmung des Denkens, die dem Denken in der Tat fast keine Bestimmung gibt, hat die Eigentümlichkeit, genau aufgrund seiner Unbestimmtheit und Unmittelbarkeit den Anfang auszumachen.[60] Aber über den Anfang hinaus wäre es sehr schwer zu begründen, wie denn das reine Sein, was das Unbestimmte und Unmittelbare überhaupt ist, mit dem Denken und seinem ganzen Bestimmungsprozess zu identifizieren ist. In der Tat ist das erste große Ergebnis der *Wissenschaft der Logik*, wie oben schon erwähnt, die Schlussfolgerung, dass das Sein Nichts und das Nichts Sein ist. An das Sein zu denken bedeutet genau dasselbe wie an das Nichts zu denken, denn Nichts und Sein lassen sich nicht unterscheiden. Es handelt sich hier eigentlich um den größten Einwand, den man der Ontologie als Wissenschaft machen kann – dass der Gegenstand ihrer Untersuchung, das Sein, sich von seinem Gegenteil nicht unterscheidet.

Man scheint um einen gewissen Widerspruch nicht herum zu kommen, wenn man behauptet, das Unbestimmte überhaupt – das Sein – und die Menge höchst komplexer Denkbestimmungen seien eine und dieselbe Sache. Aus dieser Schwierigkeit findet man ebensowenig einen befriedigenden Ausweg in der Erklärung, es handele sich am Anfang der *Logik* nicht nur um einen *genetischen* Anfang, sondern eher um *das Prinzip* der *Wissenschaft der Logik*, das die letzte Begründung von allen weiteren Aussagen der *Logik* angeben würde. Denn man gerät selbst mit diesem Interpretationsvorschlag in ähnliche Schwierigkeiten. Zudem findet man keinerlei Aussage von Hegel, die darauf hinweisen würde, dass seine *Logik* die Struktur eines axiomatischen Systems mit Oberprinzipien, Definitionen und abgeleiteten Lehrsätzen habe. Der Gedankengang innerhalb der *Logik* ist nicht ein solcher. Vielmehr stellt sie genau das Gegenteil dar.[61] Die Fragestellung muss deshalb eher umgekehrt formuliert werden. Hegels Position lautet nicht, dass die Denkbestimmungen Kategorien sind, welche das Wesen der Seienden auffassen. Vielmehr vertritt er die Position, dass das, was die endlichen Seienden an Gedanken haben, das Wahre an ihnen ist, und dass wir dieses Wahre nur mittels einer spekulativen Logik erkennen können.

Das Fragen nach einem angeblich ontologischen Charakter der *Wissenschaft der Logik* hat Hans Friedrich Fulda abgeschlossen. Fulda lehnt allen ontologischen Anspruch in Hegels *Wissenschaft der Logik* ab, womit die Ergebnisse der vorliegenden Untersuchung völlig übereinstimmen. Hegels Metaphysik ist durchaus keine Ontologie, weil sie keine Erkenntnis der Wesenheiten der Dinge, der Welt oder des Menschen *per se* anstrebt. Das metaphysische Denken hat bei ihm

---

[59] Vgl. GW 21, S. 68f.
[60] Man erinnere sich an Fichtes Hinweis (siehe Einleitung): Der Anfang muss das Unfertigste sein, damit man fortdenken kann.
[61] Vgl. außerdem die Kritik in der Vorrede zur *Phänomenologie*, GW 9, S. 21: „daß ferner ein sogenannter Grundsatz oder Princip der Philosophie, wenn er wahr ist, schon darum auch falsch ist, weil er Grundsatz oder Princip ist."

dementsprechend gar keinen Gegenstand außer sich selbst. Denn Hegels Metaphysik strebt eine Untersuchung *des Denkens selbst und nur dessen* an. Ihr geht es Fulda zufolge weder am Anfang noch am Ende noch in der Fragestellung selbst darum, über irgendein Seiendes, sei es Gott, das Absolute oder die Welt Auskunft zu geben. Sie ist „keine Ontologie mehr, sondern durchaus etwas anderes."[62] Will man sich jedoch darüber klar werden, wo das für die Ontologie ungünstige Ergebnis innerhalb der Philosophie Hegels herkommt, muss man nicht nur andere Werke von Hegel selbst berücksichtigen, sondern ebenfalls die Kantische Philosophie heranziehen. Denn Hegels Philosophie ist in Bezug auf Kant gar keine Widerlegung des Kritizismus. Sie versteht sich vielmehr als eine kohärente Fortsetzung Kantischer Gedanken.[63]

Die erste Pointe in Bezug auf Ontologie bei Kant, ohne welche ein Verständnis von Kants Auffassung unmöglich erscheint, ist Fulda zufolge, dass Kant keine Widerlegung der Ontologie oder gar der Metaphysik anstrebte, sondern ganz im Gegenteil eine neue Ontologie-Konzeption vorangetrieben hat.[64] Um sich nicht mit einer partiellen Wahrheit zufriedenzugeben, ist es für Fulda erforderlich, die Kantischen Vorlesungen und Reflexionen miteinzubeziehen. Die Kantische Vernunftkritik hatte den Erkenntnisanspruch der vormaligen Ontologie erschüttert; ihre eigentliche Aufgabe war es jedoch, der Metaphysik den Weg zur Wissenschaft zu bereiten. Deshalb ergibt sich aus der Untersuchung der Vernunft eine Transzendentalphilosophie, welche die Aufgabe übernimmt, ein System aller Verstandesbegriffe und -grundsätze zu errichten, Begriffe, die auf Gegenstände möglicher Erfahrung gehen.[65] An ihrem Ende enthält Kants Transzendentalphilosophie eine neue, beschränkte Ontologie: eine Wissenschaft, die Erkenntnis *a priori* über Erfahrungsgegenstände in Anspruch nimmt. Im Unterschied zur alten Ontologie, die eine apriorische Erkenntnis über alles Seiende beabsichtigte, ist daher bei apriorischer Erkenntnis die Kantische Transzendentalphilosophie auf Gegenstände möglicher Erfahrung beschränkt. Diese Begrenzung bringt allerdings eher eine Ausdehnung des Bereichs der Ontologie mit sich, denn die Kantische Ontologie beginnt mit dem Begriff eines Gegenstands urteilenden Denkens überhaupt. Sie ist in ihrer ersten Phase allgemeine Gegenstandstheorie, die sich forthin zu einer speziellen Theorie von Gegenständen möglicher Erfahrungserkenntnis entwickelt. Erst von denen ist sie berechtigt, apriorische Aussagen zu machen.[66]

Kants neue Ontologie ist daher innerhalb der Transzendentalphilosophie zu verorten. Allerdings ist die Transzendentalphilosophie nicht nur einzig und allein Ontologie. Denn ehe sie zu einer Ontologie als Theorie von Gegenständen urteilenden Denkens erfolgreich gelangt, muss sie Auskunft über das Ich selbst

---

[62] Fulda, „Die Ontologie und ihr Schicksal in der Philosophie Hegels. Kantkritik in Fortsetzung Kantischer Gedanken", S. 465.
[63] a.a.O., S. 468.
[64] Hans Friedrich Fulda, „Ontologie nach Kant und Hegel", in Dieter Henrich, Rolf-Peter Horstmann, *Metaphysik nach Kant*, Stuttgart, 1988, S. 44-82, hier S. 49.
[65] a.a.O., S. 51.
[66] a.a.O., S. 52. Vgl. auch „Die Ontologie und ihr Schicksal", S. 466f.

geben, d. h. sie muss zuerst die Subjektivitätsstruktur untersuchen, auf der sich überhaupt erst alles Urteilen gründet. Erst danach und durch diese Subjektivitätsmediatisierung wird die Ontologie ihr Thema.[67] Sie setzt also eine Theorie des Denkens und seines Selbst voraus. Und eben gerade auf diesen Punkt bezieht sich Hegel. Damit versteht sich, dass Hegel die Kantische Transzendentalphilosophie als Bewusstseinslehre bezeichnet und dementsprechend innerhalb des Bereiches der *Phänomenologie des Geistes* thematisiert hat.[68] Denn die Transzendentalphilosophie erschöpft sich ganz und gar im Gegensatz von Subjekt und Gegenstand. Eben deshalb ist Hegels allgemeines Urteil über die Ontologie, wie wir schon oben erwähnt haben, nicht in der *Wissenschaft der Logik*, sondern in seiner *Phänomenologie* zu suchen. Denn gerade sie ist die Bewusstseinslehre und thematisiert die Beziehung eines Bewusstseins mit seinen möglichen Gegenständen. Sie erhebt den Anspruch, alle möglichen Gegenstände eines Bewusstseins vollständig darzustellen, also alle möglichen *entia* und regionalen Ontologien auszuarbeiten.[69] Am Ende dieser Darstellung kommt allerdings heraus, dass das absolute Wissen, die philosophische Wissenschaft als solche, kein Wissen von einem ihm vorausgesetzten Seienden bzw. Gegenstand mehr ist, dass dieses Wissen nicht mehr im Bewusstseinsgegensatz steht, sondern wesentlich aus der Selbsterkenntnis der Vernunft bestehen soll.[70] Das wird dann die unmittelbare Aufgabe der eigentlichen Metaphysik – der *Wissenschaft der Logik*. Die *Phänomenologie* selbst bleibt dahinter ihrerseits einen Schritt zurück. Denn ihre Fragestellung und ihr Sinn bestehen in einer Bewusstseinslehre, die als Einleitung zur eigentlichen Metaphysik dienen kann, zur Hinführung auf ein Wissen, das nicht mehr ontologisch ist: kein Wissen von Etwas mehr, wie wir gesehen haben, sondern ein wirklich absolutes Wissen.

Aus all den hier ausgeführten Gründen ist ersichtlich geworden, warum die Hegelsche spekulative Logik nicht mehr als eine Ontologie auszulegen ist. Wenn aber die *Wissenschaft der Logik* keine Ontologie darstellt, wie ist ihr Verhältnis zur Ontologie und zur vormaligen Metaphysik insgesamt zu denken? Diese Frage wird uns im Folgenden beschäftigen und schließlich in die innerlogische Diskussion über das Absolute einleiten.

---

[67] Fulda, „Ontologie nach Kant und Hegel", S. 54 und „Die Ontologie und ihr Schicksal", S. 468.
[68] Fulda, „Ontologie nach Kant und Hegel", S. 61 und „Die Ontologie und ihr Schicksal", S. 469. Vgl. auch Enzyklopädie, § 415 A.
[69] Vgl. GW 9, S. 56f. Die Vollständigkeit der Gestalten des Bewusstseins, also die Feststellung, dass alle möglichen Gegenstände eines Bewusstseins ausgearbeitet werden, wird Hegel zufolge durch die Notwendigkeit des Fortgangs gewährleistet.
[70] Fulda, „Die Ontologie und ihr Schicksal", S. 471.

2.3 Die objektive Logik als Kritik an der vormaligen Metaphysik

In der Vorrede zur zweiten Auflage der *Wissenschaft der Logik* schreibt Hegel, dass seine *Logik* den Inhalt der früheren Metaphysik und Logik aufnimmt und bearbeitet, um die spekulative Seite dieses Materials hervorzuheben:

> „Sosehr ich nach weiterer vieljähriger Beschäftigung mit dieser Wissenschaft bemüht gewesen, dieser Unvollkommenheit abzuhelfen, so fühle ich noch Ursache genug zu haben, die Nachsicht des Lesers in Anspruch zu nehmen. Ein Titel solchen Anspruchs aber zunächst darf wohl auf den Umstand gegründet werden, daß sich für den Inhalt vornehmlich nur äusserliches Material in der frühern Metaphysik und Logik vorgefunden hat. So allgemein und häufig dieselben, die letztere noch bis auf unsere Zeiten fort, getrieben worden, so wenig hat solche Bearbeitung die speculative Seite betroffen."[71]

Zwar wurde dieses Material in der vormaligen Metaphysik und Logik nicht hinreichend bearbeitet und ebenso wenig gemäß seiner inneren Notwendigkeit in Ordnung gebracht, dennoch wird der Stoff der alten Metaphysik und Logik in den Inhalt der *Wissenschaft der Logik* integriert. Dieses Material ist Hegel zufolge auch gar als eine notwendige Bedingung anzusehen – eine Voraussetzung, welche dankbar anzuerkennen ist:

> „jenes erworbene Material, die bekannten Denkformen, aber ist als eine höchst wichtige Vorlage, ja eine nothwendige Bedingung, dankbar anzuerkennende Voraussetzung anzusehen, wenn dieselbe auch nur hie und da einen dürren Faden, oder die leblosen Knochen eines Skeletts, sogar in Unordnung untereinander geworfen, dargibt."[72]

Das Material der alten Metaphysik und Logik macht zumindest teilweise den Inhalt der *Wissenschaft der Logik* aus und ist auch teilweise als eine äußerliche Voraussetzung anzusehen. Es ist daher bereits am Anfang voraussehbar, dass die *Logik* in der Bearbeitung der Bestimmungen des Denkens auf Gedanken der früheren Logik und Metaphysik zurückgreift, dass Gedankenbestimmungen wie Endlichkeit und Unendlichkeit, Eines und Vieles, Ganzes und Teil, Subjekt und Objekt sowie Urteil oder Schluss in dieser Hegelschen anspruchsvollen Revision der philosophischen Gedankenkonstellation auftauchen werden. Wenn wir also in Hegels *Logik* mit einer Denkbestimmung konfrontiert werden, setzen wir uns nicht unbedingt mit einer rein originären Hegelschen Überlegung auseinander, sondern vielmehr mit Hegels Darlegung und Untersuchung von Gedankenbestimmungen, die wohl schon in der philosophischen Tradition skizziert worden sind und die den Gehalt der universellen Vernunft mitbilden. Der Punkt ist für

---

[71] GW 21, S. 10.
[72] Ebenda.

unsere Untersuchung maßgebend, denn das wird auch bei der Betrachtung des Absoluten der Fall sein.

Der Inhalt der *Logik* umfasst reine philosophische Gedanken und ihre Bestimmungen. Doch eine große Menge, wie man sieht, kann und soll aus dem vorherigen menschlichen Wissen eingebracht werden. Nicht nur in der Metaphysik oder in der Philosophie, sondern auch in der Mathematik, in der Physik oder in anderen Disziplinen befinden sich Gedanken, die als genuine Bestimmungen dem Gehalt der universellen Vernunft angehören. Das hängt lediglich mit Hegels Konzeption der Vernunft als einer sich entwickelnden Totalität von Bestimmungen zusammen, die sich notwendig auseinander generieren.

Aber im Gegensatz zu einer bloßen geschichtlichen Beschreibung von ihnen beabsichtigt die *Logik* eine Darlegung der Dynamik dieser Gedanken in ihrer eigenen inneren Notwendigkeit. Das soll Hegel zufolge einer der Gründe sein, weshalb das Verfassen dieses Werkes so außerordentlich mühsam gewesen ist. Die Gesamtheit von Gedanken der philosophischen und wissenschaftlichen Tradition in ihrer inneren Notwendigkeit vorzustellen, war das neue, anspruchsvolle Unternehmen, das Hegel mit seiner *Logik* in Angriff nahm. „Das Reich des Gedankens philosophisch, d. i. in seiner eigenen immanenten Thätigkeit, oder was dasselbe ist, in seiner nothwendigen Entwicklung darzustellen, mußte deswegen ein neues Unternehmen seyn und dabey von Vorne angefangen werden."[73]

Zumindest eine Absicht Hegels besteht also darin, ein Reich des reinen Gedankens u. a. mit dem begrifflichen Material der vorherigen Philosophie zu errichten. Die *Wissenschaft der Logik* soll Ordnung in dieses Material bringen und die Gedanken darunter in ihrem immanenten Zusammenhang dartun. Das ist im Unterschied zu einer bloß geschichtlichen Erfassung dieser Denkformen ein völlig neuartiges, unvergleichbares Unternehmen in der Geschichte der Philosophie.

Damit ist natürlich nicht gemeint, dass es sich bei der *Logik* um eine Wiederholung von alten philosophischen Lehren handele, geschweige denn, dass die Hegelsche *Logik* Positionen der alten Metaphysik verteidigen würde. Man muss darauf achten, dass es um Gedanken geht, die in der menschlichen Tradition bereits vorhanden sind, nicht jedoch um die Gegenstände, die in den verschiedenen menschlichen Kenntnissen durch solche Gedanken zu erkennen sind. Wenn also in der spekulativen Logik etwa der Begriff von „Kraft" in Betracht gezogen wird, kommt es nicht darauf an, das Dasein von Kräften in der Wirklichkeit zu deduzieren. Was bedacht wird, ist der Gehalt und die Dynamik des Gedankens selbst. Es wird darüber nachgedacht, was wir mit diesem Gedanken sagen, woraus dieser Gedanke besteht, inwiefern er sich von anderen Gedanken unterscheiden lässt und welche Schlussfolgerungen er mit sich bringt. In diesem Sinne trifft bezüglich der *Wissenschaft der Logik* das gewöhnliche Bild von Philosophie zu, das man hat, wenn man vermutet, die Philosophie befasse sich mit Abstraktionen, reinen Gedanken und Ideen. In der Tat handelt es sich in der *Logik* bloß da-

---

[73] Ebenda.

rum, die abstrakten (d. h. hier, von aller sonstigen Realität gelösten) Gedanken und Ideen in Erwägung zu ziehen. Manche von diesen Gedanken stammen aus der philosophischen und logischen Tradition.

Im Verlauf der gesamten objektiven Logik begegnet man zahlreichen *Gedankenbestimmungen* der von Hegel sogenannten vormaligen Metaphysik: Sein, Nichts, Eins, Substanz usw. Was nach der allgemeinen Charakterisierung der *Wissenschaft der Logik*, wie wir sie bereits präsentiert haben, nicht zu erwarten wäre, ist, dass im Gang der objektiven Logik ebenfalls eine Behandlung der Gegenstände stattfinden würde, auf welche sich diese Gedanken in ihrem normal-traditionellen Gebrauch beziehen – eine Darlegung nämlich, welche eine wissenschaftliche Erkenntnis über das Sein, den Gott oder die Welt in Anspruch nähme. Denn die *Logik* behandelt jene Gedanken gerade von den Gegenständen abgesehen, die diesen Gedanken korrespondieren. Anders ausgedrückt: Hegels spekulative Logik betrachtet *bis auf den Begriff vom Begriff* Kantisch gesprochen „Begriffe ohne Objekte", „ohne Anschauung zur Hand zu haben", d. h. als bloße Gedankenformen oder Gedankenbestimmungen.

> „Alsdann aber begreift die objective Logik auch die übrige Metaphysik insofern in sich, als diese mit den reinen Denkformen die besondern, zunächst aus der Vorstellung genommenen Substrate, die Seele, die Welt, Gott, zu fassen suchte [...]. Aber die Logik betrachtet diese Formen frey von jenen Substraten, den Subjecten der *Vorstellung*, und ihre Natur und Werth an und für sich selbst."[74]

Die vormalige Metaphysik hingegen tat dies nicht, sondern verwendete die Begriffe in Bezug auf Gegenstände und mit Anspruch auf Wahrheit von Aussagen, in denen die Begriffe als Prädikationsbestimmungen gebraucht wurden, ohne die Bedingungen der Möglichkeit einer solchen Erkenntnis untersucht zu haben. Deshalb wurde ihr von Kant vorgeworfen, sie würde ihre Begriffe *akritisch* verwenden. Indem Hegels objektive Logik diese Gedanken für sich selbst untersucht, bedeutet sie eine *Kritik* und Aufklärung derselben, obwohl diese Kritik anders geartet ist als die Kantische. Denn sie erhebt nicht den Anspruch, die Wirklichkeit und Gültigkeit jener Gedanken allein durch das Denken zu erweisen. Vielmehr reflektiert sie über jene Gedanken in ihrer Abstraktion, rein für sich genommen. Die objektive Logik bedeutet also eine Untersuchung des Inhaltes, der Konsistenz und der Grenzen von jenen Gedanken – eine rein kritische Überlegung über dieselben. Und auf diese Weise tritt sie „an die Stelle der vormaligen *Metaphysik*".[75]

Wenn von der kritischen Funktion der Hegelschen *Logik* die Rede ist, dann gilt es hier noch einmal auf Michael Theunissens einflussreiche Untersuchung in *Sein und Schein* zu verweisen.[76] Die Ersetzung der vormaligen Metaphysik durch

---

[74] GW 21, S. 49.
[75] GW 21, S. 48.
[76] Zur Metaphysik-Kritik in der *Wissenschaft der Logik* vgl. auch einen aktuelleren Aufsatz von Anton Friedrich Koch, „Die schlechte Metaphysik der Dinge. Metaphysik als immanente Meta-

die objektive Logik bedeutet für Theunissen eine kritische Darstellung der Metaphysik: Diese wird aufgehoben, indem sie kritisch dargestellt wird.[77] Gleichwohl ist aber gegen Theunissen zu betonen, dass es Hegel um eine Kritik an der *vormaligen* Metaphysik geht, die sich unterteilte in Ontologie, Kosmologie, rationale Psychologie und natürliche Theologie. Hegel entwickelt aber gleichzeitig mit seiner spekulativen Logik eine andere Art von Metaphysik, die gerade nicht in die vormalige zurückfällt, nachdem sie diese kritisiert hat. Er bezeichnet die frühere Metaphysik als *vormalig* offensichtlich in der Absicht, sie zu unterscheiden von der neueren, von ihm entwickelten Metaphysik.

Theunissen stellt fest, dass die Kritik an der Metaphysik – für uns: an der *vormaligen* Metaphysik – als eine Kritik des vergegenständlichenden Denkens zu verstehen sei. Die Verfassung des vergegenständlichten Daseins sei die „Gleichgültigkeit gegen anderes". Dagegen richte sich zunächst einmal die seinslogische Kritik. Sie bestehe darin, die Relativität der Bestimmungen, ihr Übergehen in ihre entgegengesetzten aufzuweisen.[78] Hinzu kommt für Theunissen die wesenslogische Kritik: die Entlarvung der metaphysischen Kategorien. Die Bestimmungen des Wesens hätten aufgrund des Ergebnisses der Seinslogik keinen Sinn mehr ohne einander. Allerdings setze der reflektierende Verstand die Relativität der Bestimmungen und zugleich nehme er sie als selbständig an.[79] Dieses „zugleich" sei dann in der Wesenslogik zu kritisieren. Denn sie läuft als Theorie selbständiger Reflexionsbestimmungen auf den Widerspruch hinaus. Der zugrunde liegende Widerspruch liege in dem spannungsvollen Nebeneinander von „Selbständigkeit" und „Gesetztsein". Theunissen stellt zudem die wichtige These auf, dass der Gegenstand der Kritik in Hegels *Logik* der Schein sei. Somit sei die ganze objektive Logik eine Logik des Scheins.[80] Seins- und Wesenslogik handeln von einem Objektiven, das nur Schein ist. Die logische Kritik der vormaligen Metaphysik bestehe also nicht nur darin, die Einseitigkeit von vergangenen Positionen zu erweisen, sondern darüber hinaus darin, die Unwahrheit als Schein im vergegenständlichenden Denken bloßzulegen.

In allen diesen Ansichten ist Theunissen völlig zu zustimmen. Allerdings erschöpft sich die kritische Funktion der Hegelschen *Logik* nicht in der von Theunissen erläuterten Form einer Kritik des Scheins. Denn die *Logik* verkörpert auch eine Kritik im Sinne skeptischer Prüfung von Denkbestimmungen daraufhin, ob sie konsistent die Wahrheit ausdrücken können. Dabei stellt sich heraus, dass allein die absolute Idee das Wahre als solches ist. Gehen wir näher darauf ein: „Die objective Logik ist daher die wahrhafte Kritik derselben, – eine Kritik, die sie

---

physikkritik bei Hegel", in *Internationales Jahrbuch des Deutschen Idealismus* 5 (2007), Berlin und New York, S. 189-210.

[77] Michael Theunissen, *Sein und Schein. Die kritische Funktion der Hegelschen Logik*, S. 15.
[78] a.a.O., S. 25.
[79] a.a.O., S. 26f.
[80] a.a.O., S. 77ff.

nicht nach der abstracten Form der Apriorität gegen das Aposteriorische, sondern sie selbst in ihrem besonderen Inhalte betrachtet."[81]

Im Unterschied zu Kant betrachtet Hegels Kritik der vormaligen Metaphysik deren Gedanken nicht „nach der Form der Apriorität gegen das Aposteriorische". Die Kantische Vernunftkritik hat den Ursprung aller unserer apriorischen Begriffe in den reinen Verstandesbegriffen gefunden und die Gültigkeit dieser Verstandesbegriffe oder Kategorien mit den Bedingungen der Möglichkeit unserer menschlichen Erkenntnis streng verbunden, sodass sie immer eine Untersuchung solcher Gedanken in Bezug auf ein abstraktes Ich bleibt. Sie hat die Beschränkung in der Anwendung von den reinen Kategorien des Verstandes auf Gegenstände möglicher Erfahrung zum endgültigen Resultat. Im Gegensatz dazu geht es Hegel, wie wir bereits gesehen haben, anders als Kant nicht darum, die objektive Gültigkeit der reinen apriorischen Verstandesbegriffe in ihrer Anwendung auf Gegenstände zu untersuchen, sondern vielmehr um die Betrachtung von reinen Begriffen selbst – abgesehen von ihrer Anwendung auf Gegenstände sowie von ihrer objektiven Gültigkeit dank der Einheit eines denkenden Bewusstseins. Es kommt in der *Logik* auf die Untersuchung dieser Begriffe rein für sich genommen als bloße Gedankenbestimmungen an. Hegel übt also eine Kritik an den Gedankenbestimmungen, die als solche und eben nicht als Kategorien betrachtet werden, weil in der *Logik* von den Gegenständen abgesehen wird, auf welche sich die Bestimmungen des Denkens beziehen. Sie sieht ebenfalls vom Bezug dieser Gedanken auf ein Ich überhaupt ab. Ihre Kritik kann daher nicht in einer Beschränkung ihrer Anwendung bestehen. Denn sie macht vielmehr zum Gegenstand ihrer Betrachtung den Zusammenhang von den Bestimmungen des Denkens. Allein reine Gedankenbestimmungen werden geprüft und zwar daraufhin, ob sie fähig sind, die philosophische Wahrheit zu fassen. Es wird nämlich kritisch hinterfragt, ob ein bestimmter Gedanke sich in Übereinstimmung mit sich selbst befindet, oder ob er vielmehr mit einem Gegensatz belastet ist, weshalb er sich auf sein entgegengesetztes Anderes wesentlich bezieht. Ist dem so, dann ist jener Gedanke eine endliche Bestimmung, die unangemessen ist, um die Wahrheit an und für sich zu fassen: „Sind die Denkbestimmungen mit einem festen Gegensatze behaftet, d. i. sind sie nur *endlicher* Natur, so sind sie der Wahrheit, die absolut an und für sich ist, unangemessen, so kann die Wahrheit nicht in das Denken eintreten."[82]

Der Gang der *Logik* zielt auf ein Denkgebilde ab, das sich in Übereinstimmung mit sich selbst befindet und das Kriterium der Wahrheit darbietet. Für den Standpunkt des Verstandes macht die Frage nach der Wahrheit eines Gedankens nur insofern Sinn, als man eine Verbindung desselben mit der Wirklichkeit herstellt. Es kommt für diesen Standpunkt darauf an, ob ein Gedanke oder z. B. ein Naturgesetz mit seinem Gegenstande übereinstimmt, weil dies das Wichtige und Interessante, das Wesentliche ist, was über die Wahrheit entscheidet. Die Rede von

---

[81] GW 21, S. 49.
[82] Enzyklopädie § 25.

der Wahrheit ohne Rücksicht auf Gegenstände möglicher Erkenntnis (sei sie empirisch oder nicht) macht insofern für den gesunden Verstand wenig Sinn. Doch genau auf diese Frage kommt es Hegel zufolge in der Philosophie an. Wir haben bereits angesichts der Vorrede zur *Phänomenologie des Geistes* darauf hingewiesen, dass die philosophische Wahrheit für Hegel den Charakter der Übereinstimmung eines Inhaltes mit sich selbst hat. Die Philosophie begnügt sich nicht mit dem Vergleich eines Gedankens mit einem gegebenen, insofern unmittelbaren Gegenstand. Vielmehr fragt sie nach der Übereinstimmung eines Inhaltes mit sich selbst. Das eigentliche Interesse der *Logik* richtet sich auf die Übereinstimmung der Gedankenbestimmungen mit sich selbst, bis eine vernünftige Einheit erreicht wird, die mit sich kongruent und die Wahrheit zu fassen fähig ist. Eine Denkbestimmung wie etwa die Kausalität mag zwar für Gegenstände möglicher Erfahrung anwendbar sein, jedoch kann sie sich für die Erfassung philosophischer Wahrheit als inadäquat erweisen. So erklärt es Hegel in einem Brief an Duboc:

> „Es handelt sich in dieser Untersuchung nur darum, welches die Gedankenbestimmungen seien, die fähig sind, das Wahre zu fassen. Es ist darum nichts verloren, wenn dieser oder jener Begriff sich dazu nicht befähigt zeigt; dergleichen Bestimmungen sind in der endlichen Welt zu Hause, oder das Endliche ist eben dieses, in solchen Bestimmungen zu sein."[83]

Fassen wir also zusammen! Hegels *Wissenschaft der Logik* beansprucht eine Untersuchung von aller und jeder reinen Bestimmung des Denkens oder der universellen Vernunft. Sie strebt eine *vollständige* Darstellung aller Denkbestimmungen in ihrem Zusammenhang an, indem sie die Bestimmungen des Denkens auseinander hervorgehen lässt und alle im Begriff von der absoluten Idee in ihrer inneren Verbindung auffasst. Sie bedeutet aber auch eine kritische Untersuchung dieser Bestimmungen, die deren jeweilig vollständige Entwicklung vollzieht, ihre Grenzen aufzeigt und somit erweist, dass jede einzelne Bestimmung für sich allein unfähig ist, die philosophische Wahrheit zu fassen. Allein die absolute Idee als Erfassung der inneren Verbindung und Logik der Denkbestimmungen – und deshalb als die Vernunft schlechthin – kann der Wahrheit hinreichend Rechnung tragen. Wie aus Hegels Untersuchung hervorgeht, ist nur sie das Wahre; ihr gegenüber ist jede andere Bestimmung des Denkens in ihrer Endlichkeit und Einseitigkeit mangelhaft.

Nun ist eine dieser Bestimmungen der universellen Vernunft, welche philosophie-historisch schon der vorkritischen Metaphysik angehört und in der Hegelschen *Logik* kritisch hinterfragt wird, der Gedanke von dem einen Absoluten, das als die Substanz und das Wesen aller Wirklichkeit gefasst wird. Seine Definition als Einheit und Wahrheit des Inneren und Äußeren macht das Absolute zur

---

[83] Hegel an Duboc, 29. April 1823, in *Briefe von und an Hegel*, hrsg. von Johannes Hoffmeister, Hamburg, 1961, Bd. 3, S. 11.

Krönung der ganzen objektiven Logik. Denn es tritt als Vereinigung *von allen ganzen Sphären des Seins und des Wesens* auf, also als die Einheit, in der die gesamten Bestimmungen der objektiven Logik enthalten sind. Die logische Entwicklung dieses Gedankens zeigt aber die ihm innewohnende Aporie auf und daher seine Unfähigkeit, die Wahrheit zu fassen, und gibt so den Anlass, die Entwicklung der Bestimmungen des Denkens darüber hinaus voranzutreiben. Doch bevor wir auf die innerlogische Entwicklung der Denkbestimmung des Absoluten eingehen, sind hier noch einige Bemerkungen über das Problem des Absoluten im Rahmen der gesamten *Wissenschaft der Logik* angebracht.

2.4 Hegels *Wissenschaft der Logik* und die Definition des Absoluten

Am Anfang ihrer enzyklopädischen Darstellung findet sich die Bemerkung, dass die *Logik* als eine Reihe von Definitionen des Absoluten angesehen werden kann.[84] In der Tat findet man in ihren Darstellungen, sowohl in der „großen Logik" als auch in der „kleinen" der *Enzyklopädie*, ab und zu Hinweise darauf, dass man an verschiedenen Stellen unterschiedlichen Definitionen des Absoluten begegnet ist. Diese aufeinander folgenden Definitionen – besser: Definitionsversuche – haben zudem Hegel zufolge die Form, dass innerhalb jeder Triade von Begriffsbestimmungen nur die erste und die dritte als Definitionen des Absoluten angesehen werden dürfen.[85] Wir haben vorhin diese drei Momente des Logischen mit besonderem Augenmerk auf das skeptische Moment ausführlich behandelt. Nun zum Überblick: Der Anfang der Triade entspricht dem Moment des Verstandes, der eine Definition zur Verfügung stellt. Das Moment wäre als die Wahrheit des Verstandes anzusehen. Das zweite Moment ist das negativ-skeptische. In ihm stellt sich heraus, dass der Verstandesbegriff sich von seinem Gegenbegriff nicht deutlich unterscheiden lässt und dem skeptischen Zweifel ausgesetzt ist. Das dritte Moment ist das eigentümlich spekulative Moment – obwohl im Allgemeinen die drei Momente zusammen die Spekulation[86] ausmachen –, worin das skeptische Ergebnis positiv aufgenommen wird, indem die zwei endlichen Verstandesbestimmungen in einen Vernunftbegriff vereinigt werden.

Mit dieser Synthesis ist dann eine Vernunftbestimmung erreicht, die eine spekulative, aber noch unzureichende Definition des Absoluten bedeutet, weil neue Gedankenbestimmungen noch darauf folgen. Wenn also die *Wissenschaft der Logik* eine Reihe von Definitionenversuche des Absoluten enthält, dann sind jene Versuche außerdem nach Komplexität geordnet: Die Definition, die lautet, das Absolute sei Materie, enthält einen viel reicheren Inhalt als diejenige, die be-

---

[84] Vgl. Enzyklopädie § 85.
[85] Ebenda.
[86] Zur Bedeutung von Spekulation bei Hegel vgl. das vorherige Kapitel.

sagt, das Absolute sei das reine Sein. So Hegel: „Jede folgende Bedeutung, die sie erhalten, ist darum nur als eine *nähere Bestimmung* und *wahrere Definition des Absoluten* anzusehen."[87]

Doch erst jetzt kommt das Entscheidende: Zwar mögen sich einige Gedankenbestimmungen als Definitionen des Absoluten ansehen lassen. Aber das Absolute selbst wird *explizit* als Gedankenbestimmung in der *Logik* behandelt – allerdings nicht in ihrer enzyklopädisch zusammengefassten Darstellung –, nämlich am Ende der Wesenslogik. Das heißt, es wird am Ende der Wesenslogik der Punkt erreicht, an dem das Denken über genügend logische Mittel verfügt, um das Absolute selbst zu definieren und darüber nachzudenken. Es mögen mehrere Denkbestimmungen vorkommen, die man als vorläufige Definitionen des Absoluten betrachten kann. Jedoch wird ab einem gewissen Moment die Aufgabe, den Gedanken eines Absoluten zu verarbeiten, ausdrücklich in Angriff genommen.

Besteht also einer der sich immanent ergebenden Zwecke der *Logik* darin, eine Reflexion über das Absolute durchzuführen, dann kann man die folgende, bescheidene These aufstellen. Der systematische Ort jener Reflexion über das Absolute befindet sich eigentlich am Ende der Wesenslogik und beginnt mit dem Kapitel *Das Absolute*. Zwar können andere Denkbestimmungen als Definitionsversuche des Absoluten angesehen werden; aber die Darlegung des Absoluten in der logischen Entwicklung reinen Denkens findet ihren wahren Platz nach der Dialektik des Inneren und Äußeren.[88] Alle anderen Definitionen bzw. Definitionsversuche des Absoluten, die sowohl in der *Wissenschaft der Logik* als auch in der *Enzyklopädie* systematisch vor und nach dieser wesenslogischen Darlegung auftauchen, müssen also im weiten Sinne des Terminus verstanden werden. Sie sind Momente, an denen die logische Darstellung zu einem Abgeschlossenen und Losgelösten zu gelangen scheint. Dieses ist jedoch in Wahrheit ebenfalls ein Endliches und Abstraktes, ein Moment des Verstandes, das weiterhin durch Skepsis entblößt wird.

Im Unterschied dazu hat das genuine Absolute nur einen richtigen Platz im logischen Fortgang. Wir werden im nächsten Kapitel sehen, warum das Absolute innerhalb der *Logik* genau an diesem Punkt behandelt wird. Einstweilen reicht es, darauf aufmerksam zu machen, dass die gerade aufgestellte These so vorsichtig ist, nur eines Blickes auf das Inhaltsverzeichnis der *Logik* zu bedürfen. Dennoch muss ihr Beitrag zum Gesamtverständnis der *Logik* ziemlich hoch eingeschätzt werden. Denn wenn das Absolute wie jede andere Denkbestimmung im Laufe der Entwicklung reinen Denkens behandelt wird und zwar am Ende der Wesenslogik, worauf noch die ganze Lehre des Begriffs folgt, dann ist eine Entfaltung des Absoluten als Hauptziel und Motiv der *Logik* zu bezweifeln. Es liegt auf der Hand: Wenn die *Wissenschaft der Logik* eine Erkenntnis, gar Selbsterkenntnis des Absoluten darstellen würde, dann wäre es sinnvoll zu erwarten, dass das Absolute selbst den abschließenden Höhepunkt ausmachen würde. Hegels spe-

---

[87] Vgl. Enzyklopädie § 87 A.
[88] Vgl. GW 11, S. 370ff.

kulative Logik als Darstellung des Absoluten zu lesen, wobei Hegels Position sich von der Schellings durch den Ansatz unterscheiden würde, dass für Hegel das Absolute nicht etwa der Anfang, sondern vielmehr das Resultat und das Ganze sei, das ist bereits aufgrund des Aufbaus der *Logik* problematisch. Denn es ist nicht der Fall, dass das Absolute das endgültige Resultat der *Wissenschaft der Logik* ist.

Der abschließende Höhepunkt von Hegels *Logik* ist vielmehr *die absolute Idee*, was schon vermuten lässt, dass es wohl in der *Logik* nicht hauptsächlich um ein Erkennen des Absoluten geht. Wäre die absolute Idee Hegels eigene Auffassung über das Absolute, so würde das dem Ende der Darstellung der Wesenslogik widersprechen, wo es zuerst um das Absolute und dann noch um die eigene Auslegung des Absoluten geht, wie wir im nächsten Kapitel sehen werden.[89]

Eine Interpretation der Hegelschen *Logik* als Lehre des Absoluten scheint folglich bereits mit dem Aufbau des Werkes schwerlich vereinbar. Zumindest eines ist dabei deutlich: Allein die Tatsache, dass das Absolute explizit als Gedankenbestimmung in der *Logik* thematisiert wird, macht es unumgänglich, sich mit Hegels Darlegung am Ende der Wesenslogik auseinanderzusetzen, ehe man mit einer Interpretation des gesamten Werkes versucht, sich darüber klar zu werden, was Hegel zufolge das Absolute sei.

Die drei Kapitel des letzten Abschnittes der Logik des Wesens können freilich als die *Logik des Absoluten* aufgefasst werden. Das heißt aber natürlich nicht, dass Hegels Ausführungen in jenen drei Kapiteln ausschließlich der Thematik des Absoluten gewidmet wären. Inhaltlich sind diese Passagen sehr aufschlussreich. Die darin enthaltenen Reflexionen über Kausalität, über Wirklichkeit und Möglichkeiten, Zufälligkeit und Notwendigkeit besitzen philosophisch einen so hohen Wert, dass ihre Reduktion auf ausschließlich die Darlegung des Absoluten gewiss unbesonnen wäre. Unsere Absicht ist daher hier keineswegs, eine vollständige Auslegung zu bieten, die sämtlichen daraus folgenden Implikationen Rechnung trägt.

Jedoch ist der letzte Abschnitt der Wesenslogik durchaus der Ort in Hegels System, an dem eine Darlegung des Begriffs „das Absolute" unternommen wird. Die Entfaltung des Gedankens eines Absoluten erfolgt stufenweise durch die drei Kapitel hindurch, weshalb es sich nicht um eine einfache und einzelne Auseinandersetzung handelt, sondern um eine ganze Logik des Absoluten. Mit der Logik des Absoluten ist die Entwicklung dieses Gedankens gemeint – von dessen erster unmittelbarer Auffassung als Identität bis zur wahrhaften Einsicht seiner als Substanz und schließlich zu ihrer Überwindung. Die Hauptmomente dieser Entwicklung sind erstens das Absolute als Identität, zweitens die Entwicklung der absoluten Notwendigkeit und drittens die eigene Selbstauslegung des Absoluten als *causa sui*, als Substanz. Diese drei Hauptmomente entsprechen den drei

---

[89] Vgl. GW 11, S. 370-376 und 393: „Das Absolute, zuerst *von der äusseren Reflexion* ausgelegt, legt nun als absolute Form oder als Notwendigkeit sich selbst aus". Aufgrund dieser Stelle vgl. auch das gesamte Kapitel *Das absolute Verhältnis*.

Kapiteln des Abschnittes *Die Wirklichkeit*, jedoch erschöpfen sie, wie schon gesagt, ihren jeweiligen Inhalt durchaus nicht.

In der Hegelforschung hat außer Stefan Majetschak, der damit eher die gesamte *Wissenschaft der Logik* meint, etwa Christian Iber von einer Logik des Absoluten gesprochen.[90] Iber versteht auch den Übergang von der *Wesens-* in die *Begriffslogik* als eine Logik des Absoluten. Allerdings liest er darin wesentlich nur eine Kritik der und einen konstruktiven Beitrag zur spinozistischen Substanzmetaphysik. Durch diese konstruktive Kritik soll nämlich ein angemessener Begriff des Absoluten erreicht werden.[91] Das allgemeine Programm teile Hegel mit Spinoza, bloß die besondere Ausführung des Letzteren sei falsch. Hierbei unterläuft bei Iber allerdings eine Verwechslung des Inhalts der Logik des Absoluten mit der daraus ableitbaren Kritik an Spinoza. Die Folge dieser Verwechslung ist, dass der ganze letzte Abschnitt der Wesenslogik als eine „Revision der Spinozistischen Substanzmetaphysik" ausgelegt wird.[92] Dadurch wird aber leicht übersehen, dass die Auseinandersetzung nicht mit Spinoza selbst ausgetragen wird, sondern mit der Denkbestimmung des Absoluten.

Diese Beschränkung der drei Kapitel auf eine philosophie-historische Konfrontation mit Spinoza ist kein Einzelfall in der Hegelforschung. Vielmehr lässt sich sogar eine gewisse Unterschätzung beobachten, vor allem was das Kapitel *Das Absolute* angeht. Im Grunde genommen hat sich dabei eine Vermutung verbreitet, die L. Bruno Puntel 1973 ausgesprochen hat: Die Tatsache, dass das Kapitel *Das Absolute* in der Logik der *Enzyklopädie* wegfällt, soll gegen dessen systematische Bedeutung sprechen. Zur Erklärung dieser Entscheidung Hegels wertet Puntel jenes Kapitel der *Wissenschaft der Logik* ebenfalls zu einer bloß philosophie-geschichtlichen Auseinandersetzung mit Spinoza ab, die gar keine innerlogische Relevanz haben soll:

> „Es ist in diesem Zusammenhang wichtig, zu bemerken, daß das Kapitel „Das Absolute" in der Nürnberger Wissenschaft der Logik (2. Buch, 3. Abschnitt, 1. Kapitel) in der späteren Logik der *Enzyklopädie* einfach weggelassen wurde. Die Erklärung ist leicht: Dieses Kapitel enthielt nichts anderes als eine Darstellung und Kritik der Philosophie Spinozas, war also mehr eine philosophie-geschichtliche als eine logische Darstellung."[93]

Mit der Ausklammerung des Kapitels aus der logischen Darstellung geht dann aber Hegels Behandlung des Absoluten völlig verloren. Zutreffende Erklärungen, warum Hegel ein bestimmtes Kapitel in der *Enzyklopädie* wegließ, lassen sich

---

[90] Vgl. Stefan Majetschak, *Die Logik des Absoluten. Spekulation und Zeitlichkeit in der Philosophie Hegels*, Berlin 1992, und Christian Iber, „Übergang zum Begriff. Rekonstruktion und Überführung von Substantialität, Kausalität und Wechselwirkung in die Verhältnisweise des Begriffs", in A. F. Koch/ A. Oberauer/ K. Utz (Hg.), *Der Begriff als die Wahrheit. Zum Anspruch der Hegelschen „subjektiven Logik"*, Paderborn, 2003, S. 49-66., hier insbesondere S. 50.
[91] Vgl. Iber, „Übergang zum Begriff", S. 49-52, bes. S. 52.
[92] Ebenda.
[93] Lorenz B. Puntel, *Darstellung, Methode und Struktur. Untersuchungen zur Einheit der systematischen Philosophie*. Bonn, 1973, S. 73.

eigentlich schwer angeben. Dennoch sollte man eines nicht aus dem Blick verlieren: Hegel verfasste seine *Enzyklopädie* als Handbuch für seine Vorlesungen. Es handelt sich um einen Text, der nur die „Grundrisse der philosophischen Wissenschaften" präsentiert. Dargelegt werden also allein die *Grundzüge* der drei philosophischen Wissenschaften, was dazu führt, dass die Darstellung jeder einzelnen Wissenschaft einschließlich der logischen Wissenschaft auf eine kürzere Form gebracht wird als normal. Der enzyklopädische Text tut dies in kurz gefassten Paragraphen, die in wenigen Sätzen äußerst komplexe Gedankengänge zusammenfassen und dabei Bedeutungsverluste in Kauf nehmen. Diese Verluste waren zur Zeit ihrer Verfassung insofern nicht gefährlich, als jeder Paragraph mithilfe mündlicher Ausführungen Hegels vervollständigt werden konnte. Die Tatsache, dass die *Enzyklopädie* später von der Hegelforschung zu einem Hauptwerk erhoben worden ist, beruht auf dem Mangel an von Hegel selbst veröffentlichten und ans breite Publikum adressierten Texten, die Auskunft über sein gesamtes System gäben. Aber was das Verhältnis zwischen der „großen Logik" und der „kleinen Logik" angeht, trägt die erstere dem Publikum die ausgearbeitete und am besten argumentierende Darlegung vor. Ihr gegenüber dient die enzyklopädische Logik als Beihilfe. Die aus ihr gezogenen Schlüsse über die Relevanz oder Irrelevanz bestimmter Passagen der *Wissenschaft der Logik* sind deshalb mit Vorsicht aufzunehmen.

Der Unterschätzung des Kapitels *Das Absolute* liegt üblicherweise und ebenso bei Puntel die folgende Überlegung zugrunde: Man geht grundsätzlich vom Verständnis der Hegelschen *Logik* als einer Metaphysik des Absoluten aus; ein Kapitel mitten in der logischen Entwicklung, in dem der Gedanke des Absoluten kritisch ausgeführt wird, passt jedoch in diese Grundannahme nicht, weshalb man dann dazu neigt, das Kapitel aus der logischen Darstellung auszuklammern und es in seiner Bedeutsamkeit zu unterschätzen.[94]

Darüber hinaus ist anzumerken: Dass das Kapitel eine kritische Auseinandersetzung mit Spinozas Philosophie impliziert, heißt noch lange nicht, dass es der logischen Darstellung weniger angehört. Die Kritik an der Philosophie Spinozas lässt sich aus den Hegelschen Ausführungen über das Absolute *herleiten*, wie dies Hegel in der entsprechenden Anmerkung unternimmt. Der *Inhalt* des Kapitels ist dennoch streng genommen nicht eine Kritik am konkreten Denken Spinozas, sondern die Darlegung des Gedankens des Absoluten. Die Entfaltung dieses Gedankens und die Entwicklung seines Standpunktes machen den wahren Inhalt aus. Nicht die besondere Ausführung Spinozas, sondern das Programm einer

---

[94] Eine ähnliche Überlegung liegt Ibers Interpretation der Logik des Absoluten als Revision von Spinoza zugrunde: „Hegel ist der Auffassung, daß wir von einem Unhintergehbaren oder dem Absoluten ausgehen müssen, wenn wir die kategoriale Struktur der Wirklichkeit als Einheit von Wesen und Erscheinung in ihrer Totalität rational durchdringen wollen." Iber, „Übergang zum Begriff", S. 49. Doch genau diese Unterstellung ist es, was in der Logik des Absoluten hinterfragt wird, wie wir im nächsten Kapitel sehen werden. Und zwar werden sowohl der Gedanke des Absoluten als auch die Fragestellung selbst hinsichtlich der Auffassung hinterfragt, man wolle die kategoriale Struktur der Wirklichkeit durchdringen.

Metaphysik des Absoluten als solches wird in Betracht gezogen. Man beachte dabei, dass es der Begriff der spinozistischen Substanz ist, der „dem Begriffe des Absoluten und dem Verhältnisse der Reflexion zu demselben, wie es sich hier dargestellt hat,"[95] entspricht, und nicht umgekehrt. Es wird nicht die Philosophie des Spinoza, sondern ein Begriff dargestellt, dem Spinoza und auch wohl andere Denker nahekamen.

Die Darstellung hebt mit dem Absoluten als der Vereinigung aller Bestimmungen des Seins und Wesens an, welche aus der Darlegung des Inneren und Äußeren hervorgeht; und sie endet mit dem Begriff des Modus als der Art und Weise, wie das Absolute sich manifestiert, woraus dann der Übergang zu den Bestimmungen der Modalität erfolgt. Die Denkbestimmung des Absoluten erhält dadurch einen definierten Ort innerhalb der Entwicklung der *Logik*. Sie kann nicht weggelassen werden, ohne dass dabei ein inhaltlicher Verlust entsteht.

Genau ein solch inhaltlicher Verlust springt an der entsprechenden Stelle der *Enzyklopädie* ins Auge. § 141 macht den Übergang von der Erscheinung zur Wirklichkeit zum Thema. An diesem Punkt hat sich Hegel zufolge ergeben, dass das Innere und das Äußere Bestimmungen sind, die ineinander übergehen. Inneres und Äußeres „heben sich in dem unmittelbaren Übergehen, die eine in der anderen, auf".[96] In Wahrheit aber bilden sie eine Einheit, noch mehr, eine Identität, die Hegel *Wirklichkeit* nennt. Im § 142 wird sie definiert: „Die Wirklichkeit ist die unmittelbar gewordene Einheit des Wesens und der Existenz, oder des Inneren und des Aeußeren."[97]

Man achte hier darauf, dass es sich um eine *unmittelbare* Einheit des Wesens und der Existenz handelt. Das aus der Dialektik des Inneren und Äußeren hervorgegangene Wirkliche ist zunächst eine unmittelbare Identität. Doch in der Anmerkung zum selben Paragraphen springt Hegel einen Schritt weiter, ohne diesen Schritt darzulegen: „Das Wirkliche ist das *Gesetztseyn* jener Einheit, das mit sich identisch-gewordene Verhältniß; [...] sein Daseyn ist nur die *Manifestation seiner selbst*, nicht eines Andern."[98]

Es fällt auf, dass zwischen der Wirklichkeit als unmittelbar gewordener Einheit und ihr als dem Gesetztsein dieser Einheit etwas fehlt. Dass Inneres und Äußeres eine unmittelbare Identität bilden, lässt noch keine Spur von Grund erkennen, wieso diese Identität eine *gesetzte* Identität sei. Im Gegenteil: Wenn sie unmittelbar ist, dann ist sie eben nicht als gesetzt erkannt. Das Wirkliche als solches taucht zunächst nur als die Identität des Wesens und der Existenz auf, worin alle vorherigen Bestimmungen verschwunden sind. Dass dieses Wirkliche auch noch *Manifestation seiner selbst* sei, dazu benötigt man eine Entwicklung, nämlich jene Darlegung des Absoluten, die in der *Enzyklopädie* unausgesprochen bleibt. Im nächsten Paragraphen ist der Schritt von Hegel bereits vollzogen. Dort

---

[95] GW 11, S. 376.
[96] Enzyklopädie § 141.
[97] Enzyklopädie § 142.
[98] Enzyklopädie § 142 A.

werden die Bestimmungen des Wirklichen als Schein, als Gesetzte erklärt, und es beginnt die Darlegung der Modalitätsbestimmungen.[99] Die Wirklichkeit wird als die Identität entfaltet, die durch ihren Schein sich setzt und sich in sich selbst manifestiert. Aber wie gelangt man von der unmittelbaren Identität des Seins und des Wesens, die nach der Dialektik des Inneren und Äußeren vorhanden ist, zu einer Identität, die sich selbst setzt und Manifestation ihrer selbst ist? Die Antwort auf diese Frage gibt die Entwicklung des Begriffs vom Absoluten, wie sie sich in der großen Logik vorgetragen findet und hier in ihrer ganzen Relevanz erscheint.

Die unten vorgenommene Untersuchung des systematischen Ortes, den das Absolute in der *Wissenschaft der Logik* einnimmt – wo in der Entwicklung reinen Denkens dieser Gedanke auftaucht, woher er kommt, wohin er tendiert und warum –, wird dies alles ausführlich abhandeln. Die Auslegung wird überzeugend aufweisen, dass es sich nicht um ein Kapitel der Hegelschen *Logik* handelt, das nur äußerliche Reflexionen und Metaüberlegungen über den gesamten logischen Prozess[100] oder ausschließlich eine Auseinandersetzung mit Spinoza enthält, und erst recht nicht um etwas, das sich auch irgendwo anders in der *Logik* placieren oder einfach streichen lässt. Mit den bisher angestellten Überlegungen zum allgemeinen Charakter der *Logik* hingegen sind wir endlich in der Lage, uns dieser Logik des Absoluten direkt zuzuwenden.

---

[99] Vgl. Enzyklopädie § 143.
[100] Wölfle meint im Gegensatz zur hier vertretenen These, dass es sich im Kapitel *Das Absolute* "um metatheoretisch-strukturelle Betrachtungen über den bisherigen und noch zu erwartenden Gang der *Logik*" handelt. Deshalb gehöre das Kapitel nicht zum strengen Gang der *Logik*. Vgl. Gerhard Martin Wölfle, *Die Wesenslogik in Hegels Wissenschaft der Logik. Versuch einer Rekonstruktion und Kritik unter besonderer Berücksichtigung der philosophischen Tradition*, Stuttgart-Bad Cannstatt, 1994, S. 407.

3. KAPITEL

Die Logik des Absoluten

Die bisherigen Ausführungen haben gezeigt, dass das Problem des Absoluten bei Hegel allein durch das Studium der *Wissenschaft der Logik* durchdrungen werden kann. Genauer betrachtet enthält der letzte Abschnitt der Wesenslogik die *Logik des Absoluten*, in der dieser Gedanke eingeführt und entwickelt wird. Diese Logik des Absoluten endet durch den Fortgang von Substanz zu Begriff mit der Widerlegung des Spinozismus. Die These, die in diesem dritten Kapitel entfaltet und begründet werden soll, ist folgende: Die Widerlegung des Spinozismus bedeutet die Widerlegung der Metaphysik des Absoluten. Die spekulative Logik lässt den Begriff des Absoluten hinter sich und eröffnet eine neue Perspektive. Wir befinden uns also im Kernpunkt unserer Untersuchung. Im Folgenden werden wir erstens die Einführung der Denkbestimmung „Das Absolute", zweitens die Logik des Absoluten als solche und schließlich drittens die Widerlegung der Metaphysik des Absoluten betrachten. Insgesamt handelt es sich um einen umfang- und facettenreichen Text der *Logik*, der im Vorliegenden untersucht wird. Unsere Absicht ist es aber hier keineswegs, eine Auslegung zu bieten, die dem ganzen Reichtum des Textes Rechnung trägt. Vielmehr muss unsere Darstellung darauf abzielen zu wissen, was das Absolute ausmacht und wohin dieser Gedanke führt. Unter diesem Gesichtspunkt beziehen wir die Wesenslogik ein.

3.1 Der Ort des Absoluten in der Wissenschaft der Logik

3.1.1 *Wesen und Existenz*

Jeder Leser der *Wissenschaft der Logik* ist mit Hegels Verfahren bezüglich der Einführung von neuen Gedankenbestimmungen vertraut. Die *Logik* soll voraussetzungslos sein, sodass der Anfang unmittelbar ist. Weiterhin werden neue Gedankenbestimmungen durch Verbindung von vorhergehenden hinzugefügt. Die Aufgabe der spekulativen Logik besteht letztlich nicht darin, einen einzigen, gegebenen Gedanken aufzuklären, sondern alle Gedankenbestimmungen, die konstitutiv für den Gehalt der universellen Vernunft sind, auseinander zu generieren.

Dementsprechend wird *die Wirklichkeit*, worunter das Absolute fällt, als die Einheit von zwei bereits behandelten Elementen definiert: Wesen und Existenz. Das Wesen ist das gestaltlose Innere oder die erste Negation des Seins: „Denn seine allgemeine Bestimmung ist, aus dem Seyn herzukommen, oder *die erste*

Negation des Seyns zu seyn."[1] Diese Negation des Seins überhaupt hat sich aus dem Widerspruch ergeben, zu dem die letzte Bestimmung der Seinslogik, die absolute Indifferenz, gelangt. Die Indifferenz ist die Totalität, in der alle Bestimmungen und Differenzen des Seins, alle Qualität und Quantität und alle Endlichkeit versunken sind. Sie enthält alles. Den Gedanken einer allumfassenden indifferenten Identität, in der alle Bestimmungen und alle konkreten Dinge zusammen undifferenziert enthalten sind, beurteilt Hegel als einen lauteren Widerspruch. „Diß Sich-Aufheben der Bestimmung der Indifferenz aber hat sich bereits ergeben; sie hat sich in der Entwicklung ihres Gesetztseyns nach allen Seiten als der Widerspruch gezeigt".[2] Denn es handelt sich lediglich um eine Totalität, welcher jede Bestimmung zugleich innerlich und äußerlich sein muss.[3] Die absolute Indifferenz schließt jede Seinsbestimmung ein ebenso sehr wie aus. Doch dieser Widerspruch wird von Hegel nicht nur als ein negatives Ergebnis seiner Untersuchung wahrgenommen, sondern positiv als der Kern einer neuen Denkbestimmung gefasst, mit der nun die Sphäre des Wesens eröffnet wird. Das Sein wird zum Wesen, indem es sich selbst voraussetzt. Der Gedanke, dass hinter dem Sein noch etwas anderes steht, macht den Anfang des Wesens aus, und dieses ursprüngliche Sein, das hinter aller Bestimmung und allem Dasein steht, ist seine erste einfache Bestimmtheit. Das Wesen ist daher das Ansichseiende, „an dem alles Bestimmte und Endliche negirt ist".[4]

Das Wesen aber trägt außerdem mit sich die negative Bewegung des sich auf sich Beziehens, weshalb es nicht nur das ruhige Ansichsein allen Daseins ist; sondern seine Bestimmung impliziert vielmehr auch, dass es aus sich herausgeht und *erscheint*. Durch dieses Erscheinen wird die Unmittelbarkeit des Seins innerhalb der Sphäre des Wesens wiederhergestellt, und das zur Unmittelbarkeit fortgegangene Wesen tritt dann als Existenz bzw. als ein Ding auf. Das Ding ist wieder unmittelbar, wie eine Rückkehr in das Sein, aber es trägt die Negativität des Wesens in sich. Weil es in Wahrheit bloß das Auch von vielen Materien, die prekäre Verbindung von unterschiedlichen Stoffen ist, löst das Ding sich selbst auf, und seine Bestimmung wird durch seine Auflösung als Gesetztsein wieder erkannt. Das Ding ergibt sich somit nicht einfach als eine bloße, unmittelbare Existenz, sondern als *Erscheinung* und trägt damit der Tatsache Rechnung, dass es gerade Erscheinung *von etwas anderem* ist, in dem es seine Wahrheit hat.

„Das Ding enthält zwar die Reflexion, aber ihre Negativität ist in seiner Unmittelbarkeit zunächst erloschen; allein weil sein Grund wesentlich die Reflexion

---

[1] GW 11, S. 243.
[2] GW 21, S. 382.
[3] Als Identität aller Bestimmungen des Seins und des Wesens wird das Absolute ebenfalls als ein Widerspruch erscheinen. Dieser Widerspruch wird ihm aber, im Unterschied zur indifferenten Identität des Seins, äußerlich bleiben, denn es selbst steht jenseits der Unterscheidung eines Äußeren und Inneren und es ist vielmehr ihre wesentliche Grundlage und Wahrheit.
[4] GW 11, S. 241.

ist, hebt sich seine Unmittelbarkeit auf; es macht sich zu einem Gesetztseyn. So ist es *zweytens Erscheinung*."[5]

Zur Logik der Erscheinung, zu welcher sich das Wesen im ersten Abschnitt der Wesenslogik vervollständigt, gehört also eine Wiederherstellung des Seins, indem die Erscheinung fürs Erste bloß als eine Existenz zum Vorschein kommt – eine Existenz, welche erst hinterher ihre Negativität aufzeigt. Die Existenz bestimmt sich darum vollständig zur Erscheinung, weil sie ihr Bestehen in einem Anderen hat. Und die Totalität der Erscheinung ist die Welt.

3.1.2 Der Widerspruch der Welt

Die Erscheinung ist eine Existenz, welche ihr Bestehen in einem Ansichseienden hat. Das Ganze der Erscheinung ist die Welt, und die Welt, die erscheint, besteht in einem an-sich-seienden Zusammenhang, der sie erklärt. Das Ansich der Erscheinung ist Hegel zufolge das Gesetz. Denn die Erscheinung fällt unter Gesetze, in welchen sie sich auflöst. Aus dieser Entgegensetzung von Erscheinung und Gesetz geht nun eine lange Dialektik hervor, die beide Seiten zunächst zu einer erscheinenden und einer wesentlichen Welt, dann zu den Extremen eines wesentlichen Verhältnisses und schlussendlich zur Vereinigung im Absoluten entwickeln wird. Diese Dialektik ist für unser Thema essentiell, denn sie generiert den Begriff des Absoluten. Beginnen wir mit der Denkbestimmung der Welt als die Gesamtheit der Erscheinung. Die Welt ist die *universitas rerum*, und genau in diesem Gedanken steckt Hegel zufolge ein Widerspruch.

Zunächst einmal aber sei ein kurzer philosophie-geschichtlicher Exkurs gemacht: Die *Welt* war nach Christian Wolffs Auffassung[6] der Gegenstand der rationalen Kosmologie, einer *metaphysica specialis*, die, wie bereits gesehen, von der *metaphysica generalis* oder Ontologie fundiert war. Die Kosmologie war die Wissenschaft von den Körpern der bestehenden Welt und ihrem Zusammenhang in einem rationalen Ganzen. Sie handelte von dem Ursprung, der Dauer, der Zusammensetzung und der Struktur der Welt. Der bekannteste Kritiker der rationalen Kosmologie ist Kant, welcher in der Antithetik der *Kritik der reinen Vernunft* zeigt, dass die Welt als Ganzes kein Gegenstand möglicher Erkenntnis sein kann. Für Kant ist die Welt der Inbegriff aller Erscheinungen oder die Totalität in der Synthesis der Erscheinungen.[7] Der Weltbegriff sei ein Komplex von vier kosmologischen Ideen, welche allerdings jeweils zu vier Antinomien führen. Das „dialektische Spiel" der kosmologischen Ideen zeige uns auf diese Weise die Widersprüchlichkeit dieses Begriffs. Denn das Resultat der Antithetik sei, dass es für diesen Begriff keinen kongruenten Gegenstand möglicher Erfahrung geben kann, und dass die Vernunft diese Totalität sogar nicht einmal mit allgemeinen Erfah-

---

[5] GW 11, S. 323.
[6] Wolff, *Erste Philosophie oder Ontologie*, § 1.
[7] Vgl. KrV A 335 / B 382, A 408,409 / B 435.

rungsgesetzen versöhnen kann. Die Welt, als unbedingte Totalität der Synthesis aller Erscheinungen, lasse sich nicht erkennen.[8] Deshalb wird bei Kant die Unterscheidung zwischen Welt und Natur entscheidend, der Letzteren als „Inbegriff der Erscheinungen, so fern diese, vermöge eines innern Prinzips der Kausalität, durchgängig zusammenhängen."[9]

In der *Wissenschaft der Logik* werden Kants Antinomien mehrmals behandelt. Diese Behandlung hat aber nicht zum Ziel, die Gültigkeit der Welt als Gegenstand von Vernunfterkenntnis wiederherzustellen. Hegel geht es durchaus nicht darum, Kants Antinomien zu widerlegen, sondern vielmehr ihre große Bedeutung für die Philosophie hervorzuheben. Die Kritik an Kant ist dabei nur, dass dieser die Produktivität des Widerspruchs im Denken nicht erkannt habe. Doch zudem geht es Hegel auch darum, den widersprüchlichen Charakter der Welt selbst und ihre Nichtigkeit als Resultat der Antinomie hervorzuheben. Die Antinomie liegt keineswegs an einem angeblichen Mangel des Denkens, sondern an der Nichtigkeit der Welt selbst. Insofern kann keine Rede von einer Widerlegung der Kantischen Antinomien bei Hegel sein. Hegel nimmt diese vielmehr konsequent auf, weist aber darauf hin, dass ihr eigentliches Resultat in der Widersprüchlichkeit der Welt an sich selbst liegt. So schreibt er in der Seinslogik:

> „Die sogenannte Welt aber (sie heisse objective, reale Welt, oder nach dem transcendentalen Idealismus, subjectives Anschauen, und durch die Verstandes-Kategorie bestimmte Sinnlichkeit), entbehrt darum des Widerspruchs nicht und nirgends, vermag ihn aber nicht zu ertragen und ist darum dem Entstehen und Vergehen preis gegeben."[10]

Hegel stimmt also mit Kant in der Inkonsistenz des Weltbegriffs völlig überein. Allerdings führt er ein anderes Argument an. Kehren wir seinethalben zur Darstellung der Wesenslogik zurück! Im Folgenden verfolgen wir den Gedankengang, der sich wie ein roter Faden durch die zwei letzten Kapitel des Abschnittes *Erscheinung*, also *Die Erscheinung* und *Das wesentliche Verhältnis*, zieht. Für die Auslegung der Dialektik von Gesetz und Erscheinung und der an sich seienden und erscheinenden Welt halten wir uns jedoch ebenso an Hegels Darstellung in der *Phänomenologie des Geistes*, drittes Kapitel, *Kraft und Verstand*.[11]

Die Existenz hatte sich zur Erscheinung bestimmt, weil sie ihr Bestehen in einem Anderen hat. Sie ist auf diese Weise Erscheinung, und das Wesen, das erscheint, nämlich das Ansich der Erscheinung, ist das Gesetz. Das Gesetz ist das

---

[8] Vgl. KrV A 463 / B 490.
[9] KrV A 418, 419 / B 446.
[10] GW 21, S. 232.
[11] Eine Skizze von Hegels Gedankengang im dritten Kapitel der *Phänomenologie* bietet Anton Friedrich Koch, „Wirkliche und verkehrte Welt im dritten Kapitel der *Phänomenologie des Geistes*", in derselbe, *Die Evolution des logischen Raumes. Aufsätze zu Hegels Nichtstandard-Metaphysik*, Tübingen, 2014, S. 45-57. Koch weist, wie wir auch in Kürze darlegen werden, auf den Widerspruch der Dialektik der Welt hin. Allerdings leitet er daraus im Gegensatz zur hier vertretenen Auslegung keine Kritik am Weltbegriff ab.

Wesentliche der Erscheinung, worin diese ihre Wahrheit findet. Nun ist die Gesamtheit der Erscheinung die Welt, und die Welt beruht auf einem Reich von Gesetzen, die sie erklären. Die Gesetze sind die Grundlage der Erscheinung und machen die wesentliche Struktur der Welt aus, obgleich sie nicht ihre vollständige Begründung angeben. Das heißt, sie erklären zunächst einmal nur die wesentliche Struktur der Welt, zu der *zusätzlich auch noch* ein anderer Inhalt hinzukommt, der zwar unwesentlich ist, jedoch außerhalb der Erklärung durch das Gesetz liegt.

Nichtsdestotrotz ist das Gesetz das wahre Sein, das im Hintergrund der Dinge steht. Das Gesetz *ist*, die Erscheinung *erscheint* nur. Das Gesetz ist die Erscheinung, wie sie in ihrer Wahrheit und ihrem Grund ist. Aber die Erscheinung besteht wohl bemerkt genau in der Negativität; sie besteht darin, sich in ihrem Nichtsein zu reflektieren und dort ihre Wahrheit zu haben. Erfasst das Gesetz das vollständige Wesen der Erscheinung, so hat es diese ihre negative Natur zu bewahren. Das Gesetz muss jene Negativität der Erscheinung mitberücksichtigen, die darin besteht, sich auf sich selbst negativ zu beziehen oder ihre Wahrheit in ihrem Anderen zu finden, d. h. eben, zu erscheinen. Das Wesen, wiederholt Hegel deshalb, erscheint. Weil die wahrhafte Welt, nämlich das Reich der Gesetze, die absolute und vollständige Wahrheit der erscheinenden Welt ausmachen soll, muss sie darum ebenso erscheinen.

Das Gesetz erscheint also, zumindest demjenigen, der die unmittelbare Erscheinung überwinden kann, der das wahre Sein hinter der Erscheinung erblickt. Die Erscheinung reflektiert sich in etwas anderem, das ihre Wahrheit enthält. Aber das Andere, das Gesetz, erscheint wiederum, und damit ist seine Einheit ebenfalls die negative Einheit der Erscheinung, die darin besteht, sich in seinem Nichtsein zu reflektieren. Das Gesetz muss also zugleich dasselbe und das andere der Erscheinung, ihre identische Grundlage und ihre negative Einheit sein. Beide, Erscheinung und Gesetz, sind also letztlich nicht einfach verschieden, sondern beziehen sich vielmehr negativ aufeinander. Die Erscheinung führt zum Gesetz, das Gesetz führt zur Erscheinung. Hat man das eine, so hat man zugleich das andere, sodass die Behauptung des einen gleichzeitig auch dessen Verneinung durch die Behauptung seines Anderen ist.

Somit ergibt sich, dass die Erscheinung sich in einem Anderem reflektiert, das jedoch ebenfalls eine Erscheinung ist. Das Reich der Gesetze ist also nicht nur die einfache Grundlage der Erscheinung selbst, sondern enthält darüber hinaus den ihr innewohnenden Gegensatz, ihre negative Bewegung. Das Wesen der Erscheinung ist von der Erscheinung selbst ununterscheidbar geworden. Und das Reich der Gesetze wird dadurch zum genauen Abbild des Erscheinungsganzen. Die gesamte Erscheinungswelt spiegelt sich vollkommen in einer wesentlichen Welt von rationalen Gesetzen wider. Die Letztere ist die wesentliche Totalität, die alles Existierende umfasst.

Indem das Gesetz gerade das Negativitätsmoment erhält, das zunächst nur der Erscheinung angehört hat, ergibt sich der Gedanke einer Totalität, die sowohl das Wesentliche als auch das Unwesentliche der Erscheinung umfasst.

„Das, was vorher Gesetz war, ist daher nicht mehr nur *Eine* Seite des Ganzen, dessen andere die Erscheinung als solche war, sondern ist selbst das Ganze. Sie ist die wesentliche Totalität der Erscheinung, so daß sie nun auch das Moment der Unwesentlichkeit, das noch dieser zukam, enthält; aber als die reflektirte, an sich seyende Unwesentlichkeit, d. h. als die *wesentliche Negativität.*"[12]

Diese Totalität ist die eine wahrhafte Welt, die an und für sich seiende Welt, die alles, Wesentliches und Unwesentliches, Notwendiges und Zufälliges, bis zum kleinsten Teilchen der Existenz einschließt: „Es ist nichts anderes ausser ihr".[13] Aber genau aufgrund der absoluten Negativität enthält sie den negativen Bezug zu sich selbst, den Gegensatz und im Grunde genommen den Widerspruch selbst.[14] Die an sich seiende Welt gibt die Grundbeziehung der Erscheinung wieder und enthält in sich selbst den Gegensatz zwischen Erscheinung und Ansichsein. Denn die an sich seiende Welt ist der vollständige Grund der Erscheinungswelt und gerade deswegen zugleich ihre Entgegensetzung. Sie spaltet sich wieder in eine an sich seiende und eine erscheinende Welt auf. Die an sich seiende Welt hat sich als genaues Abbild und daher als durchgängig bestimmter Grund der erscheinenden Welt ergeben. Doch die erscheinende Welt setzt eine wahrhafte Welt voraus, und wenn diese wahrhafte Welt wirklich das Ganze der erscheinenden Welt vollständig umfassen soll, so muss sie ebenfalls ihre innere Negativität enthalten, also selbst auch eine erscheinende Welt sein, welche wiederum eine an sich seiende Welt voraussetzt. Die an sich seiende Welt ist zur synthetischen Totalität der Erscheinungswelt geworden, weil sie die Differenz in sich enthält. Aber genau aus diesem Grund wird diese Totalität zugleich inkonsistent. Ihre Einheit ist negativ und die an sich seiende Welt hebt sich selbst auf. Indem das Reich der Gesetze das negative Moment in sich enthält, wird es zum vollständigen Grund der erscheinenden Welt und ihrer ganzen Mannigfaltigkeit. Aber um dieser Negativität willen ist sie auch nicht nur eine identische Welt, sondern auch das andere ihrer selbst. Sie ist sie selbst und zugleich ihre Entgegensetzung, die bloß erscheinende Welt.

Die wahrhafte Welt ist eben das Gegenteil der erscheinenden Welt, ihre andere oder verkehrte. Sie ist Alles und Nichts, denn sie ist ebenso das Andere ihrer selbst. Diese wesentliche Welt ist sie selbst und ihr Anderes und deshalb eben auch die erscheinende Welt.[15] Beide sind also selbständige Totalitäten, welche sich zugleich ineinander reflektieren. Inhaltlich sind sie identisch: Sie fassen nämlich den gesamten Inhalt der Existenz auf. Aber der Form nach bilden sie keine Einheit, sondern setzen sich vielmehr gegeneinander. So sind beide unmittelbar und erscheinend sowie an sich seiend und wahrhaft. Indem die an und für sich seiende Welt, die wahrhafte Synthesis aller Erscheinung, jene Negativität

---

[12] GW 11, S. 348.
[13] GW 11, S. 349.
[14] Vgl. GW 11, S. 350.
[15] Vgl. GW 11, S. 351.

enthält, entzweit sie sich wieder in zwei Welten und vermag den ganzen Inhalt nicht in *einer* Formbestimmung zu fassen. Die Denkbestimmung der Welt ist, wie man sieht, mit einem Gegensatz behaftet; sie hat sich als unfähig erwiesen, die spekulative Wahrheit zu fassen, und die zwei Extreme dieses Gegensatzes führen schließlich zum wesentlichen Verhältnis.[16]

„Welt drückt überhaupt die formlose Totalität der Mannichfaltigkeit aus" schreibt Hegel.[17] Der ihr zugrunde liegende Gedanke ist der einer Totalität der Existenz als ein synthetisches Ganzes, in dem das Wesen des Wesentlichen und Unwesentlichen der Existenz und Mannigfaltigkeit zur Erkenntnis verfügbar sein soll. Ein solcher Gedanke hat sich entzweit, entgegengesetzt und selbst widersprochen. Von ihm bleibt letztlich nur ein Verhältnis übrig. Doch der Gedanke selbst hat nur zwei Möglichkeiten: Entweder bleibt er formlos als etwas Nebulöses der Imagination, oder er löst sich im Denken auf.[18]

3.1.3 Vom wesentlichen Verhältnis bis zur Vereinigung von Wesen und Existenz

Das wesentliche Verhältnis wird im dritten und letzten Kapitel des Abschnittes *Die Erscheinung* thematisiert. Es zeichnet sich dadurch aus, dass die Selbständigkeit seiner Glieder, der vorigen Welten, in ihrer negativen Einheit liegt. Die Selbständigkeit der Extreme des Verhältnisses ist der Bezug auf sein jeweilig Anderes. Das wesentliche Verhältnis stellt die Beziehung zweier Unmittelbarkeiten dar, in welche die Dialektik der Welten mündet – die seiende Unmittelbarkeit der Erscheinung und die reflektierte Unmittelbarkeit des Wesens. Beide Seiten haben ein selbständiges Bestehen, aber das Bestehen von beiden hat nur Sinn in Bezug auf die entgegengesetzte Seite. Mit dem wesentlichen Verhältnis wird in der Tat schon auf die Formeinheit des Inhalts verwiesen; denn es deutet tatsächlich auf die Einheit von Wesen und Existenz hin. Jedoch kann das wesentliche Verhältnis diese Einheit nicht selbst fassen. „Das wesentliche Verhältniß ist daher zwar noch nicht das wahrhafte *dritte* zum *Wesen* und zur *Existenz;* aber enthält bereits die bestimmte Vereinigung beyder."[19]

Wie aus der Dialektik der an sich seienden und der erscheinenden Welt hervorgeht, ist jeweils jede Seite des wesentlichen Verhältnisses eine Totalität. Nun ist jede jeweilige Totalität auf die andere angewiesen, sodass jede an sich schon das Moment einer Entgegensetzung ausmacht. Jede Seite erscheint als unmittelbar und selbständig. Jedoch sind sie in Wahrheit jeweils mit ihrem anderen we-

---

[16] Der Gedanke der Welt, als Synthesis der Totalität aller Existierenden ist widersprüchlich, zeigt Hegel. Deshalb kann die spätere Systemphilosophie des Realen nicht darin bestehen, das innere Wesen der Welt zu erforschen.
[17] GW 11, S. 352.
[18] Auf ein ähnliches Ergebnis kommt auch Felix Duque, „Die Erscheinung und das wesentliche Verhältnis", in Anton Friedrich Koch, Friedrike Schick (Hrsg.), *G. W. F. Hegel. Wissenschaft der Logik*, Berlin, 2002, S. 150f.
[19] GW 11, S. 353.

sentlich verbunden. Denn jede Seite ist „die Einheit seiner selbst und seines anderen",[20] wie es sich in der Dialektik der Welten ergeben hat. Ihre Selbständigkeit ist eine Reflexion in sich durch die andere.

Es liegt, wie gesagt, schon nahe, dass dem wesentlichen Verhältnis die wahrhafte Einheit zugrunde liegt. Diese wahrhafte Einheit muss sich allerdings noch lange herausbilden, in der Tat so lange bis sie ihre vollendete Bestimmtheit im spekulativen Begriff erreicht hat. An dieser Stelle ist aber jene Einheit eher eine Beziehung zwischen zwei Polen, welche an ihrer Selbständigkeit festhalten. Auf beiden Seiten des Verhältnisses lässt sich zwar die Einheit mit der respektiven anderen Seite aufzeigen, dennoch bleibt die Form des Verhältnisses mit zwei (scheinbar) unterschiedlichen Gliedern noch übrig. Der Begriff dieses Verhältnisses, erklärt Hegel, ist zwar noch nicht der Begriff des Begriffs, wie er später in der *Logik* dargelegt wird, jedoch ist er sein Keim.

> „Aber zuerst ist dieser *Begriff* [des Verhältnisses, R. A.] selbst noch *unmittelbar*, seine Momente daher unmittelbare gegeneinander und die Einheit deren wesentliche Beziehung, *die erst dann die wahrhafte, dem Begriffe entsprechende Einheit ist*, insofern sie sich realisirt, nämlich durch ihre Bewegung als jene Einheit gesetzt hat."[21]

Im Hintergrund all dessen, was dem Begriff des Begriffs vorausgeht, steht also die Formung seiner Einheit aus diesen ersten Komplexen von Bestimmungen. Aber auf dem Standpunkt des wesentlichen Verhältnisses wird noch die Identität auf beide Seiten des Verhältnisses gesetzt, sodass jede Seite für sich als verbunden mit der anderen erkannt wird. Die Vereinigung von beiden wird dennoch erst in der ersten Bestimmtheit der Wirklichkeit erreicht, also im Gedanken eines Absoluten.

Die zwei ersten Varianten des wesentlichen Verhältnisses sind ihre unmittelbare, das Verhältnis des Ganzen und der Teile, und ihre vermittelte, das Verhältnis der Kraft und ihrer Äußerung. Die erste Variante präsentiert beide Seiten des Verhältnisses als sich gegenseitig voraussetzend, aber es wird nicht offenbar, dass jede Seite in sich die andere einschließt. Der Teil weist auf ein Ganzes hin, dabei ist er selbst ein Teil. Genauso verweist das Ganze auf Teile, aber es selbst ist das Ganze. Dagegen ist im Verhältnis der Kraft und ihrer Äußerung schon vorhanden, dass beide ein Moment des jeweils anderen ausmachen. Die Kraft äußert sich und zwar gerade deshalb, weil sie Kraft ist. Ihre Äußerung ist unmittelbar Äußerung einer Kraft und hat in der Kraft ihren Grund. Die Kraft wird ihr Anderes, die Äußerung, und dies eben aufgrund ihrer selbst. Sie ist eine negative Beziehung auf sich selbst. Die Äußerung ist wiederum nur die Vermittlung der Kraft zu sich selbst. Die Selbständigkeit der Seiten ist hiermit jetzt bloßer Schein. Mit dem Verhältnis des Inneren und Äußeren wird schließlich die Asymmetrie zwischen Kraft und Äußerung beseitigt. Inneres und Äußeres stehen jetzt auf derselben Ebene

---

[20] Ebenda.
[21] GW 11, S. 354. Hervorhebung von mir.

und stellen die vollendete Bestimmung des wesentlichen Verhältnisses dar, Identität von unmittelbar Selbständigen zu sein. Nun ist jede Seite schon in ihrer Unmittelbarkeit offensichtlich mit der anderen vereint, sodass, wenn vom Inneren zum Äußeren übergegangen wird, im Äußeren wieder das Innere vorhanden ist. Das Übergehen von einem ins andere ist also „die sich setzende Rückkehr in sich".[22]

Inneres und Äußeres sind nun in der Tat bloß äußerliche Seiten *derselben Sache*. Sie machen *eine* Identität aus. Denn die beiden Seiten des Verhältnisses sind nicht nur gleiche Totalitäten, sondern genau ein und dieselbe Totalität. Das Innere ist sofort das Äußere, und umgekehrt ist das Äußere sofort das Innere. Ihr Formunterschied löst sich auf. Beide sind wie die zwei Seiten *einer* Münze, wie zwei Seiten *einer* Fläche, die nur von einem dritten Standpunkt, außerhalb der Münze und der Fläche, her unterschieden werden können. Da beide Bestimmungen unmittelbar ihr Entgegengesetztes sind, weil das, was draußen ist, auch wiederum von einem anderen Standpunkt aus drin ist, bleibt die Sache als die Identität von beiden jenseits der Unterscheidung oder hinter beiden Bestimmungen zurück. Die Sache ist eine, identische, und die Formbestimmungen des Drinnen- oder Draußenseins sind ihr gleichgültig. Denn sie liegen nicht an ihr, sondern vielmehr an einem Dritten, bei dem die Unterscheidung fällt. „Aber diese Sache als *einfache Identität* mit sich ist verschieden von *ihren Formbestimmungen*, oder diese sind ihr äusserlich; sie ist insofern selbst ein Inneres, das von ihrer Aeusserlichkeit verschieden ist."[23]

Das Innere ist als das Ansich, als „die reflektierte Unmittelbarkeit oder das Wesen" bestimmt, das Äußere als die Existenz oder das Sein.[24] Das Innere soll die Reflexion in sich sein, das Wesentliche, das Äußere dagegen die Unmittelbarkeit, die in ein Anderes als ihr Wesen zurückgeht. Dennoch ist jede von beiden Bestimmungen unmittelbar auch die andere; jede Seite schlägt sofort in die andere um, sodass sie *eine Sache* ausmachen, für die Innerlichkeit und Äußerlichkeit gleichgültig werden. Jede Seite des Verhältnisses hält die Sache in einer Bestimmtheit fest – drin oder draußen. So ist etwas nur innerlich und nicht beides, innerlich und äußerlich. Aber eben darum, weil es innerlich ist, ist es gleichzeitig ebenso nur äußerlich. Etwas ist ein Äußeres und kein Inneres, sondern eben nur ein Äußeres. Aber eben deshalb, weil es ein Äußeres ist, ist es in einer anderen Hinsicht ein Inneres und kein Äußeres, nur ein Inneres. Das Verhältnis bringt die zugrunde liegende Identität von beiden Bestimmungen zutage, kann aber selbst diese Identität nicht auffassen. So ist es klar, dass das Innere ein Übergehen in sein Entgegengesetztes, das Äußere, ist. Aber das wesentliche Verhältnis, auch in dieser vollendeten Variante, reicht nicht aus, um diese Identität anzugeben, ebendarum weil es *ein Verhältnis* ist. Das Innere ist nur Äußeres, das Äußere nur Inneres, aber nicht beides zugleich. Es ist aber nur eine Identität vorhanden, die nicht mehr als ein Verhältnis gefasst werden kann.

---

[22] GW 11, S. 365.
[23] Ebenda.
[24] Ebenda.

Wirft man nun einen Blick auf den bis zu diesem Punkt gehenden Gang der *Logik*, so sind diese beiden Bestimmungen als die Vollendung des Seins und des Wesens zu erkennen. Das Innere ist das vollendete Wesen, zu dem der Bezug auf das Sein als Existenz wesentlich gehört. Das Äußere ist das vollendete Sein, das sich auf das Innere oder Wesentliche bezieht. Beide stehen seit dem Auftritt der Existenz in der Sphäre des Wesens einander gegenüber. Aber es ist nicht nur dies vorhanden, denn sonst gäbe es keinen Grund zum Fortschritt über das wesentliche Verhältnis hinaus. Im Verhältnis des Inneren und Äußeren ist nicht nur vorhanden, dass beide Seiten sich auf ihre jeweils andere beziehen, sondern weiterhin, dass beide auf die Einheit von beiden, ihr Drittes, auf die eine Wirklichkeit verweisen: „Aber es ist nicht nur die Beziehung beyder auf einander, sondern die bestimmte [Beziehung, R. A.] der absoluten Form, daß jedes unmittelbar sein Gegentheil ist und ihre gemeinschaftliche Beziehung *auf ihr drittes* oder vielmehr *auf ihre Einheit* vorhanden."[25]

3.1.4 Die Wirklichkeit

Fassen wir nun die Fortbildung des Seins und des Wesens bis zu ihrer Einheit in der Wirklichkeit zusammen. Das Sein tritt am Wesen als Existenz hervor. Es ist die Unmittelbarkeit, die aus der Reflexion des Grundes hervorgeht. Am Wesen aber kann die reine Unmittelbarkeit nicht lange bestehen und, indem sie ihre wahre Natur erweist, nämlich die Äußerlichkeit von einem Ansich zu sein, bestimmt sie sich weiter zur Erscheinung. Die Erscheinung ist nicht mehr bloß Existenz, sondern verweist auf ein Wesentliches, ein Zugrundeliegendes oder ein Ansich. Die Erscheinung reflektiert sich in einem Anderen, wo sie ihre Wahrheit findet. Dieses Ansich der Erscheinung hat sich aber in der Entwicklung *auch als Erscheinung* erwiesen, und somit bestimmen sich Wesen und Erscheinung zu zwei Welten, der erscheinenden und der an sich seienden Welt. Beide sind nun dem Inhalte nach identische Totalitäten, die nur einen Formunterschied haben. Im Grunde genommen handelt es sich um ein Verhältnis von zwei identischen Polen, das seine Vollendung im Verhältnis des Inneren und Äußeren findet. Indem sich beide Seiten, Sein und Wesen, zum Verhältnis des Inneren und Äußeren fortgebildet haben, wird sowohl ihre Inhalts- als auch ihre Formidentität erhellt. Inhaltlich ist die Totalität des Wesens, die Welt an sich, identisch mit der Totalität des Seins, der erscheinenden Welt. Als Inneres und Äußeres sind sie ebenfalls der Form nach identisch. Das Wesen als das Innere ist unmittelbar das Äußere und das Sein als das Äußere ist unmittelbar das Innere. Das Sein ist das Wesen sowie das Wesen das Sein. Diese absolute Einheit nennt Hegel nun *die Wirklichkeit*.

Die erste Bestimmtheit der Wirklichkeit ist *das Absolute*, die Identität, welcher der Unterschied eines Inneren und Äußeren äußerlich ist. Das Absolute ist die

---

[25] GW 11, S. 366.

Wirklichkeit in ihrer Unmittelbarkeit. Zunächst einmal ist also diese Einheit von Sein und Wesen bloß als die Identität von beiden zu betrachten, in welcher die Unterscheidung zwischen beiden Sphären verschwunden ist. Das Kapitel *Das Absolute* behandelt diese erste Wirklichkeit in der höchsten Unmittelbarkeit, als das Eine, das beide Totalitäten in sich enthält.[26] Gegenüber dieser Identität ist die Reflexion daher immer äußerlich – genauso wie schon der identischen Grundlage oder der vorhin genannten Sache die Unterscheidung eines Inneren und eines Äußeren äußerlich war –, insofern sie das unterscheidet, was im Absoluten selbst identisch ist. Die Entwicklung des Absoluten wird den Gedanken eines Manifestierens als das Tun des Absoluten selbst hervorbringen, bei dem das Ansich sich in einer ihm gehörenden Äußerlichkeit äußert. Die Wirklichkeit wird sich dadurch als Manifestation in verschiedenen Modalitäten ergeben: Wirklichkeit, Möglichkeit, Zufälligkeit und Notwendigkeit. Schließlich wird die Einheit von den zwei Momenten mit dem Substantialitätsverhältnis erreicht, indem dort die Vereinigung vom Absoluten und seiner Reflexion dargelegt wird: das Absolute als Verhältnis zu sich selbst oder die Substanz.

Wir sind Hegels Begründung der Denkbestimmung des Absoluten und deren spezifischem Ort innerhalb der Logik des Wesens nachgegangen. Aus all dem Gesagten wird ersichtlich, dass der Gedanke des Absoluten eine ganz bestimmte und begründete Stelle innerhalb der logischen Wissenschaft besitzt. Schon allein deshalb wird eine Auslegung der gesamten *Wissenschaft der Logik* als einer metaphysischen Abhandlung des Absoluten fragwürdig. Denn eine solche Auslegung verwechselt eine besondere Bestimmung mit der ganzen Entwicklung reinen Denkens. Doch nun kommt es darauf an, die Dialektik dieser Bestimmung ausführlich darzulegen. Im Folgenden werden wir aus rein internen Gründen sehen, wie die Bestimmung des Absoluten zu den Begriffen des Attributs und des Modus fortgeht, sodass der Zusammenhang zwischen Absolutem, Attribut und Modus in seiner inneren Notwendigkeit erkannt wird. Der Ausgang der Auslegung des Absoluten wird uns, wie gesagt, auf die Bestimmungen der Modalität verweisen. Als letzte Bestimmung der Modalität tritt die absolute Notwendigkeit hervor, welche die tiefste Bestimmung des Absoluten einleiten wird – die Substanz. Die Logik der Substanz wird dann die zweite und endgültige Auslegung des Absoluten ausmachen.[27]

---

[26] Genau diese Abhandlung ist es, was in der Enzyklopädie ausfällt. Vgl. das vorige Kapitel, Ziffer 2.1.

[27] Vgl. für das Folgende auch den ausführlichen Kommentar zum Kapitel über das Absolute innerhalb der *Logik* von Günter Kruck und Friedrike Schick „Reflexion und Absolutes. Ein immanenter Kommentar zur Kategorie ‚das Absolute' in Hegels *Wissenschaft der Logik*", in *Theologie und Philosophie* 69 (1994), S. 90-99. Die zentrale These von Kruck und Schick in diesem Aufsatz scheint mir zu sein, dass das Kapitel *Das Absolute* die Identität von Reflexion und Absolutem zum Ergebnis habe, sodass ab diesem Punkt die Reflexion „nicht mehr als äußerliche Reflexion zu denken" sei: „Das Resultat stellt sich nicht so dar, daß das Absolute verschwunden und seine äußerliche Reflexion geblieben wäre; die Reflexion selbst hat sich verändert: sie ist nicht mehr als äußerliche Reflexion zu denken. [...] Da sich nun diese Gegenüberstellung von Einheit (Absolutem) und Reflexion aufgehoben hat, ist auch die Reflexion nicht mehr als Gegenüber oder

3.2 Die erste Bestimmung des Absoluten

„Das *Innre* ist das *Wesen* aber als die *Totalität*, welche wesentlich die Bestimmung hat, auf das *Seyn bezogen* und unmittelbar *Seyn* zu seyn. Das *Aeussere* ist das *Seyn*, aber mit der wesentlichen Bestimmung, auf die *Reflexion bezogen* unmittelbar eben so verhältnißlose Identität mit dem Wesen zu seyn. Das Absolute selbst ist die absolute Einheit beyder;"[28]

Der Gedanke des Absoluten wird nach der Dynamik des Inneren und Äußeren eingeführt. Das Innere ist der fortentwickelte Gedanke des Wesens, welches eine äußere Manifestation von sich einschließt. Das Äußere steht für die Sphäre der Existenz, für die Mannigfaltigkeit der erscheinenden Welt, die sich auf sein Anderes, nämlich auf das Wesen bezieht. Aus der Dynamik von Innerem und Äußerem geht eine Identität beider hervor: Denn das Äußere bezieht sich wesentlich auf ein Inneres und ist unmittelbar auch ein Inneres, das Innere wiederum hat auch sein Äußeres und ist ebenfalls ein Äußeres.

Die somit erreichte Einheit von Sein und Wesen und daher von der ganzen Entwicklung der *Logik* bis zu diesem Punkt tritt als absolute Identität auf. Das Absolute ist auf diese Weise die Identität aller bisherigen Bestimmungen der *Logik*, aber als solche zunächst die unbestimmte Identität: „Die einfache gediegene Identität des Absoluten ist unbestimmt, oder in ihr hat sich vielmehr alle Bestimmtheit des *Wesens* und der *Existenz*, oder des *Seyns* überhaupt sowohl als der *Reflexion* aufgelöst."[29] Wesentlich am einfachen Gedanken des Absoluten ist es, dass dieser die Auflösung aller Unterschiede und aller Bestimmtheiten einschließt. Denn es handelt sich um den identischen Grund von allem. Dazu gehört die Einsicht, dass es keine unhintergehbaren Unterschiede gibt, dass jeder Gegensatz eine zugrunde liegende Einheit impliziert. Auf dem Standpunkt des Absoluten ist ganz tief im Grunde alles identisch, alles löst sich im selben identischen Einen auf – damit allerdings in ein undifferenziertes *vacuum*, in der Nacht, „worin alle Kühe schwarz sind."[30]

Der soeben umrissene Begriff des Absoluten ist, wie man sieht, an sich keineswegs eine Hegelsche Erfindung. Schelling hat ihn Jahre zuvor dargelegt. Wie wir in der Einleitung gesehen haben, handelt es sich um den Grundgedanken der Vereinigung von allem Dasein und Wesen in einer ursprünglichen Identität. Das Absolute ist das allumfassende, indifferente und identische Seiende, die absolute Einheit und der absolute Grund, der alles zusammenhält. In seinen *Vorlesungen über die Geschichte der Philosophie* verweist Hegel selbst auf Schellings Begriff des Ab-

---

    als das Äußere zu denken" (a.a.O., S. 99). Zwar können wir dieser These nicht zustimmen, wie wir sehen werden. Doch liefert dieser Kommentar einleuchtende Erklärungen zu Hegels wichtigsten Argumenten in diesem äußerst schwierigen Text, wie vor allem im Übergang vom Absoluten zum Attribut (vgl. a.a.O., S. 96f.).

[28] GW 11, S. 370f.
[29] GW 11, S. 370.
[30] GW 9, S. 17.

soluten: „Schelling hat, indem es in seiner Darstellung Bedürfnis ist, anzufangen mit der Idee des Absoluten als *Identität des Objektiven und Subjektiven*, versucht, diese Idee zu beweisen, und zwar in der *Neuen Zeitschrift für spekulative Physik*."[31] Gemeint ist diesmal Schellings Schrift *Fernere Darstellungen aus dem System der Philosophie* aus dem Jahre 1802. Es handelt sich aber um die Ausarbeitung von Schellings erstmals in *Darstellung meines Systems der Philosophie* vorgetragener Position. Vergleicht man nun Schellings „Idee des Absoluten" dort mit dem von Hegel eingeführten Begriff des Absoluten in der *Logik*, so zeigt sich, dass man es im Grunde mit demselben Begriff zu tun hat, nämlich mit dem Absoluten als Identität von allem: „Das Innere des Absoluten oder das Wesen desselben kann nur als absolute, durchaus reine und ungetrübte Identität gedacht werden."[32]

Das Absolute, schreibt Schelling 1802, ist lauter Identität. Bei Spinoza sei Schelling zufolge das Absolute die identische Einheit von Denken und Ausdehnung; Schelling, der sich selbst als Spinozist versteht, bezeichnet es in seiner eigenen Terminologie als die Einheit des Reellen und des Ideellen. Im Unterschied zu beiden hat Hegel jedoch einen viel reicheren Begriff von Denken oder von Ideellem (und von Idee): Was Spinoza unter Denken (als *„res cogitans"*), Schelling unter „das Ideelle" versteht, fasst Hegel im Begriff des Wesens, während zum reinen Denken noch eine weitere, Spinoza und Schelling unbekannte Sphäre gehört, nämlich die Sphäre des Begriffs. Dementsprechend ist für Hegel das Absolute die Identität von Sein und Wesen, aber noch lange nicht das endgültige Resultat und der letzte Grund der Philosophie. Denn anders als bei Schelling wird bei Hegel eine ganze Sphäre entwickelt, die Sphäre des Begriffs, die im Gedanken des Absoluten nicht aufgehoben werden kann.

Die reine Identität des Absoluten impliziert, dass alles Bestimmte, alles Sein und alles Wesen im Absoluten seinen Grund findet und sich aufhebt. Es gibt nur ein Absolutes und außer ihm ist keine Existenz und keine Reflexion. Das Absolute vereinigt alle Bestimmungen in sich und macht in seiner lauteren Identität jeden Unterschied nichtig. Es ist das innere Band, welches alles zusammenhält; aber nicht nur, weil es alles verbindet, sondern vielmehr darum, weil seine absolute Identität alles Konkrete in seiner Bestimmtheit zum bloßen Schein herabsetzt. Im Absoluten ist der Vorrang des Ganzen und der Identität bis auf die Spitze getrieben. Es ist die absolute Totalität.

3.2.1 Das Absolute als absolute Form und absoluter Inhalt

Sein und Wesen sind Totalitäten, aber *bestimmte* Totalitäten. Weil das Absolute die Identität von beiden ist, ist es Hegel zufolge seine Bestimmung, *die absolute Form sowie der absolute Inhalt zu sein*. Im Grunde genommen bedeuten absolute

---

[31] TW 20, S. 436.
[32] Schelling, *Ausgewählte Schriften*, herausgegeben von Manfred Frank, Frankfurt am Main, 1985, Bd. 2, S. 118.

Form und absoluter Inhalt die Vernichtung jeweils allen Form- und Inhaltsunterschiedes. Form und Inhalt sind ein Paar von Gedankenbestimmungen, derer sich unser Verstand sehr häufig bedient und die in der *Wissenschaft der Logik* der Betrachtung des Grundes angehören. Die Form ist eine Bestimmung an etwas Anderem, an einem Unbestimmten, welches zugrunde liegt. Das Wesentliche der Form ist es eben, Bestimmung von etwas anderem als sich selbst zu sein. Sie ist nur Form, insofern sie an einem Anderen auftritt oder auf es angewendet wird. Und obwohl man Form und Inhalt zu trennen pflegt, gilt es für Hegel vielmehr, beide als das Umschlagen ineinander zu verstehen. Denn der Inhalt bezieht sich wesentlich auf die Form, die Form sich wiederum auf den Inhalt. Die eine Bestimmung ist nichts anderes als „das Umschlagen" derselben in die andere und umgekehrt: „*An-sich* ist hier vorhanden das absolute Verhältniß des Inhalts und der Form, nämlich das Umschlagen derselben ineinander, so daß *der Inhalt* nichts ist, als das *Umschlagen der Form* in Inhalt, und die *Form* nichts als *Umschlagen des Inhalts* in Form."³³

Dementsprechend schlagen auch absolute Form und absoluter Inhalt ineinander um. Dies zur Kenntnis genommen, kann man sich Hegels Erklärung des Absoluten als absolute Form zuwenden:

> „Hieraus ergibt sich, daß die Bestimmung des Absoluten ist, die *absolute Form* zu seyn, aber zugleich nicht als die Identität, deren Momente nur einfache Bestimmtheiten sind; – sondern die Identität, deren Momente jedes an ihm selbst die *Totalität*, und somit als gleichgültig gegen die Form, der vollständige *Inhalt* des Ganzen ist."³⁴

Indem das Absolute Sein und Wesen vereinigt, diese aber bereits Totalitäten sind, ergibt es sich als *eine* Totalität, deren Teile selbst das Ganze sind. Dadurch ist das Absolute *die absolute Form*, d. h. die einheitliche Bestimmung von allem möglichen Inhalt. Als Form ist das Absolute die Identität, deren Momente jedes für sich genommen die Totalität des Inhaltes und deshalb gleichgültig gegen die Form sind. So war die an sich seiende Welt der Form nach von der erscheinenden Welt verschieden, aber inhaltlich identisch damit. Der Inhalt war gegen den Formunterschied zwischen Ansichsein und Erscheinung gleichgültig; er war bereits absolut. Nun ist im Absoluten die einheitliche absolute Form für jenen absoluten Inhalt vorhanden, sodass jede weitere Formunterscheidung zwischen einem Inneren und einem Äußeren, einem Ansichseienden und einem Erscheinenden sich in Luft auflöst. Jede Bestimmung im Absoluten wird sofort das Ganze oder, was dasselbe ist, sie verschwindet in ihm.

Zugleich ist das Absolute ebenso *der absolute Inhalt*, an dem sich jede mögliche Form materialisiert. „Aber umgekehrt ist das Absolute so der absolute Inhalt, daß der Inhalt, der als solcher gleichgültige Mannichfaltigkeit ist, die negative Formbeziehung an ihm hat, wodurch seine Mannichfaltigkeit nur *eine* gediegene

---

[33] Enzyklopädie § 133 A.
[34] GW 11, S. 371.

Identität ist."³⁵ Als Inhalt ist das Absolute das Ganze des mannigfaltigen Reichtums des Seins, die Allheit der Existenz, aus der wiederum eine synthetische Einheit hervorgeht, eben weil diese Mannigfaltigkeit des Inhaltes eine negative Reflexion in sich trägt, d. h. weil sie an sich Identität ist. So ist die Mannigfaltigkeit der Erscheinung in einem Gesetz zu vereinigen, die Vielfältigkeit der Erscheinungswelt auf eine identische Grundlage, eine an sich seiende Welt, zurückzuführen. Alles verweist auf die eine, identische Einheit. Die Vereinigung des Inhaltes erzeugt die Vorstellung *einer* Welt als die synthetische Einheit der Mannigfaltigkeit. Der Form nach ist aber die Welt uneinig und spaltet sich in zwei Welten. Der Weltbegriff enthält diese Entgegensetzung, was überhaupt erst zum wesentlichen Verhältnis führt. Nun wird jene Entgegensetzung einer erscheinenden und einer an sich seienden Welt in der Identität des Absoluten überwunden. Somit ist das Absolute der wahrhafte Inbegriff von allem, der Form nach die Vereinigung von allen Differenzen, dem Inhalte nach die allumfassende Totalität der Mannigfaltigkeit des Seins.³⁶

Gerade deshalb, weil das Absolute sowohl die absolute Form als auch den absoluten Inhalt darstellt, ist seine Identität die absolute Identität. Im Unterschied zu der indifferenten Identität am Ende der *Seinslogik* sind in der Identität des Absoluten zudem alle Bestimmungen des Wesens versunken. Das Absolute enthält die Sphären des Seins und des Wesens in einer Vereinigung. Beide Seiten der Identität sind ebenso das Ganze, sodass am Absoluten jeder Unterschied nichtig ist. Jede Bestimmtheit ist auf dem Standpunkt des Absoluten ein Schein und verschwindet in ihm. Denn sogar die allgemeine logische Unterscheidung zwischen Sein und Wesen ist im Absoluten untergegangen. Die absolute Identität ist so die Bestimmung des Absoluten, und darum, weil diese Identität absolut ist, ist jede weitere Bestimmung von ihm – solange es als Identität gefasst wird – undenkbar. Das Absolute als solches bestimmt sich nicht, weil es die absolute Vereinigung aller Bestimmungen ist. Das Absolute ist zunächst einmal unbestimmbar.³⁷ Es hat kein Werden, denn es ist die Identität von Etwas und Anderem und von allen Seinsbestimmungen überhaupt. Es hat ebenso wenig eine Reflexion, denn in ihm sind Sein und Wesen identifiziert; und es hat schließlich kein Sich-Äußern, weil Inneres und Äußeres in ihm ebenso vereinigt sind. „In ihm selbst ist kein *Werden*, denn es ist nicht das Seyn, noch ist es das sich *reflectierende* Bestimmen; denn es ist nicht das sich nur in sich bestimmende Wesen; es ist auch nicht *ein sich äussern*, denn es ist als die Identität des Inneren und Aeusseren."³⁸

---

³⁵ Ebenda.
³⁶ Wegen dieses Totalitätscharakters des Absoluten, das nämlich alles in einer Einheit umfassen soll, haben wir in der vorliegenden Arbeit eher eine Verbindung mit den Philosophien von Hölderlin und Schelling als mit dem Neoplatonismus oder Thomas von Aquins Gottesbegriff hergestellt, obwohl für den letzteren Gott ebenso Wesen und Existenz in Einem vereinigt.
³⁷ Man denke noch einmal an Fichtes Worte: „Das absolute selbst aber ist kein Seyn, noch ist es ein Wissen, noch ist es Identität, oder Indifferenz beider: sondern es ist eben – *das absolute* – und jedes zweite Wort ist vom Uebel." Fichte an Schelling, 15.01.1802. Siehe auch Einleitung.
³⁸ GW 11, S. 371.

Man kann also weder das Werden noch die Reflexion noch das Sich-Äußern des Absoluten betrachten. Denn seine Identität macht alle diese Bewegungen ungültig und bleibt undurchdringlich. Das Absolute kann nur gezeigt werden. Es handelt sich um eine Auslegung des Absoluten (lateinisch: *exhibitio*): „ein Zeigen dessen, was es ist."[39]

3.2.2 Absolutes und Reflexion

Das Absolute als einfache, unbestimmte und absolute Identität impliziert die Aufhebung der Reflexion. Denn es kann weder bestimmt noch von anderen Dingen unterschieden werden. Man kann keine Bestimmung vom Absoluten angeben. Denn es ist eher das „weder – noch" sowie „sowohl – als auch" von allem. Alles ist in ihm enthalten; aber nichts Bestimmtes ist das Absolute, denn alle Bestimmungen und Bestimmtheiten sind in seiner Identität untergegangen: „Insofern fällt das *Bestimmen* dessen, *was das Absolute sey*, negativ aus, und das Absolute selbst erscheint nur als die Negation aller Prädicate und als das Leere. Aber indem es eben so sehr als die Position aller Prädicate ausgesprochen werden muß, erscheint es als der formellste Widerspruch."[40]

Das Absolute ist das Leere, die Negation aller Prädikate, weil es die absolute Identität von allem ist. Alles ist in ihm eins. Ebenfalls ist es die Synthesis aller Bestimmungen und daher die Position aller Prädikate. Es ist also die absolute Identität, von der alle Prädikate zugleich negiert und ausgesprochen werden müssen. So tritt zunächst das Absolute auf, und insofern hat es einen widersprüchlichen Charakter. Es erscheint „als der formellste Widerspruch". Dieser Widerspruch bleibt allerdings für das Absolute harmlos. Denn die Bejahung oder Verneinung von Prädikaten ist Sache eines ihm äußerlichen Verstandes. Was der Widerspruch belegt, ist nur das Scheitern dieses Verstandes, das Absolute zu fassen. So mag man dem Absoluten eine Menge von Eigenschaften zuschreiben und noch eine andere Menge absprechen. Man könnte beispielsweise behaupten, dass es unendlich, ewig, unermesslich oder unbedingt sei. Es kann als die Negation aller Prädikate gefasst werden, und die Erkenntnis dessen kann eben nur eine negative sein. Weil das Absolute jedoch alles Endliche in sich enthält, sollte es ebenso sehr die Position aller Prädikate, die Einheit aller Bestimmungen darstellen.

> „Insofern jenes Negiren und dieses Setzen, der *äusseren Reflexion* angehört, so ist es eine formelle unsystematische Dialektik, die mit leichter Mühe die mancherlei Bestimmungen hieher und dorther aufgreift, und mit eben so leichter Mühe einerseits ihre Endlichkeit und blosse Relativität aufzeigt, als andererseits, indem es ihr als die Totalität vorschwebt, auch das Innwohnen aller Bestimmungen von ihm ausspricht, – ohne diese Positionen und jene Negationen zu einer wahrhaften Einheit erheben zu können."[41]

---

[39] GW 11, S. 370.
[40] Ebenda.
[41] Ebenda.

Eine solche Reflexion ist dem Absoluten deshalb äußerlich, weil alle Reflexion das Bestimmen von ihrem Gegenstand beabsichtigt. Aber das Absolute geht vielmehr, wie Schelling schon verteidigt hat, allem Unterschied voran. Es ist das Erste schlechthin und der Grund sowie die Substanz aller weiteren Bestimmung. Auch hier beschreibt Hegel keine neue, ihm eigene Überlegung, sondern er bezieht sich indirekt auf das Vorgehen mancher Philosophen seiner Zeit. Die Meditationen dieser Autoren über das Absolute bestanden darin, eine Reihe von Lehrsätzen aufzustellen, die dem Absoluten Bestimmungen zu- und absprachen. Sie gaben aber kaum Auskunft darüber, warum sie diese Bestimmungen (gewöhnlich z. B. Ewigkeit, Einheit, Identität oder Allheit) und nicht andere aufgriffen. Unter dem Schein der Notwendigkeit einer mathematischen Darstellung mit Definitionen und Lehrsätzen versteckten sie ihre „formelle unsystematische Dialektik": In der Tat sprachen sie dem Absoluten willkürlich Bestimmungen ab und zu. Dabei gelangten sie nie zum Wesentlichen, dazu nämlich, alle Bestimmungen im Absoluten zu einer wahrhaften Einheit erheben zu können.[42]

Ein solches Vorgehen bezeichnet Hegel als äußerliche Reflexion. Denn es fasst den Gedanken des Absoluten nicht und gelangt ebenso wenig bis zu seinem Kern. Das Wesentliche am Absoluten besteht vielmehr in der wahrhaften Einheit alles Seins und Wesens, in der Vereinigung aller Bestimmungen. Das Absolute kann deshalb nicht bestimmt werden. Es hat keine innere Reflexion, und ebenso wenig ist eine äußere Darlegung adäquat, bei der manche Bestimmungen aufgegriffen und dem Absoluten zugesprochen werden. Es geht jedoch nicht nur darum, dass man beim Absoluten, wenn man von ihm spricht, nicht in eine äußerliche Reflexion fallen sollte, sondern ebenso sehr darum zu beachten, dass auch keine interne Reflexion vom Absoluten selbst möglich ist, solange man es als absolute Identität auffasst. Alle Reflexion kann gegenüber dem Absoluten nur äußerlich sein. Denn das Absolute, als die absolute Identität, bedeutet die Aufhebung aller Reflexion. Das wird von Hegel an mehreren Stellen wiederholt, zum ersten Mal im Vorspann des ganzen Abschnittes *Die Wirklichkeit*: „Die Reflexion verhält sich gegen diß Absolute als *äusserliche*"[43]. Zum zweiten Mal wird darauf verwiesen nach Auslegung des Absoluten durch das Attribut, eine Auslegung, welche wiederum, wie wir sehen werden, in das Leere der Identität des Absoluten zurück-

---

[42] Ein Beispiel dieser „unsystematischen Dialektik" ist die 1804 in München erschienene Schrift *Anleitung zur freien Ansicht der Philosophie* des Katholischen Geistlichen Kajetan von Weiller. Für Weiller ist das Absolute zunächst einmal nur negativ zu erkennen. Positive Auskunft über das Absolute vermag allerdings Weiller in seiner Schrift nicht zu geben. So ist das Absolute ihm zufolge kein Relatives (§ 203); es ist eine vollständige Einheit (§ 206), ein Unbeschränktes, unermesslich und unendlich (§ 207); das Absolute ist unabhängig (§ 208) und keiner äußeren Notwendigkeit unterworfen (§ 209). Es hat weder Teile (§ 210) noch ist es einer Veränderung fähig (§ 112). Weiller greift auf einige Bestimmungen zu – Relation, Beschränkung, Endlichkeit und Unendlichkeit, Abhängigkeit und Unabhängigkeit, Inneres und Äußeres, Notwendigkeit u. a. – und schreibt sie dem Absoluten zu oder ab, ohne sie systematisch darzustellen und zu begründen, warum gerade diese und nicht andere relevant sind. Vgl. etwa auch Johann Kaspar Götz, *Anti-Sextus oder über die absolute Erkenntnis von Schelling*, Heidelberg, 1807.
[43] GW 11, S. 369.

kehrt: „Aber indem die Reflexion von ihrem Unterscheiden so nur zur *Identität* des Absoluten zurückkehrt, ist sie zugleich nicht aus ihrer Aeusserlichkeit heraus und zum wahrhaften Absoluten gekommen."[44] Schließlich wird nochmal im Vorspann zum letzten Kapitel der Wesenslogik, *Das absolute Verhältnis*, daran erinnert. Dort heißt es im Unterschied zur ersten Auslegung im Kapitel *Das Absolute*, dass in der Bestimmung der Substanz das Absolute sich selbst auslegen werde: „Das Absolute, zuerst *von der äusseren Reflexion* ausgelegt, legt nun [im Kapitel „das absolute Verhältnis", R. A.] als absolute Form oder als Nothwendigkeit, sich selbst aus."[45]

Wenn man das Absolute als absolute Identität fasst, so Hegels Position, dann ist eine Reflexion des Absoluten unmöglich. Es bleibt nur übrig, dass das Absolute durch Attribut und Modus sich zeigt. Anders wird es sich verhalten, wenn man das Absolute – immer noch Einheit von Sein und Wesen – nicht mehr als unbestimmte Identität, sondern als Substanz fasst. Als Identität aller Bestimmungen kann das Absolute allerdings nur vorgezeigt oder – von wem oder was auch immer – ausgelegt werden.

Bereits zur Zeit der *Differenzschrift* war Hegel sich des Problems völlig bewusst, das zwischen Absolutem und Reflexion besteht. Wie wir im ersten Kapitel gesehen haben, lag die Schwierigkeit vor allem in der Unmöglichkeit, dass das wahrhaft Absolute von einem Bewusstsein gedacht werde. Insofern aber die *Wissenschaft der Logik* von der Struktur eines Bewusstseins und seines Gegenstandes sich befreit hat, sollte hier dieses Problem beseitigt sein. Dem ist in der Tat so. Jedoch nicht deshalb, weil Hegels *Logik* in die Struktur des All-Einen eindringen würde, als ob in ihr das Absolute sich offenbaren würde. Vielmehr ist das Problem beseitigt, weil es nicht mehr um die Erkenntnis des Absoluten als Gegenstand geht, sondern es allein auf die Dialektik *des Gedankens* eines Absoluten ankommt. Dass es in der absoluten Identität eines Absoluten in der Tat nichts zu erkennen gibt, daran kann die *Logik* wenig ändern. Wie sich aber dieser Gedanke bestimmen und fortbilden lässt, darüber kann und soll eine spekulative Logik Auskunft geben.

3.2.3 Die Auslegung des Absoluten, negativ und positiv gefasst

Schellings Antwort auf das Problem zwischen Reflexion und Absolutem war die intellektuelle Anschauung. Und Hegels Darlegung vollzieht einen ähnlichen Schritt. Allerdings gehört in der Hegelschen Philosophie der Begriff der Anschauung einer Philosophie des subjektiven Geistes an, und zwar innerhalb der Betrachtung des Bewusstseins.[46] Auf der Abstraktionsebene der *Logik* kann daher die Rede nicht von Anschauung sein, sondern bloß vom *Zeigen* des Absoluten.

---

[44] GW 11, S. 374.
[45] GW 11, S. 393.
[46] Vgl. Enzyklopädie § 446-450.

3.2 DIE ERSTE BESTIMMUNG DES ABSOLUTEN

„Es soll aber dargestellt werden, was das Absolute ist; aber diß Darstellen kann nicht ein Bestimmen noch äussere Reflexion seyn, wodurch Bestimmungen desselben würden, sondern es ist die Auslegung und zwar die *eigene* Auslegung des Absoluten und nur ein *Zeigen dessen was es ist*."[47]

Das Absolute ist nur erkennbar, indem es sich zeigt. Da in der spekulativen Logik das Verhältnis zwischen Bewusstsein und Gegenstand nicht mehr taugt, handelt es sich nicht wie bei Schelling darum, dass man das Absolute anschaut, sondern schlicht darum, dass das Absolute sich darbietet. Es kann nicht erläutert werden, sondern nur sich selber zeigen. Und es gehört auch *eine Art und Weise* dazu, auf welche sich das Absolute zeigt.

Die Aufhebung der Reflexion im Absoluten hat zur Folge, dass diese Auslegung zunächst *negativ* ist. Sie hat das Absolute zum Resultat und besteht darin, dass sich alle Bestimmungen in ihm versenken und aufheben. Als diese Bewegung, welche Hegel deshalb als negativ bezeichnet, weil sie in ein Negieren aller Prädikate in der absoluten Identität mündet, ist die Reflexion der vorherige Verlauf der *Logik*:

> „Aber so steht die Bewegung der Reflexion seiner absoluten Identität *gegenüber*. Sie ist in dieser aufgehoben, so ist sie nur deren *Inneres*, hiermit aber ist sie ihr *äusserlich*. – Sie besteht daher zunächst nur darin, ihr Thun im Absoluten aufzuheben. [...] In ihrer wahrhaften Darstellung ist diese Auslegung das bisherige Ganze der logischen Bewegung der Sphäre des *Seyns und des Wesens*."[48]

Der bisherige Gang der *Logik* gibt diese negative Auslegung wieder und verfällt nicht jener vorhin erwähnten unsystematischen Dialektik, weil der Stoff von der Seins- und Wesenslogik weder als ein gegebener aufgenommen wird, ohne ihn zu entwickeln, noch von einer äußeren Reflexion in den Abgrund des Absoluten versenkt worden ist, d. h. von einer äußeren Reflexion, die ihre Kategorien und Erkenntnisansprüche voraussetzt. Im bisherigen Gang der *Logik* wurden hingegen alle Bestimmungen des Seins und des Wesens *durch ihre immanente Notwendigkeit* auf das Absolute als ihren Grund zurückgeführt. Das ist die negative Auslegung gewesen, die das Absolute, wie Hegel Spinoza und Schelling entgegen behauptet, zum *Resultat* hat. In seiner Auslegung zeigt sich das Absolute als der *Abgrund*, in dem alle Bestimmungen untergehen.

Die negative Auslegung des Absoluten hat Hegel zufolge jedoch ebenfalls eine *positive* Seite.[49] Das Zugrundegehen aller Bestimmungen macht die negative Aus-

---

[47] Ebenda.
[48] GW 11, S. 371.
[49] Jens Halfwassen sieht hier eine Überwindung der negativen Theologie. Die negative Theologie soll ihm zufolge mit der negativen Auslegung des Absoluten ihre Entsprechung im Hegelschen Text finden. Die Hegelsche Überwindung der negativen Theologie bestehe dann in einer positiven Erkenntnis des Absoluten oder in der positiven Auslegung desselben. Indes würde Hegel einiges voraussetzen, was seine Darlegung des Absoluten gegenüber der negativen Theologie unangemessen mache. So setze Hegel erstens voraus, dass Absolute nicht das platonische Eine, sondern das All-Eine ist, weil es eine allumfassende Totalität ist, der sich nichts als ein

legung des Absoluten aus. Aber in dieser Aufhebung alles Bestimmten im Absoluten ist auch vorhanden, dass das Absolute der *Grund* von allem ist. Jede endliche Bestimmung wird dadurch als ein Schein des Absoluten gesetzt, und das Absolute seinerseits wird als der absolute Grund bestimmt, als das allumfassende Sein in allem Sein. Die positive Auslegung besteht dementsprechend darin, das Absolute mittels einer endlichen Bestimmung anzuschauen. Oder besser gesagt – sie besteht darin, dass das Absolute sich durch eine endliche Bestimmung hindurch zeige. Die positive Auslegung entspringt aus dem Verständnis des Endlichen als auf das Absolute wesentlich bezogen. Indem das Endliche sein Bestehen im Absoluten hat und selbst nur ist, sofern es in ihm seinen Grund findet, erweist es sich gleichsam als ein Fenster, ein Zugang zum Absoluten: „Insofern nemlich das Endliche darin, daß es zu Grunde geht, diese Natur beweist, auf das Absolute bezogen zu seyn, oder das Absolute an ihm selbst zu enthalten."[50] Da das Endliche seinen Grund im Absoluten hat, bedeutet die wahrhafte Erkenntnis desselben auch die Erkenntnis des Absoluten. Diese Einsicht findet sich ebenfalls bei Spinoza. Je tiefer wir das Konkrete erkennen, umso reicher wird unsere Erkenntnis über die absolute Substanz: „Je mehr wir die Einzeldinge erkennen, um so mehr erkennen wir Gott."[51] In der positiven Auslegung wird das Endliche auf das Absolute so bezogen, dass es als ein Medium zum Absoluten betrachtet wird:

Anderes entgegensetzen lässt. Zweitens setze Hegel beim Übergang vom Absoluten zum Attribut, den wir hier noch zu betrachten haben, seine Theorie der bestimmten Negation voraus. Drittens sei eine weitere Voraussetzung von Hegels Argumentation die positive Bedeutung der Negation der Negation als absolute Affirmation. Vgl. Jens Halfwassen, „Hegels Auseinandersetzung mit dem Absoluten der negativen Theologie", in Anton Friedrich Koch, Alexander Oberauer, Konrad Utz (Hrsg.), *Der Begriff als die Wahrheit. Zum Anspruch der Hegelschen „Subjektiven Logik"*, Paderborn, 2003, S. 31-47, besonders 38ff. Halfwassen kann man insofern zustimmen, als Hegels Darlegung des Absoluten dem Begriffe des Absoluten der negativen Theologie von Plato und dem Neoplatonismus nicht völlig entspricht. Deshalb haben wir hier, wie schon oben bemerkt, eher eine Verbindung mit Schellings Identitätsphilosophie als mit dem Neoplatonismus hergestellt. Jedoch heißt dies noch lange nicht, dass Hegel in seiner Argumentation Voraussetzungen machen würde. Dass das Absolute allumfassend ist, macht keine unausgesprochene Annahme aus, sondern ergibt sich aus dessen Bestimmung, Einheit der Sphäre des Seins und des Wesens und inhaltliche Totalität zu sein. Es ist deshalb ein Resultat der *Logik* und nicht eine Voraussetzung, die Hegel ins Spiel brächte, um die negative Theologie Platos zu überwinden. Ähnliches gilt für die zwei anderen Voraussetzungen, die Halfwassen im Kapitel über das Absolute sieht. Wir werden gleich sehen, dass im Übergang vom Absoluten zum Attribut keine allgemeine Theorie über die Negation vorausgesetzt wird. Vielmehr geht dieser Fortgang aus der Tatsache hervor, dass das Absolute als Identität genau das Absolute in einer seiner Bestimmungen und deshalb nicht das Absolut-Absolute, sondern Attribut ist. Auch die Rolle des Modus als Art und Weise der Manifestation des Absoluten unterstellt keine These über die positive Bedeutung der Negation der Negation, sondern ergibt sich aus der Logik der Sache selbst, indem das Absolute als die Identität sich zum Attribut bestimmt und weiterhin das Attribut, weil es Bestimmung des Absoluten ist, sich im Absoluten wiederum auflöst, seine Negativität aufzeigt und als bloßes Medium für die Manifestation des Absoluten gesetzt wird.

[50] GW 11, S. 372.
[51] Spinoza, *Ethik*, fünfter Teil, Lehrsatz 24.

„Diese positive Auslegung hält so noch das Endliche vor seinem Verschwinden auf, und betrachtet es als einen Ausdruck und Abbild des Absoluten."[52]

Positiv zeigt sich also das Absolute in der Erkenntnis vom Konkreten. Denn das Bestimmte kann als ein Fenster zum Absoluten betrachtet werden. Doch dieser Zugang zum Absoluten ist eigentlich nicht hilfreicher als die negative Auslegung: „Die Durchsichtigkeit des Endlichen, das nur das Absolute durch sich hindurchblicken läßt, endigt in gänzliches Verschwinden; denn es ist nichts am Endlichen, was ihm einen Unterschied gegen das Absolute erhalten könnte; es ist ein Medium, das von dem, was durch es scheint, absorbirt wird."[53] Ist die wahrhafte Erkenntnis des Endlichen im Grunde die Erkenntnis des Absoluten, so bedeutet dies letztendlich, dass die wahrhafte Erkenntnis des Endlichen das Einsehen seines Verschwindens ist. Denn auf das Absolute bezogen löst sich das Endliche in der Identität des Alls auf. Es ist daher nur ein (Vor-)Schein des Absoluten, der von diesem absorbirt wird. Die Auslegung besteht daher in einem (Auf-)Scheinen des Absoluten in der Endlichkeit. Doch das Resultat ist nach wie vor die Auflösung alles Bestimmten im Abgrund der Identität.

Die positive *exhibitio* des Absoluten ist also das Ausstrahlen des Absoluten durch eine endliche Bestimmung, welche letztendlich ihre Endlichkeit aufgibt, um die unendliche Identität des Absoluten scheinen zu lassen. Diese positive Auslegung enthält jedoch auf den ersten Blick eine gewisse Willkürlichkeit. Will man das Absolute positiv auslegen, so muss dies durch eine Bestimmung geschehen, durch die sich das Absolute zeigt. Das Absolute aber zieht keine Bestimmung vor. Es gibt viele Bestimmungen, die das Absolute auslegen können. Mit welcher die Auslegung stattfinden soll, entscheidet sich außerhalb des Absoluten selbst. Diese Entscheidung findet ihre Begründung nicht im Absoluten, sondern in der Willkür einer äußerlichen Reflexion – wie es Hegel zufolge auch bei Spinoza der Fall ist. Der Ausgangspunkt der Auslegung ist daher berechtigt, da er als Bestimmung des Absoluten die ganze Totalität auslegt. Allerdings ist dieser Ausgangspunkt nicht das Absolute selbst. Es handelt sich also um die Auslegung einer Bestimmung des Absoluten und nicht um die Auslegung des Absoluten selbst.

Doch alles in allem liegt dies – nämlich, dass auch die positive Auslegung das Absolute nicht durchdringt, eben weil es sich um die Auslegung von einer seiner Bestimmungen handelt – im Grunde genommen an der Sache selbst. Die Auslegung, die an einer Bestimmung festhält, ist in der Tat „das eigene Tun des Absoluten"; sie fängt bei ihm an und endet auch bei ihm.[54] Denn sieht man genauer hin, so fällt auf, dass das Absolute als Identität von allem nicht das Absolut-Absolute ist, sondern bereits das Absolute in einer Bestimmung oder das Absolute anhand einer endlichen Bestimmung gefasst: Identität. Das identische Absolute ist eigentlich nur ein Attribut.

---

[52] GW 11, S. 372.
[53] Ebenda.
[54] Vgl. ebenda.

Aus sich selbst heraus entwickelt sich also der Gedanke des Absoluten zum Attribut. Denn als Einheit von Sein und Wesen ist das Absolute zuerst Identität. Wenn es aber Identität ist, so wird es unter einer Bestimmung gefasst, und ist daher Attribut. Oder mit Hegels eigenen Worten: „Das Absolute ist darum Attribut, weil es als einfache absolute Identität in der Bestimmung der Identität ist."[55]

Obwohl also Spinoza, wie wir sehen werden, Hegel zufolge die Entwicklung vom Absoluten zum Attribut nicht zeigt, sondern beide Begriffe unmittelbar als Definitionen aufstellt und voraussetzt, liegt es doch schon an der inneren Notwendigkeit der Sache selbst, dass der Gedanke des Absoluten als unbestimmte Identität und Grundlage von allem zum Begriff des Attributs führt. Hegel hat gezeigt, dass der Gedanke eines Attributs in Betracht gezogen werden muss, wenn an das Absolute als Identität gedacht wird.

3.2.4 *Das Attribut, der Schein des Absoluten*

Zur Verfügung steht nur das Absolute als die absolute Identität, doch das ist tatsächlich das Absolute in *einer* Bestimmung, und nicht das Absolut-Absolute. Das Absolut-Absolute ist immer noch die Einheit von Sein und Wesen. Aber diese Einheit oder absolute Form führt dazu, dass das Absolute innerhalb seiner selbst zum Schein bestimmt ist und darum zum Attribut wird.

Das Attribut ist das Absolute in einer Formbestimmung. Sein Inhalt ist der absolute Inhalt, die Totalität. Seine Form ist dagegen das Unwesentliche und Beschränkte, das im Absoluten aufgehoben ist. Das Attribut hat das Absolute zum Inhalte, zur Form hat es eine Bestimmung, die gegen diesen Inhalt sich auflöst. Als Formbestimmung des Absoluten ist es ihr Schicksal, gegenüber dem All-Einen zu verschwinden: „Seine Formbestimmung, wodurch es Attribut ist, ist daher auch gesetzt, unmittelbar als blosser Schein; – das Negative als Negatives."[56]

Das Attribut ist eine Formbestimmung des Absoluten. Doch diese Formbestimmung wird von dem, was sich durch sie zeigt, zerstört. Wenn das Absolute daher in einer Formbestimmung gesetzt wird, so wird diese Bestimmung selbst als aufgehoben gesetzt. Das Absolute zur Bestimmtheit zu bringen hat also zur Folge, dass diese Bestimmtheit als eigentlich nichtig gesetzt wird. In der *Wissenschaft der Logik* heißt das Negative als Negatives gesetzt *Schein*. „Das Seyn des Scheins besteht allein in dem Aufgehobenseyn des Seyns, in seiner Nichtigkeit. (...) Er ist das Negative gesetzt, als Negatives."[57]

Das Attribut ist *per definitionem* ein Schein. Es hat kein Bestehen; es ist das Endliche, wodurch das Absolute sich in seiner positiven Auslegung manifestiert. Das Attribut stellt die absolute Vereinigung aller Bestimmungen in einer Bestimmtheit vor, weshalb es erstens nur ein Schein sein kann, welcher sofort wie-

---

[55] GW 11, S. 373.
[56] GW 11, S. 374.
[57] GW 11, S. 246.

der zurück ins Absolute versinkt, und wofür es zweitens andere, mehrere Bestimmtheiten, also mehrere Attribute dafür gibt.

Weil das Attribut eine Form des Absoluten ist, bildet es immer noch eine Totalität. Die erscheinende und die an sich seiende Welt oder die Seiten des wesentlichen Verhältnisses waren auch Totalitäten. Aber diese Totalitäten hatten ein Bestehen. Die Welt etwa tritt als die bestehende Totalität aller Erscheinungen auf. Im Unterschied dazu beinhaltet das Attribut eine Totalität, aber es selbst hat kein Bestehen, sondern es ist ein bloßer Schein des Absoluten. Der Inhalt des Attributs ist das Wahre, und die Bestimmung, in welcher der Inhalt vorgestellt wird, das Unwesentliche. Gibt es mehrere Attribute, so ist derselbe Inhalt jedes Mal in einer anderen Form vorhanden. Es ist dasselbe Absolute, das Wahrhafte, das durch eine unwesentliche Form gezeigt wird.

Das Endliche ist das Medium, wodurch sich das Absolute erkennen lässt. Aber es gibt nichts am Endlichen, was gegen das Absolute bestehen könnte, nicht einmal einen einzigen Unterschied. Das Endliche ist bestimmt, weil es die Negation in sich enthält. Indem es aber als ein Schein des Absoluten betrachtet wird, löst sich seine Bestimmtheit in der absoluten Identität auf. Als Medium für das Absolute ist das Endliche nichtig, und sein Sein ist nur ein geliehenes, dem Absoluten angehöriges. Genauso geschieht es Hegel zufolge bei Spinoza. Bei ihm ist die Substanz das Wesentliche, und dagegen verschwindet das Endliche im absoluten Wesen. So kann man in den *Vorlesungen über die Geschichte der Philosophie* lesen: „Aber den Modus, wohin die Einzelheit fällt, erkennt er nicht für das Wesentliche oder nicht als Moment des Wesens selbst im Wesen; sondern im Wesen verschwindet er, oder er ist nicht zum Begriffe erhoben."[58]

Das Endliche und Bestimmte, das insofern eine Negation in sich enthält – *omnis determinatio est negatio* – ist wie ein Fenster ins Absolute zu betrachten, das aber vom Absoluten gesprengt wird. Es wird ein Attribut ausgelegt, z. B. die Ausdehnung. Durch das Attribut scheint das Absolute, das als Grund allerdings immer jenseits bleibt. Die Reflexion hält damit noch an etwas Bestimmtem, Begrenztem und Endlichem fest, um in die Unendlichkeit zu schauen. Jedoch ist dieser Versuch zum Scheitern verurteilt, da keine Bestimmung dem Absoluten gegenüber bestehen kann. Es wird also das Absolute in einer Bestimmung ausgelegt, aber dieser unendliche Inhalt löst jene Bestimmung auf und erweist sich als undurchschaubar.

Auf diese Weise hebt sich die Auslegung des Absoluten durch das Attribut auf. Sie kehrt deshalb wieder in die abstrakte Identität zurück und vermag nicht fortzufahren. Sie ergibt sich als nichtig, weil das Absolute für sie ungreifbar bleibt. Denn die Formbestimmung des Absoluten, wodurch das Absolute Attribut ist, ist in der Tat ein Nichtiges, ein äußerlicher Schein des Absoluten, eine bloße Art und Weise zu sein – ein Modus. Das Absolute ist die absolute Identität von Sein und Wesen. Weil es aber gegen das Bestimmen bestimmt ist, oder weil es Identität ist, ist es ein Attribut, also es selbst in einer Bestimmung. Das Attribut ist sei-

---

[58] TW 20, S. 185.

nerseits ein Schein des Absoluten, denn jede Bestimmung ist im Absoluten nichtig. Indem dieser Schein jetzt auch als Schein gesetzt wird, ergibt er sich als Modus, was dem Absoluten äußerlich bleibt und es nicht durchdringt.

Die Auslegung des Absoluten durch das Attribut kann schließlich nicht über die Identität des Absoluten hinausgehen. Sie kehrt unweigerlich in das einfache leere Absolute zurück und durchdringt es nicht. Diese erste positive Auslegung des Absoluten kann das wahre Absolute nicht fassen, weil sie als Ergebnis alsbald wieder in der Identität aufgeht. Insofern verschafft sie keine Erkenntnis über das Absolute, sondern bloß ein erneutes Versenken alles Endlichen in den Abgrund der Identität. Das Absolute hat dadurch eine scheinhafte Äußerlichkeit aufgezeigt, welche Manifestation seiner selbst ist, aber in sein Wesen nicht eindringen kann. Durch das Attribut ist das Wesen des Absoluten nicht zu fassen. Vielmehr setzt sich auf diese Weise das Attribut zur bloßen Art und Weise herab, wie das Absolute sich manifestiert: zum Modus.

3.2.5 Die Manifestation des Absoluten innerhalb seiner selbst

Das Attribut ist erstens das Absolute als Identität. Zweitens ist es eine Bestimmung des Absoluten – zum einen eine Negation, weil es Bestimmung ist, und zum anderen eine Negation von sich selbst, weil es Bestimmung *des Absoluten* und deshalb die Negation aller Bestimmung ist. Das Attribut ist folglich beides, sodass das zweite Extrem die Äußerlichkeit des Absoluten ausmacht. Dieses Außersichsein des Absoluten ist der Modus: „der Verlust seiner in die Veränderlichkeit und Zufälligkeit des Seyns, sein Uebergegangenseyn ins Entgegengesetzte *ohne* Rückkehr in sich; die totalitätslose Mannichfaltigkeit der Form und Inhaltsbestimmungen."[59]

Das Attribut steht zwischen zwei Polen. Es ist einerseits das Absolute in seiner Identität, andererseits aber auch die als Negation gesetzte Negation, der Schein des Absoluten, wodurch seine Reflexion stattfindet. Der Modus ist dieser zweite, negative Pol. Er ist der schlechthin als Schein gesetzte Schein des Absoluten. „Der Modus, die *Aeusserlichkeit* des Absoluten, ist aber nicht nur diß, sondern die als Aeusserlichkeit *gesetzte* Aeusserlichkeit, eine blosse *Art und Weise;* somit der Schein als Schein oder *die Reflexion der Form in sich.*"[60]

Mit dem Modus erreicht das Absolute die Manifestation seiner selbst. Das Attribut ist das in einer Formbestimmung gesetzte Absolute. Die Fortsetzung dieses Gedankens zeigt aber, dass diese Formbestimmung nicht nur eigentlich ein Schein des Absoluten ist, sondern auch als Schein gesetzt wird. Dieser offenkundige Schein ist der Modus. Er ist ein Gegebenes, das als Schein gesetzt ist, ein Zeichen von etwas anderem. Dabei erinnert Hegel an die lateinische Herkunft des Wortes „Modus". Modus heißt auf Deutsch „Art und Weise"; der Modus des

---

[59] GW 11, S. 374.
[60] Ebenda.

3.2 DIE ERSTE BESTIMMUNG DES ABSOLUTEN

Absoluten ist die Art und Weise, wie das Absolute sich zeigt. Der Modus ist Ausdruck und Äußerung des Absoluten, er ist die Art und Weise, wie sich das Absolute manifestiert und aus sich selbst herausgeht. Aber der lateinische Terminus „Modus" heißt auch „Beschränkung", „Maß". Das betont Hegel zwar nicht explizit, trägt aber zum Verständnis gut bei. Die Gedankenbestimmung des Maßes vereinigt Qualität und Quantität: Das Maß ist ein qualitatives Quantum bzw. ein quantitatives Dasein, ein Quantum, an welches ein Dasein gebunden ist.[61] Im Gedanken des Modus sind also zwei Bestimmungen verknüpft, nämlich zum einen die Art, wie das Absolute sich zeigt, und zum anderen dessen Beschränkung, seine Manifestation in Form eines Daseins von einer gewissen Quantität. Das Absolute zeigt sich, indem es sich ein Maß gibt. Das endliche und konkrete Dasein ist das Maß des Absoluten und die Art und Weise seiner Kundmachung. Das Endliche und Konkrete hat folglich weder eigene Existenz noch eigenes Wesen, sondern ist eine bloße Ausstrahlung des Absoluten. Das Endliche ist im Absoluten und wird durch es begriffen. Auf diese Weise ist der Modus ein endlicher Ausdruck der Unendlichkeit, eine Modifikation des einen Absoluten oder die Art, wie sich das Absolute verendlicht und manifestiert.

Der Modus ist die Äußerlichkeit als bloße Äußerlichkeit des Absoluten und deshalb nicht nur einfach ein Bestimmen bzw. Negieren, sondern die sich auf sich beziehende Negativität. Mit ihm hat sich die Identität des Absoluten wiederhergestellt, allerdings nicht jene erste, unvermittelte Identität, sondern eine komplexere. Als Identität bestimmt war das Absolute ein Attribut. Indem seine Bestimmung sich als nichtig und als verschwundener Schein erwiesen hat, ist die wahrhafte Identität aller Bestimmungen und die damit implizierte Aufhebung aller Reflexion völlig dargelegt worden. Die Identität des Absoluten hat sich durchgesetzt, d. h. das Absolute ist nicht nur das Gleichseiende, sondern auch das sich selbst *Gleichsetzende*.

> „Denn das Absolute als *erste* indifferente Identität ist selbst nur das *bestimmte Absolute*, oder Attribut, weil es das unbewegte, noch unreflektierte Absolute ist. Diese *Bestimmtheit*, weil sie Bestimmtheit ist, gehört der reflectirenden Bewegung an; nur durch sie ist es bestimmt als das *erste identische*, eben so nur durch sie hat es die absolute Form, und ist nicht das sich *gleichseyende*, sondern das sich selbst *gleichsetzende*."[62]

Zum Verständnis dieser Pointe trägt Hegels Ansicht über das Absolute als Resultat wesentlich bei. Als solches hat es sich in der *Wissenschaft der Logik* ergeben: Die Entwicklung des Denkens hat alle Bestimmungen des Seins und des Wesens zu einer Identität im Absoluten zusammengeführt. Gerade aufgrund dessen gehört dem Begriff des Absoluten *diese die Reflexion vernichtende Bewegung* an, bei der die Identität des Absoluten alle Bestimmung entfernt und sich selbst durchsetzt. Die Auslegung durch Attribut und Modus kommt also Hegel zufolge der

---

[61] Vgl. Enzyklopädie § 107.
[62] GW 11, S. 375.

Denkbestimmung des Absoluten wesentlich zu, bei welcher Auslegung das Absolute in seine undurchsichtige Identität zurückkehrt. Die Auslegung ist also die reflektierende Bewegung des Absoluten selbst, wodurch es zur wahrhaft absoluten Identität wird, und diese Bewegung besteht eben in einer sich auflösenden Reflexion. Denn das Absolute ist nicht nur das zugrunde liegende Identische, sondern das Absolute ist die Bewegung, die alles Endliche in seiner Identität versinken lässt und zum bloßen Modus von ihm herabsetzt.

Die Gedankenbestimmung des Absoluten hat nun seine Momente durchlaufen und seine Bestimmung fortgebildet. Das Absolute ist ein sich auf sich negativ Beziehen, ein sich für sich selbst Manifestieren und damit identisch mit sich bleiben. Das Absolute „ist Aeusserung, nicht eines Innern, nicht gegen ein anderes, sondern ist nur als absolutes sich für sich selbst Manifestiren."[63] Mit dem Modus hat sich das Absolute, welches anfangs nur in der Bestimmung der Identität vorhanden war, als ein Scheinen innerhalb seiner selbst erwiesen. Die Gesamtheit der Äußerlichkeit, welche das Produkt des Absoluten ist und seine Manifestation ausmacht, ist nun *die Wirklichkeit*.

Die Bedeutung des Modus liegt also darin, die wahrhafte Bewegung des Absoluten, sein sich Zeigen oder Manifestieren zu vollbringen. Durch den Modus kehrt das Absolute in sich zurück und entwickelt seine absolute Form vollkommen, die sich entzweit und wieder zusammenfügt. So hat sich das Absolute als ein Zeigen von sich selbst bestimmt, ein Manifestieren, das aber ein sich Manifestieren und dementsprechend Scheinen in sich vermittels einer Äußerlichkeit, einer Modalität, ist. Das aber, was dabei gezeigt wird oder was sich manifestiert, ist bloß das Manifestieren selbst. „Wenn daher nach einem *Inhalt* der Auslegung gefragt wird, *was* denn das Absolute zeige? so ist der Unterschied von Form und Inhalt im Absoluten ohnehin aufgelöst. Oder eben diß ist der Inhalt des Absoluten, *sich zu manifestiren*."[64]

Es wird also nichts gezeigt, außer das leere Zeigen selbst. Weil es die leere Identität von allem ist, bei der nichts zu unterscheiden ist, ist das, was das Absolute zeigt, nicht zu unterscheiden vom Zeigen selbst. Das Absolute ist also bloß ein sich Äußern.

3.2.6 Das Resultat der ersten Auslegung

Zu Ende des Kapitels *Das Absolute* stellen wir drei Ergebnisse fest: (1) Als absolute Identität bleibt das Absolute undurchdringlich. Seine Auslegung kehrt in die unbestimmte Identität zurück und ist nur ein leeres Zeigen ohne Inhalt. Sie bleibt ihm äußerlich. (2) Das Absolute ist nicht nur das sich *Gleichseiende*, sondern auch das sich selbst *Gleichsetzende*. Es setzt seine Identität, indem es alles andere in ihr versinken lässt. (3) Als das sich Gleichsetzende ist das Absolute eine Bewe-

---

[63] Ebenda.
[64] Ebenda.

3.2 DIE ERSTE BESTIMMUNG DES ABSOLUTEN

gung, wodurch seine Identität manifest wird. Diese Manifestation durch seine Äußerlichkeit, nämlich durch Modi, ist *die Wirklichkeit*.

Das Absolute als Identität von Sein und Wesen hat sich als keine konsistente Bestimmung ergeben. Denn sie beginnt als Identität von Innerem und Äußerem, dabei führt sie zu einem leeren Manifestieren in der Äußerlichkeit der Modi. Der Fortgang zur Abhandlung der Modalitätsbestimmungen offenbart die Tatsache, dass die Bestimmung des Absoluten – als Identität gefasst – nicht die absolute Bestimmung der *Logik* ist, dass der Standpunkt des identischen Absoluten – der Standpunkt des Spinoza oder der Identitätsphilosophie Schellings – nicht der absolute Standpunkt ist. Denn von dem identischen Einen bleibt nach der Auslegung nur die leere Äußerlichkeit übrig, die Modi, die nur ein leeres Zeigen von nichts sind.

Am Anfang des Kapitels *Die Wirklichkeit* stellt Hegel fest: „So als die *Manifestation*, daß es sonst nichts ist und keinen Inhalt hat, als die Manifestation seiner zu seyn, ist das Absolute *die absolute Form*."[65] Dennoch sollte das Absolute anfangs sowohl die absolute Form *als auch* der absolute Inhalt sein. Die Dialektik des Absoluten hat daher gezeigt, dass das Absolute zu einer durch die Modalität differenzierten Manifestation seiner selbst fortzubilden und als absolute Form zu nehmen ist. Dadurch spaltet sich aber die erste, unmittelbare Identität des Absoluten wieder in eine Äußerlichkeit und eine Innerlichkeit. Die Einheit von beiden, die das Absolute darstellen soll, darf nicht mehr als eine unbestimmte Identität gefasst werden, sondern findet ihre Darlegung in den Wirklichkeitsverhältnissen der Modalität. Als Modalität hat sich das Absolute zur Art und Weise bzw. zur absoluten Form bestimmt, in der sich ein leeres Ansichsein manifestiert. Die Bestimmung des Absoluten, unmittelbare Vereinigung von Wesen und Existenz zu sein, befindet sich also in keiner Übereinstimmung mit sich selbst, sondern enthält vielmehr einen Gegensatz zwischen dem absoluten Inhalt und der absoluten Form, der im Kapitel *Die Wirklichkeit* weiter entwickelt wird. Das Absolute, als die Identität alles Endlichen und Bestimmten, ist deshalb für Hegel nicht fähig, die Wahrheit an und für sich zu fassen.[66]

Kehren wir nun zur Problematik von Reflexion und Absolutem zurück. Inwiefern lässt das Absolute eine Reflexion über sich zu, um es überhaupt erkennen zu können? Es ist bereits deutlich und von Hegel an verschiedenen Stellen ausgesprochen worden, dass sich das Absolute als absolute Identität und Abgrund aller Bestimmung jenseits aller Reflexion befindet. Dennoch hat Hegel ebenso sehr gezeigt, dass es doch eine eigene Reflexion des Absoluten gibt, dass dem Absoluten eine reflektierende Bewegung angehört, durch welche es sich selbst zeigt. Dem Absoluten als der absoluten Identität des Wesens und der Existenz bleibt die Reflexion äußerlich, oder sie vermag es nicht zu durchdringen. Die Auslegung beginnt mit einem Schein von ihm und kehrt zu ihm zurück, aber das Absolute bleibt immer jenseits dieser Reflexion, hinter seiner undurchsichtigen Identität.

---

[65] GW 11, S. 380.
[66] Vgl. nochmals Enzyklopädie § 25.

Diese Dialektik des Absoluten als Identität hat trotzdem eine Bewegung vom Absoluten zum positiven Resultat – nämlich ein Manifestieren innerhalb seiner selbst. Seine Auslegung ist insofern „sein eigenes Tun". Der Widerspruch zwischen der Reflexion und dem Absoluten wurde also teilweise aufgehoben, indem gezeigt wurde, dass das Absolute eine eigene Reflexion nach sich zieht, nämlich eine die Reflexion auflösende Bewegung, die in der absoluten Identität mündet. Sie besteht darin, ein Attribut bzw. einen Schein von sich selbst zu setzen und diesen als Modus in der Unendlichkeit und absoluten Identität des All verschwinden zu lassen. Es wurde also die eigene Bewegung und Dialektik des Absoluten aufgezeigt. Jedoch bleibt sie dem Absoluten gegenüber ohnmächtig. Es besteht daher immer noch eine Spaltung zwischen dem Absoluten und seiner Reflexion, weil das Absolute als das dunkle Ansich noch jenseits bleibt. Wir werden noch sehen, dass das nächste Kapitel, *Die Wirklichkeit*, die unterschiedlichen *Formen* der Manifestation des Absoluten abhandelt: Wirklichkeit, Möglichkeit, Zufälligkeit und Notwendigkeit. Mit der absoluten Notwendigkeit wird eine Formbestimmung erreicht, die wiederum Sein und Wesen vereinigt und als solche Einheit die eigene Auslegerin und höchste Bestimmung des Absoluten ausmacht. Erst dort ist das Absolute Substanz, und die Auslegung der Substanz ist endlich die Einheit des Absoluten und seiner Reflexion: Es ist das Absolute im Verhältnis zu sich selbst.[67]

Im Kapitel *Das Absolute* hat sich daher die Auslegung des Absoluten als ein Setzen und Aufheben eines Scheins von ihm erwiesen. Die ausdifferenzierten Arten und Weisen dieser Auslegung werden im Kapitel *Die Wirklichkeit* so dargelegt, dass sie in der absoluten Notwendigkeit ihren Höhepunkt erreichen. Insofern das Absolute dann nicht nur Identität oder unmittelbare Einheit von Sein und Wesen, sondern vermittelte Einheit bzw. Substanz ist, wird sich seine eigene Reflexion, d. h. eine Reflexion, die das Absolute selbst durchdringt, aufzeigen lassen. Sie besteht in einem Verhältnis des Absoluten zu sich selbst, indem es nicht mehr ein Attribut ist, d. h. einen Schein von sich setzt, sondern sich selbst als Substanz gegenüberstellt, sich durch eine andere Substanz auf sich selbst bezieht und den Schein dieses Unterschiedes in seiner Identität wieder aufhebt. Die letzte Phase der eigenen Reflexion des Absoluten, die Wechselwirkung, soll also zeigen, dass die unterschiedlichen Substanzen nur scheinbar solche sind, und dass sie vielmehr eine einzige Einheit bilden, die sich trennt und wiedervereint.

Deshalb würden wir bezweifeln, dass das Resultat des Kapitels *Das Absolute* die Vereinigung des Absoluten mit der Reflexion sei. Dieses Kapitel, als erstes Moment der Logik des Absoluten, hat zwar die Reflexion des Absoluten als ein Manifestieren innerhalb seiner selbst zum Ergebnis, jedoch ist dieses Manifestieren leer. Das Absolute bleibt noch immer undurchdringlich. Das ist in der Tat der Ausgangspunkt des nächsten Kapitels, *Die Wirklichkeit*, in dem zunächst allein formelle Unterschiede des Inhaltes abgehandelt werden, die aber nicht am Inhalte selbst liegen. Erst die Bestimmung des Absoluten als Substanz wird die

---

[67] Vgl. wiederum den Vorspann zum Abschnitt *Die Wirklichkeit*, GW 11, S. 369.

Einheit vom Absoluten und der Reflexion dartun, sodass endlich die Reflexion die eigene Reflexion des Absoluten ist.[68]

3.2.7 Die logische Denkbestimmung des Absoluten und die spinozistische Philosophie

Die erste Denkbestimmung des Absoluten, wie sie in der *Wissenschaft der Logik* entwickelt wird, ist mit Spinozas Begriff der einen Substanz zu identifizieren. Beide haben denselben Gehalt: Sein und Wesen zu vereinigen. Zwar definiert Spinoza die Substanz als das, was in sich ist und durch sich begriffen wird. Aber es bedarf keiner großen Argumentation zu zeigen, dass, indem die Substanz nur aus sich selbst begriffen werden kann, sie keines anderen bedarf und folglich keine andere Ursache als sich selbst haben kann. Die Substanz ist Ursache ihrer selbst, oder in ihr sind Wesen und Existenz eins. Auch umgekehrt ist die spinozistische Substanz das Absolute, weil sie losgelöst vom Endlichen ist, weil ihr das Endliche äußerlich bleibt. In der Tat sind Substanz und Absolutes zwei Namen für dieselbe Sache, aber die Sache selbst macht eine Differenzierung erforderlich. Die Substanz, lehrt uns die *Logik*, ist das Sein, das ist, weil es ist. „Die absolute Nothwendigkeit ist absolutes Verhältniß, weil sie nicht das *Seyn* als solches ist, sondern das *Seyn, das ist, weil* es ist, das Seyn als die absolute Vermittlung seiner mit sich selbst. Dieses Seyn ist die *Substanz*."[69]

Die Vermittlung mit sich selbst macht das Wesentliche der Substanz aus: Sie ergibt sich aus sich selbst oder sie ist, weil sie ist. Als solche ist sie die Einheit von Sein und Wesen. Das Absolute stellt zwar auch diese Einheit dar, aber als eine unmittelbare, nicht entwickelte Einheit. So ist das Absolute *die Identität* von den Sphären des Seins und des Wesens, und als Identität ist es zunächst darzulegen. Diese Vereinigung von Sein und Wesen, die zuerst als Identität von beiden vorkommt, muss sich zur absoluten Notwendigkeit, der Bestimmung der Substanz, fortbilden. Das ist im Hinblick auf die Problematik des Absoluten die Aufgabe des zweiten Kapitels des Abschnittes: *Die Wirklichkeit*. Die Substanz, wie Hegel sie in der *Logik* darlegt, ist also ein entwickeltes Absolutes, oder das Absolute, welches seine Grundbestimmung vollendet hat. Die absolute Notwendigkeit vereinigt Wesen und Existenz vollkommen in einer vermittelten, wahrhaften Identität, und als solche ist sie die vollbrachte Bestimmung des Absoluten. Sie wird dementsprechend „die *Auslegerin* des Absoluten" genannt.[70] Für Hegel kommen freilich Spinoza und Schelling über die erste Betrachtung des Absoluten als Identität nicht hinaus. Beide kennzeichnen zwar das Absolute als *causa sui*, jedoch kommt bei beiden nur ein Verständnis desselben als Identität ins Spiel.

---

[68] Vgl. dagegen G. Kruck und F. Schick, „Reflexion und Absolutes", S. 99.
[69] GW 11, S. 394.
[70] Ebenda.

Die zwei Versionen des Absoluten als Identität und als *causa sui*, welche Hegel in der *Wissenschaft der Logik* einführt, hält Birgit Sandkaulen für untragbar, weil, während mit der ersten die Identität gedacht, mit der zweiten die Immanenz signalisiert wird.[71] Ihr können wir uns hier nicht anschließen, insofern wir keinen notwendigen Widerspruch zwischen Identität und Immanenz feststellen können. Aus der Hegelschen Perspektive ist das Absolute Ausdruck der Einheit von Wesen und Sein, die Krönung der objektiven Logik. Diese Einheit ist für Hegel zunächst als die unmittelbare Identität von beiden zu denken, und so wird sie im Kapitel *Das Absolute* betrachtet. Die Bestimmung des Absoluten muss sich aber vervollständigen, und ihre Vollendung ist der Gedanke der absoluten Notwendigkeit oder der Ursache seiner selbst: *causa sui*. Mit ihm wird die Bestimmung der Substanz erreicht, welche als *causa sui* ebenfalls die Einheit von Wesen und Sein, jedoch eine reichere als die der unmittelbaren Identität darstellt. Dass die Substanz darüber hinaus eine immanente Kausalität nach sich zieht, ist allenfalls eine Schlussfolgerung, und das gilt auch bei Spinoza, die ihrem Vereinigungscharakter keineswegs widerspricht.

3.3 Die Manifestation des Absoluten

Die Bestimmungen der Modi des Absoluten sind nun Hegel zufolge die Denkbestimmungen der Modalität, d. h. der „Möglichkeit", „Wirklichkeit", „Zufälligkeit" und „Notwendigkeit". Diese Denkbestimmungen sind die verschiedenen Arten und Weisen der Manifestation. Es handelt sich also um Modalitätsbestimmungen, wie schon Kant sie aufgefasst hatte: Modi, wie ein Inhalt gegeben ist. Mit der Abhandlung der Bestimmungen der *Wirklichkeit* und *des absoluten Verhältnisses* betritt man in der *Logik* ein Feld, das zuvor Kants *Kritik der reinen Vernunft* systematisiert hatte. Bei der Darlegung dieser Bestimmungen hat Hegel immer die Ausführungen Kants vor Augen, weshalb der Vergleich mit der Systematik der Modalitätsbestimmungen in der Kantischen Kritik sehr hilfreich ist.

Bei Kant werden die Denkbestimmungen, die Hegel in den nun zu analysierenden zwei letzten Kapiteln der *Wesenslogik* unterbringt, unter den *Grundsätzen des reinen Verstandes* abgehandelt. Unter diesen Grundsätzen stehen Kant zufolge alle Gesetze der Natur.[72] Die Bestimmungen des *absoluten Verhältnisses* bei Hegel – Substantialitäts-, Kausalitätsverhältnis und Wechselwirkung – sind bei Kant in den *Analogien der Erfahrung* zur Darstellung gebracht. Hegels Bestimmungen der *Wirklichkeit* hingegen finden bei Kant ihre Behandlung in den

---

[71] Vgl. Birgit Sandkaulen, „Die Ontologie der Substanz, der Begriff der Subjektivität und die Faktizität des Einzelnen. Hegels reflexionslogische ‚Widerlegung' der Spinozanischen Metaphysik", in *Internationales Jahrbuch des Deutschen Idealismus/International Yearbook of German Idealism* 5 (2007), Berlin, New York, 2008, S. 249.
[72] KrV B 198, 199 / A 159, 160.

Postulaten des empirischen Denkens überhaupt, allerdings nur teilweise. Denn zum einen unterscheidet Kant nicht zwischen formellen und reellen Bestimmungen von Wirklichkeit, Möglichkeit und Notwendigkeit, zum anderen befasst er sich ebenso wenig mit dem Begriff der absoluten Notwendigkeit.

Sowohl die *Analogien* als auch die *Postulate* sind bei Kant „Regeln des objektiven Gebrauchs" der Kategorien jeweils der Relation und der Modalität.[73] Es handelt sich also um die Anwendung dieser Kategorien auf Gegenstände und zwar Gegenstände möglicher Erfahrung, und nicht um die Untersuchung der darin implizierten reinen Begriffe für sich. Letzteres ist aber, wie wir wissen, Hegels Absicht in seiner spekulativen Logik. Die Grunddifferenz zwischen Kant und Hegel liegt also hier noch einmal in der *Fragestellung*. Während Kant sich mit dem Gebrauch dieser Begriffe in Bezug auf Gegenstände befasst, geht es Hegel darum, gerade vom objektiven Gebrauch derselben absichtlich abzusehen, um über die Begriffe selbst als reine Gedankenbestimmungen nachzudenken. Noch einmal beweist Hegel hier, dass diese Beschäftigung durchaus nicht leer ist.

Die unterschiedlichen Fragestellungen implizieren aber nicht, dass die Ergebnisse sich widersprechen oder dass die Kenntnisnahme von der einen Behandlung zum Verständnis der anderen nichts beitragen würde. Im Gegenteil. Hegels Darlegung dieser Denkbestimmungen kann als eine Vertiefung der Kantischen Resultate angesehen werden. Hegel geht von Kants Auffassungen aus, aber er entfaltet diese Begriffe viel prinzipieller als Kant dies je gemacht hat und setzt sie ins Verhältnis miteinander.

3.3.1 Wirklichkeit bei Kant und Hegel

In den *Postulaten des empirischen Denkens überhaupt* befindet sich die Kantische Darstellung der Kategorien der Modalität. Wesentlich für Kant ist es, dass die Kategorien der Modalität keine Bestimmungen des Objektes selbst sind, sondern das Verhältnis desselben zu den Bedingungen der Erfahrung ausdrücken. *Möglich* ist, was mit den formalen Bedingungen der Erfahrung übereinstimmt. *Wirklich* ist, was mit den materiellen Bedingungen der Erfahrung zusammenhängt. *Notwendig* ist, was nach allgemeinen Gesetzen der Erfahrung mit dem Wirklichen zusammenhängt. Die Grundsätze der Modalität sind für Kant darum „nichts weiter, als Erklärungen der Begriffe der Möglichkeit, Wirklichkeit und Notwendigkeit in ihrem empirischen Gebrauche".[74]

Für Kant enthält der Begriff eines Dinges nicht sein Dasein. *Wirklichkeit* erfordert daher über den Begriff eines Dinges hinaus *Wahrnehmung*. Man braucht nicht unbedingt die unmittelbare Wahrnehmung und damit die Empfindung des Gegenstandes, aber doch den Zusammenhang desselben mit einer anderen wirk-

---

[73] KrV B 200, 201 / A 161, 162.
[74] KrV B 267 / A 220.

lichen Wahrnehmung nach den *Analogien der Erfahrung*.[75] Das Dasein – die Wirklichkeit – eines Dinges hat für Kant also mit der Frage zu tun, „ob ein solches Ding uns gegeben sei."[76] Die Wahrnehmung ist daher „der einzige Charakter der Wirklichkeit."[77]

Die Frage, die sich von daher in unserem Kontext stellt, lautet somit, wie denn in einer spekulativen Logik Hegelschen Sinnes der Gedanke der Wirklichkeit zu fassen sei, wo der Gegensatz zwischen Subjekt und Gegenstand nicht mehr in Betracht kommt, sondern vielmehr überwunden ist. In der Tat finden wir ja bei Hegel die Denkbestimmungen der Wirklichkeit getrennt vom Gedanken, dass der Gegenstand einem Subjekt gegeben sei. Die *Wissenschaft der Logik* steht jenseits des Gegensatzes zwischen einem Bewusstsein und seinem Gegenstand, weshalb es nicht darum gehen kann, dass Gegenstände uns in Wahrnehmungen gegeben seien.

Das zentrale Charakteristikum der Wirklichkeit ist bei Hegel vielmehr die *Manifestation*. Zur Wirklichkeit gehört also nicht, dass der Gegenstand in einer Erfahrung gegeben sei, sondern es gehört Manifestation dazu: Das Innere äußert sich, der Inhalt tritt in die Äußerlichkeit. Doch diese Manifestation ist nun das Manifestieren selbst; oder das, *was* sich manifestiert und darum wirklich ist, ist das Manifestieren selbst. Das Dasein des Wirklichen „ist nur die Manifestation seiner selbst, nicht eines Anderen."[78]

Die Wirklichkeit als Manifestation seiner selbst geht aus dem Gedanken des Absoluten als Identität der Totalitäten des Seins und des Wesens hervor. Am Ende der Dialektik des Absoluten hat sich eine Bewegung ergeben. Als identische Grundlage macht das Absolute alles zum Schein von ihm, alles ist Äußerlichkeit des Absoluten, Modi von ihm bzw. Art und Weise seiner Manifestation. Das Absolute selbst ist leer, und das, was sich manifestiert, ist die Bewegung des Manifestierens selbst: „So als die *Manifestation*, daß es sonst nichts ist und keinen Inhalt hat, als die Manifestation seiner zu seyn, ist das Absolute *die absolute Form*. Die *Wirklichkeit* ist als diese reflectirte Absolutheit zu nehmen."[79]

Die Wirklichkeit besteht also in Manifestation. Aber das Wirkliche impliziert auch, wie das Absolute, eine Einheit von Sein und Wesen. Das bloße Sein ist darum nicht wirklich, oder nur, weil etwas da ist, ist es noch lange nicht wirklich: „Das *Sein* ist noch nicht wirklich: es ist die erste Unmittelbarkeit."[80] Im Gedanken der Wirklichkeit sind hingegen Unmittelbarkeit und Reflexion verknüpft, so dass das Wirkliche nicht bloß da ist; noch ist es das Ansich in Bezug auf etwas Anderes; sondern das Wirkliche manifestiert sich. Existenz und Ansichsein sind in ihm vereinigt: „diese Einheit, in welcher Existenz oder Unmittelbarkeit und das Ansichseyn, der Grund oder das Reflectirte schlechthin Momente sind, ist nun die

---

[75] Vgl. KrV B 273 / A 225, 226.
[76] Ebenda.
[77] Ebenda.
[78] Enzyklopädie § 142 A.
[79] GW 11, S. 380.
[80] Ebenda.

Wirklichkeit. Das Wirkliche ist darum Manifestation."[81] Das Wirkliche ist also als eine Bewegung zu fassen, in welcher es selbst sich in seiner Äußerlichkeit manifestiert „als sich von sich unterscheidende und bestimmende Bewegung."[82]

3.3.2 Die formellen Bestimmungen der Wirklichkeit

Zunächst einmal sind die Momente dieser Bewegung, der Wirklichkeit, *formell*, weil die Wirklichkeit als absolute Form hervortritt. Somit beginnt Hegel mit der Analyse der formellen Möglichkeit, Wirklichkeit und Notwendigkeit. Fürs erste artikuliert sich die Wirklichkeit als Formeinheit von Unmittelbarkeit und Reflexion-in-sich, von Äußerem und Innerem, in die Wirklichkeit gegen die Möglichkeit. Die Wirklichkeit ist das Unmittelbare, die Möglichkeit dagegen die Reflexion-in-sich. „Die Wirklichkeit als selbst *unmittelbare* Formeinheit des Innern und Aeusseren ist damit in der Bestimmung der *Unmittelbarkeit* gegen die Bestimmung der Reflexion-in-sich; oder sie ist eine *Wirklichkeit gegen eine Möglichkeit.*"[83] Ähnlich, aber nicht identisch damit, in der *Enzyklopädie*: „Als *Identität* überhaupt ist sie zunächst die *Möglichkeit*; – die Reflexion-in-sich, welche als der *konkreten* Einheit des Wirklichen gegenüber, als die *abstrakte* und *unwesentliche Wesentlichkeit* gesetzt ist. Die Möglichkeit ist das *Wesentliche* zur Wirklichkeit, aber so, daß sie zugleich *nur* Möglichkeit sei."[84]

Als Erstes ist die Wirklichkeit unmittelbar. Sie ist nichts weiter als Sein, bloße Existenz, die da ist. Zuerst ist das Wirkliche „weiter nichts als ein Seyn oder eine Existenz überhaupt."[85] Aber weil das Wirkliche als Wirkliches auf das Moment der Innerlichkeit und des Ansichseins verweist, so enthält es auch eine Möglichkeit. Das Wirkliche ist also auch ein Mögliches. Wobei beide Begriffe von Möglichkeit und Wirklichkeit allein auf dem Formunterschied beruhen und deshalb nur formell sind. Der Inhalt bleibt derselbe, bloß das eine Mal unter der Form der Möglichkeit, das andere Mal unter der Form der Wirklichkeit. Nun ist aber das, was wirklich ist, ebenfalls möglich. Aber diese Möglichkeit des Wirklichen ist bloß seine Identität mit sich. Sie besteht nur in der Widerspruchsfreiheit. Solange ein Inhalt keinen Widerspruch in sich enthält, ist er formell möglich, und man braucht weiter nichts anderes in Betracht zu ziehen, ein Verhältnis desselben zur gegebenen Wirklichkeit schon gar nicht. Daher ist die formelle Möglichkeit „der verhältnißlose, unbestimmte Behälter für Alles überhaupt. Im Sinne dieser formellen Möglichkeit ist *alles möglich, was sich nicht widerspricht;* das Reich der Möglichkeit ist daher die grenzenlose Mannichfaltigkeit."[86]

---

[81] GW 11, S. 380f.
[82] GW 11, S. 381.
[83] Ebenda.
[84] Enzyklopädie § 143.
[85] GW 11, 381.
[86] GW 11, 382.

Von diesem Punkt ausgehend geht es Hegel darum zu zeigen, dass dieser formelle Begriff von Möglichkeit untauglich ist. Die Überlegung ist folgende: Formell gesehen ist alles möglich, was sich selbst nicht widerspricht. Also A ist möglich, weil A=A. Doch deshalb, weil ein A nur möglich ist, ist auch sein Gegenteil möglich. Nicht-A ist auch möglich, denn Nicht-A=Nicht-A; es widerspricht sich ebenso wenig. Sowohl A als auch Nicht-A sind daher möglich. Und beide sind nicht bloß gleichzeitig gegenübergestellt. Vielmehr, *weil* A möglich ist, ist auch Nicht-A möglich. In der Möglichkeit von A ist auch die Möglichkeit von Nicht-A enthalten, also seine eigene Unmöglichkeit.

> „Sie [die Möglichkeit, R. A.] ist daher der beziehende *Grund*, daß *darum*, weil $A = A$, auch $-A = -A$ ist; in dem möglichen A ist auch das mögliche Nicht-A enthalten, und diese Beziehung selbst ist es, welche beyde als mögliche bestimmt. Als diese Beziehung aber, daß in dem einen Möglichen, auch sein anderes enthalten ist, ist sie der Widerspruch, der sich aufhebt."[87]

Alles ist im Bereich formeller Möglichkeit, je für sich genommen, so möglich wie unmöglich, und der Gedanke der Möglichkeit als Identität eines Inhaltes mit sich selbst und Widerspruchsfreiheit ist selbst widerspruchsvoll, denn eben gerade, weil etwas *nur* möglich ist, ist es auch unmöglich. Aus dieser Überlegung zieht Hegel eine wichtige Konsequenz für die Philosophie: „Es gibt daher kein leereres Reden als das von solcher Möglichkeit und Unmöglichkeit. Insbesondere muß in der Philosophie von dem Aufzeigen, *daß etwas möglich* oder *daß auch noch etwas anderes möglich* und daß etwas, wie man es auch ausdrückt, *denkbar* sei, nicht die Rede sein."[88]

Gewiss wären manche aktuellen philosophischen Strömungen, die von der Vorstellung *möglicher Welten* sehr häufig Gebrauch machen, damit nicht einverstanden. Hegel hat aber hier kräftige Argumente gegen die Relevanz solcher Überlegungen vorgebracht. In der *Enzyklopädie* ist diese Kritik noch schärfer formuliert:

> „Von der Möglichkeit pflegt überhaupt gesagt zu werden, daß dieselbe in der Denkbarkeit bestehe. Unter dem Denken aber wird hier nur das Auffassen eines Inhaltes in der Form der abstrakten Identität verstanden. Da nun aller Inhalt in diese Form gebracht werden kann und dazu nur gehört, daß derselbe von den Beziehungen, worin derselbe steht, getrennt wird, so kann auch das Absurdeste und Widersinnigste als möglich betrachtet werden. Es ist möglich, daß heute abend der Mond auf die Erde fällt, denn der Mond ist ein von der Erde getrennter Körper und kann deshalb so gut herunterfallen wie ein Stein, der in die Luft geschleudert worden; – es ist möglich, daß der türkische Kaiser Papst wird, denn er ist ein Mensch, kann als solcher sich zum Christentum bekehren, katholischer Priester werden usw. [...] Vernünftige, praktische Menschen lassen sich durch das Mögliche, eben weil es nur möglich ist, nicht imponieren, son-

---

[87] GW 11, 383.
[88] Enzyklopädie § 143 A.

dern halten sich an das Wirkliche, worunter dann aber freilich nicht bloß das unmittelbar Daseiende zu verstehen ist."[89]

Der Text spricht für sich selbst. Hegel ist eindeutig der Meinung, dass die Philosophie nicht von etwas Möglichem oder Denkbarem sprechen darf, denn das ist nichts mehr als Spielerei. Die Möglichkeit, formell betrachtet, ist für sich allein kein Begriff für die Philosophie und die Spekulation.

Aus der Darlegung von der Bestimmung der formellen Möglichkeit lassen sich Konsequenzen für die Bestimmung der Wirklichkeit ziehen. Was wirklich ist, ist möglich. Aber das nur Mögliche impliziert auch die Möglichkeit seines Gegenteils, also seine eigene Unmöglichkeit. Das Wirkliche ist also wirklich, aber es könnte genauso nicht sein. Dieses Wirkliche, das auf die Möglichkeit seines Gegenteils auch verweist, ist nun nicht die erste, unmittelbare Wirklichkeit, sondern ihre Fortbestimmung: die Zufälligkeit. Das Zufällige ist ein Wirkliches, das nur möglich ist und dessen Gegenteil ebenso möglich ist. „Diese Einheit der Möglichkeit und Wirklichkeit ist die *Zufälligkeit*. – Das Zufällige ist ein Wirkliches, das zugleich nur als möglich bestimmt, dessen Anderes oder Gegentheil ebensosehr ist."[90]

Das Zufällige bezieht sich auf das, was vorher in der logischen Darstellung Sein oder Existenz war. Jedoch enthält der Gedanke der Zufälligkeit zusätzlich die Bestimmung des Gesetztseins. Was da ist, das Sein oder die Existenz, wird als zufällig gefasst, sofern man den Gedanken der bloßen, formellen Möglichkeit hinzufügt. Die Möglichkeit aber hat sich als *nur* möglich erwiesen, denn sie enthält ebenfalls ihre Negation. Eine Existenz, die nur möglich ist, ist zufällig da.

Nun zerlegt Hegel den Gedanken der Zufälligkeit weiter: „Das Zufällige bietet daher die zwey Seiten dar; *erstens* insofern es die Möglichkeit *unmittelbar* an ihm hat, oder, was dasselbe ist, insofern sie in ihm aufgehoben ist, ist es *nicht Gesetztseyn* noch vermittelt, sondern *unmittelbare* Wirklichkeit; es hat *keinen Grund*."[91] Das Zufällige ist etwas, das da ist *und* nur möglich ist. Es handelt sich um eine unmittelbare Existenz, um etwas, das einfach da ist. An ihm ist insofern keine Spur eines Grundes, keine Vermittlung vorhanden. Das Zufällige geschieht einfach, aber es könnte auch gar nicht da sein. Es ist grundlos, denn sonst wäre es ja nicht zufällig. Doch gleichzeitig: „Das Zufällige ist aber *zweytens* das Wirkliche als ein *nur* Mögliches oder als ein *Gesetztseyn*, so auch das Mögliche ist als formelles An-sich-sein nur Gesetztseyn. Somit ist beydes nicht an und für sich selbst, sondern hat seine wahrhafte Reflexion-in-sich in einem Anderen, *oder es hat einen Grund*."[92] Wenn das Zufällige bloß möglich wäre, dann wäre es nicht auch als wirklich bestimmt. Also es gibt einen Grund dafür, dass seine bloße Möglichkeit sich in – wohl zufällige – Wirklichkeit umwandelt. Das Wirkliche als nur

---

[89] Enzyklopädie § 149 Z, TW 8, S. 283.
[90] GW 11, S. 383f.
[91] GW 11, S. 384.
[92] Ebenda.

Mögliches erweist sich deshalb als gesetzt: Jemand oder etwas Anderes hat es in die Welt gebracht. Die Zufälligkeit einer Sache erklärt also die Sache als ohne Grund, als ob sie ebenso gut nicht sein könnte, und verweist auch zugleich auf einen externen Grund, der die Sache aus ihrer bloßen formellen Möglichkeit – nämlich widerspruchsfrei zu sein – in die Wirklichkeit setzt. Das Paradox des Zufälligen stellt sich daher so dar: „Das Zufällige hat also darum keinen Grund, weil es zufällig ist; und eben so wohl hat es einen Grund, darum weil es zufällig ist."[93]

Die Zufälligkeit ist deshalb eine Bewegung von der Möglichkeit in die Wirklichkeit und wieder zurück, eine „absolute Unruhe des Werdens."[94] Sie ist eine Verschmelzung der beiden Bestimmungen. Und sie verwandelt sich, so zeigt Hegel, in ihr Gegenteil: die Notwendigkeit. Denn Hegel stellt die Gedankenreihe so dar, dass die Zufälligkeit durchdacht Notwendigkeit ist.

Das Zufällige ist etwas, das so ist, aber anders oder gar nicht sein könnte. Jedenfalls hat es den Grund seiner Existenz nicht in sich selbst, sondern in einem Anderen. In sich hat es keinen Grund, aber in einer anderen Hinsicht muss es ja einen Grund haben. Warum ist dann die Zufälligkeit durchdacht Notwendigkeit? Erstens, weil die Wirklichkeit ihre Unmittelbarkeit verloren und eine ansichseiende Seite von sich gezeigt hat, indem sie als möglich bestimmt wurde. Aus der differenzierten Identität von Möglichkeit und Wirklichkeit, welche die Zufälligkeit ist, lässt sich der Schluss ziehen, dass ein Grund zwischen Möglichkeit und Wirklichkeit vermittelt. Denn aus der reinen formellen Möglichkeit entsteht nichts, u. a., weil die Möglichkeit so gefasst sich als widersprechend ergeben hat. Das Zufällige hat einen Grund und ist daher notwendig. Aber die Notwendigkeit ist nicht nur Vermittlung oder Begründung. Der Gedanke der Notwendigkeit schließt ein, dass das, was notwendig ist, eine interne Vermittlung hat, so dass das Notwendige seine Vermittlung in sich enthält. „Das bloß Vermittelte ist das, was es ist, nicht durch sich selbst, sondern durch ein Anderes, und damit ist dasselbe auch bloß ein Zufälliges. Von dem Notwendigen dagegen verlangen wir, daß es das, was es ist, durch sich selbst sei und somit, vermittelt zwar, doch zugleich die Vermittlung als aufgehoben in sich enthalte."[95]

Aber auch diese Eigenschaft der Notwendigkeit ist zweitens erreicht worden, obschon nur formell, denn die Möglichkeit ist in der Wirklichkeit sowohl enthalten als auch aufgehoben. Diese Identität von Möglichkeit und Wirklichkeit, welche die Denkbestimmung der Wirklichkeit in eine sich selbst vermittelnde Einheit erhebt, ist die Notwendigkeit. „Das Zufällige ist also nothwendig, darum weil das Wirkliche als Mögliches bestimmt, damit seine Unmittelbarkeit aufgehoben und in *Grund* oder *Ansichseyn,* und in *Begründetes* abgestossen ist, als auch weil

---

[93] Ebenda.
[94] Ebenda.
[95] Enzyklopädie § 147 Z, TW 8, S. 289.

3.3 DIE MANIFESTATION DES ABSOLUTEN 153

diese seine *Möglichkeit*, die *Grundbeziehung*, schlechthin aufgehoben und als Seyn gesetzt ist."[96]

Weil das Zufällige einen Grund hat, ist es notwendig. Aber weil das Zufällige, als Wirkliches, seine Möglichkeit ins Dasein gebracht und daher sein Wesen und seine Existenz identifiziert hat, ist es auch ein Notwendiges. Formell gefasst schlagen Zufälligkeit und Notwendigkeit ineinander um.

An dieser Stelle lohnt es sich, kurz innezuhalten, um das Verhältnis der Zufälligkeit zur Philosophie näher in Betracht zu ziehen. Man hat gesehen, dass formell betrachtet Zufälligkeit und Notwendigkeit ineinander umschlagen. Das kann aber nicht heißen, dass deshalb alle Seienden notwendig seien und dann die Aufgabe der Philosophie wäre, die Notwendigkeit der Ordnung aller Seienden im Universum herzuleiten.[97] Diese Vormeinung über die Hegelsche Philosophie kann man beseitigen, sobald man die im zweiten Kapitel dieser Arbeit angegeben Überlegungen zum Thema Ontologie bei Hegel mitberücksichtigt. Das Projekt einer Ontologie als apriorischer Erkenntnis über das Sein oder gar speziell als rationaler Kosmologie über eine synthetische Totalität aller Phänomene in einer Welt ist nicht die Hegelsche Philosophie und ist auch kein Projekt, das Hegel für durchführbar halten könnte. Auch bezüglich der Denkbestimmung der Zufälligkeit ist Hegels Philosophie von einem solchen Verständnis weit entfernt, wie man in den Zusätzen der *Enzyklopädie* lesen kann:

„Ob nun schon die Zufälligkeit, der bisherigen Erörterung zufolge, nur ein einseitiges Moment der Wirklichkeit und deshalb mit dieser selbst nicht zu verwechseln ist, so gebührt derselben doch, als einer Form der Idee überhaupt, auch in der gegenständlichen Welt ihr Recht. Dies gilt zunächst von der Natur, auf deren Oberfläche sozusagen die Zufälligkeit ihr freies Ergehen hat, welches dann auch als solches anzuerkennen ist, ohne die (der Philosophie bisweilen irrigerweise zugeschriebene) Prätention, darin ein nur so und nicht anders sein Können finden zu wollen. [...] Auch in Beziehung auf den Geist hat man sich davor zu hüten, daß man nicht durch das wohlgemeinte Bestreben vernünftiger Erkenntnis sich dazu verleiten läßt, Erscheinungen, welchen der Charakter der Zufälligkeit zukommt, als notwendig aufzeigen oder, wie man zu sagen pflegt, a priori konstruieren zu wollen."[98]

Die philosophische Spekulation bestrebt keineswegs eine vernünftige Erkenntnis aller Erscheinungen von Natur und Geist, die sie als notwendig erweisen würde. Denn erstens hat die Zufälligkeit neben der Notwendigkeit ihr Recht und ihren guten Platz insbesondere in der Natur aber auch im Geistlichen; und zweitens, wie wir im letzten Kapitel dieser Arbeit sehen werden, kümmert sich die Spekulation nicht darum, das Notwendige, sondern *das Freie* zu erkennen. Den

---

[96] GW 11, S. 385.
[97] Diese Meinung ist in der Literatur oftmals Hegel zugeschrieben worden. Vgl. z. B. Vittorio Hösle, *Hegels System. Der Idealismus der Subjektivität und das Problem der Intersubjektivität*, Hamburg, 1998, S. 74ff.
[98] Enzyklopädie § 145 Z, TW 8, S. 286.

Anspruch, alles zu deduzieren, erhebt also die Hegelsche Philosophie nicht. Ganz im Gegenteil erkennt Hegel die Notwendigkeit des Zufalls, was nicht gerade häufig in der Geschichte der Philosophie ist. Hier sieht man, was für ein großes Missverständnis über die Hegelsche Philosophie herrscht, wenn Hegel die Prätention zugeschrieben wird, alle Phänomene irgendwie im Ganzen zu begreifen und aus dem Ganzen herzuleiten, als ob es keine Gegebenheiten gäbe, die der Mensch nicht verstehen könnte.[99]

3.3.3 Die reellen Bestimmungen der Wirklichkeit

Die Notwendigkeit hat sich als Einheit der modalen Formbestimmungen ergeben. Doch formell ist sie nicht leicht von der Zufälligkeit zu unterscheiden. Denn die Zufälligkeit ist ja der Gedanke, der Wirklichkeit und Möglichkeit vereinigt, also eine Wirklichkeit, die ebenso sehr nur möglich ist. Dieser Gedanke geht einfach in seine entgegengesetzte formelle Bestimmung über, nämlich in die Notwendigkeit. Man könnte schlussfolgern, dass alles, was formell zufällig ist, ebenso sehr auch formell notwendig ist.

Was sich dadurch jedenfalls erwiesen hat, ist, dass die Wirklichkeit gleichgültig gegen alle Formunterschiede ist. Alles ist im Bereich formeller Wirklichkeit sowohl möglich wie unmöglich, zufällig wie notwendig, und wenn man die Wirklichkeit nicht nach ihrem Inhalt untersucht, stößt man gegen diesen Teufelskreis bloß formeller Unterschiede, in dem alles gleichgültig ist. Die Wirklichkeit, nun inhaltlich betrachtet, nennt Hegel „reale Wirklichkeit". Von der vorigen Darstellung her hat man aber ebenfalls ein positives Ergebnis. Skeptisch wird der Schluss gezogen, dass die Unterschiede zwischen Möglichkeit, Wirklichkeit, Zufälligkeit und Notwendigkeit, wenn diese nur formell betrachtet sind, nicht standhalten. Doch daraus hat man eine tiefere Bestimmung der Wirklichkeit gewonnen, die die Unmittelbarkeit der Existenz überwunden hat. Die Wirklichkeit ist jetzt bestimmt und gesetzt als das, was sie schon ist, nämlich *Manifestation*. Sie ist wie vorher Einheit des Inneren und Äußeren; aber sie ist jetzt Reflexion-in-sich. Ihre Äußerlichkeit soll jetzt Manifestation ihrer Innerlichkeit sein und ihre Formbestimmung Manifestation ihres Inhaltes.

Aufgrund dessen ist die Wirklichkeit nicht mehr bloßes Sein, und *wirklich* ist nicht mehr nur das, was es gibt oder was bloß ist. Ein Verständnis der Wirklichkeit als reines Sein oder Existenz ist gescheitert, denn die so verstandene Wirklichkeit lässt sich nur durch formelle, unbedeutende Bestimmungen darlegen. Wirklich ist immer noch das, was sich manifestiert, aber es manifestiert sich, indem es wirkt. „Was wirklich ist, *kann wirken;* seine Wirklichkeit gibt Etwas kund *durch das, was es hervorbringt.*"[100] Das Wirkliche manifestiert sich und verhält

---

[99] Zur Bedeutung des Zufalls bei Hegel vgl. Dieter Henrich, „Hegels Theorie über den Zufall", in ders., *Hegel im Kontext*, S. 157-186.
[100] GW 11, S. 385f.

sich zu sich selbst durch das, was es bewirkt. Was real wirklich ist, ist nicht nur einfach da, sondern es hat eine Wirkung. Aus dieser neuen Perspektive ergeben sich neue Bestimmungen, und es kommt jetzt darauf an, diese unterschiedlichen Bestimmungen zu überprüfen.

Um den Unterschied zwischen jenen ersten, formellen Bestimmung der Modalität und diesen inhaltlichen zu erhellen, können wir auf Beispiele der Politik zurückgreifen. Wir haben bereits Hegels Beispiel vom türkischen Kaiser, der auch Papst werden „könnte". Die Realpolitik lehrt uns in der Tat viel vom Unterschied zwischen bloß formeller und realer Möglichkeit. Denken wir nun an eine Wahl. In einem westlichen demokratischen Land wie der Bundesrepublik Deutschland kann jeder Bürger eine politische Partei gründen oder einer der bestehenden Parteien beitreten, sich zur Wahl für den Bundestag stellen und sogar Bundeskanzler werden. Das heißt soviel wie: Es ist *möglich*, dass ein beliebiger Deutscher Bundeskanzler werde. Ebenso sehr aber ist das unmöglich, denn jeder kann Kanzler werden und deshalb ist auch die Unmöglichkeit vorhanden, dass eine bestimmte Person Kanzler werde. Wir können weiter überlegen und uns darüber streiten, ob die Tatsache, dass Angela Merkel Kanzlerin der Bundesrepublik ist, zufällig oder notwendig ist. Doch dies ist alles offensichtlich eine leere Rede. Wenn wir die Wirklichkeit inhaltlich betrachten, so müssen wir ehrlich zugeben, dass von der Realpolitik her nicht jeder Bundeskanzler werden kann, denn nicht alle erfüllen die *Bedingungen* dafür, haben die politischen Kräfte, Bundeskanzler zu werden. Ebenfalls ist es möglich, dass der Bundestag morgen entscheiden würde, dass Deutschland aus der EU austreten soll. Formell ist sowohl die Möglichkeit als auch die Unmöglichkeit dessen vorhanden. Aber ob solche Entscheidung im Bundestag erfolgreich sein kann oder nicht, das hängt von vielen Faktoren ab, also von einer Wirklichkeit, die sie hervorbringen oder verhindern kann.

Die reale Wirklichkeit hat nun Hegel zufolge ebenfalls die Möglichkeit als ihr Ansichsein. Allerdings ist sie jetzt *reale* Möglichkeit, „das inhaltsvolle Ansichseyn".[101] Hier empfiehlt sich noch einmal der Hinweis auf Kant. Denn Kant fasst auch einen Begriff von objektiver Möglichkeit im Unterschied zur bloß logischen Möglichkeit. Gemeinsame Meinung von Kant und Hegel ist es, dass zur realen Möglichkeit eines Dinges ihre Widerspruchsfreiheit nicht ausreicht. Allein dass etwas vorstellbar oder denkbar sei, heißt nicht, dass es möglich ist. Ein Begriff kann Kant zufolge eine Synthesis von Vorstellungen enthalten und widerspruchsfrei sein. Allein dadurch ist er allerdings leer und bezieht sich auf keine Objekte. Die Synthesis muss darüber hinaus zur Erfahrung gehören.[102] Kant legt diese Zugehörigkeit zur Erfahrung in zweierlei Weise dar. Entweder stammt der Begriff aus der Erfahrung selbst, also aus der Synthesis von empirischer Anschauung und Verstand; dann ist er ein empirischer Begriff. Oder er ist ein reiner Begriff, dessen Synthesis auf apriorischen Bedingungen der Erfahrung beruht und dessen Gegenstand deshalb in der Erfahrung angetroffen werden kann. Durch diese

---

[101] GW 11, S. 386.
[102] Vgl. KrV B 267 / A 220.

letzte Art von Begriffen wird die Möglichkeit – die objektive Möglichkeit – eines Objektes gedacht, und nicht nur die logische Möglichkeit. Begriffe, die mit Erfahrung und ihren Gesetzen nicht übereinstimmen, sind nur willkürliche Gedankenverbindungen. Reine, also nicht empirische Begriffe können die objektive Möglichkeit eines Dinges fassen, allerdings nur, wenn sie die Form einer Erfahrung überhaupt betreffen.[103]

Hegel hingegen untersucht die Denkbestimmung realer Möglichkeit ganz unabhängig von der Erfahrung. Die reale Möglichkeit besteht daher nicht im Übereinkommen eines Inhaltes mit den formalen Bedingungen der Erfahrung. Doch in der Auffassung von realer Möglichkeit ist der Dissens mit Kant noch größer. Denn Hegel fasst die reale Möglichkeit einer Sache als die Menge von Bedingungen und Umständen, die diese möglich machen. Er hat daher einen restriktiveren Begriff als Kant. Hegel setzt die reale Möglichkeit einer Sache in Verbindung mit der Wirklichkeit, die vorhanden ist. Konkrete Umstände und Bedingungen machen ein bestimmtes Etwas möglich. Ist dieser Kreis von Umständen wirklich, so ist die Sache real möglich. Bei Kant ist im Unterschied dazu etwas möglich, wenn es mit den formalen Bedingungen der Erfahrung übereinkommt. Kant geht also einen Schritt über die logische Möglichkeit eines Dinges hinaus, bleibt aber hinter Hegels Begriff realer Möglichkeit einen Schritt zurück. Denn er fragt nicht nach den Bedingungen, welche die Sache *hervorbringen* können. Das tut er nicht, weil er anders als Hegel keinen Begriff von Wirklichkeit als *wirkend* hat, als etwas, das hervorbringt.

Ganz im Unterschied zu der formellen Möglichkeit, die nur besagt, dass A=A ist, ist bei der realen Möglichkeit *nicht alles* möglich. Wir betrachten jetzt die Möglichkeit einer Sache als das Ganze ihrer Bedingungen. Wenn beispielsweise eine feucht-heiße Luftmasse mit einer kalten Luftmasse aufeinander trifft, die kalte Luft die Masse warmer Luft durchbricht und diese in einem immer enger Raum nach oben gezogen wird, entsteht ein Tornado. Die Möglichkeit eines Geschehens oder einer Sache ist eine Menge von seienden Umständen, die schon wirklich sind bloß in dem Sinne, dass sie bereits da sind. „Die reale Möglichkeit einer Sache ist daher die daseyende Mannichfaltigkeit von Umständen, die sich auf sie beziehen."[104]

Im Unterschied zur formellen Möglichkeit ist auch noch zu bemerken, dass die Bedingungen nicht die Möglichkeit bzw. das Ansichsein ihrer selbst sind, sondern Möglichkeit eines Anderen, das aus ihnen entsteht. Die formelle Möglichkeit von A ist ihre Nicht-Widersprüchlichkeit, also sie selbst: A. Die reale Möglichkeit von A dagegen ist das Ganze der daseienden Umstände, die A zu ihrer Folge haben. Kommen alle zusammen, so tritt A in die Existenz ein. Die Möglichkeit einer Sache und die Sache selbst erscheinen also hier zunächst getrennt. Das reale Wirkliche manifestiert sich durch ein Anderes, verhält sich durch ein Anderes zu sich selbst. Seine Möglichkeit erhält es von anderen Wirklichen.

---

[103] Vgl. KrV B 268, 269 / A 221, 222.
[104] GW 11, S. 386.

Die Bedingungen einer Sache sind eine daseiende Mannigfaltigkeit von Umständen. Es handelt sich um eine zerstreute Wirklichkeit, die das Ansichsein eines anderen Wirklichen ist. Nun argumentiert aber Hegel, dass auch der realen Möglichkeit einer Sache der Widerspruch innewohnt. Das Ganze der Bedingungen einer Sache ist widersprüchlich. Denn es ist in sich mannigfaltig und verschieden. Weil aber, so Hegel, die Verschiedenheit in die Entgegensetzung übergeht, so enthält dieses Ganze einen Widerspruch in sich: „Aber zweytens weil es in sich mannichfaltig und mit anderem in mannichfaltigem Zusammenhange ist, die Verschiedenheit aber an sich selbst in Entgegensetzung übergeht, ist es ein widersprechendes."[105]

Hegel stützt sich hier auf ein in der *Wissenschaft der Logik* bereits erreichtes Ergebnis. In der Logik der Reflexionsbestimmungen nämlich wurde bereits gezeigt, dass die Verschiedenheit in Entgegensetzung, diese wiederum in Widerspruch übergeht.[106] Die reale Möglichkeit einer Sache ist die Sphäre der verschiedenen Umstände und Sachverhalte, die zusammen die Sache hervorbringen. Weil dieses Ganze von Bedingungen verschieden ist, die Verschiedenheit als Reflexionsbestimmung schließlich in den Widerspruch führt, so ist dieses Ganze ein Widersprechendes. Dieser Widerspruch steckt eigentlich im Wesen der Existenz. Der Widerspruch besteht nicht darin, dass verschiedene Inhalte sich widersprechen, sondern er ist wesentlich im Inhalt selbst vorhanden. Die Existenz selbst ist dieses Entstehen und Vergehen, Zugrundegehen. Sowohl als Existenz (Wesenslogik) als auch als Dasein (Seinslogik) betrachtet, löst sich das Existierende aufgrund des Widerspruchs in sich schließlich auf.[107] Es kommt einen Augenblick zur Wirklichkeit, damit es eigenhändig sein Testament mache und erkläre: „Alles, was entsteht, ist wert, dass es zugrunde geht."[108] Und so schreibt Hegel: „Die mannichfaltige Existenz ist *an sich selbst* diß, sich aufzuheben und zu Grunde zu gehen; und hat darin wesentlich die Bestimmung, *nur ein Mögliches* zu seyn, an ihr selbst."[109]

Die Mannigfaltigkeit der daseienden Umstände ist wirklich. Aber sie ist so beschaffen, dass sie vorübergehend ist. Indem sie vergeht, bringt sie etwas anderes zur Wirklichkeit. Sie wird zur Möglichkeit eines Anderen oder sie opfert sich, um etwas anderes hervorzubringen. Aufgrund dessen behauptet Hegel, dass sie darin, dass sie wesentlich zugrunde geht, die Bestimmung hat, ein Mögliches zu sein, nämlich die Möglichkeit eines Anderen. Hier ist gesetzt, dass die Wirklichkeit Möglichkeit ist. Die Umstände werden um der Verwirklichung eines Anderen willen geopfert, die reale Möglichkeit wird mit der Existenz der neuen Sache aufgehoben in dem doppelten Sinn von vernichtet und behalten.

---

[105] GW 11, S. 387.
[106] Vgl. GW 11, S. 265-275.
[107] Vgl. GW 21, S. 116 und GW 11, S. 336f.
[108] Johann Wolfgang von Goethe, *Faust. Der Tragödie erster Teil*, Köln, 2007, Studierzimmer, 1339-1340.
[109] GW 11, S. 387.

Der nächste Schritt in Hegels Argumentation besteht darin zu zeigen, dass der Übergang von der realen Möglichkeit einer Sache – die Mannigfaltigkeit der Umstände, die zusammen kommen und die Sache hervorbringen – zur Sache selbst in der Tat kein Übergang in ein Anderes, sondern eine Vermittlung der einen und selben Sache mit sich selbst ist. „Diese Bewegung der sich selbst aufhebenden realen Möglichkeit bringt also *dieselben schon vorhandenen Momente* hervor, nur jedes aus dem andern werdend; sie ist daher in dieser Negation auch nicht ein *Uebergehen*, sondern *ein Zusammengehen mit sich selbst*."[110] Die sich aufhebende reale Möglichkeit vereinigt Wirklichkeit und Möglichkeit. Die reale Möglichkeit ist einerseits ein Zusammenhang von existierenden Umständen, andererseits aber, indem sie zugrunde geht, ist sie die Möglichkeit eines anderen. In diesem Prozess der Verwirklichung der Sache aus ihren Umständen wird das, was Möglichkeit war, zur Wirklichkeit und das, was Wirklichkeit war, zum Ansichsein eines Anderen. Die daseiende Mannigfaltigkeit, die wirklich ist, wird zur realen Möglichkeit eines Geschehens, opfert sich auf und wird zum Ansichsein einer neuen Sache. Die Wirklichkeit wird also zur Möglichkeit, oder die Mannigfaltigkeit wird zur Bedingung und diese zur Sache. Beide Bestimmungen gehen daher jetzt als werdend zusammen und dabei fallen mit dieser Vereinigung zwei Merkmale aus: Es gibt jetzt keine Wirklichkeit, die Möglichkeit einer anderen Sache sei, und es gibt auch keine Möglichkeit, die nicht die Möglichkeit seiner selbst sei. Die Bedingungen einer Sache und die Sache selbst sind nun dasselbe. „Was verschwindet, ist damit diß, daß die Wirklichkeit bestimmt war als die Möglichkeit oder das Ansichseyn eines *Andern,* und umgekehrt die Möglichkeit als eine Wirklichkeit, die *nicht diejenige* ist, deren Möglichkeit sie ist."[111]

Im Grunde genommen ist an der realen Möglichkeit verschwunden, dass sie die Möglichkeit eines Anderen sei und nicht die Möglichkeit ihrer selbst. Die Wirklichkeit ist nicht mehr die Möglichkeit eines Anderen; die Möglichkeit ist nicht eine Wirklichkeit als die Möglichkeit eines anderen. Man hat nun eine Wirklichkeit, die Möglichkeit ihrer selbst ist, und eine Möglichkeit ihrer selbst, die Wirklichkeit ist. Dadurch geht man wieder in den Gedanken der Notwendigkeit über.

Etwas ist notwendig, wenn es durch sich selbst vermittelt ist und daher in sich seine Vermittlung enthält. In der Notwendigkeit sind Wirklichkeit und Möglichkeit vereinigt. Die reale Möglichkeit, eben weil sie real und inhaltsvoll ist, ist im Grunde genommen identisch mit der Notwendigkeit und nur scheinbar verschieden. „Was daher real möglich ist, das kann nicht mehr anders seyn; unter diesen Bedingungen und Umständen kann nicht etwas anderes erfolgen. Reale Möglichkeit und die Nothwendigkeit sind daher nur *scheinbar* unterschieden."[112] Denn wenn die Bedingungen vorhanden sind, dann kann doch nichts anderes folgen. Die Notwendigkeit ist eben eine entwickelte Wirklichkeit, in welcher der Unter-

---

[110] Ebenda.
[111] GW 11, S. 388.
[112] Ebenda.

schied zwischen den Bedingungen einer Sache und der Sache selbst verschwunden ist.

Das real Notwendige ist allerdings nur *relativ*. Denn die Notwendigkeit einer Sache bezieht sich auf das Dasein anderer Sachen. Oder mit Kant ausgedrückt: Die Notwendigkeit des Daseins eines Dinges hängt grundsätzlich vom Dasein anderen Erscheinungen ab. Es handelt sich also, wie Hegel zu Recht betont, um eine relative Notwendigkeit. Das Notwendige bezieht sich auf das Dasein von etwas Anderem, also auf schon gegebene Wirklichkeiten. Mit dem Adjektiv „relativ" markiert Hegel den Kontrast zur absoluten Notwendigkeit. Denn die reale Notwendigkeit ist im Unterschied dazu *beschränkt*. So kann man z. B. die Notwendigkeit einer bestimmten Kausalkette betrachten. Doch die reale Notwendigkeit ist nicht unbedingt oder absolut, sondern enthält vielmehr die Zufälligkeit an ihrem Anfang. Sie hat eine Voraussetzung, nämlich, dass wenn die Umstände vorhanden sind, dann die Sache folgt. Aber am Anfang war der Zufall. Dass die Umstände diese und nicht andere sind, dies ist unmittelbar gegeben – zufällig. Diese erste daseiende Mannigfaltigkeit ist unmittelbar, ein Umschlagen von Möglichkeit und Wirklichkeit, reiner Zufall. Wenn einmal der Würfel geworfen ist, dann herrscht die Notwendigkeit, aber eben nur unter Voraussetzung des Zufalls. „Diese Nothwendigkeit aber ist zugleich *relativ*. – Sie hat nemlich eine *Voraussetzung*, von der sie anfängt, sie hat an dem *Zufälligen* ihren *Ausgangspunkt*."[113]

Weil das real Notwendige irgendeine beschränkte Wirklichkeit ist, so ist es in dieser Hinsicht ein Zufälliges. Als beschränkt überhaupt hat das Notwendige seine Grenze in seinem Anderen, dem Zufälligen. Dadurch hat es seine Wahrheit ebenfalls dort. Das real Notwendige ist einerseits also notwendig, denn es hätte nicht anders sein können, andererseits aber, weil es relativ ist oder weil es sich auf bestimmte wirkliche Umstände bezieht, die schon bloß *da* sind, ist es ein Zufälliges. Ein Stein fällt herunter auf die Windschutzscheibe eines Wagens, der daraufhin mit einem Baum kollidiert. Dadurch wird der Fahrer verletzt. Verschiedene Umstände haben die Verletzung des Fahrers zur Folge: der starke Wind, der den Stein bewegt; der Termin, um dessen willen der Fahrer sich eilt; die Geschwindigkeit des Wagens; die Tatsache, dass der Fahrer keinen Sicherheitsgurt trägt, weil er sich am frühen Morgen dachte, er sei bloß in der Stadt unterwegs. Alle Umstände zusammen haben eine notwendige Folge; aber die Umstände selbst sind kontingent, zufällige Faktoren. Die Verletzung des Fahrers ist auf diese Weise die notwendige Folge eines Zufalls. „Das real Nothwendige ist deßwegen irgend eine beschränkte Wirklichkeit, die um dieser Beschränktheit willen in anderer Rücksicht auch nur ein *Zufälliges* ist."[114] Die reale Notwendigkeit enthält deshalb die Zufälligkeit. Die reale Zufälligkeit ihrerseits enthält Notwendigkeit. Die eine kann nicht ohne die andere gedacht werden. Die Einheit von beiden aber, die „an sich" identisch sind, nennt nun Hegel „absolute Wirklichkeit".

---

[113] GW 11, S. 388.
[114] GW 11, S. 389.

3.3.4 *Die absolute Notwendigkeit*

Mit der realen Notwendigkeit denken wir an ein Geschehen, das notwendig so und so stattfindet oder stattgefunden hat, aber zugleich müssen wir als Anfang den Zufall mitdenken und voraussetzen. Die Notwendigkeit zu behaupten bedeutet daher ebenso sehr die Zufälligkeit zu behaupten. Im Gegensatz dazu ist der Gedanke, der im Folgenden gewonnen werden muss, der einer *absoluten* Notwendigkeit, die von sich selbst bestimmt wird. Diese absolute Notwendigkeit entspricht dem spinozistischen Begriff der *causa sui*, einem ganz spekulativen Begriff[115], der die wahrhaft eigene Auslegung des Absoluten begründen wird: „Die *Auslegerin* des Absoluten aber ist die *absolute Nothwendigkeit*, die identisch mit sich ist, als sich selbst bestimmend."[116]

Das Wesentliche zum Verständnis darüber, wie und warum die absolute Notwendigkeit auftaucht, liegt in der Auflösung des Unterschiedes von Inhalt und Form der Sache, von Möglichkeit und Wirklichkeit oder von Ansichsein und Gesetztsein. Es kommt darauf an zu verstehen, dass Bedingungen und Sache eine ursprüngliche analytische Identität bilden. Denn der Inhalt ist ja in beiden, Bedingungen und Sache, derselbe. Die Bedingungen machen die Sache selbst aus, und die Sache oder das Geschehen ist nicht mehr und nicht weniger als das Zusammenlaufen aller seiner Bedingungen. Hegels Überlegung ist dabei: zu sagen, wenn die Bedingungen einer Sache erfüllt sind, so ist die Sache, ist nichts anderes als zu sagen, wenn die Sache ist, so ist sie. Und das ist der Kerngedanke der absoluten Notwendigkeit. Dementsprechend steht in Hegels Heidelberger Vorlesungen über Logik von 1817: „Es ist tautologisch, wenn man sagt: ‚Wenn diese und diese Bedingungen nicht gewesen wären, so wäre dies nicht geschehen', weil [dies] so viel heißt: ‚Wenn dies nicht geschehen wäre, so wäre es nicht geschehen', weil die Bedingungen es sind, die das Geschehen ausmachen."[117]

Eine ähnliche Argumentation findet man in der *Enzyklopädie*. Dort spricht Hegel von Notwendigkeit überhaupt und unterscheidet nicht zwischen formeller, realer und absoluter. Formell definiert ist die Notwendigkeit die Einheit von Möglichkeit und Wirklichkeit, allerdings ist diese Definition Hegel zufolge „unverständlich" und sollte in den zwei weiteren Paragraphen erörtert werden.[118] Im § 148 unterscheidet Hegel drei Momente der Notwendigkeit: die Bedingung, die Sache (das Bedingte) und die Tätigkeit, also die Bewegung von Bedingung zur Sache. Die Bedingung ist die Voraussetzung einer Sache, aber die Bedingung ist unmittelbar gegeben und daher zufällig. Sie ist der Anfang: die äußerlichen Umstände, die nicht von der Sache abhängen, sondern sie vielmehr ermöglichen. Doch die Bedingungen sind ja Bedingungen der Sache und das heißt, dass sie den

---

[115] Vgl. TW 20, S. 168.
[116] GW 11, S. 393.
[117] Georg Wilhelm Friedrich Hegel, *Vorlesungen. Ausgewählte Nachschriften und Manuskripte*, Bd. 11, Hamburg, 1992, S. 132.
[118] Enzyklopädie § 147 A.

3.3 DIE MANIFESTATION DES ABSOLUTEN 161

Inhalt der Sache in irgendeiner Form bereits enthalten. Die Sache ist allerdings für Hegel auch noch ein Vorausgesetztes. Denn sie besteht *der Möglichkeit nach*. Ihre reale Möglichkeit sind ihre Bedingungen und als ein Vorausgesetztes ist sie „ein selbständiger Inhalt". Die Sache ist bereits da, und zwar in ihren Bedingungen enthalten. Schließlich ist die Tätigkeit der Prozess der Verwirklichung der Sache. Diese Verwirklichung liegt erstens darin, dass die Sache schon in den Bedingungen vorhanden ist, und zweitens darin, dass die Existenz der Bedingungen durch die Existenz der Sache ersetzt wird. Das bedeutet Hegel zufolge, dass der vollständige Kreis der Bedingungen einer Sache in die Verwirklichung der Sache hinein *verbraucht* wird.

Diese Unterscheidungen sind aber nur scheinbar. Denn die Notwendigkeit ist „das eine mit sich identische, aber inhaltsvolle Wesen".[119] Ihre drei Momente scheinen selbständige Dinge zu sein. Aber die Notwendigkeit ist im Grunde genommen die Vermittlung ihrer selbst. Das, was notwendig ist, hat sich selbst zur Bedingung. Der Inhalt ist ein und derselbe, sei er in der Form der Bedingungen oder in der Form der Sache dargestellt. Das Notwendige ist nicht wegen externer Bedingungen, sondern es ist, weil es ist. Denn die Bewegung aus den Bedingungen in die Existenz der Sache bedeutet die Aufhebung der Bedingungen. Die zufällige Bedingung wird in die Sache „übergesetzt", wodurch man eigentlich ein Erschließen der Sache aus sich und von sich selbst her hat. Dieser Kreis ist das schlechthin Notwendige, ein Unbedingtes.

Zentral für die Überlegung ist der Gedanke, dass der Verwirklichungsprozess der Sache aus ihren Umständen in Wahrheit ein Zusammengehen der Sache mit sich ist.

> „Das Notwendige als durch ein Anderes ist nicht an und für sich, sondern ein bloß *Gesetztes*. Aber diese Vermittlung ist ebenso unmittelbar das Aufheben ihrer selbst; der Grund und die zufällige Bedingung wird in Unmittelbarkeit übergesetzt, wodurch jenes Gesetztsein zur Wirklichkeit aufgehoben und die Sache *mit sich selbst zusammengegangen* ist. In dieser Rückkehr in sich *ist* das Notwendige *schlechthin*, als unbedingte Wirklichkeit."[120]

Die absolute Notwendigkeit ist unbedingt, d. h. sie hat sich selbst zur Bedingung. Während ein relativ Notwendiges einen Kreis von Bedingungen hat, die zufällig da sind, hat das absolut Notwendige keine andere Bedingung als sich selbst. Das absolut Notwendige ist seine Bedingung und seine Folge, seine Möglichkeit und seine Wirklichkeit. Es ist selbständig und selbstbegründet: Es ist, weil es ist.

Bisher hatte man allerdings allein den Begriff einer relativen oder realen Notwendigkeit. Dieser Begriff setzte das Notwendige in Beziehung zu einem Anderen. Sind diese und jene Bedingungen vorhanden, so folgt ein bestimmter Sachverhalt notwendigerweise. Dieser Sachverhalt ist dann notwendig, aber natürlich

---

[119] Enzyklopädie § 149.
[120] Ebenda.

unter der Voraussetzung, dass die Bedingungen vorhanden sind. Es ist, um es mit Kant zu sagen, „hypothetisch" notwendig. Argumentativ erfolgt der Schluss von dieser relativen auf die absolute Notwendigkeit dadurch, dass die Sache mit ihren Bedingungen zusammengeht. Denn Hegel argumentiert, dass im Übergang vom Zusammenkommen aller Bedingungen zur Verwirklichung der Sache in Wahrheit allein ein Formwechsel des einen und selben Inhaltes stattfindet. Aus der Vollständigkeit aller Bedingungen folgt notwendigerweise die Sache, sodass die Bedingungen nicht mehr Wirklichkeiten sind, denen die Eigenschaft äußerlich zukommt, Bedingungen von etwas anderem zu sein, sondern sie sind – vollständig zusammen – Bedingungen der Sache und in der Tat die Sache selbst. Die Sache ist nichts anderes als der Zusammenhang aller Bedingungen, die Bedingungen wiederum sind nicht eigenständige Sachen, sondern sie bilden einen Kreis und sind die Sache selbst: Sie „opfern sich". Es ist also dasselbe, einmal als Kreis von zerstreuten Bedingungen und andermal als eine mit sich identische Sache.

In der *Enzyklopädie* begnügt sich Hegel damit, diese Identität von Bedingungen und Sache selbst festzustellen, um die Denkbestimmung des absolut Notwendigen zu generieren. Ausführlicher, aber leider nicht unbedingt deutlicher, geht er in der *Wissenschaft der Logik* darauf ein. Dort ist der entscheidende Punkt in der Argumentation der, dass die Notwendigkeit die Zufälligkeit setzt. Die reale Notwendigkeit hat die Zufälligkeit an ihr. Die Zufälligkeit ist ihre Bestimmtheit und macht also ihre *Voraussetzung* aus. Notwendigkeit setzt Zufälligkeit voraus; die notwendige Sache setzt ihre Bedingungen voraus.

Nun liegt Hegels Pointe hierin: Die Voraussetzung wird von der Notwendigkeit gesetzt. Die Zufälligkeit wird von der Notwendigkeit nicht nur vorausgesetzt, sondern auch noch *gesetzt*. „So enthält die reale Nothwendigkeit nicht nur *an sich* die Zufälligkeit, sondern diese *wird* auch an ihr; [...] Aber es ist nicht nur diß, sondern *ihr eigenes* Werden, – oder die *Voraussetzung*, welche sie hatte, ist ihr eigenes Setzen."[121] Die Frage lautet nun, wie Hegel zu diesem Schluss gelangt. Die relative Notwendigkeit hat eine zufällige Wirklichkeit zur Voraussetzung. Sie ist aber dadurch wirklich – wirkliche Notwendigkeit. Es handelt sich daher um eine notwendige Wirklichkeit, die nun nicht anders sein kann. Sie wird von Hegel deshalb auch „absolute Wirklichkeit" genannt.[122] Aber diese notwendige, absolute Wirklichkeit, die nicht anders sein kann, ist auch wiederum zufällig. Denn als notwendige Wirklichkeit ist sie die Einheit von Wirklichkeit und Möglichkeit. Das war vorhin die Notwendigkeit und das war ebenso sehr die Zufälligkeit. Die notwendige Wirklichkeit ergibt sich daher dennoch als nur eine Möglichkeit unter anderen. Ihre Bestimmung, absolute Wirklichkeit zu sein, ist Hegel zufolge leer, und „diß *Leere* ihrer Bestimmung macht sie zu einer *blossen Möglichkeit*, zu einem, das eben so sehr auch *anders* seyn und als Mögliches bestimmt werden kann."[123]

---

[121] GW 11, S. 390.
[122] GW 11, S. 389.
[123] Ebenda.

Diese notwendige Wirklichkeit, zu der man gelangt ist, ist absolut, sie kann also nicht anders sein. Aber sie ist ebenfalls, wenn man genauer hinsieht, selbst eine bloße Möglichkeit, die auch anders sein könnte. Die absolute Wirklichkeit ist so notwendig wie zufällig, oder: Sie ist, weil sie notwendig ist und trotzdem auch nur zufällig. Daraus schließt nun Hegel, dass die Notwendigkeit Zufälligkeit *wird*.[124] Die notwendige Wirklichkeit setzt nicht nur Zufälligkeit voraus, sondern sie wird auch zufällig – sie setzt, was sie voraussetzt: „So ist es die Nothwendigkeit, welche eben so sehr Aufheben dieses Gesetztseyns oder Setzen der *Unmittelbarkeit*, und des *Ansichseyns*, so wie eben darin *Bestimmen* dieses Aufhebens als *Gesetztseyns* ist. Sie ist daher *es selbst*, welche sich als *Zufälligkeit* bestimmt."[125]

Auf diese Weise entsteht die Denkbestimmung der absoluten Notwendigkeit: der Notwendigkeit, die sich selbst setzt und voraussetzt. Mit ihr haben sich Form und Inhalt wieder versöhnt. Denn am Ende der Dialektik des Absoluten als Identität von Sein und Wesen lösten sie sich voneinander. Die Form ergab sich als leere Manifestation des Absoluten, der Inhalt als ein undurchsichtiges Ansichsein. Im Kapitel *Die Wirklichkeit* sind die unterschiedlichen Modi der Manifestation abgehandelt. Mit der absoluten Notwendigkeit schließt sich nun diese Abhandlung ab: „So hat die *Form* in ihrer Realisirung alle ihre Unterschiede durchdrungen und sich durchsichtig gemacht und ist als *absolute Nothwendigkeit* nur diese einfache *Identität des Seyns in seiner Negation* oder in dem *Wesen mit sich selbst*. – Der Unterschied von dem *Inhalte* und der Form selbst ist eben so verschwunden."[126]

Man fasst nun mit der absoluten Notwendigkeit eine Form, die inhaltsvoll ist. Bereits die realen Bestimmungen der Wirklichkeit waren inhaltsvoll. Jetzt sind alle Unterschiede der Wirklichkeit durchlaufen. Ihr wesentlicher Gegensatz zwischen Möglichkeit und Wirklichkeit ist überwunden worden. Die absolute Notwendigkeit ist zugleich Sein und Wesen, ist Unmittelbarkeit und Reflexion in einem. Wenn das Absolute als bloße einfache Identität von Sein und Wesen unbestimmt und leer war, so sind jetzt diese Mängel beseitigt worden. Mit der absoluten Notwendigkeit ist nun der wahrhafte Kern des Absoluten erfasst: „Die

---

[124] Klaus J. Schmidt legt hier Hegel so aus, als ob die Zufälligkeit *das Produkt* der absoluten Notwendigkeit wäre: „Die absolute Notwendigkeit hat die Zufälligkeit nicht nur „an ihr", sondern erweist sich als Urheber der Zufälligkeit." Klaus J. Schmidt, *Georg W. F. Hegel, Wissenschaft der Logik – Die Lehre vom Wesen: ein einführender Kommentar*, Paderborn, München, u. a., 1997, S. 204. Auch abgesehen von der Vorstellung eines göttlichen Fatums, die dahinter steckt, kann man ihm nicht zustimmen. Denn nicht die absolute, sondern die reale Notwendigkeit setzt und wird Zufälligkeit. Genauso kann man aber sagen, dass die Zufälligkeit Notwendigkeit setzt. Hegels Pointe besteht darin zu zeigen, dass Notwendigkeit und Zufälligkeit ineinander umschlagen, weshalb das, was real notwendig ist, auch als zufällig begriffen werden muss, und umgekehrt das, was zufällig ist, als notwendig gedacht werden muss. Aus diesem Grund schließt Hegel, dass die Voraussetzung der Notwendigkeit, also die Zufälligkeit, nun *spekulativ-logisch und nicht real-philosophisch* gedacht, wiederum Notwendigkeit ist; also, dass die Notwendigkeit sich selbst voraussetzt. Dadurch gewinnt er die Denkbestimmung der absoluten Notwendigkeit.
[125] GW 11, S. 390.
[126] Ebenda.

absolute Nothwendigkeit ist so die *Reflexion oder Form des Absoluten*."[127] Das Absolute ist die Einheit von Sein und Wesen und somit die Totalität ihrer Bestimmungen, die Krönung der objektiven Logik. Unmittelbar wird aber diese Einheit als Identität gefasst, wodurch sie unbestimmt bleibt. Als absolute Notwendigkeit ist diese Einheit, das Absolute selbst, ausdifferenzierter gedacht.

> „Sie ist, wie sich ergeben hat, das Seyn, das in seiner Negation, im Wesen, sich auf sich bezieht und Seyn ist. Sie ist eben so sehr einfache Unmittelbarkeit oder *reines Seyn*, als einfache Reflexion-in-sich, oder *reines Wesen*; sie ist diß, daß diß beydes ein und dasselbe ist. – Das schlechthin Nothwendige *ist* nur, weil es ist; es hat sonst keine Bedingung noch Grund. – Es ist aber eben so reines *Wesen*, sein *Seyn* ist die einfache Reflexion-in-sich; es ist, *weil* es ist. Als Reflexion hat es Grund und Bedingung, aber es hat nur sich zum Grunde und Bedingung. Es ist Ansichseyn, aber sein Ansichseyn ist seine Unmittelbarkeit, seine Möglichkeit ist seine Wirklichkeit. – *Es ist also, weil es ist.*"[128]

Die absolute Notwendigkeit enthält die Vereinigung von Sein und Wesen schlechthin. Das absolut Notwendige ist da, unmittelbar vorhanden, und verweist auf kein Anderes. Es hat kein Ansichsein außer seiner Unmittelbarkeit. Gleichzeitig ist das absolut Notwendige, *weil* es ist. Es begründet sich selbst, d. h. es hat einen Grund und eine Reflexion; es hat ein Wesen, ein Ansichsein, eine Kehrseite. Aber dieses Wesen ist es selbst und sonst nichts. Sein Sein ist sein Wesen und sein Wesen ist sein Sein. Deshalb ist die absolute Notwendigkeit so reines Sein oder Unmittelbarkeit wie reines Wesen oder Reflexion. Es hat Grund und Bedingung, aber keinen anderen Grund und keine andere Bedingung als ihr einfaches Sein. Das macht die Denkbestimmung der absoluten Notwendigkeit aus. All dies ist in einem Absoluten als bloßer Identität nicht gedacht. Denn in der absoluten Notwendigkeit vereinigen sich Sein und Wesen, ohne jedoch sich aufzulösen. Ihr Unterschied besteht noch, und dennoch sind sie eins. Die absolute Notwendigkeit ist die differenzierte Einheit von beiden. Die Einheit des Seins und Wesens ist das Absolute. Unmittelbar ist diese Einheit eine unbestimmte Identität, und die Entfaltung dieser Identität war die erste Auslegung des Absoluten. In der absoluten Notwendigkeit ist aber eine entwickelte Einheit des Seins und Wesens vorhanden, deren differenzierte Vereinigung erreicht worden. Der Unterschied nimmt hier folgende Form an: „*seyende Mannichfaltigkeit*, als unterschiedene Wirklichkeit, welche die Gestalt von selbständigen Anderen gegen einander hat."[129]

Die absolute Notwendigkeit vereinigt Wirklichkeiten, die unterschieden sind. Sie identifiziert sie und besagt, dass A die Möglichkeit von B und B die Möglichkeit von A, dass beide die Möglichkeit und Wirklichkeit voneinander sind. Diese unterschiedlichen Wirklichkeiten sind selbständig und frei voneinander, unabhängig. Sie verweisen nicht auf ein Anderes, sie sind völlig getrennt. „Einerseits

---

[127] GW 11, S. 391.
[128] Ebenda.
[129] Ebenda.

haben die unterschiedenen, welche als Wirklichkeit und als die Möglichkeit bestimmt sind, die Gestalt der *Reflexion-in-sich* als des *Seyns;* sie sind daher beyde als *freye Wirklichkeiten,* deren *keins im andern scheint,* keins eine Spur seiner Beziehung auf das andere an ihm zeigen will."[130]

Man hat also eine Duplizität: Zwei Wirklichkeiten, die unabhängig, selbständig und getrennt sind. Sie berühren sich gar nicht. Die unterschiedenen Wirklichkeiten, die scheinbar getrennt und unabhängig voneinander sind, gehen allerdings ineinander unter. Dadurch manifestiert sich ihre Identität. Die absolute Notwendigkeit ist das innere Band, das alles zusammenhält. Gerade indem die vereinzelten Wirklichkeiten dies sind, ein Umschlagen der Möglichkeit in Wirklichkeit und umgekehrt, indem sie also entstehen und zugrunde gehen, manifestiert sich die absolute Notwendigkeit, offenbart sich ihre innere Identität. Die absolute Notwendigkeit ist also das Verhältnis, dessen Momente scheinbar allein bestehen, in Wahrheit aber eine Identität bilden. Sie ist ausdifferenziertes Verhältnis und keine unbestimmte Identität. Aber der Bestand der Extreme ist nicht ein solcher, zugrunde liegt ihm die ursprüngliche Einheit, die Auslegung des Absoluten. Es besteht in der Tat nur Eines, das sich in vieles auslegt. Die Auslegung besteht darin, dass das Absolute sich selbst unterscheidet und setzt und dabei seine innere Identität behauptet. Die absolute Notwendigkeit „ist Verhältniß, weil sie Unterscheiden ist, dessen Momente selbst ihre ganze Totalität sind, die also absolut *bestehen,* so daß diß aber nur Ein Bestehen und der Unterschied nur der *Schein* des Auslegens, und dieser das Absolute selbst ist."[131]

Die absolute Notwendigkeit macht deshalb die Selbstreflexion des Absoluten aus. Im Unterschied zur ersten Auslegung wird das Absolute nun nicht durch eine Formbestimmung scheinen (Attribut); sondern das Absolute unterscheidet sich, setzt sich, und damit bezieht es sich auf sich selbst und bleibt dabei eins.

3.4 Die endgültige Auslegung des Absoluten

Die absolute Notwendigkeit ist das Verhältnis, dessen selbständige Momente selbst das Ganze sind, sodass ihr Unterschied deshalb ein Schein ist. Wenn daher die absolute Notwendigkeit zwei Wirklichkeiten verknüpft, so sind sie in der Tat nur eins, die aber als zwei scheinen. Oder sie sind das Verhältnis der einen und selben Sache zu sich selbst. Deshalb ist die absolute Notwendigkeit Einheit von Sein und Wesen oder „Seyn schlechthin als Reflexion".[132] Denn sie ist die Identität von Identität und Differenz, die Einheit, die sich unterscheidet und dabei identisch mit sich bleibt.

---

[130] Ebenda.
[131] GW 11, S. 393.
[132] Ebenda.

Mit dem Begriff von der absoluten Notwendigkeit hat man die eigene Auslegung des Absoluten erreicht. Die erste Auslegung des Absoluten bestand Hegel zufolge in einer äußeren Reflexion. Sie begriff die Auslegung des Absoluten als eine Manifestation, die sonst nichts ist als die Manifestation selbst. Aber sie konnte das Absolute selbst nicht durchdringen. Es blieb für sie das unbestimmte Leere. Nun legt das Absolute sich selbst durch die absolute Notwendigkeit aus, indem es als Einheit von absoluten Totalitäten auseinander geht und ebenso wohl seine Identität als eins beibehält. In seiner eigenen Auslegung stellt sich das Absolute vollkommen dar, sodass keine ansichseiende Seite übrig bleibt. Wie beim Licht sind nun das Sein des Absoluten und sein Scheinen ein und dasselbe.

> „Das Absolute, zuerst *von der äusseren Reflexion* ausgelegt, legt nun als absolute Form oder als Nothwendigkeit sich selbst aus; diß Auslegen seiner selbst ist sein sich-selbst-setzen, und es *ist* nur diß sich-setzen. – Wie das *Licht* der Natur nicht Etwas, noch Ding, sondern sein Seyn nur sein Scheinen ist, so ist die Manifestation die sich selbst gleiche absolute Wirklichkeit."[133]

In dieser Reflexion seiner selbst hat das Absolute keine Attribute mehr. Denn ein Attribut ist ein Schein des Absoluten in einer seiner Bestimmungen. Das Absolute wird nicht mehr vermittels Attributen und Modi, sondern durch seine eigene Tätigkeit ausgelegt – die absolute Notwendigkeit. Diese Tätigkeit des Absoluten wird vornehmlich darin bestehen, dass es sich in verschiedene, selbständige Totalitäten setzt und diese durch die bestehende absolute Notwendigkeit zwischen ihnen wiedervereinigt. Es gehört dann wesentlich zum entwickelten Begriff des Absoluten, dass es eine Totalität ist, deren Bewegung darin besteht, sich selbst zu unterscheiden, in selbständigen Momenten vollkommen zu scheinen und diese Momente wieder zu vereinigen.

Das Auslegen besteht aus drei Phasen. Unmittelbar ist dieses Verhältnis, da es zunächst als ein Scheinen in sich selbst bestimmt wird, das Verhältnis zwischen Substanz und Akzidenzen. Indem aber die Substanz sich zum Fürsichsein gegen ein Anderes bestimmt, ist dieses Verhältnis die Kausalität. An diesem Punkt sind unterschiedene Substanzen vorhanden. Sie scheinen nicht in einem Ganzen vereinigt, sondern nur durch Kausalität äußerlich verknüpft zu sein. Das Kausalitätsverhältnis wird jedoch in die Wechselwirkung übergehen. Dort ist dann endlich die Einheit des Einen in seinen Bestimmungen als ein Ganzes vorhanden. Falls man Hegels *Wissenschaft der Logik* die Aufgabe unterstellt, eine Erkenntnis des Absoluten zu leisten, würde man an diesem Punkt erwarten, dass Hegels metaphysisch-logische Untersuchung mit einem adäquaten Begriff des Absoluten vollbracht sei. Doch das ist nicht der Fall. Vielmehr setzt Hegel die *Logik* mit der Lehre vom Begriff fort. Wir werden dann sehen, dass die darauf folgende Darstellung von Hegels *Wissenschaft der Logik* nicht in einer weiteren Entwicklung

---

[133] GW 11, S. 393. Dies Zitat bestätigt noch einmal, dass die Reflexion im Kapitel *Das Absolute* dem Absoluten gegenüber äußerlich ist.

des Absoluten mittels des spekulativen Begriffs besteht. Vielmehr erweist sich am Ende der Wesenslogik der Gedanke des Absoluten als unzulänglich, was uns dazu bewegt, diesen Gedanken skeptisch hinter uns zu lassen und auf einen neuen Horizont zu blicken. Zunächst aber sind die drei Phasen der Auslegung des Absoluten als absolutes Verhältnis darzulegen.

3.4.1 Das Substantialitätsverhältnis

Die absolute Notwendigkeit ist Sein, das ist, weil es ist. Sie ist das Sein als die absolute Vermittlung seiner mit sich selbst, wie Hegel sich ausdrückt. Dieses Sein ist nicht mehr einfache Unmittelbarkeit, wie am Anfang der *Wissenschaft der Logik*, sondern eine ganz neue Denkbestimmung – es ist Substanz. Die Substanz ist die fortentwickelte Einheit des Seins und des Wesens. Sie ist, schreibt Hegel, „das Seyn in allem Seyn".[134] Man erinnere sich daran, dass bereits Jacobi die absolute, spinozistische Substanz mit einer ähnlichen Formulierung gefasst hat. Bei Jacobi heißt es das Sein in allem Dasein: „Der Gott des Spinoza, ist das lautere Principium der Würklichkeit in allem Würklichen, des *Seyns* in allem *Daseyn*, durchaus ohne Individualität, und schlechterdings unendlich."[135]

Trotz des kleinen Unterschiedes bleibt der Gedanke erhalten. Die Substanz ist das Prinzip und die Wahrheit der Wirklichkeit, das Sein in allem Dasein. Sie ist das Absolute, Einheit des Wesens und des Seins und das Allumfassende. Aber im Unterschied zum Absoluten als Identität und auch im Unterschied zu Spinozas Auffassung impliziert der Gedanke der Substanz bei Hegel, dass sie scheint und sich selbst gesetzt sein lässt. „Die Substanz als diese Einheit des Seyns und der Reflexion ist wesentlich das *Scheinen* und *Gesetztseyn* ihrer."[136]

Die Substanz hat deshalb eine scheinende Totalität – die Akzidenzen. Spinoza hat den richtigen Begriff von Substanz als *causa sui*, d. h. als Sein, das Ursache seiner selbst ist, gefasst. Allerdings hat er daraus nicht die richtige Darlegung der absoluten Substanz entwickelt. Bei ihm bleibt die Substanz der bestimmungslose Hintergrund, die unerkennbare Grundlage von allem. Sie ist der *Abgrund*, in welchen beim Erkenntnisprozess alles hineinfällt. Deshalb entspricht in der *Logik* der erste Begriff des Absoluten als unbestimmte Identität von Sein und Wesen der spinozistischen Substanz; freilich aber nicht der spinozistischen Definition der Substanz, sondern der tatsächlichen Rolle, welche die Substanz bei Spinoza spielt. Einem Zusatz zur *Enzyklopädie* entnimmt man die gleiche Kritik:

„Die Substanz, so wie dieselbe ohne vorangegangene dialektische Vermittlung unmittelbar von Spinoza aufgefaßt wird, ist, als die allgemeine negative Macht, gleichsam nur dieser finstere, gestaltlose Abgrund, der allen bestimmten Inhalt als von Haus aus

---

[134] GW 11, S. 394.
[135] Jacobi, *Werke* 1,1, S. 39.
[136] GW 11, S. 394.

nichtig in sich verschlingt und nichts, was einen positiven Bestand in sich hat, aus sich produziert."[137]

Es geht also Hegel nicht nur darum, dass Spinoza den Begriff der Substanz unvermittelt, daher akritisch und unbegründet in seine Philosophie einführt. Vielmehr besteht sein Fehler zusätzlich darin, dass er diesen Begriff nicht entfaltet, sondern in Wahrheit mit einem anderen Begriff von Substanz, nämlich als unbestimmter Grundlage von allem, operiert. Ähnliches könnte man auch Schelling vorwerfen. Beide gehen unmittelbar vom Unbedingten aus, entwickeln aber den Kerngedanken desselben nicht, sondern führen allen bestimmten Inhalt auf eine leere Identität zurück. Die beiden Auffassungen des Absoluten, zum einen als die allumfassende Identität, zum anderen als das schlechthin Unbedingte, sind sowohl bei Spinoza wie bei Schelling zusammen gedacht. Wir haben in der Einleitung gesehen, dass Jacobis Verständnis des Spinozismus ebenfalls diese beiden Auffassungen des Absoluten enthält, ohne dabei deren Unterschied zu entwickeln. Fichte aber hatte im Streit mit Schelling darauf hingewiesen, dass das Absolute eigentlich nicht die ursprüngliche Identität, sondern das schlechthin Vollendete und Selbstbestimmende ist. Somit waren beide Auffassungen einander gegenüber gestellt. In der logischen Darstellung hat Hegel beide Auffassungen argumentativ verbunden. Das Absolute ist Einheit von Sein und Wesen. Unmittelbar ist es also als unbestimmte Identität zu denken, fortentwickelt jedoch als Ursache seiner selbst. Als Substanz ist das Absolute in seiner Bestimmung vollendet. Die Substanz ist jedoch das absolute Wesen, welches alles andere zum Relativen macht. Alles Bestimmte beruht also auf ihrer Grundlage, ist als Moment von deren Auslegung zu fassen, und so ist alles Endliche doch auf ihre ursprüngliche Einheit zurückzuführen. Beide Konzeptionen des Absoluten sind daher nicht entgegengesetzt, obschon die *causa sui* die endgültige Bestimmung des Absoluten ausmacht.

Zudem weicht Hegels Auffassung der Substanz ebenso sehr von Kants Darstellung in der *Kritik der reinen Vernunft* ab. Kant führt den schematisierten Begriff der Substanz in der ersten Analogie der Erfahrung ein. Die Substanz wird von ihm als *das Beharrliche* in allem Wechsel der Erscheinungen verstanden. Sie soll realer Ausdruck der Permanenz der Zeit sein, welche jede Änderung voraussetzt. Somit begreift Kant die Substanz als das Substratum, das bei allem Wechsel und aller Änderung gleich Bleibende. „Folglich ist das Beharrliche, womit in Verhältnis alle Zeitverhältnisse der Erscheinungen allein bestimmt werden können, die Substanz in der Erscheinung, d. i. das Reale derselben, was als Substrat alles Wechsels immer dasselbe bleibt."[138]

Indem Kant den Begriff der Substanz aus der Kontinuität der Zeit in allem Wechsel der Erscheinungen darstellt, identifiziert er eine Bedingung der Möglichkeit von Erkenntnis der Erscheinungen. Zugleich legt er aber auch die Vor-

---

[137] Enzyklopädie § 151 Z, TW 8, S. 297.
[138] KrV B 225 / A 182.

stellung eines verborgenen Dinges bei allem Wechsel zugrunde. Was man erkennt, sind die Änderungen der Erscheinungen; Bedingung dafür ist aber eine im Hintergrund bleibende, immer beharrende Substanz. Alles andere wären Akzidenzen von ihr, also die Art, wie das Dasein dieser Substanz positiv bestimmt ist. „Die Bestimmungen einer Substanz, die nichts andres sind, als besondere Arten derselben zu existieren, heißen *Akzidenzen*."[139]

Kant denkt also genauso wie Hegel, dass die stetigen Änderungen der Erscheinungen als Wechsel von Akzidenzen einer Substanz und die Akzidenzen als Ausdruck des Seins der Substanz anzusehen sind. Aber Hegel sieht hier wiederum von allem Bezug zu einem schon gegebenen und vorausgesetzten Gegenstand ab. Er denkt die Substanz als das, was sich durch seine Akzidentalität ausdrückt, und verbindet dies mit Spinozas Definition der Substanz sowohl als dem, was in sich ist und durch sich begriffen wird, als auch als *causa sui*. Von daher fasst Hegel einen neuen, man könnte sagen dynamischen Substanzbegriff. Die Substanz ist das Sich-Setzende (*causa sui*) und zwar das Sich-Setzende durch eine Totalität von Akzidenzen, welche Ausdruck ihrer selbst ist. Kant stellt das beharrende, zugrunde liegende Dasein der Substanz gerade am Wechsel der Akzidenzen dar. Und genauso fasst Hegel die Bewegung der Akzidentalität als Ausdruck der Einheit der Substanz; allerdings aber schreibt er der Substanz dabei eine aktive Rolle zu: Die Bewegung der Akzidentalität ist die *Aktuosität* der Substanz. Das Verhältnis zwischen Substanz und Akzidenzen ist eigentlich das Verhältnis der Substanz zu sich selbst.[140]

Die Substanz scheint und setzt sich in der Bewegung der Akzidentalität. Diese Bewegung ist seinslogisch betrachtet ein Werden oder wesenslogisch ein Umschlagen der Möglichkeit und Wirklichkeit „als Seyender ineinander".[141] Der Wechsel der Akzidenzen ist ein Übergehen von einem Dasein in ein Anderes. Weil das Sein aber Schein ist und das Übergehen des einen in ein anderes auch ein Scheinen ineinander ist, so ist der Wechsel der Akzidenzen ebenfalls Reflexion. „Die Bewegung der Acccidentalität stellt daher an jedem ihrer Momente das Scheinen der *Kategorien* des Seyns und der *Reflexionsbestimmungen* des Wesens in einander dar."[142] Alle bisherigen Entwicklungen der objektiven Logik sind daher in der Bewegung der Akzidenzen mitgemeint: Sowohl beispielsweise das Übergehen von Etwas in Anderes als auch das Zurückgehen der Verschiedenheit in die Entgegensetzung und schließlich in den Grund. Ebenfalls bedeutet dieser Akziden-

---

[139] KrV B 230 / A 130.
[140] Iber fasst diese Hegelsche Redefinition des Substantialitätsverhältnisses besonders prägnant auf: „Die reflexionslogische Reformulierung der traditionellen Unterscheidung von Substanz und Akzidenzen als Bestimmungen des Verhältnisses der Substanz zu sich selbst destruiert von Grund auf das traditionelle Paradigma der Substanz als eines widerstandslosen Substrats, *an dem* sich bloß der Wechsel der Akzidenzen vollzieht." Vgl. Christian Iber, „Übergang zum Begriff. Rekonstruktion und Überführung von Substantialität, Kausalität und Wechselwirkung in die Verhältnisweise des Begriffs", S. 53.
[141] GW 11, S. 394.
[142] Ebenda.

zenwechsel das Umschlagen der Modi der Wirklichkeit ineinander bis zur notwendigen Wirklichkeit.

Nun wird all dies als die Tätigkeit der Substanz begriffen. Die Substanz wurde von Spinoza passiv als formlose Grundlage ausgelegt. In Wahrheit ist sie aber Hegel zufolge *hervorbringend*. Die absolute Substanz setzt sich selbst durch die seiende, dynamische Mannigfaltigkeit des Seins und die Reflexionsbewegung des Wesens. Sie scheint dadurch und offenbart sich im Wechsel ihrer Akzidenzen. „Diese Bewegung der Acczidentalität ist die *Actuosität* der Substanz, als *ruhiges Hervorgehen ihrer selbst*."[143]

Die Akzidenzen sind Modi des Absoluten, also die Art und Weise seiner Manifestation. Aber sie sind nicht nur Modi. Sie sind Setzungen des Absoluten, oder das Absolute setzt sich selbst in seinen Akzidenzen. Aufgrund dessen handelt es sich nun nicht mehr um das bloß identische Absolute, um die identische Grundlage allen Seins und allen Wesens. Jetzt ist das Absolute in seinem wahrhaften Begriff vorhanden: Substanz, sich vermittelndes Sein, Ursache seiner selbst, wahrhaft Absolutes. Die setzende Tätigkeit ist es, welche die absolute Substanz ausmacht. Als Absolutes ist sie nicht bestimmt gegen ein Anderes, sondern nur gegen sich selbst. Die Akzidentalität ist daher ihr intern. Sie kann nicht als die von ihren Akzidenzen verschiedene und beharrende Grundlage gefasst werden. Die Totalität der Akzidenzen ist vielmehr unmittelbar die absolute Substanz. Und sie ist, weil sie, also die absolute Substanz, die Akzidenzen und damit sich selbst setzt. „Die Substanz als diese Identität des Scheinens ist die Totalität des Ganzen, und begreift die Acczidentalität in sich, und die Acczidentalität ist die ganze Substanz selbst. Der Unterschied ihrer in die *einfache Identität des Seyns,* und in den *Wechsel der Acczidenzen* an derselben ist eine Form ihres Scheins."[144]

Ihrem Begriff gemäß ist die Substanz eins mit ihren Akzidenzen. Wenn die Substanz durch die Totalität ihrer Akzidenzen sich setzt, so ist sie auch als *die absolute Macht* zu fassen. Der fließende Prozess des Wechselns der Akzidenzen ist das Produkt der absoluten Macht der Substanz. Sie bringt alles hervor, sowie sie alles untergehen lässt. Die Substanz manifestiert sich durch den Wechsel der Akzidenzen, denn dieser ist ihr Werk. Sie ist zerstörende Macht, wenn sie ein Dasein zugrunde gehen lässt. Sie übersetzt somit Wirklichkeit in Möglichkeit. Sie ist schaffende Macht, wenn sie etwas hervorbringt und es in die Welt setzt. Da übersetzt sie umgekehrt Möglichkeit in Wirklichkeit. Beides ist, wie Hegel zu Recht anmerkt, „identisch; das Schaffen zerstörend, die Zerstörung schaffend."[145] Denn die Entstehung einer Sache heißt das Vergehen von etwas anderem, genauso wie das Sterben des Alten die Geburt des Neuen bedeutet.

Das alles ist Produkt und Manifestation der absoluten Substanz und ihrer Macht. Sie ist somit schlechthin machtvoll. Ihr gegenüber ist alles andere ohnmächtig. „Die *Acczidenzen* als solche, – und es sind *mehrere,* indem die Mehrheit

---

[143] Ebenda.
[144] GW 11, S. 395.
[145] Ebenda.

eine der Bestimmungen des Seyns ist, – haben *keine Macht* über einander. [...] Insofern ein solches Acczidentelles über ein Anderes eine Macht auszuüben scheint, ist es die Macht der Substanz, welche beyde in sich begreift,"[146] Alle Macht der Akzidenzen untereinander als bloßer Modi der absoluten Substanz ist hingegen nur scheinbar, denn in Wahrheit ist allein die Macht der Substanz das, was zutage tritt. Im Hintergrund dieser Hegelschen Überlegung dürfte Diderots Kritik an Spinoza stehen. In der *Encyclopédie* nämlich weist Diderot auf eine Reihe von unsinnigen Widersprüchen hin, die ihm zufolge aus der Philosophie des Spinoza hervorgehen. Die Kritik stammt eigentlich nicht aus Diderot selbst, sondern er führt eine Variation des erstmals von Pierre Bayle und dann vom Marquis d'Argens verwendeten Arguments an. Im Grunde genommen besagt die Kritik: Da bei Spinoza alles Gott sei, folgen daraus die absurdesten Behauptungen, etwa dass Gott sich esse, lüge, töte usw. Dabei ist Diderots Formulierung jedoch die bekannteste und sicherlich von Hegel zur Kenntnis genommen worden:

> „Ainsi dans le système de Spinosa, tous ceux qui disent, les Allemands, ont tué dix mille Turcs, parlent mal & faussement, à moins qu'ils n'entendent, Dieu modifié en Allemand a tué Dieu modifié en dix mille Turcs; & ainsi toutes les phrases par lesquelles on exprime ce que font les hommes les uns contre les autres, n'ont point d'autre sens véritable que celui-ci, Dieu se hait lui-même, il se demande des graces à lui-même & se les refuse; il se persécute, il se tue, il se mange, il se calomnie, il s'envoie sur l'échafaud."[147]

Die Frage, inwiefern diese Darstellung Spinozas eigenem Denken gerecht wird, sprengt den Rahmen dieser Arbeit. Uns interessiert hier, dass Hegel Diderots Kritik assimiliert und das Argument in die Entwicklung der Substanz aufnimmt. Zur Logik der Denkbestimmung der Substanz gehört, dass sie ihre absolute Macht über ihre Akzidenzen ausübt. Den Akzidenzen hingegen kommt keine Macht zu. Ihr Wechsel sowie jedes Verhältnis zwischen ihnen ist allein die Manifestation der Substanz und somit das Verhältnis der Substanz zu sich selbst.

Mit der Bestimmung der absoluten Substanz als Macht gegen die Akzidenzen hat sich allerdings, genau besehen, eine Kluft aufgetan. Auf der einen Seite steht die Substanz als das aktive Beharrende, auf der anderen Seite die Totalität der Akzidenzen als das Gesetztsein. Die Einheit steht nun in der Mitte, also in der Macht der Substanz. Die Akzidenzen sind an sich Substanz, aber sie sind nicht gesetzt als Substanz. Die absolute Macht der Substanz über sie impliziert ihre absolute Ohnmacht. Sie sind an der Substanz oder sie sind nur Gesetztsein. Aber die Substanz ist sich vermittelndes Sein, Ursache ihrer selbst. Ihre Bestimmung besteht im Setzen ihrer selbst. Die Setzung einer Totalität von bloßen Akzidenzen reicht daher nicht aus. Denn sie sind eben Akzidenzen und deshalb selbst keine Substanz.

---

[146] Ebenda.
[147] Denis Diderot, Stichwort „Spinosa" in *Encyclopédie ou Dictionaire raisonné des sciences, des arts et des métiers, par une Société de Gens de lettres*. Nouvelle impression en facsimilé de la première édition de 1751-1780. Stuttgart, 1966, S. 464.

Die Substanz vollbringt ihre Bestimmung, indem sie sich selbst setzt. Sie setzt sich aber nicht vollkommen in den Akzidenzen. Wenn sie Sein schlechthin als Reflexion ist, also wenn sie Ursache ihrer selbst ist, so ist ihre Reflexion allein *eine andere* Substanz.[148] Die Einheit des Seins und des Wesens im Absoluten als Sein, das ist, weil es ist, führt also zu einer Doppelung. Ist die absolute Substanz Ursache ihrer selbst, dann bedeutet ihre Selbstsetzung eine Spaltung in zwei Substanzen.

Es ist nicht nur vorhanden, dass die Substanz Akzidenzen *hat*. Sie hat Akzidenzen; aber darüber hinaus *setzt* sie diese durch ihre absolute Macht. Die Akzidenzen sind also an sich die Substanz, denn sie sind nichts von ihr Getrenntes, und sie sind auch von ihr gesetzt. Ihnen gegenüber ist die Substanz das Setzende und das Ursprüngliche. Doch auf diese Weise, argumentiert Hegel, geht das Substantialitätsverhältnis in das Kausalitätsverhältnis über. Der Gedanke einer Substanz schließt ja die Akzidentalität als die Setzung der Substanz durch sich selbst ein. Wenn die Bestimmung der Substanz es ist, Ursache ihrer selbst zu sein, so ist darin enthalten, dass sie sich selbst setzt. Die Akzidenzen müssen also die Substanz als Gesetztes sein. Der gesetzten Substanz aber steht die setzende, ursprüngliche Substanz gegenüber. Es bleibt nur noch zu erkennen, dass es sich hier um eine Ur-Substanz und eine gesetzte Substanz handelt: eine Ursache und ihre Wirkung, die selbst Substanz ist.

Der Übergang vom Substantialitäts- zum Kausalitätsverhältnis ist allerdings nur möglich, wenn man das erste nicht als das Verhältnis zwischen einer unbestimmten, identischen Grundlage und den ihr inhärierenden Akzidenzen auffasst. Dieses letzte Verhältnis entspricht der Denkbestimmung des Dinges und seiner Eigenschaften. Im Gedanken der Substanz und der Akzidenzen ist hingegen etwas anderes vorhanden. Die Substanz ist nicht einfach das den Akzidenzen Zugrundeliegende. Sie ist sich vermittelndes Sein, Einheit von Sein und Wesen. Sie ist Sein, das ist, weil es ist. Das Sich-Selbst-Setzen ist darin das Wesentliche. Die Pointe ist daher nicht, dass die Substanz Akzidenzen *hat*, sondern dass sie sich durch ihre Akzidenzen *setzt*. Das ist ihre erste, unmittelbare Bestimmung. Indem man aber die Totalität der Akzidenzen als die durch sich selbst gesetzte Substanz begreift, wie sie nach der eigentlichen Bestimmung der Substanz gedacht werden soll, versteht sich, dass es sich in Wahrheit nicht bloß

---

[148] Die Totalität der Akzidenzen, weil sie die Manifestation und das Gesetztsein der Substanz ausmacht, muss daher eine andere Substanz sein: die Wirkung, als gesetzte Substanz einer handelnden Substanz. Auf einer ähnlichen Weise erläutert in der Literatur Friedrike Schick den Übergang von der Substantialität in die Kausalität. Schick stellt die These auf, dass die Substanz im Wechsel ihrer Akzidenzen ihre Einheit nicht zeigen könne. Denn in jedem Wechsel offenbare sich nur die Zufälligkeit einer konkreten Akzidenz gegen eine andere, aber nicht ihren Charakter von Akzidenzen einer Substanz, die identisch mit sich beharren würde. Die Substanz komme daher so nicht zu ihrer Verwirklichung. Die Dialektik von Substanz und Akzidenzen hat deshalb Schick zufolge die Forderung ergeben, „in den Gedanken der substantiellen Einheit das Moment der *Selbstdifferenzierung* einzuführen." Friedrike Schick, *Hegels Wissenschaft der Logik – metaphysische Letztbegründung oder Theorie logischer Formen?* Freiburg, München, 1994, S. 165.

um Akzidenzen handelt, sondern um die eigene Reflexion der Substanz, die von der Substanz gesetzte Substanz, unter denen die eine also Ursache, die andere Wirkung ist.

Greift man den Gedanken der Substanz in seiner eigentlichen Bestimmung auf und denkt man ihn zu Ende, dann muss man einsehen, dass er in die Zweiheit führt. Die eine, absolute Substanz entzweit sich. Das Eine, das All-Eine, das Absolute oder die absolute Substanz führt in das Relative, das Kausalitätsverhältnis. Bereits hier beginnt, zumindest teilweise, die Widerlegung der Metaphysik des Absoluten. Die monistische Metaphysik kann nicht umhin, sich die Tatsache einzugestehen, dass ihr Grundgedanke – das eine Absolute als Ursache seiner selbst und substantielle Grundlage von allem – sich in zwei Substanzen spaltet. Offen bleibt nur die Möglichkeit einer Wiedervereinigung, in welcher sich die Einheit des Absoluten erhält. Die Wiederherstellung der Einheit könnte in der Denkbestimmung der Wechselwirkung stattfinden. Immerhin bleibt diese Möglichkeit offen. Deshalb muss man nun noch die Entwicklung vom Kausalitätsverhältnis hin zur Wechselwirkung betrachten und erwägen, ob und inwiefern von einer Wiederherstellung der Einheit des Absoluten die Rede sein kann.

3.4.2 Das Kausalitätsverhältnis

Das Substantialitätsverhältnis ist zum Kausalitätsverhältnis fortgegangen. Auf der einen Seite steht nun eine Ursache, auf der anderen Seite eine Wirkung. Das bloße Verhältnis von Ursache und Wirkung nennt Hegel *formelles Kausalitätsverhältnis*. Im Unterschied dazu wird später auch ein bestimmtes oder reelles Kausalitätsverhältnis folgen.

Die Wirkung ist, was vorhin die Akzidenzen waren. Aber sie ist nun eine Substanz und zwar eine gesetzte Substanz. Sie ist also mit sich identisch, nicht verschwindend; zugleich ist sie aber Gesetztsein. In der Wirkung, erläutert Hegel, kommt die Ursache völlig zur Manifestation.

> „Diese [die Wirkung, R. A.] ist also *erstlich* dasselbe, was die Acccidentalität des Substantialitätsverhältnisses ist, nemlich die Substanz als *Gesetztseyn;* aber *zweytens* ist die Acccidenz als solche substantiell nur durch ihr Verschwinden, als übergehendes; als Wirkung aber ist sie das Gesetztseyn als mit sich identisch; die Ursache ist in der Wirkung als ganze Substanz manifestirt, nemlich als an dem Gesetztseyn selbst als solchem in sich reflectirt."[149]

Eine ähnliche Überlegung zur Manifestation der Substanz in einer von ihr hervorgebrachten Wirkung enthält bereits Kants Darlegung der Kausalität in der zweiten Analogie der Erfahrung. Dort bezeichnet Kant das Verhältnis der Ursache zur Wirkung als „Handlung". Er behauptet, dass man aus der Handlung, also

---

[149] GW 11, S. 397.

aus dem Kausalitätsverhältnis, auf die Beharrlichkeit des Handelnden schließen könne. Die Wirkung besteht in einem Geschehen, daher in einem Wandelbaren. Dieser Wechsel kommt durch *actio* einer Kausalität zustande, d. h. er hat eine Ursache. Die Ursache selbst kann nicht auch ein Wandelbares sein, denn sonst wäre sie keine Ursache, und man müsste ebenso eine Handlung für dieses Wandelbare suchen. Sie muss also beharren, in anderen Worten, sie muss Substanz sein. Aus dem Wechsel schließt man auf die Beharrlichkeit der Ursache. Die handelnde Substanz behauptet ihre Beharrlichkeit, indem sie etwas anderes wechseln macht. Die Ursache handelt auf die Wirkung, sie verändert einen Zustand und erweist sich eben dadurch als Substanz. Die Handlung beweist die Substantialität des Handelnden.

> „Weil nun alle Wirkung in dem besteht, was da geschieht, mithin im Wandelbaren, was die Zeit der Sukzession nach bezeichnet: so ist das letzte Subjekt desselben *das Beharrliche*, als das Substratum alles Wechselnden, d. i. die Substanz. Denn nach dem Grundsatze der Kausalität sind Handlungen immer der erste Grund von allem Wechsel der Erscheinungen, und können also nicht in einem Subjekt liegen, was selbst wechselt, weil sonst andere Handlungen und ein anderes Subjekt, welches diesen Wechsel bestimmete, erforderlich wären. Kraft dessen beweiset nun Handlung, als ein hinreichendes empirisches Kriterium, die Substantialität".[150]

Offensichtlich hat Hegel Kants Argumentation im Auge. Was er aber zusätzlich zu Kant leistet, ist die logische Verbindung, der Übergang vom Substantialitäts- zum Kausalitätsverhältnis. Ist die Akzidentalität die Manifestation der Substanz, worin diese ihre Macht zeigt, so ist da inbegriffen, dass die Substanz das Handelnde, das Aktive und die Akzidentailität das Passive ist. Das Verhältnis zwischen Substanz und Akzidenzen geht in die Kausalität über, weil der Gedanke der Substanz das Hervorbringen, also die Ursächlichkeit mit einschließt. Sie bringt eine Veränderung hervor, die einer anderen Substanz als ihre Selbstreflexion inhäriert.

Die Substanz manifestiert sich und setzt eine Wirkung. Somit wird sie zur Ursache. Sie steht für die nicht gesetzte Substanz, d. h. für die ursprüngliche Sache. „Die Ursache hat als die *ursprüngliche Sache* die Bestimmung von absoluter Selbständigkeit und einem sich gegen die Wirkung erhaltenden Bestehen."[151] Die Substanz hat nur ihre völlige Wirklichkeit als Ursache. Aber darüber hinaus ist ihre Wirklichkeit nicht sie als Ursache, sondern erst ihre Wirkung. Die Ursache ist wirkende – und weil Wirklichkeit Hervorbringen ist, auch wirkliche – Substanz. Sie setzt die Wirkung. Die Wirkung ist ihrerseits „das Andere der Ursache, das Gesetztseyn gegen das Ursprüngliche und durch dieses *vermittelt*."[152]

Aber die Ursache ist die weiter entwickelte Substanz. Die Bestimmung der Substanz war das Sich-Selbst-Setzen. Die Ursache ist daher nur Ursache und iden-

---

[150] KrV B 251 / A 205, 206.
[151] Enzyklopädie § 153 A.
[152] GW 11, S. 398.

tisch mit sich, indem sie sich setzt. Sie muss wirken, und ihre Wirkung stellt ihre Verwirklichung dar. „Die Ursache ist daher erst in ihrer Wirkung das wahrhaft Wirkliche und mit sich identische. – Die Wirkung ist daher *nothwendig*, weil sie eben Manifestation der Ursache, oder diese Nothwendigkeit ist, welche die Ursache ist."[153] Noch einmal geht Hegels Argumentation auf den Begriff der absoluten Notwendigkeit zurück. Die Ursache ist die Weiterentwicklung der Substanz, diese ist aber wesentlich *causa sui* – sich selbst setzende Macht. *Formell* kann man also Ursache und Wirkung getrennt halten: Die eine ist das Ansichsein, die andere das Gesetztsein. Doch ihrer Bestimmung nach ist die Ursache erst solche in ihrer Wirkung. Denn sie ist sich selbst setzende Macht, wirkende Kraft. Erst in ihrer Wirkung ist sie eigentlich Einheit von Setzen und Gesetztsein und daher identisch mit sich. *Inhaltlich* sind daher Ursache und Wirkung identisch. „*Die Wirkung enthält daher überhaupt nichts, was nicht die Ursache enthält*. Umgekehrt *enthält die Ursache nichts, was nicht in ihrer Wirkung ist*."[154] Oder auch in der *Enzyklopädie*: „Es ist kein Inhalt, insofern wieder von einem bestimmten Inhalte die Rede sein kann, in der Wirkung, der nicht in der Ursache ist."[155]

Die einfache formelle Unterscheidung zwischen Ursache und Wirkung löst sich in Luft auf. Denn die Ursache besteht im Wirken; die Wirkung wiederum im Bewirktsein. Beide Bestimmungen gehen ineinander über. Die Ursache muss wirken, sie wirkt und ist allein Wirken. Ihre Wirklichkeit ist ihre Wirkung. Die Wirkung wiederum ist nur Wirkung in Bezug auf ihre Ursache. Die Ursache ist erst und allein Ursache, wenn und insofern sie eine Wirkung hat. Die Wirkung ist erst und allein Wirkung, wenn und insofern sie eine Ursache hat. Hegel drückt diese Überlegung am deutlichsten aus: „In der Ursache als solcher selbst liegt ihre Wirkung, und in der Wirkung die Ursache; insofern die Ursache noch nicht wirkte, oder insofern sie aufgehört hätte zu wirken, so wäre sie nicht Ursache; – und die Wirkung, insofern ihre Ursache verschwunden ist, ist nicht mehr Wirkung, sondern eine gleichgültige Wirklichkeit."[156]

Die formelle Unterscheidung zwischen Ursache und Wirkung hat sich aufgrund der inhaltlichen Identität von beiden als ungültig ergeben. Hegel hat aufgezeigt, dass sie trivial ist. Denn sie trifft nicht den Inhalt, sondern bleibt ihm äußerlich. Beide Bestimmungen, Ursache und Wirkung, „erlöschen" in der Kausalität. Die Ursache hört in ihrer Wirkung auf zu bestehen: Der Augenblick, in dem sie anfängt zu wirken und daher Ursache ist, ist der Augenblick, in dem sie abstirbt. Die Wirkung ihrerseits vergeht, sobald sie entstanden ist. Denn sie hat nur Sinn und Bestand als Wirkung einer Ursache und verliert zugleich mit dieser ihre Gültigkeit. Die formelle Kausalität kann den bestimmten Inhalt nicht fassen.

---

[153] Ebenda.
[154] Ebenda.
[155] Enzyklopädie § 153 A.
[156] GW 11, S. 398.

3.4.2.1 Das bestimmte Kausalitätsverhältnis

Die Kausalität subsumiert einen und denselben Inhalt unter zwei ihm äußerliche Formen: Ursache und Wirkung. Man betrachte nun die reale Kausalität. Sie betrifft reale, bestimmte Sachen. Aus der Betrachtung der Kausalitätsform geht die Auffassung der Kausalität als bloßer Formwechsel hervor. Ein gegebener Inhalt ändert nur seine Form, bleibt dabei aber identisch mit sich selbst. Man hat daher nicht zwei Sachen, sondern nur eine, die durch unterschiedliche Formen verläuft. Denn die Identität des Inhalts bleibt erhalten. Die Feststellung eines kausalen Zusammenhanges ist der Sache nach eine Tautologie: „Durch diese *Identität des Inhalts* ist diese Causalität ein *analytischer* Satz. Es ist *dieselbe Sache*, welche sich das einemal als Ursache, das anderemal als Wirkung darstellt."[157]

Hegel hebt die Tautologie des Kausalitätsverhältnisses sowohl in der *Wissenschaft der Logik* als auch an den entsprechenden Stellen der *Enzyklopädie* mehrmals hervor. Es handelt sich daher keineswegs um eine einmalige übertriebene bzw. ungeschickte Ausdrucksweise von ihm, sondern um eine ganz bewusste These. Es ist die eine und selbe Substanz, welche den Formwechsel von Ursache zur Wirkung durchläuft. Als ein Moment des absoluten Verhältnisses stellt das Kausalitäts- genauso wie das Substantialitätsverhältnis die Beziehung der einen und selben Sache zu sich selbst dar. Es gibt nichts an der Ursache, was nicht an der Wirkung wäre, und nichts an der Wirkung, was schon nicht an der Ursache vorhanden ist. Die Kausalität ist im Grunde genommen die Entfaltung der Bestimmung der Substanz als sich setzendes Sein. Die Ursache ist an sich Substanz, daher Ursache ihrer selbst. Weil sie fixiert in ihrem Unterschied zur Wirkung sich auch noch als mit ihrer Wirkung identisch ergeben hat, ist die Ursache ebenfalls für sich selbst Ursache ihrer selbst. „In der Wirkung ist erst die Ursache wirklich und Ursache. Die Ursache ist daher an und für sich *causa sui*."[158]

Die Zurückführung des Kausalitätsverhältnisses auf den Begriff der *causa sui* ist aber nicht wunderlich – zumindest nicht, wenn man Hegels vorangegangene Darlegungen überschaut. Schließlich sind Substantialitäts- und Kausalitätsverhältnis Entfaltungen der Denkbestimmung „absolute Notwendigkeit". Die absolute Notwendigkeit ist das absolute Verhältnis der Selbstreflexion des Seins. Das sich vermittelnde Sein ist aber nicht bloß Sein, sondern Substanz; deren Bestimmung ist, Ursache ihrer selbst zu sein. Die Entwicklung der Selbstreflexion der einen identischen Substanz führt zur Kausalität und die Entfaltung der Kausalität zeigt, dass sie den Formwechsel und daher die Selbstreflexion der einen und selben Sache darstellt. Was schon an sich war, aber auch als gesetzt gedacht werden muss – das hat Hegel jetzt aufgezeigt.

Man kann Hegel zufolge diese Identität von Ursache und Wirkung in jedem realen Fall von Kausalität feststellen. Gehen wir dazu Hegels Beispielen nach. Im ersten Beispiel ist der Regen Ursache der Feuchtigkeit.

---

[157] GW 11, S. 399.
[158] Enzyklopädie § 153 A.

„Der Regen z.B. ist Ursache der Feuchtigkeit, welche seine Wirkung ist; – der Regen macht naß, diß ist ein analytischer Satz; dasselbe Wasser, was der Regen ist, ist die Feuchtigkeit; als Regen ist diß Wasser nur in der Form einer Sache für sich, als Wässerigkeit oder Feuchtigkeit dagegen ist es ein adjectives, ein gesetztes, das nicht mehr sein Bestehen an ihm selbst haben soll; und die eine Bestimmung, wie die andere ist ihm äusserlich."[159]

‚Weil es geregnet hat, ist heute alles nass'. Es ist Hegel zufolge klar, dass der Inhalt in beiden, der Ursache und der Wirkung, derselbe ist, nämlich Wasser, einmal in Form von Regen, das andere Mal als Feuchtigkeit, und dass diesem Inhalt beide Bestimmungen äußerlich sind. In der Form von Regen ist das Wasser ein Selbständiges, während in der Form von Feuchtigkeit es an einem anderen ist, ein Gesetztes. In beiden Fällen handelt es sich allerdings schließlich um Wasser: ob getrennt oder an etwas anderem ist eine Unterscheidung, die am Wasser selbst nicht liegt.

Das zweite Beispiel lautet, das Pigment (eine farbgebende Substanz) sei die Ursache einer Farbe. Hier hat man es wiederum mit demselben Inhalt zu tun, der zwei ihm äußerliche Formen annimmt. Die Ursache ist die Farbe, und die Wirkung ist ebenfalls die Farbe. Die Farbe ist in beiden, dem Pigment und der Wirkung vorhanden, einmal als aktives und ein andermal als passives Element, einmal als Färbendes, ein andermal als Gefärbtes. Die Bestimmungen der Ursache und Wirkung sind so auch in diesem Fall äußerlich. Es geht um „eine und dieselbe Wirklichkeit [...], das einemal in der ihm äusseren Form eines thätigen, das heißt, mit einem von ihm verschiedenen Thätigen äusserlich verbunden, das andremal aber in der ihm ebenso äusserlichen Bestimmung einer Wirkung."[160]

Drittes Beispiel: Eine Tat ist die in einem äußerlichen Dasein verwirklichte Wirkung der inneren Gesinnung eines Subjektes. Derselbe Inhalt ist auf der einen Seite in der Absicht eines Subjektes und auf der anderen Seite in einem äußerlichen Dasein.

Schließlich gibt Hegel ein viertes Beispiel: Die Bewegung eines Körpers ist die Wirkung einer stoßenden Kraft. Aber dasselbe Quantum von Bewegung ist vor und nach dem Stoß vorhanden. Denn der Stoß teilt die Bewegung des einen Körpers dem anderen mit, wobei der erste so viel Bewegung mitteilt, wie er verliert. Die Bewegung ist das Identische, einmal als Ursache, das andere Mal als Wirkung.

Sieht man genauer hin, so entdeckt man, dass Hegel mit seiner Argumentation Humes Auffassung des Kausalitätsproblems umgedreht hat. Für Hume lag das Problem der Kausalität in der Verbindung zweier an sich völlig verschiedener Ereignisse. Man beobachtet ihre Reihenfolge in der Zeit und schließt daraus um der Gewohnheit willen einen kausalen Zusammenhang: Das erste ist Ursache des zweiten. Hegel dreht die Sache um. Die Kausalität besteht nicht in der Verbindung zweier unterschiedlicher Substanzen oder Ereignisse, sondern in der

---

[159] GW 11, S. 399.
[160] Ebenda.

Auffassung der einen und selben Sache unter zwei verschiedener Formen. Die Farbe ist eine und dieselbe, aber sie wird in zwei verschiedenen Formen gefasst: das eine Mal an einem Tätigen, das andere Mal an einem Passiven. Der Träger wechselt, aber der Inhalt bleibt. Genauso wird im ersten Beispiel das Wasser unter zwei ihm äußerlichen Formen gefasst: als Tropfen und als Feuchtigkeit, zwei unterschiedlichen Zuständen, die nichts am Wasser ändern. Das letzte Beispiel ist wohl am deutlichsten: Dieselbe Bewegung durchläuft verschiedene Körper. Sie ist die zugrunde liegende Identität von Ursache und Wirkung.

Hegels Pointe liegt in einer strikten Betrachtung dessen, was Ursache und Wirkung ausmacht. Ein stoßender Körper ist die Ursache der Bewegung eines anderen Körpers. Aber genauer genommen ist der stoßende Körper nur Ursache, insofern er ein bestimmtes Quantum von Bewegung trägt. Genauso ist der gestoßene Körper nur Wirkung, insofern er jenes Quantum von Bewegung übernimmt und dann in sich trägt. Beide Körper sind sonst grün oder blau, aus Holz oder Stein oder sonstigem Material, Naturkörper oder das Produkt menschlicher Arbeit: Sie stellen jedoch eine Ursache und eine Wirkung nur dar, insofern sie eine bestimmte Bewegung tragen. Und insofern sie Ursache und Wirkung sind, sind sie in der Tat eine und dieselbe Sache. Dass ein weiterer, zusätzlicher Inhalt Ursache und Wirkung begleitet, ändert Hegel zufolge nichts.

> „Die Ursache, z.B. der Mahler oder der stossende Körper hat wohl *noch einen andern* Inhalt, jener, als die Farben und deren sie zum Gemählde verbindende Form; dieser, als eine Bewegung von bestimmter Stärke und Richtung. Allein dieser weitere Inhalt ist ein zufälliges Beywesen, das die Ursache nichts angeht; was der Mahler sonst für Qualitäten enthält, abstrahirt davon, daß er Mahler dieses Gemähldes ist, diß tritt nicht in dieses Gemählde ein."[161]

Ebenso wenig ändert sich etwas an dieser Tautologie der Kausalität, wenn man für eine Wirkung anstatt die nächste Ursache eine ganze Reihe von Ursachen angibt. Dass man für die Feuchtigkeit den Regen als Ursache, für diese noch eine Temperaturabnahme von feuchter Luft nennt, ist dem Inhalt ebenso gleichgültig. Es ist schließlich Wasser, sei es Regen oder Dampf. Ferner ist die Kausalitätsbeziehung auch nicht weniger analytisch, wenn man ein Geschehen als Wirkung eines Zusammenhangs von mehreren Ursachen betrachtet. Es ist dieselbe zugrunde liegende Sache, welche von ihren Formveränderungen und -verwandlungen versteckt wird. Die Ursache mag einfach oder mannigfaltig sein – ihr Inhalt ist immer identisch mit dem der Wirkung.

Der analytische Charakter der Kausalität geht, wie vorhin erwähnt, auf den Begriff der absoluten Notwendigkeit zurück. Die Substanz ist sich selbst setzendes Sein und ihre Selbstreflexion wird nicht in den Akzidenzen, wie sie zuerst zu betrachten waren, sondern im Kausalitätsverhältnis vollzogen. Es wundert also

---

[161] GW 11, S. 400.

nicht, dass die Kausalität, wie wir vorher bemerkt haben, von Hegel gefasst wird als das, was sie schon war – das Verhältnis der einen Substanz zu sich selbst.

Aber diese Überlegungen haben wichtige Konsequenzen für die spekulative Philosophie. Sie betreffen vor allem Hegels Realphilosophie. Denn die Feststellung der Tautologie im Kern des Kausalitätsverhältnisses schließt eine Anwendung desselben auf lebendige Natur- und Geistesphänomene weithin aus. Eine solche Anwendung bezeichnet Hegel als *unstatthaft*, d. h. unzulässig, nicht legitim. „Dann hauptsächlich ist noch die *unstatthafte Anwendung* des Causalitätsverhältnisses auf *Verhältnisse des physisch-organischen* und *des geistigen Lebens* zu bemerken."[162] Das Schema von Ursache und Wirkung kann weder das ganze natürliche noch gar das geistige Leben fassen. Denn in diesen Fällen ist jene Tautologie nicht feststellbar. Das Wesentliche an der Kausalität liegt an der *Kontinuität* der Ursache in ihre Wirkung. Die Wirkung setzt den vorhin als Ursache vorhandenen Inhalt in einer anderen Form fort. Diese Kontinuität der Kausalkette findet aber im geistigen und natürlichen Leben als solchem nicht statt. Das ist der Grund, weshalb die Anwendung des Kausalitätsverhältnisses dort nicht trifft.

Im Lebendigen spiegelt sich die Ursache nicht in ihrer Wirkung. Der Organismus zeichnet sich Hegel zufolge dadurch aus, dass er jede Ursache in sich integriert und dadurch verwandelt. Der Inhalt der Ursache besteht nicht weiterhin in der Wirkung, wie die Bewegung von einem Körper zu einem anderen *übertragen* wird. Der Organismus *assimiliert* die Ursache und wandelt dadurch den Inhalt um. Er lässt daher die Ursache nicht in der Wirkung weiter bestehen, sondern vernichtet sie.

> „Hier zeigt sich das, was als Ursache genannt wird, freylich von anderem Inhalte als die Wirkung, *darum aber*, weil das, was auf das Lebendige wirkt, von diesem selbständig bestimmt, verändert und verwandelt wird, *weil das Lebendige die Ursache nicht zu ihrer Wirkung kommen läßt*, das heißt, sie als Ursache aufhebt. So ist es unstatthaft gesprochen, daß die Nahrung die *Ursache* des Bluts, oder diese Speisen oder Kälte, Nässe, *Ursachen* des Fiebers u.s.fort seyen."[163]

Die Assimilation im Organismus heißt gerade die Umwandlung – etwa der aufgenommenen Nährstoffe in dem Organismus eigentümliche Stoffe. Der Inhalt der Ursache wird vom Organismus angeeignet und verwandelt, so dass die irrtümlich sogenannte Wirkung mit der Ursache nichts Bestimmtes mehr zu tun hat. Dieser Prozess von Verwandlung und Verdauung lässt sich mit Kausalitätsbestimmungen allein nicht fassen.

Genauso wenig ist das geistige Leben unter dem Schema der Kausalität zu verstehen. Denn in die Sphäre des Geistes kann nichts eindringen, was nicht schon Geist ist. Die Kontinuität, welche die Kausalität ausmacht, findet hier auch nicht

---

[162] Ebenda.
[163] Ebenda.

statt. Im Geistigen bestehen die Kausalketten nicht einfach so fort, sondern sie werden ebenfalls abgebrochen und verwandelt.

> „Die Natur des Geistes ist es aber noch in viel höherem Sinne als der Charakter des Lebendigen überhaupt, vielmehr nicht ein *anderes ursprüngliches in sich aufzunehmen,* oder nicht eine Ursache sich in ihn continuiren zu lassen, sondern sie abzubrechen und zu verwandeln. – Welche Verhältnisse aber der *Idee* angehören und bey ihr erst zu betrachten sind."[164]

Aus dieser Stelle lässt sich entnehmen, dass die Natur des Geistes das Gegenteil eines Kausaldeterminismus bedeutet. Vielmehr ist das Geistige für externe Kausalitätsverhältnisse undurchdringlich. Seine Natur liegt darin, als Ursprüngliches nichts als sich selbst anzunehmen. Hier ist nicht der Ort, um auf Hegels Verständnis von Leben sowie von Natur und Geist einzugehen. Es genügt, nun darauf aufmerksam zu machen, dass die Analyse der Kausalität die Ablehnung ihrer Anwendung auf genuin geistige und organische Lebensverhältnisse impliziert. Solche Verhältnisse, bemerkt Hegel an der zitierten Stelle, gehören der Idee an, wobei man hiermit durch Ausschlussverfahren eine gewisse Auskunft über die Hegelsche Sytemphilosophie insgesamt gewonnen hat. Ist die Hegelsche Systemphilosophie im Allgemeinen die Erkenntnis der Idee zuerst im Element des Denkens und dann in Natur und Geist, dann liegt ihr Interesse nicht an der Erfassung von kausalen Zusammenhängen.

Es ist die der Kausalität zugrunde liegende Tautologie, welche ihre Anwendung für die Erkenntnis des Lebens ausschließt. Denn der eine identische Inhalt stellt, wie man gesehen hat, das Kausalitätsverhältnis durch zwei Formbestimmungen, Ursache und Wirkung dar. Doch das ist in der Logik des Wesens nicht das letzte Wort, sondern die Dialektik der Kausalität setzt sich fort. Die Formbestimmungen von Ursache und Wirkung schließen auch Inhaltsbestimmungen ein. Oder auf der Seite der Ursache und auf der Seite der Wirkung sind jetzt in einer anderen Hinsicht doch verschiedene Inhalte vorhanden. „Die *Formbestimmung* ist auch *Inhaltsbestimmung*; Ursache und Wirkung, die beyden Seiten des Verhältnisses, sind daher auch ein *anderer Inhalt*. Oder der Inhalt, weil er nur als Inhalt einer Form ist, hat ihren Unterschied an ihm selbst und ist wesentlich verschieden."[165]

Es wurde vorher erwähnt, dass sowohl Ursache als auch Wirkung einen weiteren Inhalt haben können, der jedoch für ihre Betrachtung als Ursache und Wirkung zunächst wegfällt. Nun aber kommt es auf die Betrachtung dieser Verschiedenheit des Inhaltes an, welche der Formunterscheidung der Kausalität entspricht. So stehen auf beiden Seiten zwei Existenzen, zwei Dinge, die das Substrat vieler Bestimmungen sind, unter anderem derjenigen, Ursache bzw. Wirkung zu sein. Der eine und selbe Inhalt der Kausalität liegt aufgrund des Formunterschiedes

---

[164] GW 11, S. 400f.
[165] GW 11, S. 401.

an unterschiedlichen Substraten. Und jedes dieser Substrate ist daher dem Kausalitätsverhältnis gegenüber ein äußerlicher Inhalt. Es handelt sich um irgendein Ding mit verschiedenen Eigenschaften. In irgendeiner Rücksicht, wie Hegel es ausdrückt, ist dieses Ding Ursache oder auch Wirkung.

Insofern also Ursache und Wirkung zusätzlich noch getrennten Substanzen inhärieren, ist ein inhaltlicher Unterschied feststellbar. Es handelt sich um die Substrate von Ursache und Wirkung, und insofern diese an ihren getrennten Substraten bestehen, sind sie getrennt. Das Ding ist also Substrat, eine endliche Substanz, die in irgendeiner Hinsicht Ursache oder auch Wirkung ist. Diese Tatsache aber, nämlich, dass sie Ursache oder Wirkung ist, trifft auf sie nicht wesentlich zu. Ihre Kausalität ist ihr äußerlich. Sie trägt sie nur, oder die Kausalkette setzt sich *durch sie* fort. Die Kausalität gehört zu dieser Substanz nicht; diese dient nur als Träger oder Medium, wodurch die Kausalität sich ausbreitet. „Das Wirken dieser Substanz fängt daher von einem äusseren an, befreyt sich von dieser äusseren Bestimmung, und seine Rückkehr in sich ist die Erhaltung seiner unmittelbaren Existenz und das Aufheben seiner gesetzten, und damit seiner Causalität überhaupt."[166]

Stellte die Kausalität zunächst einmal die Selbstreflexion der einen Substanz dar, so verhält es sich nun gerade umgekehrt. Die Kausalität ist dieser Substanz fremd. Sie kommt von außen her und wird nach außen übertragen. Die Substanz kehrt nach dem Wirken in ihre Unmittelbarkeit zurück. Ursache zu sein war ihr äußerlich, und diese äußerliche Bestimmung abzugeben, heißt für sie deshalb eine Befreiung. So war vorhin der Körper, der sich bewegte und gegen den anderen stieß, Ursache, und die Bewegung des anderen Wirkung. Beide Körper sind nun genauer gesehen Träger von Bewegung. Der erste Körper besteht nach dem Kausalitätsverhältnis weiter. Ursache zu sein war ihm äußerlich. „Weil seine unmittelbare Existenz getrennt ist von seiner Formbeziehung, nemlich der Causalität, so ist diese ein *äusserliches*; seine Bewegung, und die Causalität, die ihm in ihr zukommt, ist an ihm nur *Gesetztseyn*."[167]

Aus dieser Dialektik der bestimmten Kausalität leitet nun Hegel den unendlichen Progress und Regress von Ursache und Wirkung ab. Die Kausalität liegt an der Entzweiung der einen Substanz in einem Ansichsein und einem Gesetztsein. Diese Trennung gehört erst einmal nur der Form an. Formell sind Ursache und Wirkung verschieden, inhaltlich aber waren sie die eine und selbe Substanz. Dem Inhalt nach sind also Ursache und Wirkung identisch aber, wohl bemerkt, nur insofern sie Ursache und Wirkung sind. Der Formunterschied wird allerdings von zwei verschiedenen Substanzen getragen, die sonst etwas anderes als nur Ursache und Wirkung sind. Ihnen ist die Kausalität äußerlich, doch zugleich werden beide Kausalitätsbestimmungen, nämlich Ansichsein und Gesetztsein, in ihnen vereinigt. Denn die endliche Substanz ist Ursache, aber auch Wirkung einer anderen.

---

[166] GW 11, S. 402.
[167] Ebenda.

Der Kausalregress fängt mit einer Wirkung an und fragt nach ihrer Ursache. Stellt man die Ursache fest, so stellt sich wieder die Frage, welche Ursache diese habe. Das, was als Ursache erkannt wird, ist aufgrund dessen notwendigerweise zugleich als Wirkung anzusehen. Dies liegt Hegel zufolge an der Endlichkeit dieser Bestimmungen:

> „Warum hat die Ursache wieder eine Ursache? das heißt, warum wird *dieselbe Seite*, die vorher *als Ursache* bestimmt war, nunmehr als *Wirkung* bestimmt und damit nach einer neuen Ursache gefragt? – Aus dem Grunde, weil die Ursache ein *endliches, bestimmtes* überhaupt ist; bestimmt als Ein Moment der Form gegen die Wirkung; so hat sie ihre Bestimmtheit oder Negation ausser ihr; eben damit aber ist sie selbst *endlich*, hat *ihre Bestimmtheit an ihr* und ist somit *Gesetztseyn* oder *Wirkung*."[168]

Als Ursache wird eine endliche Substanz festgestellt. Weil sie endlich ist, hat sie ihre Bestimmtheit außer ihr. Die Ursache wird also durch ein Anderes bestimmt. Sie ist deshalb Gesetztsein oder Wirkung. Denn sie, als endliche Ursache, ist nicht Ursache ihrer selbst. Sie verweist auf eine andere Ursache, sie selbst erweist sich als Wirkung. Gerade weil sie Ursache eines Anderen ist, ist sie zugleich die Wirkung eines Anderen.

Gleichermaßen ergibt sich ein unendlicher Progress von Wirkung zu Wirkung. Die Wirkung kommt an ein Substrat, eine Substanz. Dadurch, dass diese Substanz eine Wirkung ist, *hat* sie auch eine Wirkung. Sie verhält sich als Ursache und erzeugt eine andere Wirkung aus sich. Die Kausalität verliert sich in einem unendlichen Progress von Wirkungen.

Die Ursache hat eine Wirkung und ist zugleich eine Wirkung. Die Wirkung hat eine Ursache und ist zugleich eine Ursache. Beide Bestimmungen setzen sich auch reell voraus: Wenn eine Sache Ursache einer anderen ist, dann muss sie auch noch Wirkung von etwas anderem sein. Umgekehrt, wenn eine Sache Wirkung von etwas anderem ist, dann muss sie auch Ursache von noch einem anderen sein. Aber weil die Wirkung, die die Ursache ist, verschieden ist von der Wirkung, die sie erzeugt, geht der Progress bzw. der Regress ins Schlecht-Unendliche.

Die Bewegung des bestimmten Kausalitätsverhältnisses hat aber nicht nur die unendliche Progression zur Folge. Zum Hauptergebnis hat sie vielmehr das gegenseitige Setzen und Aufheben von Ursache und Wirkung. „Jede dieser Bestimmungen *hebt sich in ihrem Setzen auf* und *setzt sich in ihrem Aufheben*; es ist nicht ein *äusserliches Uebergehen* der Causalität von einem Substrat an ein anderes vorhanden, sondern diß *Anderswerden* derselben ist zugleich ihr *eigenes Setzen*. Die Causalität *setzt* also sich selbst *voraus* oder *bedingt sich*."[169] Die Kausalität geht von einem Substrat in ein anderes über. Aber dieses Übergehen weitet sich progressiv und regressiv ins Unendliche aus. Daraus folgt, dass das bestimmte Kausalitätsverhältnis sich selbst voraussetzt. Ein kausaler Zusammenhang setzt einer-

---

[168] GW 11, S. 403.
[169] GW 11, S. 404.

seits einen kausalen Zusammenhang voraus und andererseits einen kausalen Zusammenhang fort. Das Voraussetzen und Fortsetzen der Kausalität ist das Setzen ihrer selbst. Ist eine Sache eine Ursache, so ist sie auch Wirkung. Ihre Ursächlichkeit setzt ihren Wirkungscharakter voraus und zugleich negiert sie ihn. Die Kausalität, wie Hegel es ausdrückt, ist „voraussetzendes Thun".[170] Wenn die formelle Kausalität also zum Ergebnis hatte, dass Ursache und Wirkung Formen eines identischen Inhalts sind, so hat sich bei dem bestimmten Kausalitätsverhältnis ergeben, dass die Ursache in der Wirkung und die Wirkung in der Ursache allererst werden. Beide Bestimmungen setzten sich gegenseitig voraus.

3.4.2.2 Wirkung und Gegenwirkung

Es hat sich ergeben, erklärt Hegel, dass die Kausalität ein voraussetzendes Tun ist. Ein Kausalitätsverhältnis setzt ein anderes Kausalitätsverhältnis voraus. Der Gedanke einer Ursache bedingt sich selbst. Die Ursache ist die negative Beziehung auf sich selbst, denn sie bezieht sich auf die Wirkung, also auf ein Anderes, aber gleichzeitig wird sie, die Ursache, in der Wirkung wiederhergestellt. Durch die Wirkung bezieht sich also die Ursache negativ auf sich selbst. Insofern ist sie eine aktive Substanz. Indem sie wirkt, stellt sie sich durch die Negation ihrer selbst wieder her. Ihr gegenüber steht eine passive Substanz. Die passive Substanz ist unmittelbar gegeben und hat noch keine Beziehung auf sich selbst und deshalb kein Fürsichsein. Sie ist einfach da und hat die gleiche Rolle wie die Akzidenz im Substantialitätsverhältnis. Durch sie wird die Macht der Ursache geäußert. Doch die wirkende Substanz ist ihrerseits *ebenfalls* passive Substanz. Denn sie ist die Wirkung einer Ursache. Das heißt, die passive Substanz wandelt sich in Ursache um und weist ihre Selbstreflexion aus. Sie ist Gesetztsein, aber eben darum ist sie auch Setzen. Sie ist Wirkung und, gerade deshalb, wird sie Ursache. „Sie ist die Ursache, insofern sie sich in der bestimmten Causalität durch die Negation ihrer selbst aus der Wirkung wiederhergestellt hat, das in seinem Andersseyn oder als Unmittelbares sich wesentlich als *setzend* verhält, und durch seine Negation sich mit sich vermittelt."[171]

Es hat sich also gezeigt, dass die passive Substanz eine Selbstreflexion einschließt. Sie ist auch aktive Substanz und zwar genau, weil sie passive Substanz ist. Aus all dem ergibt sich eine entscheidende Schlussfolgerung: Die Kausalität hat kein Substrat mehr. Sie ist nunmehr weder das Verhältnis zweier Substanzen noch der Formunterschied eines Inhaltes; sie inhäriert nirgendwo. Ihr Substrat ist also sie selbst. Bis zum Ende durchdacht entsteht aus der Kausalität der Gedanke eines negativen selbstbezüglichen Verhältnisses, in dem das Eine nur in der Identität mit seinem entgegengesetzten Anderen ist. „Die Causalität hat deßwegen hier kein *Substrat* mehr, dem sie *inhärirte* und ist nicht Formbestimmung

---

[170] Ebenda.
[171] GW 11, S. 405.

gegen diese Identität sondern selbst die Substanz, oder das Ursprüngliche ist nur die Causalität. – Das *Substrat* ist die passive Substanz, die sie sich vorausgesetzt hat."[172]

Dieses Resultat ist der springende Punkt, um den sich das Verständnis dessen dreht, was Hegel später die Enthüllung[173] der Notwendigkeit nennt. Gehen wir ihm also nach! Die passive Substanz verliert durch die Einwirkung ihre Substantialität. Sie war erstlich eine ansichseiende, unmittelbare Substanz. Aber weil die Kausalität ein voraussetzendes Tun ist, war sie in Wahrheit schon immer eine Setzung der ersten, ursächlichen Substanz. Gesetztsein war immer ihre eigene Bestimmung, und indem sie die Wirkung der aktiven Substanz erhält, wird sie als Gesetztsein gesetzt. „Was sie *verliert*, ist jene *Unmittelbarkeit*, die *ihr fremde* Substantialität. Was sie als ein *fremdes erhält*, nemlich als ein *Gesetztseyn* bestimmt zu werden, ist ihre eigene Bestimmung."[174]

Weil die Kausalität ein voraussetzendes Tun ist, folgt, dass die Ursache auf sich als auf ein Anderes wirkt. Sie setzt ein scheinbar selbständiges Anderes, auf das sie wirkt, dadurch aber bezieht sie sich allein auf sich selbst. Durch das Einwirken der aktiven Substanz in der passiven hebt zum einen die Ursache das Anderssein der passiven Substanz auf: Sie ist jetzt *ihre* Wirkung. Zum anderen bestimmt die Ursache ebenfalls dadurch die passive Substanz. Das Ganze stellt nur die Rückkehr der Ursache zu sich selbst in der Wirkung dar. Denn die Feststellung, dass die Ursache sich selbst voraussetzt, heißt in der Tat, dass sie sich als ein Anderes setzt. Dieses Andere ist die passive Substanz. An sich sind passive und aktive Substanz dasselbe. Die passive Substanz ist daher sowohl ein scheinbar selbständiges Anderes als auch ein von der Ursache Vorausgesetztes.

Die Einwirkung der aktiven auf die passive Substanz erscheint aufgrund der scheinbaren Selbständigkeit der zweiten als *Gewalt*. Sie scheint nicht ihre eigene,

---

[172] Ebenda.
[173] Hegel spricht auch im Vorspann zur Begriffslogik nachträglich von der „Enthüllung" der Substanz (Vgl. GW 12, S. 15). Andreas Arndt hat einleuchtend auf die besondere Bedeutung des Begriffs ‚Enthüllen' in der hermeneutischen Tradition hingewiesen, deren Hegel sich gewiss bewusst war. Enthüllen bedeutet dabei den Schriftsinn aus dem buchstäblichen Sinn heraus zu verstehen, impliziert aber nicht nur bloßes Verstehen, sondern ebenfalls eine Kritik des Textes. Vgl. Andreas Arndt, „Enthüllung der Substanz' Hegels Begriff und Spinozas dritte Erkenntnisart", in Violetta L. Waibel (Hrsg.), *Affektenlehre und amor dei intellectualis. Die Rezeption Spinozas im Deutschen Idealismus, in der Frühromantik und in der Gegenwart*, Hamburg, 2012, S. 231-242, hier S. 232. Dieser Bedeutung zufolge sollte also in diesem Kontext Enthüllung heißen, den wahrhaften Gehalt der Bestimmungen der Notwendigkeit sowie der Substantialität herauszuarbeiten, darstellen und kritisieren. Entlarven oder Bloßstellen sind also naheliegende Begriffe. Allerdings kommt alles darauf an, genau zu fassen, wie und in welcher Hinsicht Kausalität und Substanz dargestellt und der Kritik unterzogen werden. Das kann aber nicht mit einer Exegese des Terminus Enthüllung gelingen, sondern muss Hegels Argumentationslinie entnommen werden. Für Arndt ist die Enthüllung der Substanz identisch mit ihrem Subjektwerden (vgl. a.a.O., S. 233). Wir werden aber sehen, dass die im Begriff des Werdens gemeinte seiende Kontinuität zwischen Substanz und Begriff genau die Pointe des Fortgangs zum Begriff des Begriffs verbirgt.
[174] GW 11, S. 406.

sondern eine fremde Macht zu sein. „Insofern leidet sie *Gewalt. – Die Gewalt ist die Erscheinung der Macht,* oder *die Macht als äusserliches.* Aeusserliches ist aber die Macht, nur insofern die ursächliche Substanz in ihrem Wirken, d. h. im Setzen ihrer selbst zugleich voraussetzend ist, d.h. sich selbst als Aufgehobenes setzt."[175] Gewalt ist die *Erscheinung* der Macht oder die Macht als *Äußerliches*. Es erscheint so, als ob die Macht, die die passive Substanz duldet, ihr äußerlich wäre. In Wahrheit ist die passive Substanz die Selbstreflexion der aktiven, und die Macht der aktiven Substanz ist ihre eigene Macht. Durch die als Gewalt erscheinende Einwirkung verliert die passive Substanz den Schein der Selbständigkeit: Ihre angebliche Substantialität verschwindet. Sie ist bloß eine Setzung der ursächlichen Substanz und wird als solche gesetzt.

Die passive Substanz *ist* also Ursache und *wird* zur solchen. Als Ursache bringt sie eine Wirkung hervor, aber ihre Wirkung setzt sie nicht in eine dritte passive Substanz, sondern in die erste. Ihre Wirkung ist *Gegenwirkung*. Dadurch, dass die passive Substanz die Wirkung der aktiven Substanz erhält, verliert sie ihre Substantialität. Sie wird aber auch wirkend. Doch zugleich hat die wirkende Substanz als Ursache nur substantielle Wirklichkeit *in ihrer Wirkung*. Da aber durch ihre Macht die passive Substanz, die als ihre Wirkung fungiert, ihre Substantialität verloren hat, *so geht damit auch ihre eigene Substantialität zugrunde*. Darin liegt die Gegenwirkung. „Die Wirkung, welche die vorher passive Substanz in sich aufhebt, ist nemlich eben jene Wirkung der ersten. Die Ursache hat aber ihre substantielle Wirklichkeit nur in ihrer Wirkung; indem diese aufgehoben wird, so wird ihre ursächliche Substantialität aufgehoben."[176]

Die ursächliche Substanz verliert damit ihre Ursächlichkeit allein durch sich selbst, weil sie sich zur Wirkung macht, aber auch durch die bisher passive Substanz, denn mit der Substantialität und Selbständigkeit der passiven Substanz geht auch die Substantialität und Selbständigkeit der aktiven verloren. Die Ursache erhält ihre Wirkung als Gegenwirkung. Was folglich die aktive Substanz der passiven tut, tut sie auch ihr selbst. Sie hebt die Substantialität der anderen Substanz auf und verliert sich selbst dabei. Ihre Wirkung wirkt gegen sie zurück. Zum Ende löst sich die Substantialität auf beiden Seiten auf. Im Übrigen bleibt nur ein unendliches Wechselwirken.

„Jene erste Ursache, welche zuerst wirkt, und ihre Wirkung als Gegenwirkung in sich zurük erhält, tritt damit wieder als Ursache auf; wodurch das in der endlichen Causalität in den schlecht-unendlichen Progreß auslaufende Wirken *umgebogen,* und zu einem in sich zurük kehrenden, einem unendlichen *Wechselwirken* wird."[177]

---

[175] GW 11, S. 405.
[176] GW 11, S. 406.
[177] GW 11, S. 407.

3.4.3 Die Wechselwirkung und das Ende der Logik des Absoluten

Die Wechselwirkung[178] ist das Verhältnis zweier Extreme, die gegeneinander wirken. Auf den ersten Blick impliziert die Wechselwirkung nur, dass die Substanzen sich wechselseitig beeinflussen. Genau so fasst Kant sie auf. Kant führt den Begriff der Wechselwirkung ein als Bedingung der Möglichkeit für das Zugleichsein von Erscheinungen in einer einheitlichen Erfahrung. Für Kant sind Dinge in der Zeit zugleich, wenn die empirische Anschauung des einen auf die empirische Anschauung des anderen und umgekehrt folgen kann. Die Zeit kann man aber nicht wahrnehmen. Allein aus reiner Wahrnehmung ist deshalb nicht zu erkennen, ob zwei Dinge in derselben Zeit existieren. Daher wird der Verstandesbegriff einer Wechselwirkung von Substanzen gefordert, der die Gleichzeitigkeit mehrerer Dinge und daher eine einheitliche Erfahrung ermöglicht:

> „Also muß jede Substanz (da sie nur in Ansehung ihrer Bestimmungen Folge sein kann) die Kausalität gewisser Bestimmungen in der andern, und zugleich die Wirkungen von der Kausalität der andern in sich enthalten, d.i. sie müssen in dynamischer Gemeinschaft (unmittelbar oder mittelbar) stehen, wenn das Zugleichsein in irgend einer möglichen Erfahrung erkannt werden soll."[179]

Kant denkt die Wechselwirkung als Gemeinschaft. Für ihn handelt es sich um die Koexistenz von Substanzen, die sich wechselseitig *beeinflussen* und daher verändern, gleichzeitig aber als Substrate weiter bestehen. Folgt die Wahrnehmung des einen Dinges auf die Wahrnehmung eines anderen und umgekehrt, so schließt man daraus auf eine Kausalbeziehung in beiden Richtungen, die die Zustände beider Dinge (Substanzen) ändert.

Bei Hegel hingegen wird die Wechselwirkung *radikaler* gedacht. In ihr bleiben *keine* Substrate mehr übrig. Die Ursache ist zugleich Wirkung ihrer Wirkung, die Wirkung Ursache ihrer Ursache, *und weiter nichts*. Folglich hat sich die Einheit der Seiten des absoluten Verhältnisses wiederhergestellt. Beide Seiten waren schon immer die Selbstreflexion der einen Substanz, und als solche im Kausali-

---

[178] Wölfle stellt Hegels Unterscheidung zwischen *Wirkung und Gegenwirkung* und der *Wechselwirkung* und somit gar das Bedürfnis nach einem ganzen Kapitel der *Logik* in Frage. Er stellt zwar zwei Unterschiede zwischen beiden fest: Zum einen, dass in der *Wechselwirkung* beide Extreme von vornherein sowohl als Ursache als auch als Wirkung gefasst werden, zum anderen auch, dass dort die Vermittlung sich als Selbstsetzung darstellt. Dennoch sei keiner von diesen ein hinreichender Grund dafür, beides auseinanderzunehmen. Vgl. G. M. Wölfle, *Die Wesenslogik in Hegels „Wissenschaft der Logik"*, S. 504-506. Für die Fragestellung der vorliegenden Arbeit ist nicht entscheidend, ob Hegels Darstellung in der *Wissenschaft der Logik* so wie vorgetragen als endgültig hinzunehmen ist, oder ob der Text nicht vielmehr einer Verbesserung auch hinsichtlich der Gliederung bedarf. Allein schon die von Wölfle zu Recht festgestellten Unterschiede scheinen doch hinreichende Gründe zu sein für eine Unterscheidung von *Wirkung und Gegenwirkung* und der *Wechselwirkung*. Weiterhin sei auch daran erinnert, dass es in der *Logik* gerade darum geht zu betrachten, wie die Gedankenbestimmungen ineinander fließen und sich auseinander entwickeln lassen. Daher ist es kein Wunder, wenn keine festen Unterscheidungen zu treffen sind.

[179] KrV B 259, 260 / A 212, 213.

tätsverhältnis bereits an sich dasselbe. Die Ursache war ebenso Wirkung, die Wirkung ebenso Ursache. „Die in der Wechselwirkung als unterschieden festgehaltenen Bestimmungen sind α) *an sich* dasselbe;[...] Der Unterschied der als *zwei* genannten Ursachen ist daher leer, und es ist *an sich* nur *eine*".[180] Nun ist in der Wechselwirkung diese Einheit offensichtlich. In ihr ist explizit gesetzt, dass die Ursache auch als durch ihr Anderes, ihre Wirkung, bestimmt ist und umgekehrt: „Die Nichtigkeit der Unterschiede ist nicht nur an sich oder unsere Reflexion (vorhg. §), sondern die Wechselwirkung ist selbst dies, jede der gesetzten Bestimmungen auch wieder aufzuheben und in die entgegengesetzte zu verkehren, also jene Nichtigkeit der Momente zu setzen, die an sich ist."[181]

Das Ergebnis der Wechselwirkung sollte daher die Bestätigung der Einheit der absoluten Substanz ausmachen. Auf den ersten Blick handelt es sich scheinbar um die Rückkehr des sich um ihrer Selbstauslegung willen entzweit habenden Absoluten zu sich selbst. Schließlich ist die Nichtigkeit des Unterschiedes und die Behauptung der ursprünglichen Einheit eben das, was im Grunde genommen die Einsicht über das Absolute ausmacht.

Doch sieht man genauer hin, so zeigt sich vielmehr eine *Überwindung* des Gedankens vom Absoluten. Denn die Einheit, die erreicht wurde, ist *nicht mehr die Einheit des Absoluten*. Sie besteht nicht mehr in der Notwendigkeit und stiftet nicht mehr ein absolutes Sein, das sich selbst setzt und alles Seiende in sich vereinigt. Denn Substantialität und Notwendigkeit sind im Übergang von der Kausalität zur Wechselwirkung verschwunden. Das macht den springenden Punkt von Hegels Argumentation aus. Im Folgenden soll dies ausführlich erläutert werden.

Zunächst einmal kann man diesbezüglich an die Vorbehalte erinnern, die Klaus Düsing in seinem Werk *Das Problem der Subjektivität in Hegels Logik* anmeldet. In seiner Analyse des Übergangs von der Wechselwirkung zum Begriff bezweifelt er, dass Hegel in dieser Entwicklung des spekulativen Begriffs – von Düsing als absolute Subjektivität ausgelegt – ausreichende Argumente anführe. Es sei nicht zu sehen, warum das aus der Wechselwirkung hervorgegangene Selbstverhältnis nicht als ein existierendes, sondern als ein denkendes zu nehmen ist. Pointiert formuliert: Es stellt sich die Frage, ob Hegel wirklich Spinozas Substanzmetaphysik überwunden hat, oder vielmehr schließlich bloß eine fortentwickelte Version derselben liefert. So Düsing:

„Aber es wird nicht gezeigt, warum eigentlich die Aufhebung der Trennung der Substanzen als Vollendung der Wechselwirkung und die Wiederherstellung der absoluten Einheit bzw. die entwickelte negative Beziehung auf sich als Identität mit sich selbst in den als substanziell zu denkenden Entgegengesetzten denn ein denkendes und nicht nur wesentlich existierendes Selbstverhältnis sein soll."[182]

---

[180] Enzyklopädie § 155.
[181] Enzyklopädie § 156.
[182] K. Düsing, *Das Problem der Subjektivität in Hegels Logik*, S. 231. In der Literatur hat die Auffassung von Hegels Metaphysik als Fortsetzung des Spinozismus in der Tat immer gute Resonanz gehabt. An dieser Stelle sei auf die Arbeit von Francesca Michelini hingewiesen, *Sostanza e as-*

Düsing erkennt zu Recht, dass das im Begriff des Begriffs gedachte Selbstverhältnis wesentlich ein *denkendes* Verhältnis ist. Es lässt sich nicht mehr als das Verhältnis der Substanz zu sich selbst, auch nicht als die Struktur gegenseitig verbundener und abhängiger Existierender fassen. Warum man im Bereich des Begriffs das Substantielle und auch alle ihm vorangegangenen Bestimmungen (das Seiende, das Existierende, usw.) hinter sich lassen muss, wie Hegel es offensichtlich vertritt – in dieses dunkle Problem soll nun ein wenig Licht gebracht werden.

Was in der Denkbestimmung der Wechselwirkung explizit ausgesprochen ist und „bloß noch eines äusseren Zusammenfassens" bedarf,[183] ist zum einen die Entfernung von aller Substantialität und zum anderen die Idee einer Ursprünglichkeit, die durch ihre Negation sich selbst vermittelt. „Denn sie [die Wechselwirkung, R. A.] enthält *erstens* das *Verschwinden* jenes ursprünglichen *Beharrens* der *unmittelbaren* Substantialität; *zweytens* das *Entstehen* der *Ursache* und damit die *Urprünglichkeit* als durch ihre *Negation* sich mit sich vermittelnd."[184] In der Entwicklung der Kausalität geht die Substantialität verloren und so ist es in der Wechselwirkung explizit. Auf ihren extremen Seiten stehen *scheinbar* Substanzen, doch dies ist jetzt nur lauter Schein. Denn „die Wechselwirkung selbst ist daher nur noch leere Art und Weise".[185] Die aktive Substanz ist zugleich passiv, sie ist bedingende und bedingte. Ursache und Wirkung sind zu diesem Punkt nur noch entleerte Extreme: Die Ursache ist Ursache in Einheit mit der Wirkung, die Wirkung ist Wirkung in Einheit mit der Ursache; beide sind keine selbständigen Substanzen, sondern bloß entgegengesetzte Pole eines Verhältnisses, die nur in Gegensatz zu ihrem Anderen gefasst werden können. Die zwei Pole der Wechselwirkung inhärieren nirgendwo und haben kein Substrat mehr. Sie sind *weiter nichts* als Ursache und Wirkung, wobei die Einheit von beiden zu Tage getreten

---

soluto. La funzione di Spinoza nella „Scienza della logica" di Hegel, Bologna, 2004. Michelini macht ebenfalls auf die unterschiedliche Entwicklung des Substanzbegriffs bei Hegel und Spinoza aufmerksam. Wie wir bereits gesehen haben, definiert Spinoza die Substanz zwar als Ursache ihrer selbst, dennoch findet diese Bestimmung bei ihm keine eigene Entwicklung, sondern er operiert mit einem Substanzbegriff als allumfassender und identischer Grundlage. Hegel hingegen fasst die Substanz als Ursache ihrer selbst und denkt diese Bestimmung zu Ende. Nun vervollständigt sich die Substanz für Michelini im Begriff. Denn im Kern des Begriffs und seiner selbstreflexiven Bewegung steckt ihr zufolge die *causa sui*. Allerdings sei die vollendete Substanz nicht mehr rein spinozistisch zu denken, sondern sie begründet vielmehr bei Michelinis Auslegung eine pluralistische Ontologie, bei welcher diese vollendete Substanz als Ausgangspunkt für Differenz und Individualisierung fungiert. In einer Art von Synthesis zwischen Spinoza und Leibniz sieht Michelini im Begriff des Begriffs eine ontologische Struktur, bei welcher die Identität substantieller Verschiedenheit gedacht wird. Vgl. a.a.O., S. 158-169. Wir werden allerdings gleich sehen, dass die Prätension, die Identität substantieller Verschiedenen zu behaupten, genau das Wesen der Philosophie des Absoluten und zugleich den Grund ihrer Widerlegung ausmacht. Die Einheit des Begriffs ist nach dieser Widerlegung nicht mehr ein existierendes, sondern vielmehr ein denkendes Selbstverhältnis, wie Düsing ganz richtig registriert.

[183] GW 11, S. 407f.
[184] GW 11, S. 407.
[185] Ebenda.

ist. Die Ursache ist Wirkung ihrer Wirkung, die Wirkung ist Ursache ihrer Ursache. „Die Wechselwirkung ist daher nur die Causalität selbst",[186] also nur die reine Kausalbeziehung, in der die Ursache durch die Wirkung und die Wirkung durch die Ursache bestimmt sind. Zum einen ist also der Schein des substantiellen Andersseins entfallen, zum anderen liegt jetzt die innere Identität der Notwendigkeit zutage als negative Selbstbeziehung auf sich selbst durch ein anderes.

Die Ur-sache steht für das Ursprüngliche. Aus ihr geht eine Wirkung hervor, also etwas, das gesetzt ist. Aber es hat sich ergeben, erstens, dass dieses Ursprüngliche im Gesetztsein wieder auftaucht, aber auch zweitens, dass das Ursprüngliche selbst ebenso sehr in seiner Negation entsteht – dass die Ursache Wirkung ihrer Wirkung ist. Das Ursprüngliche geht aus dem Gesetztsein hervor, wobei das Gesetztsein eine Setzung des Ursprünglichen ist.

Weder die Wechselwirkung noch die Kausalität noch die Notwendigkeit überhaupt halten dabei der skeptischen Prüfung des reinen Denkens stand. Sie sind Verhältnisweisen, die dem Standpunkt des spekulativen Denkens nicht mehr entsprechen. Die Wechselwirkung ist „das Kausalitätsverhältnis in seiner vollständigen Entwicklung gesetzt"[187], wie Hegel mit der ganzen vorigen Darstellung darlegt. Die absolute Notwendigkeit ist das sich selbst vermittelnde Sein: Sein, das ist, weil es ist. Dieses sich selbst gründende Sein ist der Gedanke der einen Substanz als das Absolute, die entwickelte Einheit von Sein und Wesen. Die Substanz ist das Sein, aber nicht das unbestimmte, unmittelbare Sein, sondern das Sein, das sich selbst setzt. Im Gedanken der Substanz wird deshalb die Bewegung des Sich-Setzens erhalten, woraus die Entzweiung folgt. Das Substantialitätsverhältnis impliziert das Verhältnis zweier Substanzen und zugleich die Identität von beiden gerade in dem Verhältnis.

Die Kausalität fasst genau diese Identität substantieller Andersheit. Sie geht logisch aus dem Substantialitätsverhältnis, also aus dem Verhältnis der einen Substanz zu sich selbst hervor, und ist die Entwicklung dieses Verhältnisses. Im Kausalitätsverhältnis soll die ursprüngliche Einheit der Verschiedenen offenbart sein: Sie soll substantiell Unterschiedene in Einem vereinigen. Aber ihre Entwicklung hat vielmehr ein anderes Resultat ergeben. Indem die eine Substanz als Wirkung einer anderen Substanz gesetzt wird, verliert sie ihre Substantialität. Sie ist nun nicht das Setzen seiner selbst, sondern das Gesetztsein eines Anderen. Die *Gegenwirkung* jedoch zeigt genau dasselbe für die Ursache auf. Mit der Substantialität der als Wirkung gesetzten Substanz geht daher auch die Substantialität der als Ursache gesetzten Substanz zugrunde. Sie ist nicht mehr das Setzen ihrer selbst, sondern auch ein Gesetztsein von sich. Aus all dem ergibt sich ein unendliches Sich-selbst-Setzen, sich im Gesetztsein zu verlieren und aus dem wieder zu entstehen. Diese Dynamik darf nun weder als Sein noch als Substanz gefasst werden, sondern prägt einen neuen Begriff – den Begriff des Begriffs.

---

[186] GW 11, S. 408.
[187] Enzyklopädie § 156 Z, TW 8, S. 301.

Kausalität und Notwendigkeit sind hierin für ein spekulatives Denken ungültig gemacht worden. „Nothwendigkeit und Causalität sind also darin verschwunden; sie enthalten beydes die *unmittelbare Identität* als *Zusammenhang* und *Beziehung* und die *absolute Substantialität der Unterschiedenen* somit die absolute *Zufälligkeit* derselben; die ursprüngliche *Einheit* substantieller *Verschiedenheit*; also den absoluten Widerspruch."[188] Kausalität und Notwendigkeit *verschwinden*, weil sie, und das ist das bahnbrechende Ergebnis, einen absoluten Widerspruch in sich enthalten. Ihr Widerspruch besteht darin, dass sie in einem Gedanken „die ursprüngliche Einheit *substantieller* Verscheidenheit" fassen wollen.[189] Die Kausalität ist am Ende die Behauptung einer Identität zwischen verschiedenen Selbständigen, und dieser Widerspruch hebt ihre Bewegung auf. Die Identität der Nicht-Identischen ist nur möglich, wenn die Substantialität verschwindet und nur die Denkstruktur des spekulativen Begriffs übrigbleibt. „Diese *Innerlichkeit* oder diß Ansichseyn hebt die Bewegung der Causalität auf; damit verliert sich die Substantialität der im Verhältnisse stehenden Seiten, und die Nothwendigkeit enthüllt sich."[190]

Die Enthüllung der Notwendigkeit bedeutet sowohl eine Offenbarung dessen, was verborgen war, als auch eine Entleerung. Offenbart wird die Einheit der Sei-

---

[188] GW 11, S. 408.
[189] In der Literatur hat dieser Widerspruch bisher einige Aufmerksamkeit auf sich gezogen. A. Arndt erkennt einen Widerspruch im Begriff des Absoluten, aber sieht diesen „dialektischen Widerspruch" im Absoluten durch die Bewegung der Substanz gelöst. Vgl. A. Arndt, „Enthüllung der Substanz', Hegels Begriff und Spinozas dritte Erkenntnisart", S. 237. Wir haben hier allerdings gesehen, dass mit der Entfaltung der Bestimmung der Substanz der innere Widerspruch des Absoluten gar nicht gelöst, sondern vielmehr erst durch diese Entfaltung offenkundig wird. Er führt deshalb zum Verlassen des Begriffs des Absoluten zugunsten des Begriffs des Begriffs. Für C. Iber besteht der Widerspruch darin, dass das notwendige Verhältnis zweier Substanzen nicht an den Substanzen selbst liegt, sondern an ihrem zufälligen Zusammentreffen. Der Widerspruch wäre dann der einer zugleich notwendigen und zufälligen Beziehung zweier Substanzen. Er werde Iber zufolge aufgelöst, indem die innere Identität der beiden Substanzen offenbart wird. Vgl. C. Iber, „Übergang zum Begriff", S. 63. In der Tat ist jedoch der Widerspruch damit nicht aufgelöst, sondern nur anders ausgedrückt. Die innere Identität zweier Substanzen ist gerade eben der Widerspruch der ursprünglichen Einheit substantieller Verschiedenheit. Dieser Widerspruch wird von Hegel nicht aufgelöst, sondern dient als Argument, um die Metaphysik des Absoluten abzulehnen. Ferner weist F. Schick ebenfalls auf diesen „absoluten Widerspruch" hin: „Aus dem Widerspruch ursprünglicher Einheit versus substantieller Verschiedenheit entwickelt Hegel dessen Überwindung. Er löst sich in die Einsicht, daß der Unterschied nicht als Unterschied von Substanzen zu fixieren sei." F. Schick, *Hegels Wissenschaft der Logik – metaphysische Letztbegründung oder Theorie logischer Formen?* Freiburg/München, 1994, S. 181. Schick hat meines Erachtens die Pointe erfasst, sie aber wohl unterschätzt. Der Gedanke der Substantialität geht verloren, aber mit ihm ist ebenfalls der Begriff des Absoluten verlassen worden. Andere Autoren registrieren auch, dass in der Wechselwirkung die Substantialität der Extreme verloren geht. So beispielsweise Carlson: „In Notion, ‚necessity and causality have vanished.' These contained both immediate identity and absolute substantiality of the sides. Now the substantiality of the sides is lost." David Carlson, *A Commentary to Hegel's Science of Logic*, Basingstoke (u. a.), 2007, S. 428. Dennoch übersieht Carlson, dass „substantiality" *überhaupt* zugrunde geht zugunsten des freien Begriffs. Damit erfasst er nicht die wichtigen Konsequenzen, die dies für das Verständnis der Begriffslogik hat.
[190] GW 11, S. 409.

ten des Verhältnisses, die aus der Entzweiung wiederhergestellt wird. Entleert werden aber auch die Seiten, indem sie ihrer starren Äußerlichkeit und Unmittelbarkeit entblößt werden. Die Pole des absoluten Verhältnisses haben sich von ihrem Substantialitätscharakter befreit und sind in einer Denkstruktur zusammengegangen, in welcher jedes Moment in seiner Differenz auch identisch mit den anderen Momenten ist und diese in sich reproduziert. Das rein denkende Selbstverhältnis ist endlich ans Licht gebracht worden. Der Standpunkt des Absoluten wurde somit widerlegt. Hegel hat den Gedanken des Absoluten aufgegriffen, entwickelt und bis hin zum Widerspruch zu Ende gedacht. Das reine Denken hat den letzten Widerstand des Objektiven in der Denkbestimmung des Absoluten überwunden und ist zu sich selbst gekommen. Dieses Sich-Wiederfinden ist eine Befreiung, und das Thema der Begriffslogik ist nun schließlich für sich, was schon immer in der ganzen *Wissenschaft der Logik* an sich war: das Denken selbst, oder der Begriff und die Freiheit.

3.5 Die Widerlegung des Spinozismus

Der von uns betrachteten Entwicklung von Substanz zur Wechselwirkung kommt in der *Wissenschaft der Logik* eine doppelte Bedeutung zu. Sie stellt erstens die unmittelbare Genese des Begriffs dar. Aber sie bedeutet auch zweitens die endgültige Widerlegung des Spinozismus. Beides legt Hegel nicht in der logischen Darlegung jener Denkbestimmungen dar; er erklärt es nachträglich im Vorspann zum Begriff, bereits in der Begriffslogik. Zunächst einmal geht es ihm darum zu betonen, dass der Begriff nicht „unmittelbar aufgestellt werden kann".[191] Obwohl der Begriff die absolute Grundlage ausmacht, muss er sich trotzdem zur Grundlage *machen*. Das Erste ist nie das Wahre, sondern ist das Unmittelbare. Gerade um dessen Überwindung geht es in der Philosophie. Es kommt darauf an zu zeigen, dass das Unmittelbare hinter sich vielmehr eine Vermittlung impliziert. Die Philosophie bricht den Schein der Unmittelbarkeit und fasst diese in ihrer Grundlage auf. Auf gleiche Weise geht der eine Begriff aus der Entwicklung der Sphären des Seins und Wesens hervor. Er ist nicht als eine Schlussfolgerung aus der Wahrheit des Seins und Wesens anzusehen, sondern es handelt sich vielmehr um *deren* Wahrheit, die zunächst unter dem Schein verborgen war und nun entlarvt worden und vollkommen zu Tage getreten ist. Die Entstehung des Begriffes macht keine Deduktion aus wahrhaften, unerschütterlichen Prämissen aus, sondern ähnelt eher einer Destillation, bei der das Wahre vom Unwesentlichen abgesondert wird. Deshalb spricht Hegel vom *Werden* und von der *Genesis* des Begriffs. Der Begriff wird nicht deduziert, sondern er hat sich seine Stelle als absolute Grundlage durch die Sphären des Seins und Wesens erkämpft. Die Genese des Begriffs hat dadurch mit einer Befreiung zu tun, bei der die Wahrheit sich von

---

[191] GW 12, S. 11.

allem ihr Fremden gelöst hat. Dem Zusammenhang zwischen Wahrheit und Freiheit, bereits schon von Plato in seinem Höhlengleichnis aufgewiesen, trägt Hegels *Wissenschaft der Logik* Rechnung. Diese Befreiung ist ein Prozess, der sich über die ganze objektive Logik bis zum Begriff als *dem Freien* hinzieht.

Näher gesehen macht der Verlauf von der Substanz zum Begriff die letzte und unmittelbarste Genesis aus. „Die *dialektische Bewegung der Substanz* durch die Causalität und Wechselwirkung hindurch ist daher die unmittelbare *Genesis* des *Begriffes*, durch welche sein *Werden* dargestellt wird."[192] Das nach der dialektischen Entwicklung und der harten skeptischen Prüfung reinen Denkens Übrigbleibende ist die Struktur des einen Begriffs. Aber mit der Bewegung von Substanz zu Wechselwirkung und dann Begriff wird nicht nur der eine Begriff erreicht. Dieselbe Entwicklung bedeutet ebenso sehr die endgültige Widerlegung des Spinozismus. Wörtlich heißt es bei Hegel: „Die im letzten Buch enthaltene Exposition der Substanz, welche zum *Begriffe* überführt, ist daher die einzige und wahrhafte Widerlegung des Spinozismus."[193]

Lassen wir die Auslegung des spekulativen Begriffs bis zum nächsten Kapitel beiseite. Die Entwicklung von der Substanz zum Begriff enthält Hegel zufolge ja auch eine Widerlegung und zwar die Widerlegung des Spinozismus. Doch warum hielt Hegel eine Widerlegung des Spinozismus, d. h. eine Widerlegung der Philosophie des Absoluten für nötig? In seinen *Briefen über die Lehre des Spinoza* hat Jacobi auf die *Unwiderlegbarkeit* des Spinozismus hingewiesen. Gleich wie Kant behauptet Jacobi, dass der Spinozismus direkt zum Determinismus und Fatalismus führt. Dem Spinozismus zufolge kann das Denken nur dem Mechanismus wirkender Kräfte zusehen. Man täuscht sich, wenn man aus Überzeugungen, Affekten und freiem Willen zu handeln meint. In Wahrheit handelt es sich um blinde Wirkursachen, die uns bewegen und bestimmen.

> „Wir *glauben* nur, daß wir aus Zorn, Liebe, Großmuth, oder aus vernünftigem Entschlusse handeln. Bloßer Wahn! In allen diesen Fällen ist im Grunde das was uns bewegt ein *Etwas,* das von allem dem *nichts weiß,* und das, *in so ferne*, von Empfindung und Gedanke schlechterdings entblößt ist. Diese aber, Empfindung und Gedanke, sind nur Begriffe von Ausdehnung, Bewegung, Graden der Geschwindigkeit, u.s.w. – Wer nun dieses annehmen kann, dessen Meynung weiß ich nicht zu widerlegen. Wer es aber nicht annehmen kann, der muß der Antipode von Spinoza werden."[194]

Man kann Jacobi zufolge gegen den Spinozismus argumentativ nichts einwenden. Wer also annehmen kann, dass es keine Freiheit gibt und alles lauter Mechanismus von wirkenden Kräften ist, für den sei der Spinozismus unwiderlegbar, meint Jacobi. Wer damit hingegen nicht leben kann, der könne nur gegen Spinoza sein. Beides sei aber eine persönliche Entscheidung. Denn einmal die

---

[192] Ebenda.
[193] GW 12, S. 15.
[194] Jacobi, *Werke*, 1,1, S. 21.

3.5 DIE WIDERLEGUNG DES SPINOZISMUS

Grundrisse des Spinozismus eingesehen, handelt es sich dabei nach Jacobi um eine konsequente Theorie. Gegen diese Grundannahmen könne man in der Tat keine Argumente anführen, weil jede Kritik auf der Basis von anderen Grundannahmen, also dem Spinozismus extern wäre.

Auch Fichte gibt die Unwiderlegbarkeit und Konsequenz der Spinoza'schen Philosophie zu. Zwar bezeichnet er den Spinozismus als grundlos, dennoch vertritt er im Grunde dieselbe Meinung wie Jacobi. Einmal die Grundlage eingesehen, ist Spinozas Philosophie eine perfekte Konstruktion. „So aufgestellt ist sein System völlig consequent und unwiderlegbar, weil er in einem Felde sich befindet, auf welches die Vernunft ihm nicht weiter folgen kann; aber es ist grundlos."[195] Genau wie bereits Kant argumentiert hat, überschreitet Spinoza mit seiner Philosophie die Grenzen der Vernunft. Aber trotz dieser Kritik kann Fichte die Schlüssigkeit des Spinozismus nur anerkennen. Dem Kritizismus gegenüber stehe der Spinozismus als das andere System da. Er sei konsequent durchgeführter Dogmatismus und eins der zwei Systeme, die es gibt.[196] Keines der beiden Systeme sei zu widerlegen. Denn der Streit zwischen ihnen gehe auf die ersten Prinzipien von beiden zurück, wo man keinen Grund mehr angeben kann, warum das eine Prinzip dem anderen vorzuziehen ist. Der Dogmatiker nimmt das Ding an sich an, der Idealist dagegen das reine Ich.[197]

Auf diese Weise wurde der Ruf der Unwiderlegbarkeit des Spinozismus allmählich zur festen Meinung. Auch Schelling stellte die Alternative zwischen Dogmatismus und Idealismus bzw. Kritizismus auf. Der Idealist könne die Absolutheit seiner Philosophie nicht behaupten, denn der Dogmatismus hätte gleichen Anspruch auf Wahrheit. Entweder gehe man von einem absoluten Subjekt aus, wie der Idealismus, oder von einem absoluten Objekt, wie der Dogmatismus; und dies gar so formuliert, dass man je nach persönlichem Gusto sich entscheiden kann.[198]

Wollte die spekulative Philosophie die Barriere durchbrechen, die diese Alternative für den nachkantischen Idealismus darstellte, so musste sie beide Extreme der Entgegensetzung überwinden. Genauso wie Hegel in der *Phänomenologie des Geistes* die Aufgabe in Angriff nimmt, die Hirngespinste eines absoluten Subjekts hinter sich zu lassen, will er nun anhand seiner Darstellung am Ende der Wesenslogik mit dem Spinozismus fertig werden. Allerdings arbeitet Hegel mit einem Begriff von Spinozismus, der *umfangreicher* als das von Spinoza vorgetragene System ist. Denn der von Hegel im Gegensatz zu Jacobi, Fichte oder Schelling neu vollzogene Schritt besteht in der Einsicht, dass der Spinozismus eine Grundposition in der Entwicklung des Denkens ausmacht. Von dieser Grundposition stellt das konkrete System des Spinoza ein Beispiel dar. Aber die Philo-

---

[195] Fichte, Grundlage der gesamten Wissenschaftslehre, § 1, in *Sämtliche Werke* 1, S. 101.
[196] Fichte, *Sämtliche Werke* 1, S. 120 Fußnote.
[197] Fichte, *Sämtliche Werke* 1, S. 429.
[198] Vgl. Schelling, Philosophische Briefe über Dogmatismus und Kritizismus (Fünfter Brief), in Schelling, *Werke* 3, S. 66-75.

sophie von Spinoza erschöpft den Spinozismus nicht: Sie vollendet jene Grundposition nicht einmal. Der Spinozismus bezeichnet bei Hegel die Position, welche die eine Substanz als das Wahre und die Grundlage von allem ansieht. Es handelt sich also um eine monistische Ontologie. Wie im Laufe dieses Kapitels zu sehen war, ist in der *Wissenschaft der Logik* die Substanz die fortentwickelte Bestimmung des Absoluten, oder das Absolute in seinem Nerv erfasst. Der Spinozismus als Ontologie der einen absoluten Substanz ist daher konsequent durchgeführte und in ihrem Wesen erfasste Philosophie des Absoluten, und die Widerlegung des Spinozismus bedeutet daher eine Widerlegung jeglicher Philosophie des Absoluten.

Während die konkrete Philosophie des Spinoza der ersten Bestimmung des Absoluten und ihrer Dynamik entspricht, beruht der Nerv des Spinozismus auf dem Begriff der absoluten Substanz. Seine Widerlegung besteht daher nicht in einer Kritik an den Mängeln der Spinoza'schen Philosophie allein, sondern in einer immanenten Überwindung des Standpunktes der absoluten Substanz, genau wie sie im letzten Kapitel der Wesenslogik vollzogen wird. Diese immanente Überwindung beruht auf einer Vollendung des Standpunktes der Substanz. Die Vollendung der Substanz folgt nicht der Darstellung des Spinoza, denn sie muss, im Gegensatz zu Spinoza, die Substanz für sich fassen als *causa sui* und diesen ganz und gar spekulativen Gedanken zu Ende durchdenken.

Dadurch, dass weder Spinoza noch Schelling, Hegel zufolge, den Spinozismus zu Ende gebracht haben, also dadurch, dass der Spinozismus nicht einfach mit den konkreten Darstellungen von Spinoza oder Schelling zu identifizieren ist, ergibt sich eine Auseinandersetzung in zwei Schritten. Zunächst einmal setzt sich Hegel mit dem unmittelbaren Gedanken des Absoluten als identischer Grundlage von allem Sein und Wesen auseinander. Er fasst diesen Gedanken als einen notwendigen Schritt in der Entwicklung reinen Denkens und registriert Spinozas Philosophie auf diesem Punkt. Aber danach ist die Grundposition des Absoluten in ihrem Herzstück zu betrachten. Dessen Kernpunkt besteht im Begriff der Substanz als *causa sui*, und dessen Vollendung stellt ebenso dessen Überwindung dar. Aufgrund dessen enthält die Auseinandersetzung mit dem Spinozismus eine Kritik und eine Widerlegung, die Hegel danach im Vorspann zur Begriffslogik unterscheidet.

Dringen wir zunächst einmal in die *Kritik an der Spinoza'schen Philosophie* ein und kommen wir dann zu der von Hegel sogenannten endgültigen Widerlegung des Spinozismus. Die Kritik befindet sich in der Anmerkung zum Kapitel *Das Absolute* in der *Logik*, aber man kann sie auch in den *Vorlesungen über die Geschichte der Philosophie* finden. Sie lässt sich grundsätzlich zu drei Einwänden zusammenfassen: 1. Die unzulängliche Darstellung. 2. Die Auflösung des Konkreten in der absoluten Identität. 3. Die Unmöglichkeit einer immanenten Erkenntnis der Substanz. Diese Kritik ist eine Fortsetzung der Einwände, die Hegel schon in der *Phänomenologie des Geistes* erhoben hat und richtet sich ausdrücklich zwar an Spinoza, gilt aber auch für Schelling.

1. Die beiden Attribute der Substanz sind bei Spinoza Denken und Ausdehnung. Aber Spinoza zeigt Hegel zufolge weder, wie man vom Begriff der Substanz auf diese zwei Attribute kommt, noch, warum genau diese beiden Attribute und nicht andere aufgenommen werden. Spinoza erkennt, dass der unendlichen Substanz unendlich viele Attribute zukommen. Aber letztendlich beschreibt er nur zwei und vermag keine Auskunft über irgendein anderes Attribut zu geben. „Wie diese zwei aus der *einen* Substanz hervorgehen, zeigt aber Spinoza nicht auf, beweist auch nicht, warum es nur zwei sein können."[199]

Die Attribute werden von Spinoza als das Wesen der Substanz definiert, als das, was der Verstand von ihr als konstitutiv ansieht.[200] Der Verstand kann aber nur zwei Attribute erkennen, die nicht aus der inneren Logik der Substanz abgeleitet, sondern eben von ihm selbst unterschieden werden. Die Sache wird noch problematischer, sobald man beachtet, dass dem Verstand in der *Ethik* der Status eines Modus zugeordnet wird.[201] Durch eine Modifikation der absoluten Substanz werden also zwei Attribute von ihr unterschieden, aber diese Unterscheidung ist der absoluten Substanz äußerlich. Denn der Grund dieser Unterscheidung zwischen Denken und Ausdehnung liegt nicht in der Substanz, sondern vielmehr in der eigenen Logik des Verstandes: „Das Unterscheiden fällt außer dem absoluten Wesen."[202] Deshalb ist die skeptische Frage immer berechtigt: „Wie kommt der Verstand herbeigelaufen, daß er diese Formen auf die absolute Substanz anwendet? Und wo kommen diese beiden Formen her?"[203] Erst im zweiten Buch der *Ethik*, in den ersten beiden Lehrsätzen, werden Denken und Ausdehnung als Attribute der Substanz abgeleitet, obwohl sie bereits im ersten Buch eine wichtige Rolle spielen. Hegel nimmt übrigens keine Umdeutung von Spinoza vor, wenn er die spinozistische Substanz durch die zwei Attribute, Denken und Ausdehnung, auslegt, obwohl Spinoza ausdrücklich behauptet, die Substanz habe unendlich viele Attribute.[204] Denn Hegel behandelt die spinozistische Substanz anhand dieser zwei einzigen Attribute, weil Spinoza selbst so fortfährt, und weil man tatsächlich nicht wissen kann, welche anderen Attribute die Substanz haben mag. Die Tatsache, dass Spinoza von diesen unendlich vielen Attributen letztlich nur zwei, und diese auch noch ungeprüft und aus dem menschlichen Verstand heraus annimmt, ist es, was Hegel an Spinozas Verfahren kritisiert.

Im Gegensatz dazu hat Hegel mit seiner partikulären Darlegung des Absoluten zwar nicht gezeigt, dass Denken und Ausdehnung Attribute sind; jedoch hat er erwiesen, dass die Auslegung des Absoluten durch Attribute und Modi in der Notwendigkeit der Sache selbst liegt. Wird das Absolute als die unbestimmte ab-

---

[199] TW 20, S. 175.
[200] Vgl. Spinoza, *Ethik*, erster Teil, Definition IV.
[201] Vgl. TW 20, S. 183.
[202] TW 20, S. 185.
[203] TW 20, S. 177.
[204] So lautet die Kritik von Macherey an Hegels Lektüre der Ethik. Vgl. Pierre Macherey, „Hegels idealistischer Spinoza", in Manfred Walther (Hrsg.), *Spinoza und der deutsche Idealismus*, Würzburg, 1992, S. 146-162.

solute Identität gefasst, in der alles Bestimmte enthalten und aufgehoben ist, so ist seine Entwicklung durch die Begriffe des Attributs und des Modus notwendig zu vervollständigen. Während also Hegel in seiner *Logik* jene Denkbestimmungen aus der immanenten Entwicklung reinen Denkens herausarbeitet, stellt Spinoza Substanz, Attribut und Modus als Definitionen ohne vorherige Grundlegung auf. Er schöpft, so Hegels Einwand, jene Gedanken *akritisch* aus der Vorstellung. Man könnte sich rechtens fragen, warum denn diese und nicht andere Definitionen gewählt wurden, und vor allem, wie konsistent jene Begriffe sind. Dagegen tritt das Absolute bei Hegel als das Resultat des ganzen Ganges der Seins- und Wesenslogik auf. Es ist eben als die Vereinigung von den Gedankenbestimmungen beider Sphären definiert und als solche wird es auch ausgearbeitet. Seine Dialektik hat klar dargelegt, wie sich das Absolute in der Bestimmung der Identität zum Attribut, das Attribut seinerseits sich weiterhin zum Modus bestimmt, weil es Bestimmung und insofern Negation des Absoluten ist. In der Tat geschieht es Hegel zufolge gleichermaßen auch bei Spinoza, obwohl dieser die innere Logik der Sache nicht aufklärt. Das Attribut soll die Totalität der Substanz ausdrücken. Es wird in der Tat genauso wie die Substanz definiert – das, was in sich und durch sich begriffen wird. Es ist die Substanz in einer Bestimmung, es ist das, was der Verstand als das Wesen der Substanz erkennt. Insofern bedarf das Attribut eigentlich des Begriffs eines anderen – denn es ist das Wesen *der Substanz* – und ist bereits auch das, was in einem anderen ist und durch es begriffen wird: der Modus.

> „Die Attribute haben eigentlich nur die unbestimmte Verschiedenheit zu ihrer Bestimmung; jedes *soll* die Substanz ausdrücken und aus sich selbst begriffen werden; insofern es aber das Absolute als bestimmt ist, so enthält es das Anderssyn und ist nicht nur *aus sich selbst* zu begreifen. In dem Modus ist daher erst eigentlich die Bestimmung des Attributs gesetzt."[205]

Die Auslegung des Absoluten hat diesen inneren Zusammenhang zwischen der Substanz bzw. dem Identität-Absoluten, dem Attribut und dem Modus aufgezeigt. Spinozas Darstellung ist deshalb für Hegel zwar vollständig, insofern sie die drei Hauptbegriffe behandelt. Sie ist jedoch mangelhaft, weil sie jene Begriffe nicht in ihrem inneren Zusammenhang verbindet, sondern sie als Definitionen einfach nacheinander aufstellt.

2. Zu loben ist bei Spinoza Hegel zufolge die Forderung, „alles *unter der Gestalt der Ewigkeit, sub specie aeterni, zu betrachten,* das heißt wie es im Absoluten ist".[206] Man erinnere sich an den 25. Lehrsatz von *Ethik*, fünfter Teil, der uns lehrt, dass unsere Erkenntnis von Gott umso reicher wird, je tiefer wir die einzelnen Dinge kennen. Es bedarf keiner weiteren Überlegungen zu begreifen, dass diese Er-

---
[205] GW 11, S. 377.
[206] Ebenda.

kenntnisweise am Charakter der Modi als Ausdrücke des Wesens des Absoluten liegt. Es geht bei Spinoza, wie Hegel oftmals wiederholt, nicht um einen Pantheismus, bei dem alles Endliche göttlich wäre.[207] Vielmehr geht es Spinoza darum, die endlichen Dinge als nichtig zu begreifen, als bloße Modifikationen der einen, an und für sich seienden Wirklichkeit, einer Unendlichkeit, die auf diese Weise der Endlichkeit aus sich herausgeht und zu sich zurückkehrt.

Die Erkenntnis, die das Endliche *sub specie aeterni* betrachtet, ist die *sciencia intuitiva*, die dritte und höchste Erkenntnisweise. Sie fängt mit dem Wesen des Absoluten, daher von einem Attribut ausgehend an und steigt zur adäquaten Erkenntnis der endlichen Dinge herab.[208] Deshalb impliziert umgekehrt die wahre Erkenntnis der Dinge eine Erkenntnis des Wesens des Absoluten und macht die von Hegel sogenannte positive Auslegung desselben aus. Denn, indem man die adäquate Idee einer Sache begriffen hat, versteht man sowohl den Grund der Essenz als auch den Grund der Existenz der konkreten Sache, und beide Gründe gehen auf die eine, unendliche Wirklichkeit, auf das Absolute oder Gott zurück, ohne den etwas weder sein noch begriffen werden kann.

Aber Hegels Darlegung des Absoluten hat ebenfalls gezeigt, dass diese Erkenntnisweise des Absoluten eigentlich *eine Auflösung des Endlichen* bedeutet. Bereits Schelling hat diese Schlussfolgerung in den folgenden Darstellungen seines Identitätssystems konsequent gezogen. Für ihn bringt eine Vernunfterkenntnis des Alls die Ablehnung der Besonderheit mit sich, weil die wahre Erkenntnis einer Sache – welche, in Schellings eigener Terminologie, nach dem Sein und nicht nach dem Nicht-Sein fragt – impliziert, die Sache im Unendlichen aufzulösen.[209] Man erinnere sich ebenfalls an Hegels Beurteilung dieser Denkweise in der Vorrede zur *Phänomenologie des Geistes*, wo es heißt, dass die Auflösung des Konkreten im Absoluten „die Naivität der Leere an Erkenntniß" ist.[210] In der *Logik* bringt der Begriff des Absoluten als Identität ebenfalls ein Verschwinden von allem Endlichen mit sich. Sowohl das Attribut als auch der Modus werden am Ende der Auslegung wieder im Absoluten aufgelöst. Sie verschwinden in der unendlichen Identität. Der Spinozismus mag also alle Phänomene unter dem Gesichtspunkt der Natur bzw. der unendlichen Substanz betrachten. Tatsächlich aber macht er Hegel zufolge alles Endliche zum Nichts. „Spinoza macht die erhabene Forderung an das Denken, alles *unter der Gestalt der Ewigkeit, sub specie aeterni, zu betrachten,* das heißt, wie es im Absoluten ist. Aber in jenem Absoluten, das nur die unbewegte Identität ist, ist das Attribut wie der Modus nur als *verschwindend*."[211]

---

[207] Vgl. Enzyklopädie § 50 A und § 573 A.
[208] Vgl. Spinoza, *Ethik*, zweiter Teil, 40. Lehrsatz, 2. Anmerkung.
[209] Vgl. Schelling, System der gesamten Philosophie und der Naturphilosophie insbesondere (aus dem handschriftlichen Nachlass) 1804, in *Ausgewählte Schriften* 3, S. 192: „Das Endliche ist nur im Unendlichen, aber eben dadurch hört es auf als Endliche zu seyn."
[210] GW 9, S. 17.
[211] GW 11, S. 377.

3. Für Spinoza ist die Substanz das Sein aller Seienden, das Substrat von allem. Es ist eine Totalität, welche Hegel zufolge alles Endliche und Bestimmte in sich aufgelöst enthält. Aber Spinoza legt die Substanz bloß als Vereinigung und Identität von aller Wirklichkeit dar. Er „bleibt bey der Negation als Bestimmtheit oder Qualität stehen".[212] Spinoza kennt Hegel zufolge keine selbstbezügliche Negation, keine sich negierende Negativität, und kann also seinen höchsten Begriff, die Substanz, nicht als eine sich selbst bestimmende Wirklichkeit fassen. Dies führt dazu, dass die Entwicklung seines philosophischen Systems durch die Begriffe des Attributs und des Modus keinem immanenten Erkennen entspricht. Spinozas Auslegung der Substanz bleibt also ein äußerliches Betrachten und Reflektieren. Denn die Substanz wird an sich als der Abgrund aller Bestimmtheit überhaupt gefasst. Zwar wird sie anfangs als Ursache ihrer selbst gekennzeichnet, jedoch wird sie im Laufe des Systems ausschließlich als die Einheit von allem gedacht. Spinoza stellt uns eine einheitliche Wirklichkeit vor, eine einzige, untrennbare Substanz, die Ursache ihrer selbst ist und des Begriffs eines anderen nicht bedarf. Aber er erklärt nicht, wie diese Wirklichkeit sich selbst negiert und entfaltet, sondern nimmt empirisch zwei Attribute an, durch die er die Auslegung weiter fortführt; und er fasst die Substanz darüber hinaus bloß als Identität und Vereinigung aller Bestimmung und Endlichkeit. Indem die Substanz nicht als sich selbst bestimmende Wirklichkeit entwickelt wird, bedeutet der Fortgang von ihr zum Modus, also zum Endlichen, eine äußerliche Überlegung und die Erkenntnis des Modus, bloß ein Versenken ins Leere des Absoluten.

So viel zu Hegels Kritik an Spinoza. Entspricht die ganze objektive Logik einer Kritik der Gedankenbestimmungen der vormaligen Metaphysik, so legt Hegel im Kapitel *Das Absolute* den Gedanken eines Absoluten dar, das alle Endlichkeit in seiner unendlichen Identität enthält und begründet. Obwohl diese Ansicht in der philosophischen Tradition von unterschiedlichen Autoren vertreten wurde, gilt das System von Spinoza als Muster einer solchen Philosophie. Dass unter der Behandlung der Gedankenbestimmung des Absoluten der Spinozismus kritisch dargestellt wird, heißt wie schon gesagt aber nicht, dass einzig und allein das System von Spinoza darunter zu fassen wäre. Auch die orientalische Vorstellung der Emanation enthält denselben Kerngedanken, obzwar nicht unter derselben begrifflichen Auslegung von Attribut und Modi. Weiterhin begegnet uns das Muster einer Philosophie des Absoluten in der Form des Identitätssystems von Schelling. Schellings Identitätsphilosophie, wie bereits in der Einleitung gesehen, beinhaltet auch die philosophische Ansicht, die alles Endliche auf die Einheit einer absoluten und einzigen Wirklichkeit zurückführt. Dieses Schellingsche Absolute entfaltet sich in zwei Attributen, Natur und Freiheit, welche das Wesen des Absoluten ausdrücken und in einem absoluten System zu vereinigen sind. Unter den Begriff des Absoluten und seine Auslegung, wie von Hegel in diesem Kapitel der *Wissenschaft der Logik* dargelegt, fällt also ebenfalls die Schellingsche Identitätsphilosophie. Es wundert deshalb nicht, dass Hegel im Einklang mit Schel-

---

[212] GW 11, S. 376.

ling die Identität als erste Bestimmung und Definition des Absoluten erkennt. Denn was Hegel sowohl bei Schelling als auch bei Spinoza für das Wesentliche hält, ist die Auflösung von allem Konkreten in der Identität der einzigen Substanz.

Die drei angeführten Punkte machen das Wesentliche der Hegelschen Kritik am Spinozismus aus. Aber der Hinweis auf die Mängel einer Philosophie ist nicht mit deren eigentlicher *Widerlegung* zu verwechseln. Fichte hat ebenfalls das System des Spinoza unter verschiedenen Hinsichten kritisiert. Aber er wusste sehr wohl zu erkennen, dass seine Kritik für eine Widerlegung nicht hinreichte. Hegel nimmt diese Ansicht von Fichte zur Kenntnis und weiß auch sehr wohl zwischen Kritik und wahrhafter Widerlegung zu unterscheiden. So merkt er im Vorspann zum Begriff des Begriffs über das Kapitel *Das Absolute* und die Anmerkung zu demselben an:

> „Es ist schon früher im 2ten Buch der objectiven Logik S. 376f. Anm. erinnert worden, daß die Philosophie, welche sich auf den Standpunkt der *Substanz* stellt und darauf stehen bleibt, das *System des Spinoza* ist. Es ist daselbst zugleich der *Mangel* dieses Systems sowohl der Form als Materie nach aufgezeigt worden. Ein anderes aber ist die *Widerlegung* desselben."[213]

Hegel weist mehrmals darauf hin, dass es eine irrige Vorstellung ist, philosophische Systeme gegeneinander aufzustellen und Argumente für oder gegen sie anzuführen. So heißt es exemplarisch in der Vorrede zur *Phänomenologie*:

> „So fest der Meynung der Gegensatz des Wahren und des Falschen wird, so pflegt sie auch entweder Beystimmung oder Widerspruch gegen ein vorhandenes philosophisches System zu erwarten, und in einer Erklärung über ein solches nur entweder das eine oder das andere zu sehen. Sie begreift die Verschiedenheit philosophischer Systeme nicht so sehr als die fortschreitende Entwicklung der Wahrheit, als sie in der Verschiedenheit nur den Widerspruch sieht."[214]

Die wahre Widerlegung eines philosophischen Systems kann also nicht in einem bloßen Widerspruch zu ihm, sondern vielmehr nur in der Aufstellung desselben als eine wesentliche und ebenfalls zu überwindende Phase der Entwicklung der Wahrheit bestehen. Indem Spinozas System aus den Sphären des Wesens und des Seins hervorgeht, stellt es einen notwendigen Standpunkt in der Philosophie dar. Der Spinozismus gilt also nicht nur als bloße Meinung, denn sein Grundgedanke, das Absolute, hat sich als eine notwendige Gedankenbestimmung der sich selbst entwickelnden Vernunft erwiesen. Die Widerlegung des Spinozismus liegt nicht darin zu behaupten, dass sein Standpunkt falsch sei, sondern vielmehr darin nachzuweisen, dass er nicht der höchste ist.

---

[213] GW 12, S. 14.
[214] GW 9, S. 10.

„Ein solcher Standpunkt ist daher nicht als eine Meynung, eine subjective, beliebige Vorstellungs- und Denkweise eines Individuums, als eine Verirrung der Speculation, anzusehen; diese findet sich vielmehr auf ihrem Wege nothwendig darauf versetzt, und insofern ist das System vollkommen wahr. – Aber es *ist nicht der höchste Standpunkt.*"[215]

Die Widerlegung des Spinozismus schließt in sich ein Verständnis desselben ein als eines notwendigen Standpunktes in der Philosophie, aber auch als eines Standpunktes, der zugunsten eines höheren aufzugeben ist. Es sollte also kein Gegenbeweis des Spinozismus erwartet werden, welcher diese Philosophie komplett ablehnen würde, sondern vielmehr eine Untersuchung, welche aufzeigt, wie sich eine notwendige Entwicklung von diesem Standpunkt aus zu einer komplexeren, wahrhafteren Position verfolgen lässt, welche die Wahrheit des Spinozismus integriert und seinen Irrtum beseitigt. Die Widerlegung darf nicht den Standpunkt von außen her betrachten, um ihn dadurch zu kritisieren. Dass der Spinozismus keine wünschenswerte Philosophie sei – etwa weil er die Individualität in der unendlichen Substanz auflöst –, das liegt nicht an ihm selbst, sondern am Maßstab, anhand dessen er beurteilt wird, nämlich an der Forderung, dass man Individualität und Persönlichkeit hoch schätzen soll. Ist aber dieser Maßstab nicht vorhanden, so ist der Mangel auch nicht mehr da. Die Widerlegung des Spinozismus kann hingegen nur durch seine innere Vollendung erfolgen.

„Die einzige Widerlegung des Spinozismus kann daher nur darin bestehen, daß sein Standpunkt zuerst als wesentlich und nothwendig anerkannt werde, daß aber zweytens dieser Standpunkt *aus sich selbst* auf den höheren gehoben werde. Das Substantialitäts-Verhältniß, ganz nur *an und für sich selbst* betrachtet, führt sich zu seinem Gegentheil, dem *Begriffe*, über."[216]

Der Spinozismus behauptet die absolute Wahrheit der Substanz. Das Wahre ist das eine Seiende, das Absolute, das als Substanz alles andere in sich vereinigt. Seine Widerlegung besteht allerdings darin zu zeigen, dass der Standpunkt der Substanz nicht der absolute Standpunkt ist. Er ist es nicht, weil der Begriff der Substanz der skeptischen Prüfung reinen Denkens nicht standhält. Die tiefste Grundbestimmung der einen Substanz ist das Sich-Selbst-Setzen. In ihrem Nerv steckt die absolute Notwendigkeit: Sein, das ist, weil es ist. Die Substanz ist Ursache ihrer selbst. Aber gerade deshalb vollendet sich ihre Setzung nicht in ihren Akzidenzen, sondern in einer anderen Substanz. Das Absolute, das All-Eine, ist in seinem Kern die dynamische Bewegung des sich vermittelnden Seins, der *causa sui*, des Sich-Selbst-Setzens. Seine Setzung kann daher nicht bloß die ganze Wirklichkeit, als die Modi seiner Manifestation sein, sondern muss auch ein anderes Absolutes sein. Die Substanz entzweit sich: Das Absolute führt zum Relativen,

---

[215] GW 12, S. 14.
[216] GW 12, S. 15.

zum Verhältnis. Das ist der in der spekulativen Logik vollzogene Schritt vom Substantialitäts- zum Kausalitätsverhältnis.

Der Standpunkt der Substantialität wird durch den Übergang zur Kausalität in Frage gestellt. Es besteht aber noch die Möglichkeit, dass aus dieser ursprünglichen Teilung die Einheit des Absoluten wiederhergestellt werde. Die Hoffnung auf diese Wiedervereinigung wird in den Gedanken der Wechselwirkung gesetzt. Denn die Wechselwirkung soll ja die Pluralität in eine Gemeinschaft vereinigen. Am Ende der Wesenslogik ergibt sich aber, dass die in der Wechselwirkung gedachte Einheit nicht die Einheit des Absoluten ist. Denn Kausalität und Notwendigkeit gehen unter, weil sie, argumentiert Hegel, einen Widerspruch in sich enthalten. Sie behaupten die ursprüngliche Einheit substantieller Verschiedenheit, was zugleich Hauptthese und fundamentales Problem der Philosophie des Absoluten ist. Das Absolute soll die Mannigfaltigkeit der Welt in seiner Einheit vereinigen und bewahren. Doch die Spannung zwischen ursprünglicher Einheit und substantieller Verschiedenheit führt letztlich zur Selbstüberwindung dieses Standpunktes.

Die Vollendung der Substanz beruht auf der Einsicht, dass das Ansichseiende zugleich und ebenso sehr Gesetztsein ist. Die Substanz tritt auf als das Absolute, „das an- und für-sich-seyende Wirkliche".[217] Ihre Bewegung endet mit der Wechselwirkung, worin die Einheit von Ansichsein und Gesetztsein offenbar wird. Das Ansichseiende ist zugleich und ebenfalls gesetzt. Daraus geht ein fundamentales Ergebnis hervor: Das identische und das negative Beziehen auf sich selbst sind ein und dasselbe. Darin besteht die *Enthüllung* der Substanz und zugleich die endgültige Widerlegung des Spinozismus.

Die in der Wechselwirkung wiederhergestellte Einheit ist nicht mehr die Einheit des Absoluten, sondern eine Einheit neuer Art. Denn in der Wiedervereinigung der Wechselwirkung geht die Substantialität unter. Anstatt der Substanz tritt nun der Begriff auf. Im Progress bis hin zur Wechselwirkung hat sich das Denken von aller Gegenständlichkeit, vom Gedanken eines Substrats oder eines Seienden befreit, und hat in einer nach innen gehenden Bewegung die Wahrheit in sich selbst gefunden: als Begriff. Die Wahrheit liegt weder in einem unmittelbar Gegebenen noch in einem ansichseienden Wesen, sondern im Denken selbst. Die Aufdeckung der Wahrheit im Denken selbst ist zugleich die Befreiung des Denkens von allem. Denn das, was ihm fremd sein sollte, ist in der Tat seine eigene Setzung. War die Notwendigkeit die Einheit des Absoluten, so tritt an ihre Stelle nun die Freiheit als die Einheit des Begriffs auf. Das Wahre und das Freie sind so ein und dasselbe.

---

[217] GW 12, S. 12.

4. KAPITEL

Grundzüge einer Metaphysik der Vernunft und Freiheit

Die bisherigen Kapitel dieser Arbeit verfolgten die Frage nach dem Absoluten in der Hegelschen Philosophie. Ausgehend von der Frankfurter bis hin zur Jenaer Zeit nahm die geschichtliche Entwicklung von Hegels Denken einen aufwärts gehenden Verlauf – den zunehmender Begeisterung vom Begriff des Absoluten. Es zeigte sich, wie dieser Begriff einmal zum Schlussstein der Philosophie des jungen Hegel wurde. Der Höhepunkt wird in der *Differenzschrift* erreicht. Doch dem folgt allmählich eine deutliche Distanzierung von den Ansprüchen dieser Art Philosophie und zugleich die Herausbildung einer eigenständigen Konzeption. Die *Phänomenologie des Geistes* schließt diese Entwicklungsphase ab. Ihre letzte Bewusstseinsgestalt, das absolute Wissen, eröffnet den Weg eines systematischen Nachdenkens über Vernunft und Freiheit. Davon unterscheidet sich eine Konzeption der Philosophie als Entfaltung des absoluten All-Einen eindeutig. Denn sowohl die Ansprüche als auch die begriffliche Konstellation sind nun andere.

Innerhalb des reifen Hegelschen Systems erhält das Absolute seine Stelle nicht als Schlussstein, sondern als Denkbestimmung im Fortgang der logischen Wissenschaft. Die im letzten Abschnitt der Wesenslogik ausgetragene Auseinandersetzung mit dem Begriff des Absoluten zeigt die Bedeutung, aber eben auch die Grenzen dieser Art von Philosophie, die von Hegel nur noch als *Moment* in der Entwicklung reinen Denkens begriffen wird. Der Standpunkt der Philosophie des Absoluten soll zunächst einmal erreicht, aber danach zugunsten eines höheren verlassen werden.

An dieses Ergebnis anschließend stellt sich jedoch die Frage, was für einen anderen, höheren, aber nun endlich unüberbietbaren Standpunkt Hegel vertritt; oder, wenn man will, welch andere Philosophie er behauptet. Wir haben im zweiten Kapitel gesehen, dass Hegel zufolge die *Wissenschaft der Logik* als eine Reihe von Definitionen bzw. Definitionsversuchen des Absoluten im weiten Sinn angesehen werden kann. Diese Definitionen versuchen als ständig erneut auftretende spekulative Momente eine Vollendung der *Logik* zu erreichen, scheitern aber daran, weil sie sich dann wieder als neue abstrakte Momente erweisen, deren Einseitigkeit sodann die Skepsis aufzeigt. Nach der Logik des, wie wir gesehen haben, im engeren Sinne genommenen Absoluten kommen neue solcher Momente vor. Der Schluss etwa als Einheit vom formellen bzw. unmittelbaren Begriff und dessen Urteil macht einen besonderen spekulativen Höhepunkt aus. Darin begegnet man einer neuen Definition des Absoluten.[1] Aber, wie wir im Fol-

---

[1] Vgl. Enzyklopädie § 181 A.

genden sehen werden, ist der Schluss als Gedankenbestimmung ebenfalls endlich. Seine Entwicklung führt zur Objektivität, weil der Schluss wesentlich den gesetzten und entfalteten Begriff ausmacht, die Allgemeinheit des Begriffs aber konkret und deshalb darstellbar und darzustellen ist. Neue Gedankenbestimmungen und neue Fortgänge folgen also in der Darstellung. Ähnliches gilt für die nächste Definition, die besagt, das Absolute sei das Objekt.[2] Es stellt sich daher die Frage, ob die spekulative Logik irgendwann eine vollendete, abgeschlossene und wahrhaft absolute Bestimmung erreicht, zumal die Gedankenbestimmung des Absoluten selbst durch die skeptische Prüfung gefallen ist, oder ob sie sich vielmehr mit einer unendlichen Reihe von Gedankenbestimmungen ins Uferlose verliert. Das Problem des Absoluten im weiten Sinn besteht also intern in der Metaphysik Hegels durchaus weiter und zwar in der Frage, ob die Entwicklung der *Logik* zur Vollendung gelangt. Dieses Problem besteht immer noch und für Hegel selbst, der den Nachweis erbringen muss, dass die *Logik* ihr gutes Ende erreicht, anstatt unbegrenzt und *ad nauseam* fortsetzbar zu werden.

Wie und warum das Letztere nicht zutrifft, darüber soll in diesem letzten Kapitel Auskunft gegeben werden. Ganz allgemein kann man die Hegelsche Philosophie als *Idealismus* verstehen, wenn man diesen Begriff vom Hegelschen Denken her fasst und ihn nicht einer anderen Philosophie entnimmt. Hegels Idealismus findet seine Grundbegriffe in der *Lehre des Begriffs*, die es als eine Logik der Vernunft und der Freiheit zu erkennen gilt. Begriff und Idee machen die Hauptsäulen dieser systematischen Philosophie aus. Der Begriff in seiner vollendeten Entwicklung und Übereinstimmung mit sich selbst und deshalb als Idee gedacht und somit die Idee selbst sind das Hegelsche *absolutum*, das nunmehr im eigentlichen etymologischen Sinn des Terminus gedacht wird: das Vollendete, Vollbrachte, Losgelöste und Freie. Sie beide sind deshalb vor allem zu erörtern. Der spekulative Begriff bietet eine weitere Definition des Absoluten.[3] Dessen Standpunkt ist der Standpunkt des absoluten Idealismus. Der reine Begriff ist „das absolut Unendliche, Unbedingte und Freie."[4] Er ist absolut, weil er nach einem langen genetischen Prozess durch die Seins- und Wesenslogik alle anderen Bestimmungen hinter sich gelassen und sich davon befreit hat, sodass er endlich zu seiner eigenen Bestimmung gelangt, nämlich zur Einheit und Diremtion seiner selbst. Sein genetischer Prozess ist abgeschlossen und der Begriff ist nun von Sein und Wesen losgelöst und zu sich selbst gekommen, völlig ausgebildet, vollendet und von allem anderen befreit: Er verhält sich nunmehr nur zu sich selbst. Deshalb ist der logische Fortgang von nun an eine eigentliche Entwicklung, d. h. ein Auseinanderlegen der Bestimmungen des Begriffs mit der Gewissheit, dass er dabei nur sich selbst trifft. In dieser Hinsicht ist der Begriff absolut, aber trotzdem nichts Starres, sondern vielmehr wesentlich dynamisch. Der

---

[2] Vgl. Enzyklopädie § 194 A.
[3] Vgl. Enzyklopädie § 160 Z, TW 8, S. 308.
[4] TW 6, S. 274.

Begriff bildet sich fort, und diese seine Entwicklung legt die Begriffslogik ausführlich dar.

Der Begriff vollendet seine eigene Entwicklung, indem er zur Übereinstimmung mit sich selbst gelangt. Als solcher ist er Einheit seiner selbst und seiner Objektivität: Idee. Die Idee macht schließlich das endgültige und wahrhafte *absolutum* aus, oder in Hegels eigenen Worten: „Die Definition des Absoluten, daß es die Idee ist, ist nun selbst absolut."[5] Denn mit der Idee ist endlich das Wahre und Spekulative schlechthin gefasst. Als Einheit von Begriff und Objektivität ist die Idee zunächst einmal unmittelbar: das Leben als unmittelbare Darstellung des Begriffs. Des Weiteren muss der Gegensatz zwischen Begriff und Objektivität in der Idee des Erkennens ausgeschöpft und schließlich in seiner wahrhaften Einheit gedacht werden. Erst dann ist die Idee absolut, vom Gegensatz befreit und in sich ruhend. Mit der absoluten Idee erreicht die *Wissenschaft der Logik* ihre endgültige Vollendung. Sie, die absolute Idee, ist die Wahrheit, alle Wahrheit und der einzige Gegenstand der Philosophie. In ihr fasst die Philosophie das Absolute im weiten Sinn: das Vollständige und Unbedingte. Die Aufgabe der Philosophie besteht ab diesem Punkt darin, die Idee als absolut und zugleich als prozessual zu denken. Denn die Idee – oder die Vernunft in eigentlicher philosophischer Bedeutung[6] – bleibt in ihrer Absolutheit nicht stehend, sondern stellt sich in Natur und Geist dar und erkennt sich im philosophischen System.

All das muss also in diesem letzten Kapitel erörtert werden, u. a. also muss zuletzt auch noch die Grundlegung einer systematischen Philosophie des Realen als Darstellung der Idee skizziert werden, welche wohl bemerkt nicht das Reale insgesamt zu betrachten versucht, sondern wesentlich zwei Sphären – die des Natürlichen und die des Geistigen – unterscheidet und der system-philosophischen Erkenntnis zuführt. Das Ziel des nun Folgenden ist es, am Ende dieses Kapitels einen Überblick über Hegels Philosophie zu verschaffen und dabei natürlich auch möglichst deutlich die Momente zu markieren, welche diese Philosophie zu einer Lehre der vollendeten und absoluten Idee machen und sie dabei von einer Philosophie des Absoluten gemäß damaligen Verständnisses einer solchen grundsätzlich unterscheiden.

4.1 Die idealistische Grundeinsicht

Die Widerlegung des Monismus der Substanz bedeutet zugleich in positiver Hinsicht das Eintreten in die Logik des Begriffs. Und die Vollendung des Begriffs ist Hegel zufolge die Idee. Ihr Standpunkt ist der höchste, der Standpunkt des Idealismus: die von der absoluten Idee ausgehende Betrachtung des Realen. Dieser Standpunkt ist mit dem enzyklopädischen Vorbegriff der Philosophie als „den-

---

[5] Enzyklopädie § 213 A.
[6] Enzyklopädie § 214.

kende Betrachtung der Gegenstände" gemeint.[7] Die Begriffslogik entwickelt den Idealismus, worauf sowohl das Wahre als auch das Freie beruhen.

Die aktuelle Diskussion der Forschung über den Begriff des Idealismus bei Hegel ist vor allem in der angelsächsische Literatur durch eine Identifizierung von Metaphysik und Ontologie geprägt.[8] Diese Prägung macht sich auch in der restlichen Literatur breit, zumal die Hegelforschung in englischer Sprache zunehmend einflussreich geworden ist. So wird des Öfteren nicht einmal in Erwägung gezogen, ob Hegels Metaphysik etwa keine Ontologie sein könnte. „Metaphysik" steht dabei fast immer für die Untersuchung über das grundlegende Wesen des Seienden und die ontologische Struktur der Welt. Falls Hegel als Nachfolger Kants gegen die vormalige Metaphysik gesehen wird, dann ist er für viele Interpretern der gleichen Kritik ausgesetzt wie Kant. Weder Kant noch Hegel können dieser Kritik zufolge gewährleisten, dass die von ihnen entwickelten Begriffe der Realität entsprechen.[9] Hierbei werden aber Notionen wie Realität, Welt oder Sein und Seiendes völlig akritisch, manchmal sogar aus dem *common sense* aufgenommen. Kant und Hegel sind hingegen in dieser Sache viel fortgeschrittener, obwohl ihre Schriften um 18-23 Jahrzehnte zurückliegen.

Die ganze Diskussion über den Sinn von Hegels Idealismus erinnert meistens viel ans dritte Kapitel der *Phänomenologie des Geistes*, *Kraft und Verstand,* wo es um eine erscheinende Welt geht, deren Grundlage in einer übersinnlichen, eben den Sinnen nicht gegebenen und daher ideellen Welt liegt. Denn „ideell" heißt in der Diskussion öfter so viel wie „nicht empirisch gegeben". Man sollte also dahin zurückkehren und Hegels Argumente genau verfolgen, um diese Fragestellung schließlich hinter sich zu lassen. In der Tat nämlich geht man mit einem solchen Auslegungsrahmen über die *Phänomenologie* nicht hinaus, was allein schon den unschätzbaren Wert dieses Werkes belegt. Ich und die Welt, mein *mind* und die Dinge – darauf bezogen pflegt das Denken genommen zu werden. Die Auslegung von Hegels Idealismus reduziert sich in der Literatur allzu oft auf den unerschöpflichen Versuch, eine Theorie für die Erklärung des Endlichen zu skizzieren, wo es bei Hegel mit aller gewünschten Deutlichkeit doch genau so steht, dass das Endliche keine Wahrheit enthält.[10] Dessen ungeachtet wird gewöhnlich ein Kaleidoskop ontologischer Theorien angeboten, von epistemologischem Rea-

---

[7] Enzyklopädie § 2.
[8] Einen guten Überblick über Diskussionen zum Begriff des Idealismus in der englischsprachigen Hegelforschung sowie einen Interpretationsvorschlag in Form eines *conceptual realism* bietet Robert Stern, „Hegel's Idealism", in derselb. *Hegelian Metaphysics*, New York, 2009, S. 45-76.
[9] Dabei wird offenbar auch als gleichgültig angesehen, dass es sich im Fall von Kant um Kategorien als Bestimmungen eines Gegenstandes möglicher Erfahrung handelt, wogegen Hegels *Logik* im Unterschied dazu bloße Denkbestimmungen betrachtet.
[10] Vgl. Hegels eigene Erklärung des Idealismus in der Seinslogik, GW 21, S. 142f., worin wir gleich eindringen werden.

lismus[11] über Holismus[12] bis zum sogenannten Begriffsrealismus[13] und mehr. Dabei wird jedoch immer wieder Hegels grundsätzlicher Punkt nicht ernst genommen: dass die Welt an sich etwas Zerfallendes und Nichtiges ist. Darin besteht der Idealismus, den nach Hegels Ansicht Kant mit seiner Philosophie erwiesen hat und zu dem er sich selbst bekennt.

Führt man sich aber diese Pointe vor Augen, dann ändert sich die Fragestellung grundsätzlich. Denn die Philosophie handelt dementsprechend weder von Einzeldingen noch von der Welt als ihrem Zusammenhang; die Philosophie handelt vielmehr von Denken und Freiheit. Darin sieht sie die Wahrheit enthalten. Sie handelt immer davon, auch wenn sie über das Reale nachdenkt. In welchem Sinn ist also eine Philosophie des Realen zu verstehen – das wird weiter unten das Thema sein. Vorweg kann man aber schon sagen, dass diese systematische Realphilosophie Hegels weder das Wesen irgendeiner Sache noch die sogenannte begriffliche Struktur der Wirklichkeit offenbaren will.

Wir hatten im zweiten Kapitel dieser Arbeit Hegels Abkehr von der Ontologie zum Thema. Nun kommt es darauf an, Hegels idealistische Metaphysik als eine ohne Ontologie auszulegen. Denn in der Tat ist Idealismus im Hegelschen Sinn die Einsicht, dass das Seiende an sich nichtig ist. Der Idealismus setzt die Aufhebung der Welt als Gegenstand von Metaphysik voraus. Er hebt mit der Überzeugung an, dass das Endliche keiner vorrangigen Beachtung wert ist. Der Bruch mit der Ontologie ist seine unerlässliche Bedingung.

Schon in seinen Jenaer Arbeiten erkennt Hegel den Idealismus als die wichtigste Botschaft der Kantischen Philosophie. Seine idealistische Grundeinsicht entspringt sorgfältiger Lektüre der Kantischen transzendentalen Deduktion der Kategorien. Wir haben diese Lektüre schon anhand der Auseinandersetzung mit Kant in *Glauben und Wissen* behandelt. Die Kantische Philosophie, behauptet Hegel dort, hat das große Verdienst, den Idealismus erwiesen zu haben. An dieser Meinung hält Hegel auch in seinem späteren Denken fest. Sein Begriff des Begriffs ist, wie Miriam Wildenauer einleuchtend nachgewiesen hat, Nachfolgerbegriff von Kants Begriff der synthetischen Einheit der Apperzeption.[14] Zum Verhältnis von Kants Apperzeptionseinheit und Hegels Begriff muss man jedoch noch einiges hinzufügen, um den idealistischen Charakter der Hegelschen Philosophie zu pointieren.

Das folgende Zitat Hegels aus dem Abschnitt „Vom Begriff im allgemeinen" gibt entscheidende Auskunft – sowohl, indem man es nimmt wie es steht, als auch wenn man es umdreht: „Der Begriff, insofern er zu einer solchen Existenz gediehen ist, welche selbst frei ist, ist nichts anderes als Ich oder das reine Selbst-

---

[11] Vgl. beispielsweise Christoph Halbig, *Objektives Denken. Erkenntnistheorie und Philosophy of Mind in Hegels System*, Stuttgart-Bad Cannstatt 2002, S. 36off.

[12] Vgl. etwa Franz Knappick, *Im Reich der Freiheit. Hegels Theorie autonomer Vernunft*, Berlin, Boston, 2013, S. 300-316.

[13] Vgl. R. Stern, „Hegel's Idealism", S. 67-76.

[14] Vgl. Miriam Wildenauer, *Epistemologie freien Denkens. Die logische Idee in Hegels Philosophie des endlichen Geistes,* Hamburg, 2004, S. 13-27, besonders S. 17-24.

bewusstseyn."[15] Umgekehrt nämlich kann man auch behaupten: Das Ich oder das reine Selbstbewusstsein, insofern es der Endlichkeit der Existenz entnommen, von der Entgegensetzung, dem Verhältnis zu einem Gegenstand befreit und, aller Masken seiner Subjektivität enthoben, entlarvt wird, ist nichts anderes als der Begriff. Daran liegt Hegels grundlegender Schritt zu seiner Auffassung von Idealismus. Doch, einmal von dieser Transposition abgesehen, ist die strukturelle Gleichheit zwischen dem Begriff des Begriffs und dem Ich erhellend. Als reine, sich auf sich beziehende Einheit ist das Ich ein Allgemeines. Seine Einheit mit sich selbst ergibt sich aus der Abstraktion oder Negation von allem anderen. In ihm ist alles Bestimmtsein aufgelöst. Aber das Ich ist ebenfalls sich auf sich beziehende Negativität. Dabei stellt es sich dem Anderen gegenüber und schließt es aus: Es besitzt also sowohl Allgemeinheit als auch Individualität oder Einzelheit. Die Natur des Begriffs und die des Ichs ist die gleiche: Allgemeinheit, die ebenso unmittelbar Vereinzelung ist, oder Anundfürsichsein, das unmittelbar Gesetztsein ist.

Die von Hegel bereits in *Glauben und Wissen* erörterte idealistische Lektüre der Deduktion der Kategorien erkennt das reine Selbstbewusstsein als die Quelle aller Objektivität und Wahrheit. Das Empirische hat Bestand und wird überhaupt zum Gegenstand erst durch die Synthese des Denkens. Dieses Ergebnis der Kantischen Transzendentalphilosophie nimmt Hegel reinterpretiert in seine Philosophie auf. Kant hat völlig Recht, wenn er die Einheit des Objekts auf die Einheit des Denkens zurückführt. Unbegründet ist aber in Hegels Augen die bei Kant immer präsente Versubjektivierung des Denkens, zumal wenn Kant selbst anhand seiner Widerlegung des Berkleyschen Idealismus die individuelle Subjektivität ebenfalls als Erscheinung bestimmt. Konsequenterweise hätte man die Subjektivität ebenfalls beiseitelassen sollen. Kant selbst räumt jedoch im Paralogismuskapitel mit der Vorstellung eines substantiellen Subjekts auf und erklärt, es handele sich um ein bloßes Subjekt des Denkens, ein X, sei es ich, er oder es.[16] Das hat Hegel sehr wohl vor Augen, wenn er behauptet, dass das reine Ich auf den Begriff des Begriffs verweist, wenn es in seiner wahrhaften Natur aufgefasst wird. Die richtige Auffassung der Natur des Ich setzt voraus, dass man die Vorstellung des Ich als eine Seele, als ein Ding, dem ein Begriff inhäriert, aufgegeben hat. In seinem Kern aufgefasst ist das Ich die Einheit von Allgemeinheit und Einzelheit – konkrete Allgemeinheit oder Begriff. Befreit von aller Subjektivitätsform, sei sie individuell oder transzendental, ist das reine Ich nichts anderes als das reine Denken. Konsequent ist dieser Schritt aber nur, wenn man wie Hegel ein reines, sich selbst denkendes Denken konzipiert. Diese Reinterpretation vorausgesetzt, fährt Hegel fort: Die Einheit des Denkens ist das, was etwas zum Objekt macht. „Nach dieser Darstellung ist die Einheit des Begriffs dasjenige, wodurch etwas nicht blosse *Gefühlsbestimmung, Anschauung* oder auch blosse *Vorstellung,*

---

[15] GW 12, S. 17.
[16] KrV B 404.

sondern *Object* ist, welche objective Einheit die Einheit des Ich mit sich selbst ist."[17]

Die Mannigfaltigkeit der empirischen Daten wird für Kant dank der transzendentalen Einbildungskraft zu einer Vorstellung; die verschiedenen Vorstellungen wiederum werden dank der reinen Verstandesbegriffe zu einem Gegenstand vereinigt. Die Synthesis von Vorstellungen, die jede Kategorie schafft, beruht ihrerseits auf der Einheit des „ich denke". Oder anders gesagt: Jede Kategorie ist eine Form der Einheit des Selbstbewusstseins. Der Gegenstand erscheint zunächst einmal als unmittelbar gegeben und als an und für sich seiend. Er wird aber in Wahrheit vom Selbstbewusstsein gesetzt. Daran liegt das Wesentliche von Hegels Lektüre der Kantischen Objektlehre. Die Einheit des Objekts ist eine Einheit des Denkens; ohne diese zerfiele das Objekt in eine sinnlose, mannigfaltige Menge von empirischen Daten.

Die Kantische Philosophie behauptet die Objektivität des Denkens. Aber sie geht in Hegels Augen einen Schritt zurück, indem sie auch die Unerläßlichkeit der Sinnlichkeit behauptet. Genauso wie das Sinnliche ohne Verstand formlos ist, ist für Kant ebenfalls jeder Begriff ohne sinnliche Anschauung leer. Einerseits erkennt Kant in der Deduktion der Kategorien die Quelle der Objektivität in der Einheit des Denkens, andererseits behauptet er wiederum das Denken als bedingt durch die sinnliche Anschauung. Faktisch hat er aber gezeigt, so Hegels Auslegung, dass Gegenstände erst durch Setzung vom Denken aus in ihrer Wahrheit gefasst werden können. Allein das Denken ist die Quelle aller Wahrheit, und ohne das Denken hat das Empirische weder Bestand noch Objektivität. Denn an sich ist es zerfallend und nichtig. Deshalb ist dasjenige, was durch die Sinnlichkeit hinzukommen mag, für das philosophische, innerlogisch-systematisch begreifende Erkennen bedeutungslos. Man wird weiter unten sehen, dass diese Überzeugung Hegels Begriff des Begriffs wesentlich prägt. In seiner logischen Entwicklung trifft der Begriff auf nichts gänzlich neues, sondern ständig nur auf sich selbst.

Von diesem Ergebnis der Auseinandersetzung mit Kants Deduktion der Kategorien geht Hegels metaphysische Position aus. Der Idealismus ist der Springpunkt, um den sich das Verständnis seiner Philosophie dreht. Er besteht in der einfachen These, dass die endlichen Dinge als bloße Dinge keine Wahrheit enthalten. „Der Idealismus der Philosophie besteht in nichts anderem, als darin, das Endliche nicht als ein wahrhaft Seyendes anzuerkennen."[18] Vielmehr *erhält* das Endliche durch das Denken erst Objektivität und Bestand. Denn nur das, was im Denken ist, kann das Wahre sein. Die Grundposition der Hegelschen Lehre ist sogar, dass allein das sich zur Idee bestimmende Denken Gegenstand und Thema der systematischen Philosophie ist. Die Idee allein ist das Wahre. Die Wahrheit besteht daher nicht darin, dass das Denken der Wirklichkeit entspricht. Da nur das Denken das Wahre ist, besteht sie vielmehr darin, dass die Wirklichkeit ihrem

---

[17] GW 12, S. 18.
[18] GW 21, S. 142.

Begriff entspricht. Insofern sie dies tut, ist sie wahrhafte Wirklichkeit. Insofern sie dem Begriff nicht entspricht, zerfällt sie und geht unter. Alles Endliche hat nur Bestand und Wahrheit, insofern es vom Standpunkt der Idee aus gedacht wird. Diese Überzeugung begründet die gesamte Realphilosophie innerhalb des Systems der Vernunft.

Alles oben Gesagte geht aus Hegels Lektüre von Kants Deduktion der Kategorien des reinen Verstandes hervor. Aber es ergibt sich auch aus dem Gang der *Phänomenologie des Geistes*, indem dort gezeigt wird, dass die Wahrheit jedes möglichen Bewusstseins-Gegenstandes das reine Denken ist. Die *Wissenschaft der Logik* untersucht deshalb als Fundamentalphilosophie das Denken und seine Bestimmungen. Denn, wenn die Vernunft und nicht das Gegebene die einzige Quelle der Wahrheit ist, dann benötigt man eine Darlegung dessen, was das Vernünftige ausmacht. Die Entwicklung reinen Denkens erweist, dass alle Bestimmungen des Seins und anschließend des Wesens ihre Wahrheit im Begriff haben. Das heißt, alle Denkbestimmungen, die sich auf mögliche Gegenstände beziehen (daher gehören sie zu einer sozusagen *objektiven* Logik) beruhen auf selbstreferenziellen Denkbestimmungen, mit welchen das Denken keine Gegenstände, sondern allein sich selbst denkt. Die *Wissenschaft der Logik* ist an sich das Denken des Denkens. In ihrem subjektiven Teil, der Logik des Begriffs, wird die Untersuchung des Denkens, das über sich selbst nachdenkt, explizit als solche gesetzt.

Die idealistische Philosophie – oder die Philosophie überhaupt, wie Hegel sie versteht – betrachtet das Endliche als Darstellung der Vernunft. Insofern diese Darstellung gelingt, also insofern ein Dasein als Verwirklichung der Vernunft erkannt wird, hat man darin philosophische Wahrheit gefasst. Denn Wahrheit ist in der Philosophie da, wo das Gegebene taugt, als Objektivität des Begriffs erfasst zu werden. Die Aufgabe der Philosophie besteht dann darin, diese Wahrheit und mit ihr die Idee als Einheit von Begriff und seiner Objektivität zu erfassen und begrifflich auszudrücken.

Hegels Idealismus setzt sich somit aus einigen Grundbegriffen zusammen, deren Begründung und Entwicklung sich in der Logik des Begriffs finden. Will man sich also ein angemessenes Bild über die gesamte Hegelsche Philosophie verschaffen, so kommt man um die Begriffslogik nicht herum. Zu den Grundbegriffen, um die sich das Verständnis der Hegelschen Philosophie dreht, zählen jedoch nicht nur der eine Begriff und die Idee, sondern im engen Zusammenhang mit beiden auch die Freiheit.[19]

---

[19] Die Hegelforschung ist in jüngster Zeit mit dem Thema Freiheit in der *Wissenschaft der Logik* weit gekommen. Franz Knappik etwa sammelt bis zu vier Hinsichten, in denen Hegels *Logik* als Vollzug von Freiheit zu verstehen ist. Vgl. Knappik, *Im Reich der Freiheit. Hegels Theorie autonomer Vernunft*, S. 155-171.

4.2 Das Reich der Freiheit

In einem anspruchsvollen Aufsatz hat Robert Pippin die dringliche Frage aufgeworfen: „Was ist nun die subjektive Logik und was hat diese mit Freiheit zu tun?"[20] Pippin stellt eine Verbindung zwischen dem Freiheitsbegriff und Hegels Wendung her, der Begriff gebe sich selbst Realität. Allerdings geht er relativ schnell zu einer anderen Fragestellung über, nämlich zu der Frage: Was ist das Kriterium zu entscheiden, ob einem Gegenstand ein gewisses Prädikat zugeschrieben werden kann oder nicht? Somit fasst Hegel Pippin zufolge seine *Wissenschaft der Logik* „teilweise als Antwort auf Fragen begrifflicher Bestimmtheit als eine *normative* Fragestellung" auf.[21] Auf diese Weise wandelt Pippin die Frage nach der Freiheit in die Frage nach der Wahrheit um. Jedoch verdunkelt leider der von ihm gemachte wechselseitige Verweis von Freiheit auf das Bestimmungsverhältnis zwischen Begriff und Gegenstand und wiederum von diesem Bestimmungsverhältnis – als einer „normativen Selbstgesetzgebung"[22] des Begriffs – auf die Freiheit de facto beide Begriffe, und man weiß schließlich nicht, welcher von ihnen, ob Freiheit oder Wahrheit, als Angelpunkt zu nehmen ist.

Trotzdem liegt im Hintergrund von Pippins Ausführungen der richtige Gedanke, das Reich der Freiheit sei die Objektivität des Begriffs, die dieser frei von aller Empirie sich selbst gibt. Für uns aber, Leser der *Wissenschaft der Logik*, scheint Pippins Fragestellung zu sein, wie wir die Objektivität denken sollen, um sie als die eigene Objektivität des Begriffs zu erkennen. Deshalb machen für Pippin Kant und Hegel ein ähnliches Argument geltend wie Sellars im linguistischen Kontext: „daß das *objektive* Begreifen eines Begriffes *nichts anderes als* die Beherrschung des korrekten Gebrauchs eines Wortes."[23]

Zwei Bemerkungen liegen hierzu in unserem Kontext nahe: Zum einen heißt die Feststellung, etwas setze frei von aller Empirie sich selbst, noch nicht, dass das Betreffende mit Freiheit und mit Verwirklichung der Freiheit zu tun hat. Logische und mathematische Gesetze bestimmen ihre Gegenstände unabhängig von der Empirie, sind aber deshalb nicht frei zu nennen. Nur weil der Begriff als frei von der Empirie zu denken ist, kann er nicht als frei schlechthin bezeichnet werden. Zum anderen sind die Realität des Begriffs und die nackte Realität nicht zu verwechseln. Dass der Begriff sich Realität gibt, heißt nicht, dass das Vorhandene Realisierung des Begriffs sei. Es heißt nur, dass zum Begriff des Begriffs seine Realisierung gehört. Ob seine Realität die ganze Realität umfasst oder ob sie vielmehr neben anderen, ihm geradezu nicht entsprechenden Realitäten da ist, bleibt zumindest offen. Deshalb geht es nicht darum, normative Kriterien für den Ge-

---

[20] Robert Pippin, „Hegels Begriffslogik als die Logik der Freiheit", in Koch, Oberauer, Utz (Hrsg.), *Der Begriff als die Wahrheit*, 2003, S. 223-237.
[21] Pippin, a.a.O., S. 223.
[22] Pippin, a.a.O., S. 230.
[23] Ebenda.

brauch eines Begriffs auf Gegenstände zu finden, sondern bloß darum, den Begriff in der Form seiner Objektivität zu denken.

Weder die Freiheit des Begriffs noch dessen Objektivität sind daher auf diesem Weg geklärt worden. Man sollte vielleicht auf Pippins anfängliche Frage zurückgehen. In einem jüngeren Aufsatz dreht Jorge E. Fernández diese Frage um, indem er sich fragt, was die Freiheit ist und was sie mit dem Begriff zu tun hat.[24] Diese zweite Frage erscheint nun allerdings als sehr passend, zumal wenn man vor Augen hat, dass Hegel zufolge der eine Begriff das schlechthin Freie ist. Auf seiner Basis lässt sich ein Reich der Freiheit begründen, und zwar nicht, wie man gleich sehen wird, in einem bloß allegorischen Sinn.

4.2.1 Die Aufgabe der Französischen Revolution

Hegel bezeichnet seine Begriffslogik bekanntlich als „das Reich der Freyheit".[25] Mit seinem Idealismus beansprucht er, über ein neues Wahrheitsverständnis hinaus auch eine neue Konzeption von Freiheit zu entwickeln, und außerdem beide, Wahrheit und Freiheit, als aus derselben ursprünglichen Quelle entspringend zu erweisen. Die metaphysische Aufgabe besteht in der Entwicklung eines Denkens des Vernünftigen und Freien. Aber zur Untersuchung der metaphysischen Grundlage der Freiheit führt nicht allein die philosophische Reflexion. Motiviert wird das Nachdenken über „das Reich der Freiheit", weil es sich um die dringlich gestellte Aufgabe seiner und auch noch unserer Zeit handelt: die Aufgabe der *Französischen Revolution*. Die Erfahrung der Französischen Revolution bringt zwar argumentativ nichts Neues zur inneren Entwicklung der Begriffslogik ins Spiel. Doch fürs Verständnis derselben trägt sie ein gutes Stück bei. Denn sie gibt Anlass zu einem anderen Blickwinkel, unter dem Hegels Ausführungen in einer völlig anderen Dimension erscheinen. Mit den Erfolgen und Schatten der Revolution vor Augen erklärt es sich durchaus, wieso und wie ernst Hegel meint, mit seiner Begriffslogik eröffne sich das Reich der Freiheit. Die grundlegende Aufgabe der Lehre vom Begriff besteht in der Entwicklung eines Begriffs des Begriffs, in dem Vernunft und Freiheit in Einheit miteinander gedacht werden. Die Allgemeinheit des Begriffs soll dabei keine abstrakte, der Wirklichkeit fremde sein, sondern ganz im Gegenteil vielmehr Besonderheit und Einzelheit in sich einschließen. Nur dadurch lässt sich das Allgemeine verwirklichen und erst auf diese Weise ist die Errichtung einer gesellschaftlichen Ordnung eben auf der Basis von Vernunft und Freiheit möglich.

---

[24] Vgl. Jorge Eduardo Fernández, „La libertad en la Lógica de Hegel", in *Revista de pensamiento político*, vol. 5, 2014, S. 77-90. Fernández gibt einen Überblick über die gesamte *Wissenschaft der Logik* im Hinblick auf das Thema Freiheit. Im Folgenden beschränke ich mich allerdings auf die *Begriffslogik* als den Ort, wo Hegel systematisch den Freiheitsbegriff entwickelt.

[25] GW 11, S. 409.

Das Verständnis der Fragestellung der Begriffslogik läuft in dieser Perspektive über die Wiederherstellung der These von Herbert Marcuse und später, u. a., von Joachim Ritter: Der deutsche Idealismus und insbesondere Hegels Denken ist die Philosophie der Französischen Revolution.[26] Ritter erklärte das Problem der Emanzipation als das Anliegen der Hegelschen Philosophie. Das Denken Hegels sei „bis in ihre innersten Antriebe hinein Philosophie der Revolution."[27] Für Marcuse stellt die Hegelsche Philosophie die Antwort auf die Herausforderung dar, Staat und Gesellschaft auf einer vernünftigen Basis zu organisieren.[28] Dieses Unternehmen verlangt aber, zuerst einmal zu untersuchen, was das Vernünftige überhaupt ist. Nicht zuletzt aufgrund dessen steht der Begriff der Vernunft im Mittelpunkt der Hegelschen Philosophie.[29] Hegels Begriffe sind, wie Marcuse zu Recht anmerkt, Ableitungen aus der Struktur der Vernunft. Denn die Revolution hatte gefordert, dass nichts in einer Staatsverfassung anerkannt werde als das, was mit Recht der Vernunft anzuerkennen ist. Sie emanzipierte das Individuum zum sich selbst vertrauenden Herrn seines Lebens. Die Welt sollte durch die Revolution zur Ordnung der Vernunft gebracht werden. „Der Mensch hat sich aufgemacht, die Wirklichkeit gemäß den Forderungen seines freien rationalen Denkens einzurichten, anstatt seine Gedanken einfach an die bestehende Ordnung und die herrschenden Werte anzupassen."[30]

Die unvernünftige Wirklichkeit muss daher so verändert werden, dass sie mit der Vernunft zur Übereinstimmung gelangt. Diese Herrschaft der Vernunft über die Wirklichkeit hat historisch die Französische Revolution verkündet. Ihr Prinzip ist, dass der Gedanke die Wirklichkeit regieren soll. Was man für wahr, gut und vernünftig hält, das soll sein. Allerdings haben die Individuen verschiedene persönliche Meinungen, die nicht unbedingt übereinstimmen. Aufgrund dieser Mannigfaltigkeit der Meinungen kann somit keine gesellschaftliche Ordnung gestiftet werden. Hegel aber vertritt die Position, dass der Mensch universelle Begriffe und Prinzipien besitzt. Ihre Totalität nennt er Vernunft, und seine Philosophie besteht für Marcuse in dem Versuch, jene Begriffe und Prinzipien systematisch darzulegen.[31]

Mit seiner Verteidigung von universell gültigen Begriffen und Prinzipien bietet Hegel nicht nur eine Antwort auf die Herausforderungen der Revolution an. Er wehrt sich damit gleichfalls, wie Marcuse mit Recht anmerkt, gegen die hartnäckige Kritik, welche die englischen Empiristen dem Begriff der Vernunft unterzogen hatten. Hume an der Spitze hatten sie argumentiert, dass kein einziger Begriff und kein einziges Prinzip Anspruch auf Allgemeingültigkeit und unerschütterli-

---

[26] Vgl. Herbert Marcuse, *Vernunft und Revolution: Hegel und die Entstehung der Gesellschaftstheorie*. Darmstadt, 1972 (englischer Original 1941). Vgl. auch Joachim Ritter, *Hegel und die französische Revolution*, Frankfurt am Main, 1965.
[27] Ritter, *Hegel und die französische Revolution*, S. 18.
[28] Vgl. Marcuse, *Vernunft und Revolution*, S. 15.
[29] Vgl. Marcuse, *Vernunft und Revolution*, S. 16.
[30] a.a.O., S. 17.
[31] Vgl. a.a.O., S. 18.

che Wahrheit erheben kann, dass die angeblichen Gesetze der Vernunft in Wahrheit beschmückte Gesetze der Gewohnheit sind. Wenn dem so wäre, dann wäre das revolutionäre Projekt, die Wirklichkeit unter die Herrschaft der Vernunft zu bringen, niemals durchführbar. Es wäre tatsächlich nichts mehr als eine naive Illusion. Man möchte die gegebenen Tatsachen vernünftig beherrschen, aber in Wahrheit passt sich die Vernunft ihnen an. Das Resultat der empiristischen Philosophie könnte so nicht nur ein nichtiger Skeptizismus, sondern ebenfalls der Konformismus sein.[32] Hegels Philosophie dagegen erhebt den Anspruch auf allgemeingültige Begriffe und Gesetze. Denn das Recht der Vernunft, die Wirklichkeit zu gestalten, hängt letztendlich von der Möglichkeit allgemeingültiger Begriffe ab – ja in der Tat, von der Idee einer reinen, nicht bloß den empirischen Tatsachen entsprechenden Vernunft.

Marcuses Ansicht der Hegelschen Philosophie als Philosophie der Revolution leuchtet sehr wohl ein. Man darf nicht vergessen, dass Hegel bekanntlich nicht nur von der Französischen Revolution begeistert war, sondern außerdem über dieselbe ausführlich reflektiert hat. Dabei unterscheidet er sich von vielen seiner Zeitgenossen durch den von ihm aufgezeigten Zusammenhang zwischen Aufklärung und Revolution. Eine solche Verbindung war zu seiner Zeit höchst umstritten. Viele Intellektuelle verfielen einer Dämonisierung der Französischen Revolution und trennten sie entschieden vom Geist der Aufklärung ab. Für diese Intellektuellen hatte das Programm einer allmählichen Erziehung des Menschengeschlechtes und der Reformen „von oben" mit den revolutionären Ereignissen und dem dadurch verbreiteten Terror in Frankreich nichts zu tun.[33]

Im Gegensatz dazu sieht Hegel hingegen einen engen Zusammenhang zwischen Aufklärung und Revolution und spricht ihn auch eindeutig aus. Der Zusammenhang besteht für ihn nicht nur zwischen den Idealen der Aufklärung und den Absichten der Revolutionäre, sondern hat auch mit den schrecklichen Folgen der Revolution in Frankreich zu tun. Das ist schon für sich alleine etwas Besonderes. Denn die übliche Haltung trennt die Ideale von der Revolution insgesamt oder lastet die Schuld an allen begangenen Verbrechen einer einzigen Figur an, die als Verräter der ursprünglichen revolutionären Ideale hingestellt wird. Das Paradebeispiel dafür ist im Kontext der Französischen Revolution Robespierre.

Hegels Position unterscheidet sich von alledem und zeichnet sich durch ihre Ehrlichkeit und ihren Mut aus. Hegel erkennt die Verbindung zwischen den angestrebten Idealen und dem Terror, oder wie es in der *Phänomenologie* heißt, zwischen der absoluten Freiheit und dem Schrecken. Die Verbindung liegt darin, dass die absolute Freiheit und die Allgemeinheit der Vernunftprinzipien immer nur *abstrakt gefasst* werden. Dringen wir in Hegels Reflexionen hierüber ein, die noch bis heute große Relevanz besitzen! Sie werden uns auch helfen, die Fragestellung der Begriffslogik zu klären.

---

[32] Vgl. a.a.O., S. 29.
[33] Vgl. z. B. Frédéric Ancillon, *Ueber Souveränität und Staatsverfassungen*, Berlin, 1817, S. 76, S. 79-81, S. 82-84.

4.2 DAS REICH DER FREIHEIT

Man kann gewiss behaupten, dass für Hegel die Französische Revolution das wichtigste Ereignis der Weltgeschichte der Menschheit bis zur Hegelschen Gegenwart ist. Denn mit ihr hat der Mensch zum ersten Mal in der Geschichte versucht, seine Wirklichkeit rein aus vernünftigen Prinzipien umzugestalten. Die Revolution beabsichtigte die Gründung einer neuen Gesellschaft – nicht auf Basis der Tradition, des alten Rechts oder des religiösen Dogmas, sondern allein auf Freiheit und Gleichheit aller Menschen basierend. Ein solches politisches Programm teilt Hegel ohne Zweifel. Umso wichtiger wird es für ihn, die Ursachen des Scheiterns der Revolution zu untersuchen.

Die Französische Revolution stellt uns vor das Problem der Verwirklichung von Vernunftprinzipien. Und die von Hegel gedachte Lösung beruht auf der in seiner Begriffslogik entwickelten metaphysischen Grundlage. Unter diesem Blickwinkel erscheint das Wesen der Hegelschen Philosophie in voller Klarheit: Sie strebt nicht die unerschütterliche Erkenntnis des All-Einen an, sondern eine Aufklärung dessen, was Freiheit und Vernunft ist, und wie beide sich verwirklichen oder gar verwirklichen lassen.

Bereits in der Tübinger und Berner Zeit zeigt Hegel große Begeisterung für die Französische Revolution und setzt seine Hoffnung auf ein ähnliches Ereignis in Deutschland. Gegebenenfalls wäre es die Funktion der Philosophie, den Völkern ihre Würde zu zeigen.[34] Doch die tiefste Reflexion über die Revolution kommt mit der *Phänomenologie des Geistes* zustande und später in den *Vorlesungen über die Philosophie der Weltgeschichte*.[35] Hegel geht zunächst vom Versagen der Revolution aus, die Vorherrschaft der Vernunft und Freiheit über die Welt zu etablieren. Dann aber kommt es ihm darauf an, die Gründe für dieses Versagen herauszufinden. Er identifiziert als Ursache dieses Misserfolgs die Unfähigkeit der Zeitgenossen, eine neue feste Organisation der Gesellschaft aufzubauen. Die politische Stabilisierung erscheint Hegel als das ungelöste Problem der Revolution. Die Verwirklichung der Freiheit erwies sich als ein ungeheures und tragisches Unternehmen: Verfassungen und Regierungen folgten aufeinander, und die Herren der Guillotine starben selbst darunter. Der Verlauf der Revolution ähnelt tragisch dem Mythos des Saturn, der alle seine Kinder frisst.

Die revolutionären Ereignisse in Frankreich erweisen aber zwei wichtige Tatbestände. Erstens zeigen sie, dass mit ihnen eine neue Epoche in der Geschichte angebrochen ist, in der die Menschheit das Bewusstsein der Freiheit erlangt hat. Ab der französischen Revolution kommt es an und für sich darauf an, dass der Mensch um seine eigene Freiheit als ein vernünftiges und der Freiheit würdiges Wesen kämpft. Zweitens stellt sich an den Ereignissen in Frankreich das Hauptproblem dieser neuen Zeit heraus: die Verwirklichung der Freiheit und die Stif-

---

[34] Brief an Schelling von 16.4.1795.
[35] Das Folgende beruht auf dem Abschnitt „Die absolute Freiheit und der Schrecken" der *Phänomenologie des Geistes*, GW 9, S. 316-323 und auf dem Kapitel aus Hegels *Vorlesungen über die Philosophie der Geschichte*, „Die Aufklärung und Revolution", TW 12, besonders S. 527-535.

tung einer neuen Gesellschaft auf ihrer Basis. Das erste bestätigt die unvermeidliche Transformation, das zweite verrät deren ganze Komplexität.

Die Schwierigkeiten der Revolution lassen sich für Hegel nicht allein auf den Widerstand des *Ancien Régime* zurückführen. Vielmehr führt die eigene Logik der Revolution zum Schrecken und zwar aus tiefen Gründen. Die Revolution erklärt die Vernunft als das einzige Kriterium, die Freiheit als den Sinn und Zweck der Gesellschaft. Aber ihre Begriffe von Vernunft und Freiheit zeichnen sich durch ihre abstrakte Allgemeinheit aus. Die universellen Prinzipien der französischen Revolution lassen sich nicht verwirklichen, weil ihre Allgemeinheit der Besonderheit und Einzelheit eines neu gegliederten politischen Ganzen entgegengestellt wird. Die abstrakt gefassten Ideale führen zum Fanatismus, und die absolute Freiheit wird nur zerstörend:

> „Nachdem sie mit der Vertilgung der realen Organisation fertig geworden, und nun für sich besteht, ist diß ihr einziger Gegenstand; – ein Gegenstand, der keinen andern Inhalt, Besitz, Daseyn und äusserliche Ausdehnung mehr hat, sondern er ist nur diß Wissen von sich als absolut reinem und freiem einzelnen Selbst. An was er erfaßt werden kann, ist allein sein *abstractes* Daseyn überhaupt."[36]

Der abstrakte Universalismus war während der Französischen Revolution unfähig, einen neuen politischen Körper zu bilden. Er verhielt sich nur zerstörend. Er blieb im abstrakten Element der Allgemeinheit stehen, und jede konkrete Gestalt einer neuen Ordnung war für ihn ein Verrat an den Idealen der Revolution. Die abstrakte Allgemeinheit kann aber nicht umgesetzt werden, weil jegliche besondere Form von ihr als ein Betrug denunziert wird. Die alte Ordnung wird zerstört, aber an ihre Stelle wird kein positives Werk gesetzt, weil die abstrakte Allgemeinheit der Prinzipien keine Darstellung in der Anschauung findet.[37] Sie kommt nicht zum Dasein, weil jedes Dasein etwas Einzelnes und Besonderes ist und als solches das Gegenteil vom abstrakt Allgemeinen: Das Besondere im Einzelnen ist daher ein Betrug und Verrat an den Idealen.

Die abstrakte Allgemeinheit der Prinzipien macht es unmöglich, eine neue Gesellschaft auf vernünftiger Basis zu gründen. Man sieht, wie sehr Hegels Denken von der Erfahrung der Französischen Revolution geprägt ist, aber auch wie tief seine philosophische Reflexion über dieselbe geht. Diese Reflexion anhand von Begriffen auszulegen, die aus der Diskussion des Kalten Krieges im 20. Jahrhundert hervorgehen, dürfte deshalb eher in einen Anachronismus führen. Einen solchen Fehler begeht wahrscheinlich Ludwig Siep, wenn er beim Kommentar von Hegels Auseinandersetzung mit dem Terror der Revolution sich der Kategorie des „Totalitarismus" bedient. Hegel gebe an dieser Stelle der *Phänomenologie des Geistes* „Einsicht in die Strukturen der totalen Herrschaft, wie sie sich in den

---

[36] GW 9, S. 320.
[37] Ausführlicheres zum Darstellungsbegriff bei Hegel weiter unten.

Totalitarismen dieses Jahrhunderts, sei es faschistischer, kommunistischer oder militaristischer Art wiederholt haben."[38]

Siep deutet Hegel so, dass er den Terror eines allgemeinen Willens denunzieren wolle, der die individuellen Rechte nicht respektiert. Eine solche Verurteilung würde allerdings ebenfalls auf die absoluten Monarchien des Ancièn Régime zutreffen. Denn sie gaben sich ja auch als „den allgemeinen Willen" aus. Das besondere Ereignis innerhalb der Revolution ist aber ein anderes. Die Revolution kündet zum ersten Mal den Sieg der Vernunft über die Wirklichkeit an: Die Vernunft soll die Welt regieren und die Gesellschaft soll nach Vernunftprinzipien gestaltet werden. Aber sie verfügt nur über einen abstrakten Begriff von Vernunft und Allgemeinheit. Sie will die *abstrakte* Allgemeinheit durchsetzen. Dabei erscheint ihr jedoch jede Besonderung als den abstrakten Prinzipien unangemessen. Das Prinzip ist beispielsweise Demokratie. Das Volk muss regieren und d. h. in einer abstrakten Auffassung von Demokratie, dass jeder Einzelne am Regieren direkt beteiligt sein soll, was für Hegel jegliche konkrete Regierung unmöglich macht. Gleichheit und Freiheit werden ebenfalls abstrakt gefasst und fanatisch verstanden. Jede neue Gliederung der Gesellschaft, jede neue Regierung, jedes neues Gesetz verstößt gegen die allgemeinen Prinzipien. Weil die abstrakte Allgemeinheit alle Besonderheit und Einzelheit ausschließt, kommt sie nie zur Wirklichkeit. Jede Gestaltung der neuen Gesellschaft ist verdächtig, und das einzige Tun dieser Allgemeinheit ist die Zerstörung aller Besonderheit und aller Differenzen.

Die Problematik führt unmittelbar in den Kern der Begriffslogik. Gegen den Schrecken, den Hegel zufolge der abstrakte Universalismus und die absolute Freiheit nach sich ziehen, beabsichtigt seine Philosophie sowohl der Vernunft als auch der Freiheit Form sowie Inhalt zu geben. Die Logik des Begriffs macht den Hegelschen Versuch aus, eine Konzeption von Denken zu entwickeln, womit Allgemeinheit, Besonderheit und Einzelheit in einer Einheit gedacht werden. Sie begründet damit die Darstellung von Vernunft und Freiheit im Realen, sowie die Verwirklichung dessen, was vernünftig und frei ist. Während also die politische Aufgabe der Zeit in der Herrschaft der Vernunft über die Welt der Menschen besteht, unternimmt Hegels Philosophie in der spekulativen Logik als Fundamentaldisziplin den metaphysischen Teil einer Begründung jener Aufgabe.

Gerade aber in Bezug auf die Auslegung jener metaphysischen Begründung können wir uns Marcuse nicht weiter anschließen. Denn für Marcuse besteht Hegels metaphysische Grundlegung maßgeblich darin, dass die Vernunft die Wirklichkeit nicht regieren könne, solange die Wirklichkeit selbst nicht vernünftig wird. Die These, dass die Substanz Subjekt ist, fasse diesen Gedanken: Die Wirklichkeit sei an sich vernünftig. Sie müsse sich nur geschichtlich entwickeln und es werde sich zeigen, dass sie auch für sich und für alle vernünftig ist.[39]

Im Gegensatz dazu kann man feststellen: Es liegt in der Hegelschen Philosophie kein ausreichender Grund vor zu behaupten, dass die Realität an sich ver-

---

[38] Ludwig Siep, *Der Weg der Phänomenologie des Geistes*, S. 203.
[39] Marcuse, *Vernunft und Revolution*, S. 19.

nünftig sei und sich vernünftig verwandle. Vielmehr ist die schiere Realität Hegels Grundeinsicht nach an sich nichtig. Man wird weiter unten sehen, dass die Realität vernünftig sein kann, nur und insofern sie das Vernünftige *darstellt*. Nur deshalb ist sie der system-philosophischen Betrachtung wert. Denn die Philosophie als System betrachtet nicht die Vernunft des Daseins, sondern das Dasein der Vernunft. Wenn aber die Wirklichkeit an sich weder vernünftig ist noch sich vernünftig entwickelt, wenn also auch das Falsche, das Zufällige, Willkürliche und Barbarische seine Möglichkeit und seinen Platz nicht nur im Bereich der Realität überhaupt hat, als der umfassenden Sphäre all dessen, was bloß da ist, sondern auch wirklich ist, d. h. *wirkt* und sich dabei manifestiert, dann sind weder Realität noch Wirklichkeit ohne Beteiligung des Menschen vernünftig zu verwandeln. Anders gesagt: Für Hegel entspricht dem politischen Programm der Französischen Revolution nicht eine Metaphysik der allumfassenden unendlich mächtigen Vernunft, sondern erst das sittliche Handeln unter der Voraussetzung einer sich an und für sich realisierenden Vernunft. Beim Gespräch zwischen dem kleinen Mönch und Galilei in Bertolt Brechts Theaterstück *Leben des Galilei* würde Hegel trotz allen populären Wiedergaben seiner Philosophie doch auf der Seite von Galilei stehen. Allein schon weil etwas wahr ist, wird es sich nicht durchsetzen. „Es setzt sich nur so viel Wahrheit durch, als wir durchsetzen; der Sieg der Vernunft kann nur der Sieg der Vernünftigen sein."[40]

Damit die Freiheit sich objektiv realisiere und die Wirklichkeit sich zur Darstellung der Idee verwandle, wird Tätigkeit des einzelnen Willens erfordert. Gerade deswegen besitzt die Reflexion über die Französische Revolution so große Relevanz. Der vernünftige, allgemeine Wille allein kann das Vernünftige in der Wirklichkeit nicht durchsetzen. Oder die Vernunft allein kann nicht aus sich selbst siegen. Die Betätigung dessen, was gerecht, frei und vernünftig ist, verlangt den einzelnen Willen – den der Individuen. Der einzig mögliche Weg geht darauf, dass der einzelne Wille sich mit dem vernünftigen Willen vereinige und diesen durch seine Handlung verwirkliche. Das wird von Hegel am Anfang der Philosophie über den objektiven Geist, wo die Objektivität der Freiheit thematisiert wird, ganz deutlich ausgesprochen: „Diese Einheit des vernünftigen Willens mit dem einzelnen Willen, welcher das unmittelbare und eigentümliche Element der Betätigung des ersteren ist, macht die einfache Wirklichkeit der Freiheit aus."[41]

Die einfache Wirklichkeit der Freiheit hängt von der Einheit des vernünftigen mit dem einzelnen Willen ab. Denn der einzelne Wille ist es, der den vernünftigen Willen letztlich betätigt; er ist das Element, welches das Vernünftige in der Welt um- und durchsetzt. Die komplexe Wirklichkeit der Freiheit wird ferner erst in der Gestalt eines Staates gelingen, zu der die einzelnen Willen sich vereinigen. In jedem Fall ist Hegel also weit entfernt vom Glauben an eine blinde, etwa immanente Macht, die von sich alleine aus innerlich die Wirklichkeit langsam zur Verwirklichung der Vernunft umgestalte. Der Sieg der Vernunft ist der Sieg der

---

[40] Bertolt Brecht, *Leben des Galilei,* Berlin, 1955, S. 78
[41] Enzyklopädie § 485.

Vernünftigen, und es ist nicht die Wirklichkeit, sondern die Menschheit als Geist, welche an sich vernünftig und frei ist. Die Philosophie betrachtet alsdann in Form einer Philosophie der Weltgeschichte, wie die Menschheit fortschrittlich zum Bewusstsein ihrer eigenen Freiheit gelangt. Die Französische Revolution macht den Gipfel dieser Entwicklung aus. Es ist jedoch darüber hinaus auch klar, dass jene Einheit des einzelnen und des vernünftigen Willens allein durch die Erhebung des einzelnen Bewusstseins auf die Ebene der Vernunft stattfinden kann. Zu diesem Prozess, durch welchen das einzelne Individuum seine persönlichen Zwecke mit dem vernünftigen Zweck in Einklang bringt, soll die Philosophie einen Beitrag leisten.

Soviel zur Verwirklichung jener Freiheit, welche das eigentümliche Thema einer Hegelschen Philosophie des objektiven Geistes ausmacht. Ihre metaphysische Grundlage aber findet das Denken der Freiheit, wie gezeigt, in der Logik des Begriffs. Zum einen aus jener idealistischen Grundeinsicht, zum anderen aus der Aufgabe der Französischen Revolution entsteht und versteht sich die Begriffslogik. Diese politische Bedeutsamkeit der Begriffslogik beschränkt allerdings ihre Geltung durchaus nicht auf ihr Zeitalter. Ganz im Gegenteil: Sie belegt die außerordentliche Wichtigkeit der Metaphysik für alle Zeit. Diese Relevanz ist Frucht, aber nicht Bestimmungsgrund der *Wissenschaft der Logik*. Deren Sinn und Zweck bleibt spekulativ: die Erkenntnis des Denkens durch die Untersuchung der Einheit von Vernunft und Freiheit in einem spekulativen Begriff, welcher Allgemeinheit, Einzelheit und Besonderheit vereint und sich auch noch in der Anschauung darstellen lässt. Dass der spekulative Begriff die metaphysische Grundlage fürs weitere philosophische Nachdenken über eine freie und vernünftige Gesellschaft liefert und dieses Nachdenken spätestens nach Maßgabe der und von der Französischen Revolution motiviert ist, soll uns beim Verständnis des Begriffs selbst helfen, indem ein konkretes Beispiel von dessen Relevanz an die Hand gegeben wird. Die innerlogische Einführung und Entwicklung der Lehre vom Begriff allerdings ist auf jeden Fall frei von ihrer politischen und historischen Dimension. Doch mit dieser Dimension vor Augen kommt gänzlich ins Licht, wie sehr die Begriffslogik eigentlich das Reich der Freiheit ist. Ihr Grundstein, der Begriff, ist *das Freie schlechthin*.

4.2.2 Der Begriff als das Freie

Der eine Begriff als das Freie bildet den Kern der Begriffslogik sowie der Hegelschen Philosophie insgesamt und macht ein wesentliches Merkmal des spezifisch Hegelschen Denkens aus. Um dem in seiner vollen Bedeutung Rechnung zu tragen, hilft die folgende Bemerkung von Hans Friedrich Fulda:

> „Für Hegel ist im Unterschied zu Kant und Fichte das *exemplarisch Freie* nicht ein rein praktisches Bewußtsein oder Selbstbewußtsein, das wir haben, und auch nicht dessen jeweiliges ‚Ich' und ‚Subjekt', welches zumindest jeder von uns ist, wer auch immer

sonst noch es sein mag, oder aber nicht sein kann. Das ursprünglich und vor allem anderen Freie ist vielmehr der eine Begriff selbst, wie er sich in einer ‚Wissenschaft der Logik' in unaufhaltsamem Überschreiten aller metaphysischen Grundbegriffe des Realen sowie Wirklichen konsequenterweise ergibt, nicht aber einer kurzschlüssigen, von der Reflexion aufs eigene ‚Ich' ausgehenden Abstraktion verdankt."[42]

Dieser Unterschied zu Kant und Fichte ist zentral und eröffnet eine neue Perspektive. Denn, wenn es so ist, dass das ursprünglich Freie nicht das Subjekt ist, sondern der spekulative Begriff, wie er sich aus der Entwicklung reinen Denkens in einer spekulativen Logik ergibt, dann kann man immer noch über die Freiheit des Geistes und sogar über die Freiheit des einzelnen Menschen sprechen, falls man das überhaupt tun darf, insofern der Geist und auch der einzelne Mensch in irgendeinem Verhältnis zum spekulativen Begriff stehen. Die Aufklärung dieses Verhältnisses steht in einer spekulativen Logik selbstverständlich noch an und ist Aufgabe der Philosophie des Geistes. Jedenfalls aber ist darin Hegels Absicht klar, einen allgemeineren Freiheitsbegriff als den moralischer Autonomie vorzulegen.

Überdies sollte man der Entwicklung reinen Denkens genügend Aufmerksamkeit schenken, wie Fulda zu Recht betont. Das exemplarisch Freie ergibt sich *im Überschreiten* aller metaphysischen Grundbegriffe des Realen und Wirklichen. Überschreiten heißt über etwas hinweggehen, darüber hinausgehen. Trifft dieser Terminus zu, dann hat dies auch gewichtige Konsequenzen für das Freiheitsverständnis der Hegelschen Philosophie. Unmittelbar folgt daraus, dass das Freie als solches weder im Realen noch im von diesem unterschiedenen Wirklichen liegt. Die Bereiche des Realen und Wirklichen haben für sich alleine keine Spur von Freiheit. Offen bleibt jedoch durchaus die Möglichkeit einer Beziehung zwischen dem Wirklichen und dem Freien als solchem, die noch zu klären ist, aber ohne welche von Verwirklichung der Freiheit keine Rede sein kann. Daraus folgt jedoch ebenfalls ein Unterschied zu Schelling, der im Verlauf seines Denkens immer wieder aufs Nachdenken über die Einheit von Notwendigkeit und Freiheit zurückkam. Man achte darauf, dass der Hegelschen *Logik* zufolge das Verhältnis eines Wirklichen zu anderem Wirklichen und zu sich selbst die Notwendigkeit ist. Ergibt sich das exemplarisch Freie im Überschreiten der Grundbegriffe des Wirklichen, dann bedeutet dies auch eine scharfe Abgrenzung von der Notwendigkeit. Auch wenn die Notwendigkeit begrifflich nicht ohne die Freiheit zu denken ist, wie Hegel am Ende der Wesenslogik zeigt, sind beide nicht ein und dasselbe, wie etwa bloß zwei Seiten einer Münze. Die Vereinigung von Notwendigkeit und Freiheit ist aber eine unverzichtbare Position der Metaphysik des Absoluten als einer Metaphysik, welche die zugrunde liegende Einheit aller Gegensätze behauptet. Bei Hegel hingegen werden Freiheit und Notwendigkeit nicht vereinigt,

---

[42] Hans Friedrich Fulda, „Der eine Begriff als das Freie und die Manifestationen der Freiheit des Geistes", in Anton Friedrich Koch, Friedrike Schick, Klaus Vieweg, Claudia Würsing (Hrsg.), *Hegel – 200 Jahre Wissenschaft der Logik*, Hamburg, 2014, S. 16.

4.2 DAS REICH DER FREIHEIT

sodass das, was der Notwendigkeit preisgegeben ist, unter einem anderen Gesichtspunkt als frei zu erfassen sei. Vielmehr wird die Notwendigkeit zugunsten der Freiheit vom logischen Denken hinter sich gelassen.

Zum Begriff der Freiheit oder zum Begriff als dem Freien gehören mindestens zwei Hinsichten. Erstens hat der Begriff als das Freie schlechthin erst einmal sich selbst zu befreien, wie man es im Übrigen von der ganzen philosophischen Tradition her kennt: Freiheit ist nicht unmittelbar vorhanden, sondern ist vielmehr eine Errungenschaft, zu der man durch erhebliche Anstrengung gelangt. Das Freie muss vorab sich selbst befreien. Dementsprechend läuft der Begriff in seiner Genese über einen Befreiungsprozess durch die objektive Logik hindurch, um zu sich selbst zu kommen. Zweitens fasst man mit dem spekulativen Begriff den wahrhaften Kern der Freiheit. Fulda argumentiert zu Recht, dass in den späteren, zahlreichen Verwendungen des Ausdrucks „Freiheit" innerhalb der enzyklopädischen Geistesphilosophie der Bedeutungskern des einen Begriffes als des exemplarisch Freien unverändert bleibt.[43] Denn Hegel erläutert in seiner Geistesphilosophie die allgemeine Bedeutung der Freiheit fast nie, obwohl Freiheit und vor allem Darstellung der Freiheit dabei das große Thema ist. Offensichtlich hält er die allgemeine Bedeutung der Freiheit dank der zugrunde liegenden Fundamentalphilosophie für hinreichend dargelegt. Das Freie wird in der spekulativen Logik mit dem Begriff des Begriffs bestimmt und in der Philosophie des Geistes vorausgesetzt.

Der Kern der Freiheit ist ebenfalls das Wesen des Denkens, die innerste Dynamik der Vernunft. Es handelt sich, so lehrt uns Hegel, um die eine und selbe Struktur. Das macht eine grundsätzliche Pointe aus. Denn ausgehend von der logischen Bestimmung des Begriffs als sowohl des Vernünftigen als auch des Freien schlechthin versteht sich der Anspruch, theoretische und praktische Philosophie in einer spekulativen Lehre ein für allemal fundiert zu haben und als vereinigt begreifen zu können. Doch bevor wir uns mit der Vereinigung von Theoretischem und Praktischem in einer einheitlichen spekulativen Lehre befassen, sind der Begriff als das Vernünftige und Freie einerseits und seine Selbstbefreiung andererseits nun ausführlicher darzulegen.

Der eine Begriff als das Freie durchläuft einen Prozess des Zusichselbstkommens. Freisein impliziert, sich selbst zu befreien, denn die Freiheit kann einem niemand geben außer deren Subjekt selbst. Dementsprechend ist der Begriff als das Freie schlechthin nur ein solches, sofern dieses sich selbst befreit hat und vom Anderen zu sich selbst gekommen ist. Ein solcher Befreiungsprozess erfolgt mit dem Fortgang über die Wechselwirkung hinaus, der nun nachträglich unter dieser Perspektive zu betrachten ist. Die Befreiung des Begriffs besteht in seinem Sich-Selbst-Setzen und entspringt aus der im Abschluss der Wesenslogik erworbenen Erkenntnis, dass das Anundfürsichseiende in der Tat Gesetztsein ist. Ist alles, was an und für sich seiend scheint, in Wahrheit gesetzt, so ergibt sich die Struktur des Begriffs als die allumfassende Grundlage. Der Begriff hat sich aber

---

[43] Fulda, „Der eine Begriff als das Freie", S. 31.

selbst zur Grundlage gemacht, weshalb Hegel die ganze objektive Logik als seine „genetische Exposition" bezeichnet.[44] Näher betrachtet macht die Bewegung von der Substanz über die Kausalität hin bis zur Wechselwirkung die unmittelbare „Genese" des Begriffs aus. Die eigene Fortbestimmung der Substanz ist das Setzen dessen, was an und für sich ist. Aber in der Wechselwirkung, die argumentativ aus der Bestimmung der Substanz hervorgeht, erweist sich dieses Anundfürsichseiende als ebenfalls gesetzt. Die Wechselwirkung offenbart die Tatsache, dass das Ansichsein, also die Substanz, Gesetztsein ist. Die Ursache ist Wirkung ihrer Wirkung, sowie die Wirkung Ursache ihrer Ursache ist. Die Wirkung wird Ursache, und umgekehrt setzt sich die Ursache an der passiven Substanz als Wirkung. Im Wirken wird also die Ursache Wirkung und die Wirkung Ursache. Beide sind so genau in ihrem Unterschied miteinander identisch. Das identische Selbstbeziehen und das negative Beziehen aufs Andere sind ein und dasselbe. Die Substanz ist *nur* in ihrem Gegenteil identisch mit sich selbst. Das Anundfürsichsein ist erst dadurch, dass es Gesetztsein ist.

Die Kausalität ist daher Schein, der Schein eines Verhältnisses zwischen zwei substantiellen und verschiedenen Wirklichen. Dieser Schein wird in der Wechselwirkung entlarvt. Darin liegt die Vollendung der Substanz, die nun aber nicht mehr Substanz ist, sondern Begriff. Vom Schein der Substantialität und Kausalität hat sich der Begriff befreit und hat diese erlangte Freiheit zur Essenz. Während die Einheit der Substanz die Notwendigkeit ist, macht die Freiheit die Einheit des Begriffs aus. Die Freiheit ergibt sich somit als die Einheit der beiden Substanzen einer Wechselwirkung, indem der Schein der Substantialität entfällt und sich eine Struktur erweist, in welcher jedes Moment mit seinem anderen zusammengeht. Jedes ist in seinem Anderen identisch mit sich. Darauf beruht der spekulative Kern der Freiheit – im Anderen mit sich identisch zu sein. Damit ist dieser spekulative Kern der Freiheit als Begriff begriffen, der somit das Freie schlechthin ausmacht.

Hegel zeigt in seiner *Logik*, dass der Begriff das Freie ist, dass Freiheit nur im Denken und durchs Denken ist. Freiheit ist, das Allgemeine zu verwirklichen, ihm ein Dasein so zu geben, dass das Allgemeine in diesem Anderen mit sich identisch ist. Aber nicht nur das. Wahre Freiheit schließt eigensüchtige Absichten aus. Allein das Allgemeine muss der Bestimmungsgrund sein. Freiheit ist also nicht nur, das Allgemeine ins Dasein zu übersetzen, sondern vielmehr, dass das Allgemeine sich selbst setze, dass seine Verwirklichung allein aus und durch sich selbst stattfinde. Dieser Gedanke ist einzig und allein im spekulativen Begriff erfasst. Den Begriff von Freiheit erhebt Hegel auf diese Weise zu *dem* Begriff schlechthin. Freiheit ist *der* Begriff und der Begriff ist das Freie. Aus dem Freiheitsbegriff oder dem freien Begriff geht die attributive Verwendung der Freiheit hervor. Freisein bedeutet danach, Hegel zufolge, sich *entschließen*, also die anfängliche Unbestimmtheit des Allgemeinen aufzuheben, etwas bestimmt Einzelnes zu ver-

---

[44] Vgl. GW 12, S. 11.

wirklichen und dabei dieses Einzelne als Ausdruck und Darstellung des Allgemeinen wiederzuerkennen.

Nun lässt die Darlegung des Begriffs nicht mehr auf sich warten. Als die Einheit von Ansichsein und Gesetztsein tritt der Begriff des Begriffs auf. Seine Bestimmtheit ist für Hegel absolut, weil sie allein in der Beziehung auf sich selbst besteht.[45] Die Identität des Begriffs liegt gerade in seiner negativen Selbstbeziehung. Diese Beziehung des Begriffs auf sich selbst ist zum einen als Zusammengehen die Negation der Bestimmtheit oder *das Allgemeine*, zum anderen als lautere Negation oder Bestimmtheit, *das Einzelne*. Jedes Moment, sowohl das Allgemeine als auch das Einzelne, enthält das Andere in sich. Beide reproduzieren selbst die Totalität des Begriffs, doch zugleich ist nur *eine* Totalität vorhanden. Der Unterschied zwischen Allgemeinheit und Einzelheit erscheint als ein Gegensatz, dieser Gegensatz ist im Begriff als solchem jedoch lauter Schein. Der Begriff aber muss diesen Schein als einen solchen aufdecken.

Mit der Begriffsstruktur kommt Hegel der Herausforderung näher, eine Allgemeinheit zu denken, die sich mit der Einzelheit in Einklang bringen lässt. Das Wesentliche des Begriffs ist es, dass jede seiner Bestimmungen die anderen in sich enthält und selbst das Ganze ist. Im Folgenden ist diese Struktur des reinen Begriffs näher zu betrachten.

4.2.3 Struktur und Entfaltung des spekulativen Begriffs als solchen (*Begriff – Urteil – Schluss*)

Was Hegel über den Begriff als solchen im so betitelten Kapitel zunächst sagt, gehört ihm zufolge einer äußerlichen Reflexion an, welche die drei Begriffsmomente unterscheidet und einzeln analysiert. Der Begriff selbst aber ist dynamisch – und die Selbstunterscheidung sowie dann Wiedervereinigung seiner Momente macht seinen wesentlichen Zug aus. Wenn man sagt, dass der Begriff die Einheit von Allgemeinheit, Besonderheit und Einzelheit ist, so muss man jedoch noch hinzufügen, dass diese Einheit erst im Schluss völlig entwickelt und gesetzt wird. Erst der Schluss ist der entfaltete Begriff und als solcher das eigentlich Vernünftige und Freie. Die drei Schlussfiguren werden zeigen, dass jedes Moment (Allgemeines, Besonderes und Einzelnes) selbst das Ganze ist und im Schluss der vermittelnde Grund werden kann.[46]

Zu Beginn der Begriffslogik hat man allerdings nur den Begriff des Begriffs, und das heißt anfangs so viel wie der Begriff einer wesentlichen Einheit von

---

[45] Vgl. GW 12, S. 16.
[46] Enzyklopädie § 187 A. Vorweg sei hier darauf hingewiesen, dass in der spekulativen Logik die Termini ‚Begriff', ‚Urteil' und ‚Schluss' eine solche Umdeutung erhalten, dass sie nicht mehr als sprachliche Gebilde verstanden werden sollen. Alle drei dienen innerhalb der *Logik* zur Thematisierung einer Denkstruktur, welche mit Sprechen jedenfalls wenig zu tun hat. Vgl. Hans Friedrich Fulda, Rolf-Peter Horstmann, Michael Theunissen, *Kritische Darstellung der Metaphysik. Eine Diskussion über Hegels Logik*, Frankfurt am Main, 1980, S. 42.

Unterschiedenen. Diese Einheit geht aus der logischen Entwicklung der Wechselwirkung hervor. Der grundlegende Unterschied zur letzteren liegt aber darin, dass es sich nun nicht mehr um eine Einheit Substantieller handelt. Mit dem Begriff kommt es endlich auf die lautere und freie Einheit des Denkens an.

Noch ein Unterschied ist zu beachten zwischen dem Begriff und der Wechselwirkung, aber auch zwischen dem Begriff und der ganzen objektiven Logik. Man sieht bei der Darlegung des Begriffs nicht, dass er oder seine Momente in etwas Anderes übergehen, wie das in der Seinslogik die Regel ist. Ebenso wenig trifft man das wesenslogische Phänomen des Scheinens in einem Anderen an – so wie etwa das Absolute als grundlegende Einheit in seinen Modi sowie seiner äußerlichen Wirklichkeit scheint und sich manifestiert. Von beiden unterscheidet Hegel grundsätzlich das Fortgehen des Begriffs. Seine Entfaltung ist ihm zufolge eine *Entwicklung*.[47] Die Entwicklung ist ein Prozess, bei dem der Begriff sich zu einer differenzierten Struktur herausbildet, aber in diesem Differenzieren immer bei sich selbst bleibt, sodass dabei nichts ihm gänzlich Neues vorkommt. Essentiell zum Vernünftigen und Freien gehört daher ein Prozess, bei dem das Vernünftige und das Freie sich selbst unterscheiden, aber dennoch immer bei sich bleiben.

4.2.3.1 Eine konkrete Allgemeinheit

Zuerst ist der Begriff „die *absolute Identität mit sich*, daß sie diß nur ist als die Negation der Negation oder als die unendliche Einheit der Negativität mit sich selbst. Diese *reine Beziehung* des Begriffs auf sich, welche dadurch diese Beziehung ist, als durch die Negativität sich setzend, ist die *Allgemeinheit* des Begriffs."[48] Verfügbar ist am Anfang nur die *Allgemeinheit* des Begriffs, also ein Moment desselben. Es handelt sich um die aus der Wechselwirkung hervorgegangene Identität. Allerdings ist diese Identität durchaus nicht einfach, sondern vielmehr eine negative Selbstbeziehung. Die Allgemeinheit des Begriffs enthält die Negativität als Negation der Negation, oder noch mehr, sie ist eigentlich nichts anderes als die reine Negation der Negation. Das Prinzip der Bewegung und Selbstdifferenzierung des Begriffs liegt aufgrund dessen bereits in seiner Allgemeinheit. Insofern ist der Begriff schon vom Anfang an „das schlechthin *Konkrete*"[49]. Die Allgemeinheit des Begriffs ist zum einen Beziehung auf sich selbst und daher Identität, zum anderen aber pure Negativität und deshalb Vermittlung. Diese negative Identität, die das Allgemeine des Begriffs ist, macht einen wesentlichen Unterschied zum Allgemeinen im gewöhnlichen Sinn aus. Denn sie macht die Allgemeinheit des Begriffs zur *konkreten Allgemeinheit*. Die Entwicklung des Begriffs in Urteil und Schluss wird daraufhin, wie Klaus Düsing richtig bemerkt, unter anderem die

---

[47] Enzyklopädie § 161.
[48] GW 12, S. 33.
[49] Enzyklopädie § 164.

Aufgabe haben, „die logische Möglichkeit und Einsehbarkeit dieser konkreten Allgemeinheit nachzuweisen."[50]

Das Allgemeine wird üblicherweise als eine Eigenschaft vorgestellt, die mehreren Einzelnen oder besonderen Gruppen solcher *gemeinsam* ist. Dieses Gemeinschaftliche hat nur Sinn im Unterschied zum Besonderen und Einzelnen. Das Besondere und weiterhin das Einzelne haben im Gegensatz zum Allgemeinen eine Art von Extra: Sie haben das gemeinsame Prädikat und auch noch ein Plus, was im Prädikat nicht inbegriffen wird und sie deshalb zum Besonderen und weiter zum Einzelnen macht. Umgekehrt präzisiert sich das Allgemeine in diesem gewöhnlichen Sinn beim Abstrahieren von allen sonstigen Eigenschaften des Einzelnen und Besonderen. Allgemeines, Besonderes und Einzelnes sind auf diese Weise getrennt voneinander betrachtet, d. h. abstrakt aufgefasst. Aus dieser Gegenüberstellung von abstrakt aufgefasster Allgemeinheit, Besonderheit und Einzelheit ergibt sich allerdings das von Hegel selbst am Beispiel der Französischen Revolution aufgewiesene Problem der unmöglichen Realisierung des Allgemeinen, insofern jede Besonderung von ihm nicht mehr das reine Allgemeine ist, sondern schon etwas anderes.

Die konkrete Allgemeinheit des Begriffs, wie sie von Hegel konzipiert ist, eröffnet hingegen ein ganz neues Paradigma. Denn insofern sie die Negativität in sich enthält, ist die Allgemeinheit nicht mehr das Andere von Besonderheit und Einzelheit. Vielmehr gehört zur Allgemeinheit die Besonderung und Spezifizierung, oder das Allgemeine ist „das sich selbst Besondernde (Spezifizierende) und in seinem Anderen in ungetrübter Klarheit bei sich selbst Bleibende."[51] Ganz in Übereinstimmung mit dem Wesen des Begriffs, bleibt das Allgemeine in seiner Besonderung immer bei sich und ist deshalb ein konkretes Allgemeines. Indem der Begriff sich von seiner Allgemeinheit ausgehend bestimmt und vereinzelt, ist er dennoch sich immer gleich. Nichts Neues kommt zu ihm hinzu. Die Allgemeinheit des Begriffs enthält schon seine Besonderheit und Einzelheit. Das Einzelne wiederum kann dementsprechend kein Vorgefundenes, für sich Bestehendes sein. Es ist vielmehr eine Schaffung des Allgemeinen, oder das Allgemeine, das sich vereinzelt hat und hierbei bleibt, was es ist.

„Das Allgemeine hingegen, wenn es sich auch in eine Bestimmung setzt, *bleibt* es darin, was es ist. Es ist die *Seele* des Conkreten, dem es inwohnt, ungehindert und sich selbst gleich in dessen Mannichfaltigkeit und Verschiedenheit. Es wird nicht mit in das *Werden* gerissen, sondern *continuirt sich* ungetrübt durch dasselbe, und hat die Kraft unveränderlicher, unsterblicher Selbsterhaltung."[52]

Der Schritt zum Besonderen und weiter zum Einzelnen braucht also, wenn vom spekulativen Begriff die Rede ist, nichts, was von außen hinzugefügt werden

---

[50] Düsing, *Das Problem der Subjektivität in Hegels Logik*, S. 244.
[51] Enzyklopädie § 165 Z.
[52] GW 12, S. 34.

müsste. Das Allgemeine ist bereits die Totalität und enthält um seiner eigenen Tätigkeit willen das Besondere sowie das Einzelne in sich. Plakativ gesagt heißt dies, dass das Einzelne selbst der Begriff ist, oder sogar die *Schaffung* des Begriffs. Aufgrund dieser Einheit der Begriffsbestimmungen besteht Hegel mehrmals darauf, dass man diese Bestimmungen eigentlich nicht abgesondert voneinander betrachten kann. Wenn er das trotzdem manchmal tut, so nur, um einen ersten Überblick zu geben. Eine gelungene Einsicht in das Wesen des Begriffs erfolgt jedoch, wie schon oben gesagt, erst im Schluss. Denn im Schluss wird die Einheit der Momente vollzogen und das konkrete Allgemeine in seiner vollen Entwicklung gesetzt.

Aus dem Gesagten folgt natürlich auch, dass die *Besonderheit* ebenfalls die Allgemeinheit enthält. Man könnte sich dann aber rechtens fragen, worin denn der Unterschied zwischen den drei Begriffsbestimmungen liegen soll und ob man mit dieser Rede von einer konkreten Allgemeinheit und einer Einzelheit, die aber identisch mit der Allgemeinheit sein soll, überhaupt weiter kommt. In der Tat reproduziert jede Bestimmung den ganzen Begriff und enthält die anderen zwei Bestimmungen.[53] Es entsteht deshalb natürlich der Eindruck, dass man in Wahrheit bloß dasselbe mit drei unterschiedlichen Namen benennt. Das ist aber zum Glück nicht der Fall. Um dies zu zeigen, muss man allerdings endlich den in der vorliegenden Arbeit mehrmals auftauchenden Begriff der *Darstellung* in Betracht ziehen. Denn Hegels Pointe besteht darin, dass das Allgemeine durch das Besondere aus sich herausgeht und sich im Einzelnen *darstellt*: „Das Besondere enthält also nicht nur das Allgemeine, sondern stellt dasselbe auch durch seine Bestimmtheit dar."[54]

Miriam Wildenauer hat überzeugend gezeigt, dass Hegel sich der Kantischen Verwendung des Darstellungsbegriffs anschließt.[55] Laut der *Kritik der Urteilskraft* heißt, einen Begriff darstellen, ihm eine korrespondierende Anschauung zur Seite zu stellen.[56] Sonst ist für Kant der gegebene Begriff bekanntermaßen leer. Allerdings bezieht sich die von Hegel gemeinte Darstellung des Allgemeinen nicht auf eine sinnliche Anschauung, die als solche die Bewusstseinsstruktur voraussetzt und eben deswegen in einer spekulativen Logik als Fundamentalphilosophie beiseitegelassen wird. Hegels Darstellungsbegriff verweist auf das eigentümliche Moment des wahrhaften Allgemeinen, sich in einem Dasein überhaupt zu instantiieren und somit in Wirklichkeit zu treten. „Der Begriff, insofern er sich bestimmt oder unterscheidet, ist er negativ auf seine Einheit gerichtet und gibt sich die Form eines seiner ideellen Momente des Seyns; als bestimmter Begriff hat er ein *Daseyn* überhaupt."[57]

---

[53] Zur Diremtion und Einheit des Begriffs vgl. auch Anton Friedrich Koch, „Die Einheit des Begriffs", in derselbe, *Die Evolution des logischen Raumes*, S. 149-170, insbesondere S. 155-161.
[54] GW 12, S. 37.
[55] M. Wildenauer, *Epistemologie freien Denkens*, S. 54.
[56] KU, AA 05, S. 192.
[57] GW 12, S. 39.

4.2 DAS REICH DER FREIHEIT

Ein weiterer grundlegender Unterschied zu Kants Begriff der Darstellung ist aber auch, dass das Dasein, das den allgemeinen Begriff darstellt, kein vorgefundenes oder von außen hinzukommendes ist. Die Darstellung erfolgt vielmehr allein durch die eigene Bestimmung des Allgemeinen. Sein Dasein ist das Allgemeine selbst in seiner Bestimmtheit, das Allgemeine als ein Anderes. Das Allgemeine ist es selbst und sein Anderes, und es gibt in der Tat keine *differentia specifica*, wie das im traditionellen Verständnis des Verhältnisses zwischen Allgemeinem, Besonderem und Einzelnem der Fall ist. Der Begriff braucht deshalb durch keine korrespondierende Anschauung „bestätigt" zu werden. Denn – und hier kommt wieder die idealistische Grundeinsicht ins Spiel – das, was die Anschauung als Extra hat, das Nicht-Begriffliche, hat für sich allein keinen Wert. „Was die Anschauung als solche, vor dem Begriffe voraushaben soll, ist die äusserliche Realität, das Begriffslose, das erst einen Werth durch ihn erhält."[58]

Es gehört also zum Fortgehen des Begriffs, sich ein Dasein überhaupt zu geben, in dem er sich vereinzelt. Man darf aber nicht aus dem Auge verlieren, dass der Begriff das exemplarisch Freie ist. Folglich gehört zur Freiheit nach Hegels Ansicht auch eine Darstellung in einem Dasein überhaupt, und diese metaphysische Grundlegung hat nebenbei bemerkt wichtige Konsequenzen für Hegels spätere systematische Rechtsphilosophie.[59]

Mit dem Prozess der Besonderung wird die *Einzelheit* gesetzt. Sie wird von Hegel als „das bestimmte Bestimmte" bezeichnet. In der Einzelheit macht sich die Allgemeinheit zu einem Anderen, bezieht sich jedoch dadurch und darin nur auf sich selbst. Sie geht nicht in ein Anderes über, wie erörtert wurde, sondern es wird eigentlich nur darin gesetzt, was sie an und für sich ist. Dennoch scheint zunächst einmal das Gegenteil der Fall zu sein. Der in einem Dasein überhaupt vereinzelte Begriff tritt in Wirklichkeit und soll zwar dem Hegelschen Idealismus zufolge ganz bei sich bleiben. Aber dieses Beisichbleiben kann nicht einfach angenommen werden, sondern es muss sich immer noch erweisen. Indem das Allgemeine sich vereinzelt und *da* ist, geht er zunächst einmal scheinbar verloren. Die Einzelheit des Begriffs ist „unmittelbar sein Verlust."[60] Er verwirklicht sich als ein Dieses da, als ein einzelnes Dasein. Ein Dasein überhaupt fällt aber unter die Logik des Seins zurück. Es ist eins, und mit ihm sind andere Eine vorausgesetzt.[61] In dieser Vielfalt von Einzelnen geht die Allgemeinheit des Begriffs dann doch verloren. Denn sie muss sich auf die vielen Eins beziehen, und dabei besteht ihr einziger Bezug zu ihnen, das Gemeinsame von ihnen allen zu sein. Die Allgemeinheit des Begriffs ist zur Gemeinschaftlichkeit herabgekommen, weil die Einzelheit einerseits die Allgemeinheit ausschließt, andererseits sich aber doch auf sie bezieht. Dadurch sind die Begriffsmomente einander gegenüber gestellt wor-

---
[58] GW 12, S. 42.
[59] Vgl. Hegels Begründung des Privateigentums, *Grundlinien der Philosophie des Rechts* §§ 41-46. GW 14,1, S. 55-57.
[60] GW 12, S. 51.
[61] Vgl. Hegels Erörterungen dazu in Enzyklopädie §§ 96, 97 und GW 21, S. 151-157.

den. Die Einzelheit setzt den Unterschied im Begriff und trennt seine Momente voneinander. Die Einheit des Begriffs soll aber von dieser Oberfläche aus wiederhergestellt werden.

4.2.3.2 Die Ur-teilung des Begriffs

Die ursprüngliche Teilung des einen Begriffs nennt Hegel *Urteil*.[62] Das Wesentliche des Urteils ist der Unterschied der Begriffsbestimmungen. Diesen Unterschied aufzuheben und die Identität des Begriffs wieder herzustellen, ist das Ziel seiner Bewegung.[63] Insofern ist das Urteil als ein Moment in der Entwicklung des Begriffs aufzufassen. Diese Entwicklung impliziert, dass der Begriff sich durch das Gegenüberstellen seiner Bestimmungen bestimmt und dann durch die im Schluss erreichte differenzierte und dynamische Identität derselben seine Einheit aufzeigt.

In der Bewegung des Urteils soll darüber hinaus ein besonderes Augenmerk auf die Erfüllung der Kopula gelegt werden – das „ist" bei „S ist P". Das Urteil soll die Identität der Bestimmungen ausdrücken, wie in ihm behauptet wird. Insofern es aber von der Fixierung der Differenz zwischen denen abhängt, wird mit ihm die Identität immer nur angestrebt, aber niemals völlig erreicht. Sie ist in der Kopula zwar angedeutet, dennoch beharren die Bestimmungen als selbstständige Totalitäten in den Extremen des Urteils. Ihre Einheit ist der Begriff überhaupt, aber sie ist in der Kopula nur abstrakte, noch nicht konkrete und erfüllte Einheit.[64]

Bei Kant ist ein Urteil eine Synthesis von Vorstellungen. Das Urteil ist der Ausdruck von in einem Objekt vereinigten Vorstellungen. Umgekehrt werden aber auch Objekte von Urteilsformen konstituiert. Für Kant verdankt sich die Urteilseinheit, die das Objekt konstituiert, der transzendentalen Apperzeptionseinheit. Die logische Form aller Urteile ist der Ausdruck der objektiven Apperzeptionseinheit unter den Vorstellungen, die im Urteil enthalten sind. Die Einheit der Apperzeption gibt somit Antwort auf die Frage, was es möglich macht, dass Urteile einen Anspruch auf Wahrheit erheben können. Denn die logische Form aller Urteile hat ihr Bestehen nur darin, dass sie die Bestimmungen im Urteil unter die Einheit der transzendentalen Apperzeption bringt.[65] Die Apperzeptionsein-

---

[62] An diesem Verständnis des Urteils ist, wie in der Literatur mehrmals hingewiesen worden, der Einfluss von Hölderlin unverkennbar. Vgl. das vermutlich 1795 entstandene Fragment „Urteil und Sein" in F. Hölderlin, *Sämtliche Werke*. 6 Bände, Band 4, Stuttgart 1962, S. 226-228. Eine gute Zusammenfassung der Nachkantischen Diskussion über die Bedeutung des Urteils und deren Einfluss auf Hegel bietet das jedoch im ganzen dem Schluss gewidmete Buch von Georg Sans, *Die Realisierung des Begriffs. Eine Untersuchung zu Hegels Schlusslehre*, Berlin, 2004, S. 39-57.

[63] Vgl. GW 12, S. 59. Vgl. dazu auch die Arbeit von Werner Salomon, *Urteil und Selbstverhältnis. Kommentierende Untersuchung zur Lehre vom Urteil in Hegels „Wissenschaft der Logik"*, Frankfurt am Main, 1982, S. 10-28.

[64] Vgl. GW 12, S. 55.

[65] Vgl. KrV, B 140-143.

heit steht allerdings bei Kant – und hiergegen, wie wir bereits gesehen haben, richtet sich Hegel – im Verweisungszusammenhang mit einer anderen, zweiten Erkenntnisquelle außer dem Logischen, nämlich der Sinnlichkeit. Die Einheit der Apperzeption ist zwar Bedingung der Möglichkeit dafür, dass Objektkonstitution nach Maßgabe apriorischer Konstitutionsregeln stattfinden kann, sie bleibt aber angewiesen auf die Sinnlichkeit, durch welche zuallererst das Vorstellungsmaterial gegeben wird, das zur Einheit des Objekts synthetisiert werden kann.

Im Gegensatz zum transzendentalen Charakter der Apperzeptionseinheit bei Kant ist der Begriff bei Hegel nicht nur Bedingung der Möglichkeit unserer Erkenntnis, sondern ferner absoluter Grund. Diese Stellung des Begriffs hat für die Urteilslehre zur Folge, dass erst aus dem Begriff selbst das Urteil hervorgeht. Darin und in dieser Hinsicht unterscheidet sich Hegel zugleich von Kant. Die Kantische transzendentale Apperzeptionseinheit ist nicht wie der Hegelsche Begriff durch absolute Negativität ausgezeichnet. Indem der Begriff die absolute Negativität in sich enthält, ist er fähig, sich selbst zu bestimmen. Das Unterschiedliche, das im Begriff zur Einheit und Identität kommt, ist von ihm selbst gesetzt. Der Begriff unterscheidet sich selbst in die Bestimmungen der Allgemeinheit, Besonderheit und Einzelheit und in allen diesen bleibt er bei sich selbst. Während die Kantische Apperzeptionseinheit noch mit dem ihr gegebenen, aus der Sinnlichkeit herkommenden Stoff arbeitet, nimmt hingegen der Hegelsche Begriff keinen Bezug mehr auf ein ihm vorausgesetztes Anderes, das sogar ein von ihm unabhängig Seiendes wäre.

Wenn ansonsten in der Hegelschen *Logik* vom Urteil die Rede ist, handelt es sich nicht um einen bloßen behauptenden Satz, sondern um das Verhältnis der Begriffsmomente zueinander und zwar als selbständiger Totalitäten. Mit der Betrachtung der Einzelheit ist zum einen das Besondere verschwunden, zum anderen sind Allgemeines und Einzelnes einander abstrakt gegenübergestellt. Das Einzelne erscheint als ein Dasein überhaupt, ein für sich seiendes Eins, das andere Eine von sich abstößt und ausschließt. Das Allgemeine sieht sich hiermit auf das Gemeinschaftliche dieser Einzelnen reduziert. Das Verhältnis zwischen Einzelnem und Allgemeinem sieht dann wie folgt aus: Ein unmittelbar Seiendes ist ein Allgemeines. Wie man merkt, deutet bereits dieses unmittelbare, positive Urteil auf die Rückkehr des Begriffs zu sich selbst hin. Im Bereich des Daseins scheint er außer sich und verloren zu sein, aber das Urteilsverhältnis besagt schon in seiner ersten unmittelbaren Form, dass die einzelnen Dinge im Begriff ihren Bestand haben und der Begriff in ihnen doch bei sich selbst ist.

Nachdem also der Begriff aufgrund seiner konkreten Allgemeinheit sich in seiner Besonderung ein Dasein überhaupt gegeben und sich somit geteilt hat, ist also das erste unmittelbare Urteil das positive Urteil des Daseins – „das Einzelne ist Allgemein". Es enthält den Gedanken der Wertlosigkeit der endlichen Dinge für sich selbst und die idealistische These, dass sie das, was sie an Objektivität und Wahrheit haben, allein aus dem Begriff erhalten und in ihm behalten. „Nach der objectiven Bedeutung bezeichnet der Satz: *daß das Einzelne allgemein ist,* wie vorhin gelegentlich erinnert, theils die Vergänglichkeit der einzelnen Dinge, theils ihr positives Bestehen in dem Begriffe überhaupt."[66] Zum Urteil als Entwicklungsmoment des Begriffs ist es aber überhaupt gekommen, weil das Allgemeine aus seiner inneren Tätigkeit sich ein Dasein gegeben hat. Das Allgemeine „entschließt sich" zum Einzelnen, erklärt Hegel. Dieser Gedanke ist also ebenfalls im unmittelbaren Urteil vorhanden, das dementsprechend auch so heißt: „Das Allgemeine ist einzeln."[67]

An dieser Stelle tritt noch einmal ein erheblicher Unterschied zwischen Hegel und der philosophischen Tradition zutage, und zwar in Bezug auf den Wahrheitsbegriff. Die Philosophie seiner Zeit orientierte sich weitgehend am klassischen Wahrheitsbegriff. Wahrheit im strengen Sinne liegt demnach nur im Urteil. Denn mit der Wahrheit hängt unbedingt entweder eine Verbindung oder, im Fall eines negativen Urteils, eine Trennung von zwei Gedanken zusammen. Erst die Übereinstimmung zwischen dem, was im Denken verknüpft ist, und dem, was in Wirklichkeit verbunden ist, ist dann die Wahrheit. Das Urteil ist wahr, wenn es von dem, was ist, sagt, dass es ist, und von dem, was nicht ist, sagt, dass es nicht ist. Das war seit Jahrhunderten die Definition von Wahrheit.

Kant hat bekanntlich diese Definition als Namenserklärung kritisiert.[68] Denn diese Definition sagt uns letztendlich nichts darüber, was jeweils Wahrheit ist und was nicht, das heißt, sie gibt uns kein Kriterium der Wahrheit, wie jede andere Definition von ihrem jeweiligen Begriffe das tut. Aber ferner ist sie ebenfalls mangelhaft, weil es grundsätzlich unmöglich ist, dass das Denken sich mit etwas ihm völlig Fremdem und jenseits von ihm Liegendem vergleiche. Um seinen Begriff mit dem Gegenstand zu vergleichen, muss sich das Denken zuerst den Gegenstand angeeignet, ihn überhaupt als Gegenstand erkannt haben, was wiederum die Tätigkeit des Denkens selbst voraussetzt. Folglich liegt der Vergleich, den die traditionelle Korrespondenztheorie verlangt, immer innerhalb des Denkens.[69] Die traditionelle Wahrheitsdefinition hat deshalb gar keinen Schritt gemacht zur Erkenntnis von dem, was die Wahrheit ist. Um die Frage nach der Wahrheit weiter zu denken, müsste man Kant zufolge zwischen dem formalen und dem materialen Aspekt der Wahrheit unterscheiden. Ein allgemeines materiales Kriterium der Wahrheit gibt es für Kant aber nicht. Und das formale Kriterium der Wahrheit jeder Erkenntnis ist ihre Übereinstimmung mit den allgemeinen Regeln des Denkens, jedoch gilt das bekanntlich nur als *conditio sine qua non* von Wahrheit in Urteilen.

Im Rahmen dieser Diskussion tritt Hegels Position auf. Trotz seiner Kritik hatte Kant die traditionelle Auffassung der Wahrheit beibehalten, wonach die Wahrheit sich allein im Urteil finden kann. Wenn Hegel hingegen in seiner spekulativen Logik auf das Urteil zu sprechen kommt, macht er eine grundlegende Unterscheidung zwischen *Richtigkeit* und *Wahrheit*. Während das Urteil höchstens

---

[66] GW 12, S. 61.
[67] Ebenda.
[68] Vgl. KrV A 58 / B 82.
[69] Vgl. KrV A 57 / B 82.

Richtigkeit besitzt, liegt die Wahrheit im eigentümlich philosophischen Sinn allein in der Idee. Die Richtigkeit des Urteils ist die Übereinstimmung unserer Vorstellung mit ihrem Inhalt oder Gegenstand, wie immer dieser auch beschaffen sein mag. Wahrheit hingegen bedeutet die Übereinstimmung eines Gegenstandes mit sich selbst, und das heißt für Hegel so viel wie die Übereinstimmung eines Gegenstandes mit seinem Begriff; denn der Gegenstand hat nur Sinn und Bestand dank des Begriffs.[70] Die Wahrheit besteht also nicht darin, dass ein Begriff dem wirklichen Gegenstand entspreche; aber auch nicht darin, dass wir aus unseren Vorstellungen, die dank der Synthesis des Selbstbewusstseins einen Gegenstand vorstellen, einen adäquat entsprechenden Begriff ableiten. Die Wahrheit besteht vielmehr darin, dass ein aus dem reinen Denken hervorgegangener Begriff sich in der objektiven Wirklichkeit darstellt und diese seine Wirklichkeit ihm dabei gemäß ist. Somit *wird* die Wahrheit im Prozess der Entwicklung des oder eines Begriffs zur Idee, wovon weiter unten die Rede sein wird. Die Wahrheit wird nie in einem Urteil angetroffen, sondern in der Einheit von Begriff und Objektivität – einer Einheit, die nur als Idee aufgefasst werden kann. Das Urteil ist dagegen geprägt von Trennung und Endlichkeit und vermag das Wahre gar nicht auszudrücken. Das Wahre hat nicht die Gestalt einer Aussage, sondern ist, wie wir später sehen werden, wesentlich ein Prozess und dessen Resultat. Und erst in diesem Prozess hat das Urteil seine Stelle als ein Moment in der Entwicklung des Begriffs. Fasst man das Urteil aber abgesondert von dieser Entwicklung, so findet man darin nur die Richtigkeit einer endlichen Übereinstimmung zwischen unseren Vorstellungen und den Fakten. Die Philosophie aber soll sich von der Richtigkeit zur Wahrheit erheben.[71]

---

[70] Vgl. GW 12, S. 65 und Enzyklopädie § 172 A.
[71] Das Problem des Urteils hat die Hegel-Forschung lange beschäftigt. Denn auch wenn die philosophische Wahrheit als der Übereinstimmungsprozess des Begriffs mit seiner Objektivität in der Idee zu fassen ist, soll sie ohnehin dargestellt werden, und bei dieser Darstellung der Wahrheit kommt man um die Urteilsform nicht herum. Wie denn sonst soll die Wahrheit dargestellt werden, wenn nicht durch Urteile? Aufgrund dieser Problematik haben einige Hegelforscher auf die sogenannte Lehre vom spekulativen Satz zurückgegriffen. Die spekulative Wahrheit soll wie sonst jede Wahrheit durch Urteile dargestellt werden. Es komme dann darauf an, eine kritische und spekulative Einstellung gegenüber dem Urteil zu gewinnen. Vgl. Chong-Fuk Lau, *Hegels Urteilskritik: systematische Untersuchungen zum Grundproblem der spekulativen Logik*, München, 2004. Bei dieser und älteren Arbeiten kommt es darauf an, den Rahmen des gewöhnlichen Urteils zu sprengen, das Urteil dabei nicht als einen statischen Satz, sondern als eine dialektische Bewegung zu fassen. Vgl. a.a.O., S. 179-182. Klaus Düsing hat aber einleuchtend gezeigt, dass die dynamische Einheit der Begriffsbestimmungen nicht nur angedeutet, sondern explizit gesetzt werden muss. Das gelingt aber nicht mit einer angeblichen Lehre vom spekulativen Satz, sondern nur mit Hegels Schlusslehre. Die konkrete Identität des Begriffs kann erst durch den Schluss zum Ausdruck gebracht werden. Denn das Wesentliche ist nicht der einzelne Satz, sondern der Übergang vom einen zum anderen und die dynamische Einheit der Begriffsbestimmungen. Das wird aber bei Hegel erst in der Schlusslehre thematisiert. Vgl. Klaus Düsing, „Syllogistik und Dialektik in Hegels spekulativer Logik", in Dieter Henrich (Hrsg.), *Hegels Wissenschaft der Logik: Formation und Rekonstruktion*, Stuttgart, 1986. Wir werden aber auch sehen, dass der Schluss grundsätzlich durch das Moment der Objektivität ergänzt werden muss.

Die Unfähigkeit des Urteils, die Wahrheit zu fassen, hängt mit dem bei ihm eingenommenen Standpunkt der Endlichkeit zusammen. Die Perspektive des Urteils ist die Perspektive auf endliche Dinge und Ereignisse, logisch ausgedrückt die Perspektive des Einzelnen. Man darf sich also nicht wundern, wenn das Urteil höchstens eine endliche, nicht wirklich philosophische Wahrheit fassen kann. Aber das Urteil ist auch, wie bereits angemerkt, ein Moment in der Entwicklung des Begriffs. Es wird bei Hegel der Tätigkeit des Begriffs untergeordnet. Die Bewegung des Urteils erweist in diesem Rahmen allmählich die allgemeine Natur des Einzelnen. Mit dem Urteil der Reflexion erreicht man die objektive Bedeutung, dass das Einzelne *wesentlich* ein Allgemeines ist. Schließlich wird der Höhepunkt der Urteilsbewegung mit dem Urteil des Begriffs erreicht. In ihm verhält sich der Begriff explizit zu einer unmittelbaren Wirklichkeit. Prädikatsbeispiele davon sind „gut", „schlecht", „wahr" oder „schön". Diese Prädikate drücken die Übereinstimmung eines Objekts mit seinem Begriff aus: ein guter Staat, ein schlechtes Gesetz, usw.[72] Der Gegenstand soll dem – d. h. seinem – Begriff entsprechen, und das ist im Grunde genommen die ganze Wahrheit, welche das Endliche je anstreben kann:

> „Es ist aber die Wahrheit derselben [der Sache, R. A.], daß sie in sich *gebrochen* ist in ihr *Sollen* und ihr *Seyn*; diß ist *das absolute Urtheil über alle Wirklichkeit*. – Daß diese ursprüngliche Theilung, welche die Allmacht des Begriffes ist, eben so sehr Rückkehr in seine Einheit und absolute Beziehung des Sollens und Seyns aufeinander ist, macht das Wirkliche zu *einer Sache*; ihre innere Beziehung, diese konkrete Identität, macht die *Seele* der Sache aus."[73]

Im Urteil des Begriffs geht es nicht mehr darum zu bestimmen, wie etwas ist bzw. welche Prädikate ihm zukommen. Das allein besitzt keinen philosophischen Wert. Das Urteil des Begriffs beurteilt die Sache nach ihrem Begriff. Wie man dem Zitat entnehmen kann, enthält jede Sache einen Bruch zwischen ihrem Sein und ihrem Sollen. Im Urteil des Begriffs wird sozusagen die Distanz zwischen beiden gemessen. Der entscheidende Punkt für die Beurteilung liegt dann an der Beschaffenheit der Sache. Wie eine Sache beschaffen ist, entscheidet, ob sie gut ist oder eben nicht, also ob sie ist, wie sie sein soll, ob sie ihrem Begriff entspricht.

Die Sache wird dabei in dreierlei Hinsicht genommen: 1. als ein einzelnes Dasein; 2. als Exemplar einer Gattung oder Darstellung im Dasein des Begriffs und 3. als so und so beschaffen. Ein Dasein, so und so beschaffen, stellt den Begriff dar. Mit der Bedingung, dass es so und so beschaffen sei, kommt die Besonderheit zum Vorschein und sind somit die drei Begriffsbestimmungen zusammen aufgestellt. Aber ebenfalls dadurch erhält das Urteil eine Begründung. Das einzelne Exemplar kann gut oder schlecht sein, je nachdem wie es beschaffen ist. Oder ein konkretes Dasein entspricht seinem Begriff und ist deshalb gut oder

---

[72] Vgl. GW 12, S. 84.
[73] GW 12, S. 88.

richtig, *weil* es so und so beschaffen ist. Das Urteil des Begriffs, welches Hegels Argumentation zufolge den Grund des Urteils überhaupt ausmacht, bezieht dessen Begründung mit ein. Das aber führt zur Aufhebung der Urteilsform im Schluss.[74] Die Vollendung des Urteils des Begriffs und des Urteils überhaupt, nämlich das apodiktische Urteil, enthält erstens die einzelne Sache, zweitens das Allgemeine, also wie die Sache sein soll, und drittens – hierin liegt das Entscheidende – die konkrete Beschaffenheit, also ebenfalls *den Grund* des Urteils. „Das Urtheil hat daher an der Beschaffenheit des Subjects seinen *Grund,* und ist dadurch *apodiktisch*."[75] Wird aber eine Begründung herangezogen, so handelt es sich nicht mehr um ein isoliertes Urteil, sondern um die *conclusio* eines Schlusses. Somit ist hier der Übergang zum Schluss geleistet worden.

Am Ende der Betrachtung des Urteils ist ein wichtiger Punkt festzuhalten: In der philosophischen Erkenntnis über das Reale geht es genau genommen nicht darum, Urteile über das Sein oder das Wesen des Endlichen zu fällen. Wie und was ist – das zu registrieren ist Aufgabe der Fachwissenschaften. Die Philosophie dagegen entwickelt eine spekulative Erkenntnis des Realen. Diese geht auf die Selbsterkenntnis der Idee in der Wirklichkeit, also auf die Beurteilung des Realen, insofern und inwiefern es als Darstellung der Vernunft im Dasein taugt. Darüber werden wir mehr erfahren, wenn wir uns Hegels Begriff der Objektivität vor Augen führen. Aber bevor wir das tun können, müssen wir uns endlich darüber klar werden, was das Vernünftige als solches ausmacht. Erst dann können wir die Frage stellen, was die Objektivität des Vernünftigen sein kann oder was eigentlich seine Darstellung im Realen ist. Das Vernünftige, werden wir gleich sehen, ist für Hegel wesentlich ein Schluss.

4.2.3.3 Der Schluss als das Vernünftige

Der Schluss ist der vollständig gesetzte Begriff. Mit dem Schluss wird erst die dynamische Struktur des Begriffs aufgezeigt, worin dieser seine Momente von Allgemeinheit, Besonderheit und Einzelheit selbst unterscheidet, aufeinander bezieht und wiedervereinigt. Diese Bewegung der Selbstunterscheidung und Wiedervereinigung, der Identität von der Identität und der Nicht-Identität, macht den Kern der Vernunft aus, der für Hegel jetzt im Schluss völlig zutage tritt. Der Schluss ist das Vernünftige schlechthin und ist alles Vernünftige. Daher kann aller Inhalt nur durch die vernünftige Form, also durch eine schlüssige Form vernünftig sein. Auf die Frage also, was irgendetwas vernünftig macht, oder was das Vernünftige an Gegenständen der philosophischen Erkenntnis wie die Freiheit oder das Unbedingte ist, liegt die Antwort an der schlüssigen Form, an der konkreten und gesetzten Allgemeinheit des Begriffs:

---

[74] Vgl. Friedrike Schick, „Die Urteilslehre", in Anton Friedrich Koch, Friedrike Schick, *G. W. F. Hegel. Wissenschaft der Logik,* Berlin, 2002, S. 203-224.
[75] GW 12, S. 88.

„Es ist diß, daß das Unendliche derselben nicht die leere Abstraction von Endlichen und die inhalts- und Bestimmungslose Allgemeinheit ist, sondern die erfüllte Allgemeinheit, der Begriff, der *bestimmt* ist, und seine Bestimmtheit auf diese wahrhafte Weise an ihm hat, daß er sich in sich unterscheidet, und als die Einheit von diesen seinen verständigen und bestimmten Unterschieden ist [...]; so aber ist das *Vernünftige* nur der *Schluß*"[76]

Mit diesem Ergebnis wird eine der größten Aufgaben, wenn nicht die Hauptaufgabe der spekulativen Logik als Fundamentalphilosophie erfüllt. Das Vernünftige ist weder ein Inhalt noch bloß irgendein Prinzip, sondern die absolute Form des Schließens als die Vermittlung zur vermittelt unmittelbaren Einheit von Einzelheit, Besonderheit und Allgemeinheit. Die Einheit der Begriffsbestimmungen in ihrem Unterschied ist dabei das Wesentliche. Deshalb ist der Schluss „die Wiederherstellung des *Begriffs* im *Urtheile*".[77]

Diese spekulative Bedeutung des Schlusses ist abzuheben von der Langeweile der formellen Syllogistik. Das Spekulative des Schlusses liegt darin, dass mit ihm die Bewegung des Begriffs, seine eigene Selbstvermittlung zur vermittelten Unmittelbarkeit gefasst wird. Die Entwicklung jeder Begriffsbestimmung in die anderen wird im Schluss ans Licht gebracht. Wenn der Schluss das Vernünftige ist, dann ist das Letztere daher Bewegung. Das Vernünftige ist die Vermittlung des Begriffs mit sich selbst, seine Entwicklung zu sich und bei sich selbst. Der Schluss erfasst diese Entfaltung des Begriffs. Die Kopula des Urteils wird nun erfüllt. Die Begriffsbestimmungen sind daher nicht mehr wie beim Urteil abstrakt einander gegenübergestellt. Vielmehr fließen sie stets hin und her ineinander, sodass sie in ihrer dynamischen Einheit zutage kommen.

Einheit und Vermittlung der Begriffsbestimmungen macht also das Wesentliche des Schlusses aus. Die Bewegung durch die unterschiedlichen Schlussformen hindurch erweist, dass alle Begriffsbestimmungen sowohl vermittelt als auch vermittelnd sind. Jede Bestimmung wird in dieser Bewegung das Ganze und der vermittelnde Grund. Alles Vernünftige verläuft Hegel zufolge in drei Schlüssen, oder besser, nimmt die Form eines dreifachen einheitlichen Schlusses an, so dass jede Bestimmung nicht nur sowohl an beiden Extremen als auch in der Mitte steht, sondern darüber hinaus selbst einen Schluss bildet. Es handelt sich somit um einen Kreis von sich gegenseitig voraussetzenden Vermittlungen. Damit ist zum einen jedes Moment selbst die Totalität, zum anderen erfolgt die Vermittlung durch Aufheben der Vermittlung in der Form eines Zusammenschließens mit sich selbst.[78]

Die Momente der Entwicklung des Schlusses sind insgesamt drei: Schluss des Daseins, Schluss der Reflexion und Schluss der Notwendigkeit. Der Schluss des Daseins zeigt, dass jede Begriffsbestimmung die Beziehung auf die anderen zwei

---

[76] GW 12, S. 91.
[77] GW 12, S. 90.
[78] Vgl. Enzyklopädie § 192.

in sich enthält. Hier werden die klassischen Figuren der Syllogistik spekulativ gefasst. Den drei traditionellen Figuren wird eine vierte Figur oder „mathematischer Schluss" hinzugefügt. Alle vier werden argumentativ auseinander hergeleitet.[79] Dadurch wird erwiesen, dass jede Begriffsbestimmung sich durch eine zweite mit der dritten Bestimmung zusammenschließt. Indem jede Begriffsbestimmung in die Stellung der Mitte kommt, zeigen alle, dass sie die Vermittlung mit den jeweils anderen in sich haben. So geht die Entwicklung in den Schluss der Reflexion fort. Der Schluss der Reflexion nämlich zeichnet sich dadurch aus, dass in der Mitte nun die drei Bestimmungen explizit gesetzt werden. In jedem Terminus „scheinen" außerdem die anderen, weil jeder von den anderen vermittelt wird. Das letzte Entwicklungsmoment ist der Schluss der Notwendigkeit. In ihm wird gesetzt, dass alle Termini des Schlusses die Totalität enthalten. Der Schluss erweist sich also wesentlich als ein dreifacher Schluss; denn jede Begriffsbestimmung darin ist selbst ein Schluss. Dadurch wird die Bestimmtheit des formellen Schlusses, worin die drei Termini unterschieden und aufeinander bezogen werden, eigentlich überwunden, und wird die Vermittlung zu einer neuen Unmittelbarkeit. Denn in Wahrheit handelt es sich nun nicht mehr um das Verhältnis von scheinbar selbständigen Begriffsbestimmungen zueinander, sondern vielmehr um Momente in der Entwicklung des einen Begriffs. Indem die Termini des Schlusses die Totalität sind, also auch Schlüsse bilden, wird die formelle Schlussform überwunden. Augenscheinlich hat man es nun nicht mehr mit Verknüpfung von Bestimmungen zu tun, sondern mit einer Entfaltung einer und derselben Sache. Es handelt sich eigentlich um eine Totalität, die sich in drei Momente entwickelt und in diesen ihren Momenten verläuft. Der Schluss wird dadurch zum Prozess in der Anfangsphase seiner Unmittelbarkeit. Der Begriff hört auf, die innere Einheit zu sein, und tritt in die Äußerlichkeit. Er stellt sich in einem Objektiven dar, und die Termini des Schlusses sind zu prozessualen Momenten geworden, welche der Begriff in seiner Objektivität durchläuft.[80]

---

[79] Hegel vertritt die Position, dass die vier Schlussfiguren auf die erste zurückzuführen sind. Vgl. GW 12, S. 93f. Bereits Kant hatte kritisch auf die Möglichkeit hingewiesen, alle Schlussfiguren aus der ersten abzuleiten. Vgl. Kant, *Die falsche Spitzfindigkeit der vier syllogistischen Figuren erwiesen*, § 5, AA 02, S. 55ff.

[80] Der hier bloß skizzierte Gedankengang müsste im Einzelnen eigens dargelegt werden. Aber im Rahmen der vorliegenden Arbeit wäre eine ausführliche Betrachtung von Hegels Schlusslehre nicht sinnvoll. Die Schlusslehre ist aber bisher nicht das Lieblingsthema der Hegel-Forschung gewesen. Mehr zu den einzelnen Schlussformen des Daseins, der Reflexion und der Notwendigkeit sowie Perspektiven und Motiven von Hegels Schlusslehre im Hintergrund sowohl der Klassischen Deutschen Philosophie als auch der Aristotelischen Syllogistik bietet Georg Sans, a.a.O., insbesondere S. 89-141 und S. 168-200. Allerdings ist die von Sans vertretene Auffassung der gesetzten Einheit der drei Begriffsbestimmungen im Schluss als „substantielle Identität" irreführend (a.a.O., S. 186). Denn der Gedanke einer substantiellen Identität wird am Ende der Wesenslogik zurückgelassen, wie das dritte Kapitel der vorliegenden Arbeit ausführlich dargelegt hat. Sans gibt auch wenig Einsicht über die Entwicklung des Schlusses zum Prozess. Genaueres zum Schluss des Daseins und der Allheit findet sich auch bei F. Schick, „Begriff und Mangel des formellen Schließens. Hegels Kritik des Verstandesschlusses", in Anton Friedrich

Der Schluss ist daher auch nur ein Moment in der Entwicklung des Begriffs, die als solche mit jenem noch nicht vollendet wird. Denn der Schluss gibt nur die Form dieser Entwicklung, die Form des Vernünftigen. Aus der Allgemeinheit des Begriffs geht aber auch seine Objektivität hervor. Die Entwicklung des Begriffs ist deshalb mit dem Schluss nicht zu Ende, sondern sie ist dann vielmehr der Zusammenschluss des Begriffs durch seine Objektivität mit sich selbst. Das Resultat dieser Entwicklung ist schließlich die Einheit von Begriff und Objektivität: die Idee. Allerdings muss sich darin erst noch erweisen, dass der Begriff in der Objektivität nicht verloren geht, wie es zumindest vorübergehend scheinen mag. Es müssen also Objektivitätsbestimmungen entwickelt werden, und zwar so, dass sie die Struktur des Begriffs in der Objektivität darstellen und sich die zugrunde liegende Einheit des Begriffs dadurch als solche erweist, dass sie wiederum zutage kommt.

4.3 Die Objektivität des Begriffs

Die Allgemeinheit des Begriffs ist konkret, weil sie die Momente der Besonderheit und Einzelheit in sich einschließt. Der Begriff bildet somit eine eigenartige Struktur, bei der jedes Moment die anderen und dadurch das Ganze enthält. Das Allgemeine schließt das Einzelne sowie das Einzelne das Allgemeine ein. Oder anders gesagt: Das Allgemeine wird von sich aus und allein aus sich selbst einzeln. Daraus ergibt sich die Besonderung des Begriffs. Der Begriff in seiner konkreten Allgemeinheit, haben wir gesehen, gibt sich ein Dasein überhaupt, ein Einzelnes, Konkretes, welches ihn darstellt.

In diesem Kontext ergibt sich die Fragestellung der Objektivität, die das Verhältnis vom Begriff und objektiven Dasein betrifft: Wie nämlich hängen Begriff und Objekt zusammen? Was ist ein Dasein des Begriffs? Was ist die Objektivität des Begriffs, und was nicht? Gibt sich der Begriff selbst aufgrund seiner inneren Struktur eine Darstellung im Realen, dann benötigt man zumindest eine Orientierung im Realen, um diese zu erkennen: Was kann im Realen als die Objektivität des Begriffs erkannt werden und taugt daher als seine Darstellung?

Ein Problem der Darstellung, jedoch nicht des Begriffes schlechthin, sondern der reinen Verstandesbegriffe stellt sich ebenfalls in der Transzendentalphilosophie Kants. Bei Kant handelt es sich um das Problem der Anwendung von reinen Verstandesbegriffen auf Erscheinungen. Im Unterschied zu empirischen Begriffen sind die reinen Verstandesbegriffe mit sinnlichen Anschauungen auf keine unmittelbare Weise vergleichbar. Denn sie zeichnen sich gerade durch ihre Reinheit aus, d. h. durch die Abwesenheit sinnlicher Elemente. Nur so sind sie apriorische Kategorien. Das Problem ist aber, dass ihre Reinheit unmöglich macht, sie

---

Koch, Alexander Oberauer, Konrad Utz (Hrsg.), *Der Begriff als die Wahrheit. Zum Anspruch der Hegelschen „Subjektiven Logik"*, Paderborn, 2003, S. 85-100.

4.3 DIE OBJEKTIVITÄT DES BEGRIFFS

pur in der Empirie anzutreffen. Wie können sie dann aber auf Erscheinungen angewendet werden und so Objekte konstituieren? Das soeben formulierte Problem der Anwendung von reinen Verstandesbegriffen begründet bei Kant die Notwendigkeit einer transzendentalen Lehre der Urteilskraft:[81]

> „Nun sind aber reine Verstandesbegriffe, in Vergleichung mit empirischen (ja überhaupt sinnlichen) Anschauungen, ganz ungleichartig, und können niemals in irgend einer Anschauung angetroffen werden. Wie ist nun die Subsumtion der letzteren unter die erste, mithin die Anwendung der Kategorie auf Erscheinungen möglich, da doch niemand sagen wird: diese, z. B. die Kausalität, könne auch durch Sinne angeschaut werden und sei in der Erscheinung enthalten? Diese so natürliche und erhebliche Frage ist nun eigentlich die Ursache, welche eine transzendentale Doktrin der Urteilskraft notwendig macht, um nämlich die Möglichkeit zu zeigen, wie reine Verstandesbegriffe auf Erscheinungen überhaupt angewandt werden können."[82]

Neben reinen Verstandesbegriffen einerseits und Erscheinungen andererseits denkt Kant an ein Mittelglied – das transzendentale Schema. Das transzendentale Schema soll zwischen reinen Verstandesbegriffen und Erscheinungen, somit zwischen Verstand und Anschauung vermitteln. Darum muss es eine Gemeinsamkeit mit beiden, Kategorien und Erscheinungen, aufzeigen können: „Diese vermittelnde Vorstellung muß rein (ohne alles Empirsche) und doch einerseits intellektuell, andererseits sinnlich sein."[83] Kant zufolge erfüllt die Zeit diese Bedingungen. Denn die Zeit enthält zum einen als reine Form der Anschauung die Verknüpfung eines durch die Sinnlichkeit gegebenen Mannigfaltigen. Sie ist also insofern mit den reinen Verstandesbegriffen gleichartig, weil diese auch eine apriorische Regel zur Verknüpfung des Mannigfaltigen enthalten. Zum anderen aber ist die Zeit mit der Erscheinung ebenfalls gleichartig. Denn in jeder empirischen Vorstellung ist die Zeit enthalten. Jedem reinen Verstandesbegriff entspricht deshalb eine transzendentale Zeitbestimmung, die seine Anwendung auf Erscheinungen ermöglicht. Die Anwendung der Kategorien auf Erscheinungen erfolgt daher durch das transzendentale Schema, welches eine Zeitbestimmung

---

[81] Anton Koch verweist beim Fortgang des Begriffs zur Objektivität vielmehr auf Kants Deduktion der Kategorien. Vgl. derselb., „Die Problematik des Übergangs von der Schlusslehre zur Objektivität", in A. Arndt, C. Iber, G. Kruck (Hrsg.), *Hegels Lehre vom Begriff, Urteil und Schluss*, Berlin 2006, S. 205-215, insbesondere S. 212-215. Der Schritt vom Begriff zur Objektivität entspricht Koch zufolge dem ersten Beweisschritt der Kantischen Deduktion, bei dem die objektive Einheit auf die Einheit des „Ich denke" zurückgeführt wird. In ihrem zweiten Beweisschritt zeige die Kantische Deduktion weiter, dass Gegenstände der Erfahrung den Kategorien des Verstandes unterworfen sein müssen. Diesen zweiten Schritt erspare sich die Hegelsche *Logik*, weil sie als Theorie des Absoluten gelesen werden darf, sodass die Übereinstimmung zwischen Denken und Objektivität immer schon gewährleistet ist. Für die Abweisung einer solchen Lesart wurde in der vorliegenden Arbeit bereits viel argumentiert. Wir werden aber auch gleich sehen, dass die aus der Entwicklung des Begriffs sich ergebende Fragestellung in der Objektivität eine ganz andere ist.
[82] KrV B 176,177 / A 137, 138.
[83] KrV B 177,178 / A 139.

enthält. So ist Kant zufolge etwa das Schema der Kategorie „Wirklichkeit" das Dasein in einer bestimmten Zeit; das Schema der „Notwendigkeit" das Dasein eines Gegenstandes zu aller Zeit.[84] Das transzendentale Schema schränkt zwar die Anwendung der Kategorien ein. Jedoch ermöglicht es diese Anwendung überhaupt und sichert den Status der Kategorien, welche ohne Verbindung zur Erscheinung bei Kants Philosophie nur leere Gedanken sind.

So sieht das Verhältnis zwischen reinen Verstandesbegriffen und Anschauung bei Kant aus. Aufgrund ihrer Reinheit bedürfen die Kategorien transzendentaler Zeitbestimmungen, um als Objekte in der Anschauung darstellbar zu werden. Das Problem stellt sich auf diese Weise in der Transzendentalphilosophie, weil sie die Bedingungen unserer Erkenntnis a priori von Gegenständen untersucht. Sie bleibt deshalb im Rahmen des Verhältnisses eines erkennenden Subjekts und seines Erkenntnisgegenstandes.

Die spekulative Logik aber stellt sich nicht die Aufgabe der Transzendentalphilosophie. Ihre Bestimmungen sind keine Bestimmungen eines Gegenstandes, also keine Kategorien, sondern Bestimmungen des reinen Denkens. Das in der spekulativen Logik rein begrifflich konstituierte Objekt kann daher auch kein Gegenstand sein. Der Begriff bedarf für seine Objektivierung keines äußeren, von der Sinnlichkeit herkommenden Stoffs. Vielmehr ist das Wesentliche hierbei, seine eigene Tätigkeit festzuhalten, sich ein objektives Dasein zu geben und sich dadurch darzustellen. Auf diese Weise wird der Gedanke einer Objektivität begründet, die nicht als das Korrelat eines Bewusstseins auftaucht, als ob man an diesem Punkt der *Wissenschaft der Logik* plötzlich wieder in die Ebene der *Phänomenologie des Geistes* zurückfallen würde.[85] Die rein begriffliche Objektivität beruht vielmehr auf dem eigentümlichen Merkmal des Begriffs, sich selbst zu setzen, d. h. außer sich zu kommen und sich selbst in der Äußerlichkeit seiner wieder zu erlangen. Und während bei Kant die reinen Verstandesbegriffe als Bestimmungen eines Gegenstandes überhaupt aus einer Systematik von rein formal-logischen Urteilsformen entnommen werden, setzt Hegels innerlogische Lehre von der Objektivität vielmehr eine Systematik von Schlussformen voraus. Sie nämlich bestimmt das nun rein begrifflich zu denkende Objekt: „Das Objekt ist, wie sich ergeben hat, der *Schluß*, dessen Vermittlung ausgeglichen und daher unmittelbare Identität geworden ist."[86]

Die Vollendung des Schlusses ist ein dreifacher einheitlicher Schluss. Aber der dreifache Schluss hört dabei spekulativ gesehen auf, ein bloßer Schluss zu sein im Sinne einer Verknüpfung von drei Begriffsbestimmungen. Vorhanden ist mit ihm vielmehr die entfaltete Struktur des Begriffs, die durch drei Momente sich entwickelt und den Begriff in seiner Entwicklung sich nur mit sich zusammenschließen lässt. Es handelt sich also streng genommen nicht mehr um einen aus

---

[84] Vgl. KrV B 184 / A 145.
[85] In der Tat fasst Hegel die Kantische Philosophie als Bewusstseinslehre auf. Vgl. Enzyklopädie § 415 A.
[86] GW 12, S. 133.

drei Bestimmungen zusammengesetzten Schluss, sondern vielmehr um einen Begriff, der seine Momente durchläuft. Der Schluss führt spekulativ zum Prozess, und so nimmt die Objektivität als die wiederhergestellte Unmittelbarkeit des Begriffs die Form eines Prozesses an, der sich noch einmal in drei Prozesse differenziert: Mechanismus, Chemismus und Teleologie. Hegels Objektivitätslehre handelt also von einem rein begrifflichen und in sich noch einmal in drei Prozesse differenzierten Prozess, bei dem der Begriff seine eigene Darstellung im objektiven Dasein allmählich bis hin zum Konzept einer inneren Teleologie vollbringt. Der prozessuale Charakter aber ist für die gesamte Objektivität des Begriffs bestimmend.

Des Weiteren sind grundsätzlich für das richtige Verständnis der Objektivitätslehre immer Hegels scharfe Unterscheidungen zwischen Sein, Erscheinung, Wirklichkeit und Objektivität selbst im Auge zu behalten. Denn was Darstellung des Begriffs ist, ist weder bloß die Realität noch die Wirklichkeit, sondern eigentlich nur die Objektivität. Deshalb sollte weder das, was bloß ist, noch das, was erscheint, oder das, was wirklich ist, ohne weiteres für die Objektivität des Begriffs gehalten werden.

> „*Seyn* aber und *Erscheinen, Erscheinung* und *Wirklichkeit,* wie auch blosses *Seyn* gegen *Wirklichkeit,* werden auch wohl sonst unterschieden, so wie alle diese Ausdrücke noch mehr von der *Objektivität*. – Sollten sie aber auch synonym gebraucht werden, so wird die Philosophie ohnehin die Freyheit haben, solchen leeren Ueberfluß der Sprache für ihre Unterschiede zu benutzen."[87]

Mit dieser Unterscheidung vor Augen ist nun zunächst einmal wichtig zu wissen, unter welchem Gesichtspunkt ein Dasein überhaupt im philosophischen Sinn als Objekt taugen kann. Das sinnliche Ding enthält keine Wahrheit, weder insofern es bloß *da* und deshalb *reell* ist, noch insofern es *wirkt* und deshalb ein *Wirkliches* ist. Wahrheit und Bestand aller Realität, und noch differenzierter, aller Wirklichkeit kommen allein vom Begriff her. Die endlichen Dinge sind nur wahr, insofern sie den Begriff verwirklichen. Unter diesem Blickwinkel erklärt sich, wie wir gesehen haben, der Begriff der Objektivität als die Realisierung des spekulativen Begriffs. Das Objekt ist das, was ansonsten als das Reale oder Wirkliche angesehen werden kann, jetzt aber betrachtet wird als Realisierung des Begriffs. Aufgrund dieser grundsätzlich anderen Perspektive lässt sich das Objekt nicht in Materie und Form, Substanz und Akzidenzen und dergleichen unterscheiden. Aufs Objekt als solches treffen weder Seins- noch Wesensbestimmungen zu.

Die Darstellung des Begriffs in einem Dasein wird mit der Bestimmung der Einzelheit eingeleitet. In der Einzelheit gehen die Begriffsbestimmungen auseinander und werden einander gegenübergestellt, was der Betrachtung des Urteils angehört. Im Schluss ist der subjektive Begriff dann letztlich vollendet. Seine Bestimmungen werden im disjunktiven Schluss entfaltet und aufgestellt, sodass sie

---

[87] GW 12, S. 130f.

jetzt getrennt, als selbständig und in äußerlicher, jedoch dynamischer Beziehung zueinander gesetzt sind. Das ist die Ausgangslage des Mechanismus, worin man eine erste Bestimmung des Objekts findet. Die von Hegel im Objektivitätskapitel dann beschriebene Entwicklung bildet den argumentativen Prozessverlauf vom Auseinandergehen und Zerstreutsein der Begriffsbestimmungen bis hin zur Wiederherstellung der Begriffseinheit in der inneren Teleologie. Es geht also um eine allmähliche, dem Prozessverlauf folgende Darstellung des Begriffs im objektiven Dasein. Fassen wir nun Hegels Ausführungen im Objektivitätskapitel zusammen!

Zunächst einmal wird im Mechanismus die auseinander gefaltete Totalität seiner Bestimmungen betrachtet. Der Mechanismus bildet einen dreifachen Schluss[88] und stellt dadurch schon das Vernünftige dar. Aber im Mechanismus ist das Objekt vereinzelt. Es bezieht sich nur auf sich selbst und ist gleichgültig gegen das Andere. Dem folgt deshalb der Grundbegriff des Chemismus, der die Vermittlung der Begriffsbestimmungen als deren Herüber- und Hinübergehen zueinander eigens darstellt. Das chemische Objekt ist wesentlich auf ein Anderes bezogen. Es ist eigentlich, was es ist, nur in Beziehung auf das Andere. Die Umwandlung ist sein eigenstes Merkmal. Im Chemismus wird deshalb durch die Bestimmung des Neutralen die konkrete Allgemeinheit des Begriffs als vollzogener Zusammenschluss aller drei Begriffsbestimmungen darstellbar.[89] Der chemische Prozess hingegen hat für Hegel grundsätzlich zwei Formen: „Die Reduktion des Differenten zum Neutralen, und die Differentiierung des Indifferenten oder Neutralen"[90], worin die Vermittlung der Begriffsbestimmungen dargestellt wird.

Mechanismus und Chemismus stellen den Begriff dar. Allerdings ist der Begriff bei beiden im objektiv Realen untergegangen und so nur an sich seiend. Erst die Teleologie vermag den für sich seienden Begriff darzustellen: Der Zweck ist nach Hegels Ansicht der Begriff, der frei und für sich existiert. Denn der Zweck ist ein Allgemeines, das aber durch seine prozessuale Verwirklichung und Objektivierung nicht in ein Anderes übergeht, sondern vielmehr sich erhält und bleibt, was es ist. Das vollendete Verhältnis vom Begriff zum Dasein ist deshalb das Verhältnis vom Zweck zu seiner Ausführung. Der Zweck, schreibt Hegel, ist „das Vernünftige in seiner Existenz".[91] Der Zweck ist ein Allgemeines, das aber wesentlich das Moment der Einzelheit, also das Moment seiner Realisierung einschließt. Er ist deshalb ein konkretes Allgemeines und folglich der Begriff *in der Form* der Objektivität.

Die teleologische Beziehung ist der dreifache Schluss des erstens noch subjektiven, zweitens sich erfüllenden und drittens realisierten Zwecks. Allerdings ist diese Teleologie zunächst nur äußere Zweckmäßigkeit. Die äußere Zweckmäßigkeit enthält die Einheit des Subjektiven und Objektiven nur im ausgeführten Zweck. Dabei wird aber auch die Nichtigkeit des bloß Realen ausgesprochen, und

---

[88] Enzyklopädie § 198.
[89] Enzyklopädie § 201.
[90] Enzyklopädie § 203.
[91] GW 12, S. 160.

4.3 DIE OBJEKTIVITÄT DES BEGRIFFS

das Objekt wird auch als Mittel für die Realisierung des Zweckes betrachtet. Hierbei stellt Hegel die Mitte eines Schlusses mit dem Mittel eines Zweckes gleich. Das Mittel ist in der Objektivität die Mitte des Schlusses und die Ausführung des Zwecks ist das Schließen des Schlusses.

> „Der Zweck schließt sich durch ein Mittel mit der Objectivität und in dieser mit sich selbst zusammen. Das Mittel ist die Mitte des Schlusses. Der Zweck bedarf eines Mittels zu seiner Ausführung, weil er endlich ist, – eines Mittels, das heißt, einer Mitte, welche zugleich die Gestalt eines *äusserlichen*, gegen den Zweck selbst und dessen Ausführung gleichgültigen Daseyns hat."[92]

Das Objekt wird dadurch dem ihm zunächst äußeren Zweck unterworfen. Hierin liegt die allgemeine Bedeutung der Objektivität überhaupt: Sie dient als Instanz für die Realisierung des Begriffs. So wird sie nicht bezüglich dessen betrachtet, was sie an sich ist, sondern insofern sie den Begriff darstellt. Diese Darstellung des Begriffs im objektiv Realen wird als Zweckbeziehung vollendet. Ein objektives Dasein stellt den Begriff dar, insofern es als Objekt das Mittel zu seiner Realisierung ist. „Das Object hat daher gegen den Zweck den Character, machtlos zu seyn und ihm zu dienen."[93]

Indem der Zweck in seiner Ausführung sich erhält und nur mit sich zusammengeht, spiegelt sich in der Objektivität das Moment der Selbsterhaltung des Begriffs wider. Der Begriff erweist sich durch seine Zweckform als frei gegenüber der Äußerlichkeit der Objektivität. Aber das Objekt ist so als Dasein vergänglich. Es stellt den Begriff dar, insofern es sich ihm als Mittel unterwirft. Das Objekt tut dies aber eben dadurch, dass es gebraucht, abgenutzt und aufgerieben wird.

Der Charakter des Objekts, Mittel zu sein, impliziert mithin seinen Verschleiß und letztendlich seine eigene Aufhebung. Die äußere Zweckmäßigkeit hat deshalb einen beschränkten Inhalt. Sie kristallisiert sich nur in endlichen, vergänglichen Dingen, die „dem Werden und der Veränderung preisgegeben" sind. Das Produkt der äußeren Zweckmäßigkeit ist insofern der Unendlichkeit des Begriffs unangemessen; es taugt nicht vollkommen als Objektivität des Begriffs. Richtig aber an ihr ist der damit verbundene Gedanke, dass die Dinge nicht das Allerletzte sind, sondern dass sie vielmehr über sich hinaus weisen. So ist das Reale als Mittel für die Zwecke der Vernunft zu betrachten.

Die begriffliche Entwicklung der äußeren Teleologie führt allerdings – und darin liegt Hegels Punkt – zur *inneren* Teleologie und zum Begriff einer *organischen* Totalität, welche die konkrete Totalität des Begriffs im objektiven Dasein vollkommen darstellt. Denn der ausgeführte Zweck einer äußeren Zweckmäßigkeit ist ebenfalls ein Mittel, genauso wie jedes Mittel zur Ausführung eines Zweckes selbst ein eigener Zweck ist. Indem der Gedanke der Zweckmäßigkeit so fortbestimmt wird, dass der Zweck Mittel und das Mittel Zweck sind, wird der

---

[92] GW 12, S. 163.
[93] GW 12, S. 164.

begriffliche Übergang zum Konzept einer inneren Zweckmäßigkeit und Begriff einer organischen Totalität eingeleitet. Die innere Zweckmäßigkeit ist der Begriff eines in sich so geordneten Ganzen, dass darin alle Glieder zugleich Mittel und Zweck sind. Es wird auch „organische Totalität" genannt, weil der Organismus den Begriff der inneren Zweckmäßigkeit und somit den Begriff als solchen darstellt. Im Unterschied zur äußeren Zweckmäßigkeit fallen bei der inneren Zweckmäßigkeit Mittel und Zweck zusammen. Der Zweck ist dem durch innere Zweckmäßigkeit bestimmten Objekt intern, denn ein solches Objekt ist Zweck und Mittel seiner selbst. Dadurch wird die wahrhafte Objektivierung des Begriffs begriffen; es wird „aufgefaßt, daß jedes der einzelnen Momente, durch welche sich diese Vermittlung verläuft, selbst der ganze Schluß derselben ist."[94]

Eine detaillierte Darlegung von Hegels Argument, der Gedanke einer äußeren Zweckmäßigkeit führe aus sich selbst zur inneren Zweckmäßigkeit, würde uns vom eigentlichen Ziel dieses letzten Kapitels – einen allgemeinen Überblick über Hegels Metaphysik zu verschaffen – unnötig lange abhalten.[95] Festzuhalten ist hier aber, dass die vollständige Objektivität des Begriffs mit der inneren Zweckmäßigkeit als Begriff einer organischen Totalität erreicht wird. Denn die innere Zweckmäßigkeit verkörpert die vollständige Vermittlung der Begriffsstruktur in einer objektiven Totalität. Die vollendete Darstellung des Begriffs im objektiven Dasein, folglich seine wahrhafte Objektivierung, liegt dann im Leben als einem organischen Ganzen auf der Hand.

Erst mit dem Gedanken eines objektiven, organischen Ganzen erreicht man die volle Einheit von Begriff und Objektivität. Dadurch schließlich wird der Fortgang zum Begriff der Idee hergestellt. Unmittelbar ist die Idee ein organisches Ganzes – das Leben. Im Leben ist die Einheit von Begriff und Objektivität sogar anschaulich vorhanden. Doch generell ist die Idee, weil sie jene Einheit bildet, das Wahre schlechthin. Zuerst sind deshalb Hegels allgemeine Überlegungen zur Idee zu berücksichtigen. Anschließend ist jedoch noch einmal zur Idee in ihrer Unmittelbarkeit, also zur Idee des Lebens zurückzukehren. Auch für die Idee aber gilt: Sie ist für Hegel wesentlich Prozess, wie wir sehen werden, weshalb ihre Betrachtung sich nicht auf ihre unmittelbare Form beschränken darf, sondern sie zu begreifen hat als prozessuale Selbsterkenntnis.

---

[94] GW 12, S. 171.
[95] Vgl. dazu Fulda, „Von der äußeren Teleologie zur inneren", in A. F. Koch, A. Oberauer, K. Utz, *Der Begriff als die Wahrheit*, S. 135-150. Fulda schlägt in diesem Aufsatz vor, sich auf den Gegensatz zwischen den Begriffen des Mechanismus und der Teleologie als sich gegenseitig ausschließenden Konzeptionen eines Ganzes zu konzentrieren und dabei den Chemismusbegriff zu vernachlässigen (a.a.O., S. 139). Im Gegensatz dazu haben wir oben die Relevanz des Chemismus als Darstellung der logischen Vermittlung der Begriffsbestimmungen miteinander im objektiven Dasein hervorgehoben. Jedenfalls aber ist der Begriff der inneren Zweckmäßigkeit für Fulda der Gipfel der Objektivität des Begriffs, wie dies auch hier vertreten wird. Auf dem Weg von der äußeren zur inneren Zweckmäßigkeit ist Fulda zufolge maßgebend, dass das Produkt der äußeren Zweckmäßigkeit kein wirklich ausgeführter Zweck ist, sondern selbst wieder ein Mittel (a.a.O., S. 144f.). Erst die innere Teleologie beschreibt dann die Struktur eines Selbstzweckes, dessen nächster Verwandter der Begriff des Organischen ist (a.a.O., S. 147).

4.4 Die Idee als das Wahre

4.4.1 Allgemeiner Begriff der Idee

„Die Idee ist der *adäquate Begriff*, das objective *Wahre*, oder das *Wahre als solches*. Wenn irgend Etwas Wahrheit hat, hat es sie durch seine Idee, oder *Etwas hat nur Wahrheit, insofern es Idee ist*."[96] Mit dieser aussagekräftigen Deklaration beginnt Hegel den dritten und letzten Abschnitt seiner Begriffslogik. Die Logik des Begriffs hat – nach Hegels „Vorbericht" dazu – die Wahrheit selbst zum Gegenstand ihrer Untersuchung. *Was ist Wahrheit?*, das ist die leitende Frage, die am Anfang der Begriffslehre gestellt wird. Mit ihren subjektiven und objektiven Teilen nämlich sind die begrifflichen Voraussetzungen vorhanden, um das Problem einer Beantwortung dieser Frage nun in Angriff zu nehmen. Die Wahrheit, als Übereinstimmung von Begriff und Objektivität, liegt in der Einheit von beiden – der Idee. Diese Adäquation ausführlicher darzulegen, und zwar daraufhin, dass es nicht nur um eine bloße Entsprechung von Begriff und Objektivität geht, sondern es sich auch und vor allem um den Zusammenschluss des Begriffs in seiner Objektivität mit sich selbst handelt, ist die grundsätzliche Aufgabe des letzten Abschnittes der Begriffslogik. – Wie ist dieser Zusammenschluss zu fassen?

Aus Hegels idealistischer Grundeinsicht versteht sich die Erklärung der Idee als das Wahre. Wenn alle Objektivität im Denken liegt, dann ist die Wahrheit nicht mehr die Übereinstimmung der Wirklichkeit mit unserer Vorstellung von ihr. Vielmehr besteht die Wahrheit, idealistisch gedacht, in der Übereinstimmung des Denkens mit sich selbst. Beruht also alle Wahrheit auf dem Denken, dann ist die erste Aufgabe der Philosophie, das Denken und seine Bestimmungen zu untersuchen, genauso wie es Hegel in der *Wissenschaft der Logik* unternimmt. Erst ausgehend von der Wahrheit des Denkens hat es dann philosophisch Sinn und Zweck, sich an das Reale zu wenden. Denn die Idee ist in der spekulativen Philosophie das Wahre schlechthin. Alles andere, natürlich wie geistig, ist nur wahr, insofern es die Idee darstellt. Zuvor aber muss sich die Idee in ihrer Entwicklung als die eine absolute Idee erweisen. Das hängt nicht zuletzt mit einigen unerfüllten Desideraten der Kantischen Philosophie zusammen, von denen gleich die Rede sein wird.

Fürs erste aber sehen wir uns Hegels allgemeinen Begriff der Idee an. Hegel hebt prinzipiell auf drei Grundzüge der Idee ab:[97] 1. Die Idee ist das Wahre als solches, weil sie der adäquate Begriff ist – rein Allgemeines, worin der Gegensatz zwischen Begriff und Objektivität sich aufgehoben hat. 2. Sie ist als die Einheit des Begriffs mit seiner Objektivität die Vernunft im eigentlichen philosophischen Sinn. Aber sie bezeichnet keine einfache Identität, sondern eine negative Einheit. Sie ist die Beziehung zwischen beiden und vor allem die Tendenz – „der

---

[96] GW 12, S. 173.
[97] Vgl. GW 12, S. 177 und Enzyklopädie §§ 213-215.

Trieb" –, diese Trennung zu überwinden. 3. Diese Beziehung, die sowohl eine Trennung als auch eine Wiedervereinigung enthält, entfaltet sich in einem Prozess, worin sich das Allgemeine in die äußerliche Objektivität versenkt und aus ihr heraus zu sich zurückgeht.

Die drei Bestimmungen machen zusammen den allgemeinen Begriff der Idee aus. Die Vernunft, als Einheit von Denken und Objektivität, ist das Wahre und alles Wahre. Alles hat Wahrheit nur, indem es an der Wahrheit der Vernunft teilhat. Aber die Vernunft enthält einen Prozess, bei dem allmählich die Übereinstimmung des Denkens mit seiner Objektivität erreicht wird. Es handelt sich um den Entwicklungsverlauf des Begriffs, der von der Allgemeinheit ausgeht, sich zur äußerlichen Objektivität bestimmt und dabei, weil er damit schon immer bei sich war und ist, auch aktualiter zu sich zurückkommt.

Zwar ist Hegels Begriff der Idee ohne Kants Ideenlehre nicht zu verstehen. Dennoch ergibt sich hier zugleich ein erheblicher Unterschied zur Konzeption Kants.[98] Kant erklärt die Vernunft vornehmlich als ein Vermögen. In ihrem logischen Gebrauch sei die Vernunft das Vermögen zu schließen; in ihrem transzendentalen Gebrauch sei sie das Vermögen der Prinzipien.[99] Transzendental sei dieser letzte Gebrauch deshalb, weil die Vernunft sich hier nicht unmittelbar auf irgendeinen Gegenstand beziehe, sondern allein die Vielfalt der Erkenntnisse des Verstandes betreffe. Als Vermögen der Prinzipien soll die Vernunft die mannigfaltigen Verstandeserkenntnisse zur Einheit bringen. Logischer und transzendentaler Vernunftgebrauch hängen bei Kant jedoch eng zusammen, weil die schließende Vernunft tatsächlich zur Prinzipien gebenden Vernunft führt: „Man sieht daraus: daß die Vernunft im Schließen die große Mannigfaltigkeit der Erkenntnis des Verstandes auf die kleinste Zahl der Prinzipien (allgemeiner Bedingungen) zu bringen und dadurch die höchste Einheit derselben zu bewirken suche."[100]

Die logische Maxime beim Ausgehen auf einen Schluss, die Bedingung für die bedingten Verstandeserkenntnisse zu finden, führt zum Begriff des Unbedingten. Dieser Begriff des Unbedingten soll dann die Regel oder das Prinzip abgeben, worunter die Verstandeserkenntnisse vereinigt werden. Kant unterscheidet mehrere Begriffe des Unbedingten und nennt sie alle Vernunftbegriffe oder Ideen. Sie sollen die absolute Totalität in der Synthesis der Bedingungen fassen. Die Ideen sind für ihn geschlossene Begriffe, d. h. sie sind das notwendige Ergebnis eines Schlusses. Unter ihnen wird alle Erkenntnis als bestimmt durch eine unbedingte

---

[98] Vgl. dazu auch die Überlegungen von Angelica Nuzzo, „Idee' bei Kant und Hegel", in Christel Fricke, Peter König, Thomas Petersen (Hrsg.), *Das Recht der Vernunft. Kant und Hegel über Denken, Erkennen und Handeln*, Stuttgart-Bad Cannstatt, 1995, S. 81-120. Besonders interessant ist der Hinweis auf Hegels Ablehnung von Kants ontologisierender Auffassung von Idee, weil diese Auffassung noch Überreste der dogmatischen Metaphysik beibehält. Die Idee bei Hegel ist hingegen weder das *ens perfectissimum* noch das *ens realissimum* noch irgendein *ens* überhaupt, sondern schlechthin Prozess, mithin die „Selbst-Exposition der Sich-selbst-setzenden-Vernunft". Vgl. a.a.O., S. 104f, 109f.
[99] Vgl. KrV B 356 / A 299, 300.
[100] KrV B 362 / A 305, 306.

4.4 DIE IDEE ALS DAS WAHRE

Totalität gedacht. Weil aber die Vernunft im Schließen die Erfahrung transzendiert und ihre Tätigkeit so verstanden nur die Verstandeserkenntnisse betrifft, beziehen sich die Ideen zwar auf Objekte, jedoch machen diese keine Gegenstände von Erkenntnis aus. Denn in der Erfahrung kann kein den Ideen kongruierender Gegenstand angetroffen werden.[101] Deshalb haben sie im theoretischen Erkennen für Kant lediglich eine regulative Funktion. Sie dienen als Kanon des Verstandes zur Orientierung, so dass durch die Ideen „er zwar keinen Gegenstand mehr erkennt, als er nach seinen Begriffen erkennen würde, aber doch in dieser Erkenntnis besser und weiter geleitet wird."[102] Im praktischen Erkennen aber werden die Ideen konstitutiv, d. h. durch sie wird ein praktisches Objekt gedacht, wenngleich nicht theoretisch erkannt. Die rein praktische Erkenntnis wird also im Vergleich zur theoretischen erweiternd. Denn die Ideen erhalten im Praktischen objektive Realität dadurch, dass sie postuliert werden. Die praktische Philosophie bestimmt die drei Ideen der Vernunft: Freiheit, Unsterblichkeit der Seele und Dasein Gottes. Die Vernunft muss sie annehmen, um das höchste Gut denken zu können, ihr vollkommenstes Objekt im praktischen Gebrauch. Sonst wäre das Sittengesetz, welches aufs Gute gerichtet zu handeln gebietet, schlicht falsch.

Wirft man einen Blick auf das Ganze, so zeigt sich aber Kants Ideenlehre als problematisch. Die kritische Philosophie soll das System der Vernunft vorbereiten. Es handelt sich also auch hier schon um den großen Anspruch der Klassischen Deutschen Philosophie nach Kant: die Etablierung des einen Systems der Philosophie. Für Kant sind die Voraussetzungen dieser Etablierung in der *Kritik der reinen Vernunft* vorhanden. Die Kritik enthalte den Plan sowie die Mittel für die Ausführung einer nicht dogmatischen Metaphysik, welche ein System fundieren kann und soll.[103] Dem einen System entspricht eine einzigartige Idee: „Ich verstehe aber unter einem Systeme die Einheit der mannigfaltigen Erkenntnisse unter einer Idee."[104] Kant behauptet ferner, der Begriff der Freiheit mache den *Schlußstein* des ganzen Gebäudes eines Systems der reinen Vernunft aus. Alle anderen abschließenden Vernunftbegriffe (die Ideen von Gott und von Unsterblichkeit der Seele) bekämen allein durch ihn und mit ihm Bestand sowie objektive Realität.[105] Freiheit ist also vermutlich sogar die Idee, die dem System der reinen Vernunft zugrunde liegt und die daher die höchste Einheit der mannigfaltigen Verstandeserkenntnisse, welche die Vernunft Kant zufolge sucht, fundieren soll. Allerdings blieb es bei Kant unerfüllte Aufgabe, den Primat der Freiheit vor den anderen Ideen nicht nur zu behaupten, sondern zu erweisen. Denn die *Kritik der praktischen Vernunft* beweist nur, dass die drei Ideen aufgrund des Grundsatzes der Moralität postuliert werden müssen. Aber sie gibt keine weitere Einsicht über ihren internen Zusammenhang und ebenso wenig führt sie die

---

[101] KrV B 384 / A 327, 328.
[102] KrV B 385 / A 329.
[103] Prol, AA 04, S. 365.
[104] KrV B 861 / A 833.
[105] Vgl. KpV, AA 05, S. 3f.

Ideen vom Dasein Gottes und der Unsterblichkeit unserer Seele auf die Freiheit zurück.

Aufgrund von Kants Einteilung der Philosophie in theoretische und praktische steht ferner die Einheit des Systems auch durchaus in Frage. Denn zum einen werden beide Teile der Philosophie von Anfang an so strikt auseinander gehalten, dass man bei Kant vergeblich ihre ursprüngliche Einheit sucht. Zum anderen fehlt bei Kant auch eine Untersuchung der allgemeinsten Prinzipien zur Erkenntnis des Praktischen. Da sich die *Kritik der reinen Vernunft* sowohl in ihrer Fragestellung als auch in ihrer Ausführung auf das theoretische Erkennen konzentriert, sind die allgemeinsten Begriffe und Prinzipien zur praktischen Erkenntnis aus ihr nicht zu gewinnen.

Das alles sind unerfüllte *desiderata* der Kantischen Philosophie. Hegel selbst dagegen konfrontiert sich gerade hierdurch mit einer Problematik, die sein Denken seit den frühen Frankfurter Jahren geprägt hatte. Im ersten der obigen Kapitel war zu sehen: Die Vereinigung von Theorie und Praxis, Natur und Freiheit, dem Menschen und seiner natürlichen Umgebung – diese Gegensätze sah der Frankfurter Hegel weder in Kants noch in Fichtes Philosophie überwunden. Ihre Überwindung aber ist eine berechtigte Forderung der Vernunft. In Hegels Entwicklung führte diese Problematik zu einer vorübergehenden Annäherung an Schellings Philosophie des Absoluten. In seiner reifen Ideenlehre aber soll nun auch Antwort auf die Fragen dieser Problematik gegeben werden; allerdings jetzt nicht mehr in der Form einer Vereinigung aller Gegensätze, die nur Sein in allem Dasein ist, also im allumfassenden Absoluten, sondern in der absoluten Idee, die nach Aufklärung über das eine Absolute erst zu erweisen ist.

Aufgrund all dessen muss Hegel eine neue Lehre von der einen Idee entwickeln. Hegels entwickelter Begriff der Idee ist auch der Begriff einer unbedingten Totalität, welche nicht nur alle Verstandeserkenntnisse, sondern auch alle Vernunfterkenntnis vereinigt. Die eine Idee ist ja nach Hegel ebenso sehr ein notwendiger Vernunftbegriff in dem Sinne, dass sie spekulativ auch aus der Darlegung des Schlusses hervorgeht. Kants Erklärung der Ideen der Vernunft als geschlossener Begriffe bleibt jedoch in Hegels Augen offensichtlich unterbestimmt. Denn zwischen Schluss und Idee vermittelt die Objektivitätslehre. Die im Hegelschen Konzept der Idee erreichte Einheit von Begriff und Objektivität enthält die Selbstvermittlung des Begriffs über die gesamte Objektivität hinweg als den Schluss des Begriffs auf sich selbst.

Damit erst wird, anders als bei Kant, diejenige Idee erreicht, welche die oberste Einheit aller Erkenntnisse ausmachen kann. Diese Einheit hat allerdings nicht die Form eines Prinzips (als eines bloßen Begriffs oder Urteils), sondern die eines Schlusses. Die Idee bringt die Mannigfaltigkeit der Erkenntnisse alles die Objektivität im Begriff Ausmachenden zur Einheit, indem sie dies dem Schluss unterwirft, welchen der Begriff durch seine Objektivität hindurch in Bezug auf sich selbst vollzieht. Das wird später exemplarisch – in den Systemphilosophien der Natur und des Geistes – erkennbar. Hegel hat somit die Verbindung zwischen der Vernunft als Schließen und der Vernunft als oberster Einheit gezeigt. Doch Kant gegenüber ist Hegels Lehre der einen Idee auch eigentümlich deshalb, weil Hegel sich mit seiner Konzeption der Vernunft als Einheit von Begriff und Objektivität zugleich durchaus abgrenzt gegenüber Kants Rede über Vernunft und Verstand als bloßen Vermögen. Hegel entsubjektiviert die Vernunft, während Kant sie immer wieder auf die Seite des Subjekts zu verschieben tendiert.

Auch noch zwei weitere wichtige Punkte, welche Hegels Ideenkonzeption von derjenigen Kants abgrenzen, ergeben sich aus der Erklärung der Idee als Einheit von Begriff und Objektivität: Erstens ist die Idee bei Hegel nicht mehr ein solcher Vernunftbegriff, dass dessen begrifflicher Gehalt in der Wirklichkeit nie angetroffen werden kann. Wenn die Idee Einheit von Begriff und Objektivität ist, dann muss sich mindestens ein objektives Dasein finden lassen, das den Begriff darstellt. Im vorherigen Abschnitt haben wir es bereits vorweggenommen: Das Leben erfüllt nach Hegels Ansicht diese Bedingung.

Zweitens wird aus Hegels Ideenbegriff auch hervorgehen, dass die voll entwickelte Idee absolut ist. Sie ist absolut, weil sie einzigartig ist und Objektivität und Subjektivität sowie alle voneinander zu unterscheidenden besonderen Ideen in sich vereinigt. Mit dieser Vereinigung geht dann auch die Einheit von theoretischer und praktischer Philosophie einher.[106] Die Einzigartigkeit der Idee gründet auf dem einen und einzigen spekulativen Begriff, aus und in dessen Entwicklung sie sich auch ergibt. Nur seine Entwicklung über seine Subjektivität hinaus zu seiner und durch seine Objektivität hindurch ergibt nämlich die eine und einzige Idee als solche. Diese Einzigartigkeit der Idee muss sich aber konkret erweisen und erweist sich auch: In ihrer Entwicklung differenziert sich die Idee ja in die Ideen des Lebens und des Erkennens, diese letztere aber unterscheidet sich noch einmal in die Ideen des Wahren und des Guten und vereinigt beide schließlich zur einzigen absoluten Idee. Diese Entwicklung wird also zeigen, dass sich die Idee in ihrer Vielfalt besonderer Ideen nicht verliert, sondern vielmehr darin ihre Einheit bewährt. In Bezug hierauf soll nun insbesondere noch erörtert werden, wie eine Einheit vom Theoretischen und Praktischen zu erreichen ist. Einzigartigkeit, Absolutheit und Darstellbarkeit der Idee nachzuweisen – das macht die Hauptaufgaben der Hegelschen Ideenlehre aus. Die folgenden Abschnitte

---

[106] In ihrer Entfaltung ist also die Idee oder die Vernunft nicht nur praktisch, sondern zuallererst unmittelbar, dann aber auch theoretisch sowie praktisch. Schließlich ist sie nicht nur das, sondern wesentlich als die Überwindung des Gegensatzes des Theoretischen und Praktischen und deshalb absolut zu denken. Neuerdings jedoch hat Pirmin Stekeler-Weithofer das letztere beiseitegelassen und den praktischen Aspekt von Hegels Idee den Vorzug gegeben: „Hegels zunächst schwierige Identifikation von Idee und Vernunft besagt also: *Vernünftig ist alles, was zu einem guten, wahren und schönen Leben paßt*." Pirmin Stekeler-Weithofer, „Autonome Vernunft und Normbefolgung des Verstandes", *Hegel-Studien* 48 (2014), S. 20. Sicher könnte das Nachdenken über ein gutes und schönes Leben unter Hegels Ideenlehre fallen; allein mit noch mehr Sicherheit ist es einseitig, Hegels Begriff der Vernunft darauf zu beschränken. Auch die Behauptung, Welt, Seele und Gott seien Hegels Ansicht nach „die drei Themen der Vernunft", scheint irreführend (a.a.O., S. 21). Nicht umsonst gründet Hegels Ideenlehre ein philosophisches System von Logik, Natur und Geist. Thema der Vernunft sind dann dabei jeweils Denken, Natur und Freiheit.

über die Idee des Lebens, die Idee des Erkennens und schließlich die absolute Idee sollen diese Punkte ausführlicher darlegen.

4.4.2 Das Leben, in einer spekulativen Logik begriffen

Die bisherigen Ausführungen haben bereits den Grund dafür vorgelegt, in einer spekulativen Logik über das Leben nachzudenken. Die Idee des Lebens macht eine unmittelbare Darstellung des Begriffs aus. Denn das Leben ist eine unmittelbare Einheit von Begriff und Objektivität, die darin zur Adäquation mit sich und miteinander gekommen sind. Das Leben ist die eine Idee in der Form der Unmittelbarkeit und zwar zunächst als Lebendiges, als dieses eine Lebewesen. Man hat oben gesehen, dass zur Allgemeinheit des Begriffs gehört, sich ein Dasein überhaupt zu geben, worin der Begriff seine Darstellung findet. Könnte man nämlich auf kein Dasein verweisen, worin die Struktur des spekulativen Begriffs sich realiter darstellt, so wäre Hegels Begriff des Begriffs nichts weiter als ein interessanter, aber leider hohler Gedanke; mit Kant: ein leerer Begriff. Und genauso wie der Begriff des Begriffs wäre der Begriff der Idee überhaupt als Einheit von Begriff und Objektivität leer, wenn man von ihm aus keine Darstellung dessen geben könnte, was alles Idee ist. Das Leben verlangt also mit Recht seinen Platz in einer spekulativen Logik. Das hebt Hegel sogleich am Anfang des Kapitels über die Idee des Lebens hervor:

> „Diese Idee hat sich aber durch die eigene Nothwendigkeit des Begriffes herbeygeführt; die Idee, das an und für sich Wahre, ist wesentlich Gegenstand der Logik; da sie zuerst in ihrer Unmittelbarkeit zu betrachten ist, so ist sie in dieser Bestimmtheit, in welcher sie Leben ist, aufzufassen und zu erkennen, damit ihre Betrachtung nicht etwas leeres und bestimmungsloses sey."[107]

Das Leben wird in der spekulativen Logik als Darstellung des Begriffs betrachtet, als unmittelbare und fassbare Einheit von Begriff und Objektivität. Das unterscheidet die logische Betrachtung von der Betrachtung des Lebens sowohl in der Naturphilosophie als auch in der Philosophie des Geistes. Die Naturphilosophie behandelt das Leben unter der Bedingung der unorganischen Natur, denn in der Natur setzt das Leben das Unorganische voraus. Was die Philosophie des Geistes angeht, da ist das Leben seinerseits die natürliche Bedingung des Geistes, gerade das, worüber der Geist in seiner Entwicklung sich erhebt. Aber indem der Geist sich allmählich von der Natur, also vom natürlichen Leben entfernt – bis er sich völlig losgelöst hat und die Bestimmtheit eines absoluten Geistes erreicht –, genießt der Geist auch sein eigentümliches, nicht natürliches, sondern geistiges Leben. Er nutzt dann seine natürliche Basis als Mittel aus, anstatt von ihr beherrscht zu werden.

---

[107] GW 12, S. 179f.

4.4 DIE IDEE ALS DAS WAHRE

All dies kommt jedoch bei einer rein logischen Betrachtung des Lebens noch nicht in Erwägung. Es kommt in der *Logik* vielmehr nur darauf an, das Leben als Darstellung des Begriffs anzusehen, was man allerdings nicht unterschätzen darf. Denn genauso wie das Leben den Begriff der Anschauung annähert, macht der Begriff das Leben erfassbar, also begreiflich. Mit ihm wird das Geheimnis des Lebens aufgedeckt, weil erst der spekulative Begriff ermöglicht, was der naturforschende Verstand nicht kann – das Leben begreifen.[108]

Im Leben wird also die Allgemeinheit des Begriffs in Form eines Daseins dargestellt. Das Leben ist, laut Hegel, „vom Begriffe schlechthin durchdrungen, [...] er ist darin die *allgegenwärtige* Seele".[109] Denn das Leben spiegelt die Struktur des Begriffs wider. Das sieht man zunächst einmal an einem einzelnen Lebewesen. In der äußerlichen Mannigfaltigkeit seiner Glieder ist das Lebewesen als Ganzes mehr als die bloße Addition seiner Teile. Das lebendige Individuum ist einerseits in dieser Mannigfaltigkeit eine Totalität. Andererseits reproduziert jedes seiner Glieder wiederum das Ganze in sich selbst und ist selbst ein Lebendiges. Wie jede Begriffsbestimmung den ganzen Begriff spiegelt, ist jedes Glied eines Lebewesens selbst ein Lebendiges. Und genauso wie der Begriff streng genommen sich nicht aus seinen Bestimmungen so zusammensetzt, als ob diese Bestimmungen ohne den Begriff zu denken wären, so ist jedes Glied eines Lebewesens wesentlich Glied dieser Totalität, sodass es ohne diese Totalität nicht zu begreifen ist. Das Leben ist, wie man auch der Naturphilosophie entnimmt, der existierende Begriff, seine „existierende Metamorphose".[110]

Als Dasein, aber auch als Erscheinung, als Substanz und als Objekt im Hegelschen Sinn kommen dem Lebewesen eine ganze Menge von Denkbestimmungen zu. Es kann unter Bestimmungen des Chemismus und Mechanismus, aber auch unter Kausalbeziehungen und gar unter allgemeine Bestimmungen des Daseins subsumiert werden. Als Substanz etwa fällt das Lebewesen in Kausalitätsverhältnisse mit anderen Substanzen; es ist ebenfalls teilweise ein chemisches Produkt, aber auch ein Etwas, das an ein Anderes grenzt usw. Unter all diesen Bestimmungen kann das Lebewesen gedacht werden. Dennoch betrachtet man auf diese Weise das Lebendige gerade nicht als solches. Das Lebendige lässt sich in der Tat so nicht erfassen, sondern es entzieht sich vielmehr solchen Betrachtungsweisen. Aus deren Blickwinkeln nämlich wird das Lebendige „als ein Todtes genommen."[111]

Der Kernpunkt des Lebendigen ist vielmehr, dass es ein organisches Ganzes ausmacht. Darin besteht im Wesentlichen das Leben. Seine Grundbestimmung ist die innere Zweckmäßigkeit. Die innere Zweckmäßigkeit des Lebewesens besteht darin, dass dessen Glieder alle zugleich Mittel und Zweck sind, sodass jedes Glied Mittel für die Erhaltung anderer Glieder sowie des ganzen Körpers, aber

---

[108] Vgl. GW 12, S. 181. Vgl. auch dazu M. Wildenauer, *Epistemologie freien Denkens*, S. 78-110.
[109] GW 12, S. 181.
[110] Enzyklopädie § 249.
[111] GW 12, S. 184.

ebensosehr Zweck ist. In dieser letzteren Hinsicht sind wiederum die anderen Glieder und der Körper insgesamt für die Erhaltung jedes einzelnen Glieds da. Darin liegt „die negative für sich seiende Einheit" des Lebens.[112]

Die *innere* Zweckmäßigkeit des Organismus, innerhalb dessen alles zugleich Mittel und Zweck ist, zeichnet das Lebendige aus und entspricht der logischen Struktur des Begriffs. Der Begriff ist in seiner Diremtion genauso wie das Lebewesen einfach. Um dessen negativer Einheit willen entwickelt sich jede seiner Bestimmungen in den anderen, sodass Einzelheit und Besonderheit nichts anderes als die entwickelte Allgemeinheit darstellen, die Allgemeinheit wiederum Einzelheit und Besonderheit nach sich zieht, und schließlich Allgemeinheit und Einzelheit die Entfaltung der Besonderheit sind. Jede Begriffsbestimmung verweist auf die anderen und ist dabei dennoch ganz bei sich selbst. Entsprechend ist der Bezug des lebendigen Glieds zu anderen Gliedern gleichzeitig ein Verhältnis des lebendigen Glieds zu sich selbst. Und genauso, wie der Begriff sich im Anderen nur mit sich selbst zusammenschließt und wie er in der Form äußerlichen Daseins sich nur auf sich selbst bezieht, besteht die Beziehung eines Lebewesens zu seiner Umgebung wesentlich in Selbsterhaltung. Das Spezifische des Lebens liegt – wie beim Begriff – darin, sich zu reproduzieren und selbst zu erhalten; das ist der Trieb jedes einzelnen Momentes sowie des ganzen lebendigen Körpers. Jedes Glied greift in sein Anderes über und geht so im Anderen mit sich selbst zusammen. Die Umgebung des Lebewesens ist vorab die unorganische Natur, worin das Lebendige nicht einfach da ist, sondern wozu es sich verhält. Sein Verhältnis ist dabei die Assimilation. Wie beim Begriff ist das Verhältnis des Lebendigen zum Anderen das Zusammenschließen mit sich selbst. Das Resultat der Assimilation ist wieder die Rückkehr zu sich. Genauso wie die Tätigkeit des Begriffs das Sich-Selbst-Setzen ist, so ist es die Tätigkeit des Lebens, sich zu reproduzieren. Das Produkt der Tätigkeit des Begriffs ist allein er selbst; das der lebendigen Tätigkeit, das Leben. So Hegel in der *Phänomenologie* über das Leben: „Das Organische bringt nicht etwas hervor, sondern erhält sich nur, oder das, was hervorgebracht wird, ist ebenso schon vorhanden, als es hervorgebracht wird."[113]

Allgemein gesagt stellt also das lebendige Individuum sowohl die negative selbstbeziehende Einheit des Begriffs dar als auch dessen Bezug zur Objektivität als Mittel für seine Selbsterhaltung. Von hier aus lässt sich die Darstellung des Begriffs im Lebewesen weiter ausdifferenzieren, indem man das Lebendige im Hinblick auf die drei Begriffsbestimmungen begreift. So ergeben sich Sensibilität, Irritabilität und Reproduktion als die wesentlichen Merkmale des Lebendigen, die jeweils der Allgemeinheit, der Besonderheit und der Einzelheit entsprechen.[114] – Aber die logische Betrachtung des Lebens hört nicht bei einem lebendigen Individuum auf. Der Begriff war in seiner Entwicklung erst im Schluss vollständig gesetzt. Der Schluss ist als der gesetzte Begriff das Vernünftige schlecht-

---

[112] Enzyklopädie § 216.
[113] GW 9, S. 146.
[114] GW 12, S. 185f.

4.4 DIE IDEE ALS DAS WAHRE

hin. Als seine Darstellung im objektiven Dasein spiegelt das Leben die innere Struktur des Begriffs ebenfalls als einen Schluss wider. Das Leben stellt einen Schluss dar, näher betrachtet jedoch einen Prozess von drei sich vermittelnden Schlüssen. Das Lebendige ist „so der Prozeß seines Zusammenschließens mit sich selbst, das sich durch *drei Prozesse* verläuft."[115] Die drei Prozesse im Bereich des Lebens sind Hegel zufolge das Lebewesen als Individuum, der Lebensprozess und die Gattung.

Zusammenfassend ist es wichtig, zwei Pointen festzuhalten: 1. Die Allgemeinheit des Begriffs ist keine abstrakte, sondern eine sich auf sich negativ beziehende. Zu ihr gehört deshalb eine Darstellung in einem zur Objektivität des Begriffs gehörenden Dasein überhaupt. 2. Diese Darstellung ist unmittelbar das Leben, welches als ein dreifacher Schluss zu begreifen ist. Als solche Darstellung des Begriffs wird das Leben in der *Logik* abgehandelt.

Allerdings ist die Idee als Leben in der Form der Unmittelbarkeit befangen. Denn sie existiert in dieser Form als nur Einzelnes. Das lebendige Individuum durchläuft zwar den Lebensprozess und erweist sich als einer Gattung zugehörend; allein als so Lebendiges bleibt es unmittelbar und einzeln. Die Existenz der Idee als Leben ist deshalb ihrer Allgemeinheit unangemessen. In der Tat gelangt die Idee darin nicht zur vollkommenen Darstellung. Bereits ihr allgemeiner Begriff bezeichnet zwar die Idee als Einheit von Begriff und Objektivität, wie sie im Leben erreicht ist. Aber die damit gemeinte Einheit darf nicht als eine „ruhig beharrende" Identität aufgefasst werden.[116] Sie soll vielmehr als ein Prozess begriffen werden. Dieser Prozess umfasst die Entwicklung des Begriffs, der von seiner Allgemeinheit aus sich in einem Dasein verwirklicht, diese Endlichkeit aber bald transzendiert und wieder zur Allgemeinheit zurückkehrt, allerdings diesmal zu einer Allgemeinheit, die direkt aus der Objektivität hervorgeht. All dies aber wird im Leben kaum aufgehoben.

Ohnehin ist das Leben nicht in sich geschlossen. Ganz im Gegenteil enthält das Lebendige wesentlich den Keim seines Todes. Der Tod ist die andere Seite des Lebens und das Schicksal des lebendigen Individuums, eben weil es ein Lebendiges ist. Für das Individuum bedeutet der Tod das Ende, doch genau durch sein sterbendes Leben erhält sich die Allgemeinheit seiner Gattung. Durch den Tod des lebendigen Individuums befreit sich die Gattung von der Unmittelbarkeit. Über den Tod, so Hegel, wird dann später, in der systematischen Philosophie der Natur, der Geist hervorgehen: „Der Tod der nur unmittelbaren einzelnen Lebendigkeit ist das *Hervorgehen des Geistes*."[117] Innerlogisch aber erhebt sich der Begriff auf diese Weise über das Leben. Die Gattung erhält sich über das einzelne Lebewesen, und die Objektivität des Begriffs befreit sich von der Unmittelbarkeit des Lebens zur Allgemeinheit. Realphilosophisch betrachtet wird die daraus gewordene Objektivität dann der Geist sein: die Realität des Begriffs in Form der

---

[115] Enzyklopädie § 217.
[116] Vgl. Enzyklopädie § 215.
[117] Enzyklopädie § 222.

Allgemeinheit. So ist der Geist schließlich die vollendete Darstellung des Begriffs. Er enthält die volle Entfaltung des Begriffs, seine eigenste Natur, das Sich-Selbst-Entgegensetzen.

4.4.3 Die Idee des Erkennens

Die Idee kehrt zum Element der konkreten Allgemeinheit des Begriffs zurück und ist deshalb „*reines Unterscheiden innerhalb* ihrer."[118] Sie unterscheidet sich in eine subjektive und eine objektive Idee, als ein Subjekt und eine zunächst von ihm vorgefundene objektive Realität. Hier also haben wir es zu tun mit dem Gegensatz zwischen reinem Denken einerseits, das sich selbst als den einen spekulativen Begriff erfasst und sich nicht in endlichen Subjekten fixieren lässt, und andererseits der Objektivität, die, wie sich gezeigt hat, der Begriff sich selbst um seiner Negativität willen gibt. Wesentlich dabei ist aber, dass diese Unterscheidung sich innerhalb der Idee selbst vollzieht. Sie beruht in der Tat auf der eigensten Natur des zur Adäquation mit sich selbst gekommenen Begriffs. Das Denken *qua* reiner Begriff setzt sich in der Idee des Erkennens eine für sich bestehende Objektivität entgegen und begreift anschließend, dass diese Entgegensetzung in Wahrheit seine eigene Setzung ist. Man darf daher, nebenbei gesagt, diese Entgegensetzung nicht mit dem Gegensatz zwischen irgendeinem Subjekt von Bewusstsein und seinem Gegenstand verwechseln. Der Letztere macht paradigmatisch das Thema einer *Phänomenologie des Geistes* aus, die als Einleitung in die philosophische Wissenschaft dienen kann. Und er wird in solcher Einleitung ebenfalls überwunden. In der spekulativen Logik kommt dieser Gegensatz daher nicht mehr in Frage.

Die Tätigkeit des Denkens, eine Objektivität von sich abzuspalten und diese Spaltung als nichtig aufzudecken, macht für Hegel die Idee des Erkennens aus. Erst aus dieser allgemeinen, rein logisch gedachten Erkennens-Idee sind die Formen endlichen Erkennens sowie das Erkennen endlicher Subjekte zu begreifen. Primär und innerlogisch aber ist das Erkennen in seiner Idee die wesentliche Tätigkeit der Vernunft, ihr Sich-Selbst-Erkennen. Was Hegel nun im Kapitel über die Idee des Erkennens unternimmt, besteht einerseits darin, theoretische und praktische Einstellungen, die mindestens seit Kant und bis heute die Grundunterscheidung der Philosophie ausmachen, in diese allgemeine Idee des Erkennens zu integrieren und aus ihr zu entwickeln; andererseits besteht es zugleich darin zu zeigen, dass beide Erkennensformen endlich sind und dem eigentümlichen, ideenlogischen Erkennen des Begriffs als Sich-Selbst-(Wieder-)Erkennen noch nicht angemessen sind.

Das endliche Erkennen beharrt im Gegensatz von Denken und Objektivität. Es geht von ihm aus und kehrt zu ihm zurück. Es verabsolutiert diesen Gegensatz und bleibt ihm immer verhaftet. Theoretisch wird das Denken als ein leeres

---

[118] Enzyklopädie § 223.

4.4 DIE IDEE ALS DAS WAHRE

Fass vorgestellt, die objektive Welt hingegen als das Wahre.[119] Das theoretische Erkennen erschöpft sich im Auffassen und Verarbeiten eines Gegebenen.[120] Das praktische Erkennen dagegen denkt sich das Subjekt als das Wertvolle und Wahre, die gegenüber liegende Welt aber als dessen letztlich wertlose Schaubühne oder Verwirklichungssphäre. Beide Einstellungen beharren trotz ihrer Differenz im selben Grunddualismus und werden innerlogisch als Idee des Wahren und des Guten unter der allgemeinen Idee des Erkennens begriffen. Philosophie-kritisch stellte Hegel in *Glauben und Wissen* Kants Philosophie als Beispiel für diesen Grunddualismus dar.

An dieser Stelle also wird die Aufgabe in Angriff genommen, theoretische und praktische Philosophie in eine einheitliche, spekulative Philosophie zu vereinigen. Im Denken Kants besteht, wie oben bereits gesehen, eine Kluft zwischen theoretischer und praktischer Philosophie. Seine systematische Einteilung der Philosophie droht statt vollständiger Gliederung vielmehr eine Spaltung zu werden. Theoretischer und praktischer Gebrauch der Vernunft sind so strikt getrennt, dass ihre systematische Einheit nur schwer zu denken ist. Die theoretische Philosophie hat mit Gegenstandsbestimmungen, die praktische Philosophie mit Selbstbestimmung zu tun. Beide bleiben jedoch im Grunddualismus befangen. Die theoretische Philosophie versucht sich die Gegenstände anzueignen, d. h. das Vernünftige in ihnen zu finden, sie an ihnen selbst durch Begriffe zu erkennen. Sie scheitert aber daran und vermag bloße Erscheinungen, jedoch keine Dinge an sich zu erkennen. Die praktische Philosophie hingegen geht von der Selbstbestimmung aus und versucht, leider vergeblich, das Freiheitsgesetz in der Welt zu verwirklichen. Beide laufen in entgegengesetzte Richtungen, beide haben ihre eigenen Gesetzgebungen, nämlich die Naturgesetze und das Freiheitsgesetz, können diese aber nie zur Einheit bringen, wie die Vernunft es doch verlangt.

Der Versuch, die Kluft zwischen theoretischer und praktischer Philosophie in der *Kritik der Urteilskraft* zu überwinden, hat aus einer Hegelschen Perspektive keine guten Aussichten auf Erfolg. Laut der *Kritik der Urteilskraft* entsprechen der theoretischen und der praktischen Philosophie jeweils das Gebiet der Naturbegriffe und das Gebiet des Freiheitsbegriffs. Doch beide haben auch einen gemeinsamen Boden: den Inbegriff der Gegenstände aller möglicher Erfahrung. Philosophie ist Vernunfterkenntnis aus Begriffen, und zwar vorab Vernunfter-

---

[119] Im dritten Kapitel der vorliegenden Arbeit, Ziffer 3.1.2. ist Hegels Kritik des Weltbegriffs sowohl in der *Phänomenologie des Geistes* als auch selbst in der *Wissenschaft der Logik* dargestellt worden. Für die Idee des Erkennens erscheint die Objektivität als eine dem Subjekt gegenüberstehende Totalität. Deshalb findet hier, auf dem Standpunkt des endlichen Erkennens, die Notion der Welt Anwendung. Die Spekulation aber verwendet den Weltbegriff nicht, der vielmehr zu einer Vorstellung, einer Sammlung von geistigen und natürlichen Vorstellungen erklärt wird. In der systematischen Philosophie gilt die Unterscheidung im Realen zwischen Natur und Geist; beide Sphären fallen jedoch unter einem allgemeineren Begriff der Welt oder des Universums nicht zusammen.
[120] Vgl. GW 12, S. 202.

kenntnis von Gegenständen möglicher Erfahrung. Im Gebiet der Naturbegriffe gilt dabei die Gesetzgebung des Verstandes; im Gebiet des Freiheitsbegriffs die Gesetzgebung der Vernunft. Der Verstand ist gesetzgebend für die Natur, während die Vernunft gesetzgebend für die Freiheit ist. Aus dieser Dualität von Verstand und Vernunft leitet Kant die Einteilung der Philosophie in theoretische und praktische her.

Nun hat zwar der Freiheitsbegriff das Gute als Ding an sich zum Objekt, das aber nicht in der Anschauung vorstellbar gemacht werden kann und daher keine theoretische Erkenntnis des Übersinnlichen begründet. Jedoch muss die Freiheit trotz allem auch Einfluss auf das Gebiet der Natur haben, indem ihr Subjekt die durch ihr Gesetz aufgestellten Zwecke in der Sinnenwelt zu verwirklichen hat. Die Aufgabe ist also auch, die Natur so zu denken, dass ihre Gesetzmäßigkeit die Verwirklichung von Freiheitszwecken wenigstens erlaubt. Diese Vermittlungsaufgabe zwischen Verstand und Vernunft soll Kant zufolge die Urteilskraft erfüllen. Man wird von der praktischen Vernunft dazu genötigt, die Natur als mit der Freiheit kompatibel zu denken. Dabei bleibt jedoch die gemeinsame Wurzel von theoretischem und praktischem Gebrauch der Vernunft nach wie vor im Dunkel.

Anders verhält sich die Sache bei Hegel. Denn es ist ja die eine Idee des Erkennens, die sich in ihrer Entwicklung in eine Idee des Wahren und eine des Guten teilt, also in eine theoretische und eine praktische Idee. Das, was beide verbindet aber, ist der logische spekulative Begriff. Er macht die ursprüngliche Einheit aus, welche dieser Urteilung der Idee zu Grunde liegt. Der reine Begriff nämlich begründet eine spekulative Erkenntnis, welche sowohl theoretisch als auch praktisch ist. Denn die theoretische Erkenntnis, z. B. eines Lebewesens, sowie die praktische Erkenntnis, z. B. des Staates, beruhen auf demselben – der Darstellung der Begriffsstruktur im Realen. Dabei ist jedoch die Objektivität weder das Jenseits des Begriffs (wie die Dinge an sich in der Kantischen theoretischen Philosophie) noch etwas, das dem Begriff nie völlig angemessen ist (wie die wirklichen Handlungen und ihre Ergebnisse, die einer Kantisch konzipierten praktischen Philosophie zufolge die Reinheit wahrer Tugend nie erreichen können, sondern sich ihr bloß annähern). Vielmehr ist die Objektivität das Resultat der eigenen Entwicklung des Begriffs. Der Begriff selbst ist darstellbar, und seine Einheit mit seiner Objektivität begründet die eine Idee. Die Idee in ihren unterschiedlichen disziplinären Thematisierungen – als logische Idee, Idee der Natur und Idee des Geistes – ist auch kein Postulat, zu dessen Annahme wir zwar durch unsere Vernunft genötigt sind, wovon wir aber keine Erkenntnis haben können. Vielmehr ist eine Erkenntnis der Idee in all diesen Thematisierungen innerhalb einer spekulativen Logik, einer Naturphilosophie und einer Philosophie des Geistes möglich – und die Verwirklichung dieser Möglichkeit ist das System der Philosophie.

Hegel vereinigt also theoretische und praktische Philosophie auf eine differenzierte, soeben umrissene Weise. Er geht nicht von ihrem Gegensatz aus, sondern subsumiert vielmehr beide unter den Begriff der einen Idee und fasst sie dadurch als Momente von deren Entwicklung. Dadurch ist die Hegelsche Metaphysik allgemein fundierend nicht nur für die theoretische Philosophie, sondern ebenso sehr für eine Philosophie des Praktischen. Kant dagegen denkt sich die Transzendentalphilosophie als Fundamentaldisziplin. Sie untersucht die Bedingungen der Möglichkeit apriorischer Erkenntnis von Gegenständen: „Ich nenne alle Erkenntnis transzendental, die sich nicht so wohl mit Gegenständen, sondern mit *unserer Erkenntnisart* von Gegenständen, *so fern diese* a priori *möglich sein soll*, überhaupt beschäftigt. Ein System solcher Begriffe würde Transzendental-Philosophie heißen."[121]

Diese Transzendentalphilosophie soll die Grundlage für alles Weitere nicht nur in der theoretischen, sondern auch in der praktischen Philosophie verschaffen. Doch wie oben erwähnt ist zu bestreiten, dass eine solche Wissenschaft, die so stark auf theoretische Erkenntnis von Gegenständen angelegt ist, auch allgemeine metaphysische Grundlage rein praktischer Philosophie sein kann. Denn die praktische Philosophie kümmert sich ja nicht allein um Gegenstandserkenntnis und schon gar nicht um bloß theoretische, sondern wendet ihren Blick auch auf die reine Selbstbestimmung des Willens beim Handeln. Eine von Anfang an so stark theoretisch konzipierte Fundamentaldisziplin lässt einen befriedigenden Aufschluss über praktische Philosophie kaum erwarten. Diesen theoretischen Charakter der Transzendentalphilosophie hat natürlich Kant selbst eingesehen:

> „Obzwar die obersten Grundsätze der Moralität, und die Grundbegriffe derselben, Erkenntnisse a priori sind, so gehören sie doch nicht in die Transzendental-Philosophie, [...]. Daher ist die Transzendental-Philosophie eine Weltweisheit der reinen bloß spekulativen Vernunft. Denn alles Praktische, so fern es *Triebfedern* enthält, bezieht sich auf Gefühle, welche zu empirischen Erkenntnisquellen gehören."[122]

Wie also dann noch eine erfolgreiche Verbindung zwischen der Transzendentalphilosophie und der rein praktischen Philosophie hergestellt werden kann, ist nun die Frage. Wenn es eine gemeinsame metaphysische Grundlegung von theoretischer und praktischer Philosophie geben soll, dann kann die Transzendentalphilosophie eigentlich diese Funktion nicht erfüllen. Die Hegelsche Logik des Begriffs hingegen untersucht die gemeinsamen Wurzeln von Vernunft und Freiheit. In ihr erweist sich der spekulative Begriff aber als das Vernünftige wie auch als das Freie. Nur auf solcher Basis, nicht aber bei Kant, ist sowohl eine Fundierung als auch eine Überschreitung dieser Dualität von Erkenntnisarten möglich.

Fassen wir nun Hegels Ausführungen über die besonderen Ideen des Wahren und Guten zusammen! Das theoretische Erkennen beabsichtigt Aufklärung über das innere Wesen der Welt. Die Philosophie sieht ein, dass das Denken bei diesem Geschäft, das Wesen der Dinge zu erforschen, vorrangig auf die Gesetze der Vernunft selbst stößt. Die Wahrheit der Welt ist die Wahrheit des Denkens, und in dieser geht die Erkenntnis der Welt in Selbsterkenntnis der Vernunft auf. Da-

---

[121] KrV B 26 / A 13.
[122] KrV B 29 / A 15.

mit begreift die Philosophie die Wahrheit theoretischen Erkennens im praktischen Erkennen. Denn das Denken ist Ursprung und Quelle aller Wahrheit und Objektivität. Das Verhältnis zwischen Denken und Gedachtem, Wahrheit und Objektivität kehrt sich um. Die Welt ist sogar an sich nichtig; auf das Handeln kommt es an. Das Handeln geht von der Würde des reinen Subjekts aus und bestimmt die Welt nach dessen Zwecken. Denn die vorgefundene Welt gilt dem aus Vernunft handelnden Subjekt als ein Unvollkommenes. Diese Einstellung wird im Abschnitt über die Idee des Guten ausgeführt. In der Idee des Guten reproduzieren sich aber die Widersprüche der Moralität, wie sie schon in der *Phänomenologie des Geistes* dargelegt werden. Das moralische Subjekt erkennt die Pflicht als das Wesentliche. Die Pflicht aber fordert Erfüllung. Weil die objektive Welt eben als Gegenteil des Guten gedacht wird, hat jedoch die Erfüllung der Pflicht selbst bereits vor dem Handeln versagt. Das Gute soll in der Wirklichkeit umgesetzt werden; jedoch ist die wirkliche Welt von vornherein als das Gegenteil des Guten bestimmt. Sie ist dem guten Zweck immer unangemessen. Die Vollendung des Guten ist in der Welt daher nie wirklich zu erreichen. Die Pflicht voll zu erfüllen bleibt eine ewige Aufgabe, ein Sollen. So handelt es sich um eine Aufgabe, deren eigene Bedingungen ihre Erfüllung unmöglich machen; also um eine Forderung, die nicht zu verwirklichen ist. Darin liegt für Hegel der grundsätzliche Widerspruch der Moralität mit sich selbst.[123]

Die Objektivität scheint hier die Ausführung des guten Zwecks zu verhindern, weil die Welt nicht ist, wie sie sein sollte. In der Tat aber ist das moralische Handeln selbst sein eigenes Hindernis. Genauso wie vorhin das theoretische, beharrt das praktische Erkennen im Grunddualismus. Denn ohne ihn würde es ja sich selbst aufheben. Das moralische Handeln bestimmt sich gegen die Welt. Jeder Ausführungsversuch des Guten tritt in die Endlichkeit des Daseins und versagt bei der Aufgabe, den reinen Inhalt des Guten zu verwirklichen. Das Versagen liegt genau darin begründet, dass das Gute gegen die Wirklichkeit bestimmt ist. Doch die Hegelsche Philosophie zeigt ganz im Gegensatz dazu, dass beides, sowohl das Innere der Wirklichkeit als auch das Wesen des Guten, dieselben Wurzeln haben. Sie entspringen aus derselben Quelle der einen Vernunft. Aufgrund dessen vermag die spekulative Philosophie beide Einstellungen zu vereinigen. Im Begriff des Begriffs wird die ursprüngliche Einheit von Theorie und Praxis, von Vernunft und Freiheit vollzogen. Indem die spekulative Philosophie den Standpunkt des Begriffs einnimmt und entwickelt, vermag sie beide Ideen, die theoretische und die praktische, in der einen absoluten Idee zu vereinigen. Auf dem Standpunkt der absoluten Idee nämlich ist das Allgemeine realisierbar und schließlich auch die sittliche Pflicht erfüllbar, weil das Allgemeine ein Konkretes ist, das sich dem objektiv-begrifflich bestimmten Dasein nicht entgegensetzt. Die eine Idee begreift die besonderen Ideen als Momente ihrer Entfaltung und bewahrt ihre Einheit. Deshalb erweist sie sich als absolut. Die absolute Idee ist nun nämlich die

---

[123] Vgl. das Kapitel „Die moralische Weltanschauung" der *Phänomenologie des Geistes*, GW 9, S. 324-332, insbesondere S. 328f.

4.5 Die absolute Idee

Mit der absoluten Idee wird Hegels Begriff der Idee vollendet exponiert und zugleich der eigentümliche Gegenstand der Philosophie erreicht: das Wissen der Wahrheit. Wenn man sich nun noch einmal an den bereits im ersten Kapitel dieser Arbeit zitierten berühmten Satz der Vorrede zur *Phänomenologie des Geistes* erinnert, weiß man schon, dass Hegels Wahrheitsbegriff den Rahmen des gewöhnlichen Verständnisses sprengt: „Es kommt nach meiner Einsicht, welche sich nur durch die Darstellung des Systems selbst rechtfertigen muß, alles darauf an, das Wahre nicht als *Substanz*, sondern eben so sehr als *Subject* aufzufassen und auszudrücken."[124] Die Wahrheit in der philosophischen Wissenschaft soll *ebenso sehr* als Subjekt aufgefasst und ausgedrückt werden. Sie wird als eine Bewegung und ein Prozess aufgefasst, doch dies muss sich Hegel zufolge durch die Darstellung des Systems rechtfertigen. Dennoch verfügt man bereits am Ende der logischen Wissenschaft über einen philosophischen Wahrheitsbegriff. Am Schluss der *Wissenschaft der Logik* zeigt er sich in seiner vollen Komplexität. Allein die absolute Idee, belehrt uns die *Logik*, ist die Wahrheit und alle Wahrheit. Sie ist der einzige Gegenstand der Spekulation. Der Philosophie geht es immer nur darum, die absolute Idee zu erkennen. Sie ist entweder Idealismus oder gar keine Philosophie. „Die absolute Idee allein ist Seyn, unvergängliches Leben, sich wissende Wahrheit, und ist alle Wahrheit. Sie ist der einzige Gegenstand und Inhalt der Philosophie."[125]

Nun erinnere man sich an den allgemeinen Begriff der Idee. Diese wurde nicht nur als Einheit von Begriff und Objektivität charakterisiert, sondern vielmehr als negative Einheit beider – als der Prozess, die Trennung zwischen Begriff und Objektivität zu überwinden. Dieser Prozess war der Weg des Begriffs von seiner Allgemeinheit über die Objektivität zurück zu sich selbst. Er beruhte erstens auf der konkreten Allgemeinheit des Begriffs, derentwillen der Begriff in seiner Allgemeinheit sich in einem Dasein besondert und sich dadurch zur Objektivität bestimmt, und zweitens eben gerade in der Feststellung, dass der Begriff wesentlich in der Objektivität bei sich ist. Das Kapitel über die absolute Idee legt diese Selbsterkenntnis des Begriffs in seinem Anderen eigens dar.

Mit der absoluten Idee erreicht die *Wissenschaft der Logik* endlich die wahrhaft absolute Bestimmung. Die absolute Idee ist das wahrhafte *absolutum*, das Vollendete und Unbedingte, und dennoch durchaus nicht mit dem Absoluten im engeren terminologischen Sinn zu verwechseln. An dieser Stelle also ist zunächst

---

[124] GW 9, S. 18.
[125] GW 12, S. 236.

einmal der begriffliche Unterschied zwischen der absoluten Idee und *dem* Absoluten *tout court* hervorzuheben. Im zweiten Kapitel der vorliegenden Arbeit wurde schon auf den Widerspruch hingewiesen, in welchen man gerät, wenn man die absolute Idee als Hegels Konzept des Absoluten auslegt. Die Hegelsche Darstellung der *Wissenschaft der Logik* unterscheidet zwischen *dem* Absoluten und *der absoluten* Idee. Wäre trotzdem mit beiden Gedanken dasselbe gemeint, so würde dies Hegels eigenem Anspruch widersprechen, am Ende der Wesenslogik die wahrhafte Auslegung des Absoluten vorgelegt zu haben. Aus dem dritten und dem bisher vorliegenden letzten, vierten Kapitel ist dann aber auch ersichtlich geworden, was für ein großer Unterschied zwischen beiden Gedanken besteht und aus welchen Gründen die spekulative Logik im Ganzen keine Lehre des Absoluten darstellt.

In der Tat ist ja auch die Bedeutung der attributiven Verwendung des Ausdrucks „absolut" im Terminus „die absolute Idee" nicht eine, die dem Sinn einer Rede von *dem* Absoluten schlechthin entspricht. Ähnlich wie bei anderen Terminis wie „absolutes Wissen", „absolutes Verhältnis" oder „absoluter Geist" wird mit dem Attribut „absolut" Beziehungslosigkeit als Ergebnis einer Ablösung von Bestimmtheit durch Anderes gedacht. Die absolute Idee ist dementsprechend die Idee schlechthin. Sie macht die Vollendung der Idee aus. Die Idee ist schließlich absolut, weil sie in ihrer Entwicklung die Idee des Lebens und die des Erkennens zu bloßen Momenten ihrer eigenen Entfaltung herabgesetzt und überschritten hat. Deshalb heißt sie nun absolut, d. h. sie ist keine Idee *von x, y oder z*, sondern die eine und einzige Idee schlechthin, welche vielmehr die weiteren Ideen des naturalen Lebens und des Geistes begründet.

4.5.1 Das System des Logischen

Der Springpunkt jedoch, um den sich das Verständnis von Hegels Begriff der absoluten Idee nun dreht, ist die Auslegung derselben als Vereinigung von Form und Inhalt alles Logischen. Als *Inhalt* ist die absolute Idee das System der logischen Bestimmungen: „Sie ist sich *Inhalt*, insofern sie das ideelle Unterscheiden ihrer selbst von sich und das eine der Unterschiedenen die Identität mit sich ist, in der aber die Totalität der Form als das System der Inhaltsbestimmungen enthalten ist. Dieser Inhalt ist das System *des Logischen*."[126] Die absolute, logische Idee synthetisiert inhaltlich die Totalität der Denkbestimmungen, die in der *Logik* untersucht werden. Sie tut es aber, indem sie *der Form nach* die Bewegung des Begriffs vollzieht und beschreibt, – die Art und Weise, wie der Inhalt allein in und aus sich selbst fließt. Fasst man diese Form ins Auge, so schaut man intellektualiter die ganze logische Wissenschaft mit einem Blick an. Denn die Form der absoluten Idee ist die innere Tätigkeit aller Denkbestimmungen, und so auch

---

[126] Enzyklopädie § 237.

die Art und Weise, wie sich jeder beliebige Inhalt des Denkens bewegt und entwickelt.

Hegel hat mit seiner *Logik* gezeigt, dass das unbedingt und uneingeschränkt Wahre nicht die starre Bestimmtheit eines Inhaltes hat, sondern grundsätzlich als formierende Form zu verstehen ist. Die logische Wissenschaft hat aber auch nachgewiesen, dass jeder Inhalt in der Tat nicht bloß gegeben ist, sondern aus anderen Bestimmungen von diesen aus und durch das ihnen immanente Denken generiert wird. Jeder Inhalt ist vermittelt, und sei es auch zur Unmittelbarkeit. Der Verlauf der *Logik* hat sowohl das Übergehen eines gegebenen Inhalts in einen anderen als auch dessen jeweilige Unwahrheit und das Fortgehen zu weiteren Inhalten gezeigt.

> „Der ganze Verlauf desselben [des Logischen, R. A.], worin alle Gestalten eines gegebenen Inhalts und der Objecte vorgekommen sind, hat ihren Uebergang und Unwahrheit gezeigt, und statt daß ein gegebenes Object die Grundlage seyn könnte, zu der sich die absolute Form nur als äusserliche und zufällige Bestimmung verhielte, hat sich diese vielmehr als die absolute Grundlage und letzte Wahrheit erwiesen."[127]

Das allgemeine Resultat der *Logik* ist also, dass die Wahrheit nicht in einem vorliegenden Inhalt zu finden ist, sondern in jener Form, die gegenüber jedem Inhalt gilt. Die absolute Idee, das uneingeschränkt Wahre, lässt sich nicht als bloßer Inhalt, daher weder als ein Seiendes noch als das Eine, das All oder das Absolute fixieren. Sie ist vielmehr als die eine Form zu denken, in welcher jeder Inhalt in seiner inneren Bewegung erfasst und zu einem Ganzen, dem System der logischen Bestimmungen, gebracht wird.

In der absoluten Idee ist die Wahrheit aller Denkbestimmungen erreicht, was zugleich bedeutet, „daß in ihr erstlich die logische Wissenschaft ihren eigenen Begriff erfaßt hat."[128] War anfangs der Gegenstand der *Logik* das Denken und seine Bestimmungen, so war dies, am Anfang, eine relativ pauschale Aussage. Denn das Eigentümliche der philosophischen Wissenschaften im Unterschied zu anderen Wissenschaften ist Hegel zufolge, dass sie ihren Gegenstand nicht voraussetzen dürfen, sondern ihn als ganzen vielmehr erst zum Resultat haben. Dementsprechend hat sich erst als Resultat ergeben, was die logische Wissenschaft ist: Sie ist das Sich-Erfassen der absoluten Idee im Element reinen Denkens. Die Bestimmtheit der Idee ist also der Gegenstand der ganzen *Logik* gewesen.

> „Die *Bestimmtheit* der Idee und der ganze Verlauf dieser Bestimmtheit nun, hat den Gegenstand der logischen Wissenschaft ausgemacht, aus welchem Verlauf die absolute Idee selbst *für sich* hervorgegangen ist; für sich aber hat sie sich als diß gezeigt, daß die Bestimmtheit nicht die Gestalt eines *Inhalts* hat, sondern schlechthin als *Form*,

---

[127] GW 12, S. 237f.
[128] GW 12, S. 252.

daß die Idee hiernach als die schlechthin *allgemeine Idee* ist. Was also hier noch zu betrachten kommt, ist somit nicht ein Inhalt als solcher, sondern das Allgemeine seiner Form, – das ist, die *Methode*."[129]

4.5.2 Die Methode oder die Bewegung des Begriffs

Das Wahre ist für Hegel jene Form, in der aller rein logische Inhalt als solcher gedacht wird. Diese Form ist die eigene Bewegung des Begriffs. Sie wird von Hegel als die höchste und einzige Kraft, als der einzige Trieb der Vernunft aufgefasst, *„durch sich selbst in Allem sich selbst* zu finden und zu erkennen."[130] Nun wird diese universelle Form des an und für sich Vernünftigen und Freien von Hegel im Abschnitt über die spekulative Methode charakterisiert. Anhand der spekulativen Methode erfasst man die eigene Bewegung des Vernünftigen und Freien mit einem Blick. Sie ist universal und absolut. Es gibt kein Objekt, behauptet Hegel, so sehr dasjenige der Vernunft äußerlich und fremd sein mag, was durch die Methode nicht durchdrungen werden könnte: „Irgend etwas ist nur begriffen und in seiner Wahrheit gewußt, als es der *Methode vollkommen unterworfen* ist."[131] Denn das, was am Objekt sich entzieht, ist das Wertlose und Nichtige an ihm.

Die Methode vollzieht den Selbsterkenntnisprozess der Vernunft. Ihr Anfang ist das Unmittelbare. Er ist auch, Hegel zufolge, „von höchst einfacher Natur."[132] Es handelt sich dabei aber um ein Unmittelbares des Denkens und nicht um eines der sinnlichen Anschauung oder der Vorstellung. Das Letztere ist, wohl bemerkt, nie einfach. Ganz im Gegenteil ist es immer komplex, ein Treffpunkt mehrerer Bestimmungen. Man stelle sich irgendein Ding als Beispiel vor. In ihm kann eine Vielfalt von Bestimmungen unterschieden werden: Es mag ein Ding mit Eigenschaften sein; oder es kann ebenfalls Substanz sein und in Kausalitätsverhältnis mit anderen Substanzen stehen; es ist eins unter vielen, Etwas, das von Anderem sich unterscheidet usw. „Das Unmittelbare der sinnlichen Anschauung ist ein *Mannichfaltiges* und *Einzelnes*."[133]

Im Gegensatz dazu ist das Unmittelbare des Denkens allgemein und einfach. Die Philosophie im Sinne eines – wie wir gleich sehen werden – Systems, dessen methodisches Verfahren sich in der *Logik* begründet, fängt immer im Element des Denkens an. Im Denken ist das Unmittelbare abstrakt, weil es abgelöst von allem übrigen als einfache Bestimmung gedacht wird. Schon das macht den Anfang zu etwas, das zu überwinden ist. Denn aus seiner Einfachheit und inhaltlichen Armut entspringt die Kraft des Fortschreitens. „Der Anfang hat somit für

---

[129] GW 12, S. 237.
[130] GW 12, S. 238.
[131] Ebenda.
[132] GW 12, S. 239.
[133] Ebenda.

die Methode keine andere Bestimmtheit als die, das Einfache und Allgemeine zu seyn; diß ist selbst die Bestimmtheit, wegen der er mangelhaft ist."[134]

Das zeigt sich schon am logischen Anfang beim Sein. Das Sein ist die einfachste und ärmste Denkbestimmung. Seine Allgemeinheit ist so abstrakt, sein Inhalt so nichtssagend, dass er überall und in aller anderen Bestimmung enthalten ist. Das Sein ist leerer als das Leere. Denn das Leere setzt immerhin das Eins und das Fürsichsein voraus und impliziert eine lange Vermittlung, wie die Seinslogik zeigt. Das reine Sein aber ist schlicht Sein, ohne weitere Bestimmung. Doch gerade auf seiner extremen Leerheit beruht die Bewegung, wie schon die altgriechischen Atomisten, Hegel zufolge, an der Bestimmung des Leeren erkannt hatten.[135]

Die abstrakte Allgemeinheit des Anfangs ist eigentlich nur gemeint. Denn das Sein führt sofort zum Nichts und hört auf, einfach und abstrakt zu sein. Selbst der Gedanke einer abstrakten Allgemeinheit, gibt Hegel zu bedenken, enthält schon die Negation in sich. „Selbst das abstracte Allgemeine als solches, im Begriffe, d. i. nach seiner Wahrheit betrachtet, ist nicht nur das *Einfache*, sondern als *Abstractes* ist es schon *gesetzt* als mit einer *Negation* behaftet."[136] Jedes Unmittelbare und Einfache involviert Vermittlung, weist über sich hinaus, bestimmt sich. Dieser Gedanke liegt bereits im Kern der Hegelschen Philosophie und hat große Auswirkungen nach sich gezogen. Was sich als direkt und einfach ausgibt, ist in Wahrheit vermittelt und kann nicht allein aus sich selbst, sondern nur in Bezug auf Anderes gefasst werden. Es gibt kein schlicht Vorgefundenes, kein bloß Einfaches, Abstraktes: „Es *gibt* deswegen auch, es sey in der *Wirklichkeit* oder im *Gedanken*, kein so Einfaches und so Abstraktes, wie man es sich gewöhnlich vorstellt."[137] Mit der Bloßlegung des schlicht Unmittelbaren ist auch die kritische Betrachtung des Gegebenen verbunden – das Bewusstsein, dass das, was der Fall ist, sich zum einen aus einer Vermittlung ergibt, zum anderen aber auch den Keim seiner eigenen Veränderung in sich trägt. Darin erkannte Friedrich Engels den revolutionären Charakter der Hegelschen Philosophie.[138]

Während in der vorliegenden Arbeit gezeigt wurde, dass die Hegelsche Philosophie von einer Metaphysik des Absoluten weit entfernt ist, geht Engels Interpretation allerdings auf die Behauptung hinaus, dass sie überhaupt nichts Absolutes gelten lasse. In der Tat steht dies im Zusammenhang mit Hegels Einsicht, dass das Wahre nicht als ein einmal herausgefundener und auswendig gelernter Inhalt aufgefasst werden kann, sondern als die eine Form begriffen werden muss –

---

[134] GW 12, S. 240.
[135] Vgl. GW 21, S. 154.
[136] GW 12, S. 240.
[137] Ebenda.
[138] „Wie die Bourgeoisie durch die große Industrie, die Konkurrenz und den Weltmarkt alle stabilen, altehrwürdigen Institutionen praktisch auflöst, so löst diese dialektische Philosophie alle Vorstellungen von endgültiger Wahrheit und ihr entsprechenden absoluten Menschheitszuständen auf. Vor ihr besteht nichts Endgültiges, Absolutes, Heiliges." Friedrich Engels, Ludwig Feuerbach und der Ausgang der klassischen deutschen Philosophie, in *Marx-Engels-Werke* 21, S. 268.

die trotz Engels doch als absolut zu bezeichnende Idee –, welche in der inneren Bewegung allen logischen Inhalts liegt. Alles im Bereich der Wirklichkeit sowie des Denkens enthält die Kraft der Negativität und die Formbewegung. Das ist die Kehrseite von Hegels Ergebnis, es gebe in Wahrheit nichts Einfaches, Unmittelbares, Abstraktes.

Aber lassen wir uns von den vielfältigen Auswirkungen der Hegelschen Philosophie nicht ablenken und kehren wir zur Methode zurück! Da der Anfang bereits mit der Negativität behaftet ist, enthält er den Grund des Fortgehens. Die Allgemeinheit ist in der Tat konkret und in sich unterschieden. Wegen der ihr zugrunde liegenden Negativität setzt die Bewegung ein. Aber weil der Anfang unmittelbar ist, gehen die Bestimmungen der Allgemeinheit auseinander und stellen sich einander gegenüber. Die anfängliche, unmittelbare Allgemeinheit setzt die Andersheit voraus und führt in ihrer Entwicklung zu ihr. Die Andersheit ist das Moment des Urteils, worin gezeigt wird, dass das, was am Anfang einfach schien, nur in Beziehung auf sein Anderes begriffen werden kann. Hegel nennt dieses Moment auch das dialektische Moment, „wodurch das anfängliche Allgemeine aus ihm selbst, als das Andere seiner sich bestimmt."[139] Das Unmittelbare erweist sich als vermittelt, als auf ein Anderes bezogen.

Mit dem Begriff der Dialektik knüpft Hegel an die alte philosophische Tradition sowie an Kants Philosophie an. Im Kontext der Tradition pflegt die Dialektik als die Kunst verstanden zu werden, von einem Gegenstand sowohl die eine als auch die entgegengesetzte Eigenschaft aufzuzeigen. Daraus zieht man üblicherweise die Folgerung, dass entweder der Gegenstand widerspruchsvoll oder das Erkennen mangelhaft ist. Dabei finden jedoch die Denkbestimmungen, welche am Gegenstand gezeigt werden, für sich keine Betrachtung. Sie werden für gültig und selbstverständlich gehalten. Auf dieses unkritische Verfahren hat, Hegel zufolge, die Kantische Philosophie aufmerksam gemacht. Nicht nur das. Kant habe „Anstoß zur Wiederherstellung der Logik und Dialektik, in dem Sinne der Betrachtung der Denkbestimmungen an und für sich"[140] gegeben. Dadurch gibt Hegel Kants Einfluss auf seine Idee einer spekulativen Logik implizit zu. Es kommt für Hegel nun vor allem auf die Denkbestimmungen an. Sie nämlich machen den eigentlichen Inhalt der Vernunft aus. Werden widersprüchliche Bestimmungen einem selben Gegenstand zugesprochen, so liegt der Widerspruch nicht am Gegenstand selbst. In der Tat ist der Gegenstand abgesehen von jeglicher Denkbestimmung so viel wie nichts. Der Widerspruch liegt vielmehr in der inneren Dynamik der Denkbestimmungen, ineinander zu fließen und ihre Wahrheit in ihrem Anderen zu haben. Der starre Blick auf den Gegenstand aber lässt diese Dynamik außer Betracht. Auch Kant bleibt auf den Gegenstand fixiert, obwohl er in den Antinomien der Vernunft tatsächlich die dialektische Natur einiger Denkbestimmungen zeigt. Erst Hegel stellt die Bestimmungen des Denkens als solche in den Mittelpunkt. Deren Untersuchung in der *Wissenschaft der Logik*

---

[139] GW 12, S. 242.
[140] GW 12, S. 244.

zeigt, dass sie selbst in ihre entgegengesetzten über- oder fortgehen: z. B. Endliches in Unendliches, Allgemeines in Einzelnes usw.

Gemäß der spekulativen Methode ist daher das Erste vermittelt und auf ein Anderes bezogen. Es handelt sich im Grunde, oder „an sich", schon um das Allgemeine des Begriffs, das seine Besonderung in sich enthält. Mit dem dialektischen Moment tritt die Differenz und Besonderung des Allgemeinen ein. Das Allgemeine tritt in Wirklichkeit, gibt sich ein Dasein und geht in das Einzelne über. Dadurch geht es aber zunächst einmal unter. Der Begriff scheint in der Wirklichkeit verloren zu gehen. Doch näher besehen handelt es sich um seine Objektivität und um seine Realisierung, und das Denken muss bloß betrachten, wie die Begriffsbestimmungen von sich aus die Allgemeinheit wiederherstellen. Das ist, was Hegel „das Dritte" nennt: „der Begriff, der sich durch das Andersseyn realisirt, und durch Aufheben dieser Realität mit sich zusammengegangen, und seine absolute Realität, seine einfache Beziehung auf sich hergestellt hat. Diß Resultat ist daher die Wahrheit."[141]

Der Begriff ist auf diese Weise das Ganze: sowohl das an sich seiende Allgemeine als auch das Negative und schließlich auch das konkrete Allgemeine, das durch alle Momente des Schlusses hindurchgeht. War der Schluss das Vernünftige schlechthin, so nimmt die spekulative Methode im Unterschied zum Schluss zusätzlich noch das Moment der Objektivität in sich auf. In der Methode ist Hegel zufolge der Begriff die Mitte und hat „ebensosehr die Bedeutung des Objectiven."[142] Der vollständig gesetzte Begriff ist zwar, wie man oben gesehen hat, der Schluss. Jedoch gehört es nicht nur zur eigenen Tätigkeit des Begriffs, seine Bestimmungen zu setzen, sondern ebenso sehr gehört dazu, seine ideelle Einheit wiederherzustellen, also sich selbst in seiner Objektivität zu erfassen. Beides ist schließlich in der Methode integriert.

Mit der spekulativen Methode und einem sogleich noch zu berücksichtigenden, dritten Moment im Begriff der absoluten Idee als rein logischer vollendet Hegel die logische Grundstruktur seiner idealistischen Philosophie. Auf der Basis des spekulativen Begriffs hat sich sowohl eine metaphysische Grundlage als auch ein methodisches Verfahren ergeben, das die eigene Entwicklung des Begriffs selbst auffasst. Dieses Verfahren unterscheidet sich markant von der sogenannten philosophischen Konstruktion, die zu Hegels Zeiten breit diskutiert wurde. Hegel merkt kritisch an, dass das Konstruieren „in nichts besteht, als jenes formelle Schema ohne Begriff und immanente Bestimmung überall anzuhängen".[143] Er spielt dabei indirekt auf Fichte und Schelling an. Uns interessiert es nun jedoch nicht zu beurteilen, ob Hegels Formalismuseinwand zutrifft und inwiefern er die Unterschiede zwischen Fichte und Schelling und sogar die Veränderungen in der eigenen Denkentwicklung dieser beiden berücksichtigt. Aufschlussreicher ist für unser Thema vielmehr der Vergleich zwischen Hegels spe-

---

[141] GW 12, S. 248.
[142] GW 12, S. 239.
[143] GW 12, S. 247.

kulativer Methode und der philosophischen Konstruktion Schellings, wie sie dieser in seinem System der Philosophie von 1802 erörtert, das ein System des Absoluten in Anspruch nimmt.[144] Aus diesem Vergleich tritt das Eigentümliche der Hegelschen Konzeption, soweit diese bisher dargelegt ist, deutlich zutage. Für Schelling besteht die philosophische Konstruktion darin, das Besondere im Allgemeinen darzustellen. Damit geht für die Konstruktion das Besondere auf in seiner besonderen Form. Die Pflanze etwa wird im Absoluten erkannt, das heißt, als Konkretes, als Pflanze verschwindet sie. Schellings Verständnis des Allgemeinen vermag weder das Besondere noch das Einzelne in sich einzuschließen. Die so konzipierte Allgemeinheit ist von der Hegelschen Perspektive her gesehen lautere Identität. Wir haben uns im dritten Kapitel der vorliegenden Arbeit damit auseinandergesetzt. Das einzig mögliche Verhältnis zwischen dieser Allgemeinheit und der Einzelheit ist dann die Auflösung: Das Einzelne geht im Allgemeinen auf und wird eins mit ihm.

Im Gegensatz dazu stellt Hegels Methode das Allgemeine im Besonderen dar. Da Hegel über ein Konzept von konkreter Allgemeinheit verfügt, kann er eine Philosophie entwickeln, worin das Allgemeine sich ein Einzelnes gibt, dabei Allgemeines bleibt und sich im Einzelnen anerkennt, ohne dass das Einzelne sich auflösen muss. Beide, Hegel und Schelling, gehen von der idealistischen Grundeinsicht über die Nichtigkeit der erscheinenden Dinge aus. Aber Schellings Konstruktion geht darauf, das Besondere bloß als Fenster zum Allgemeinen zu betrachten und es im Allgemeinen aufzulösen. Hegels Philosophie hingegen erkennt das Allgemeine, die Idee so, wie es bzw. sie sich auch noch im Realen, nämlich in Natur und Geist, darstellt. Während Schellings Konstruktion das angemessene Verfahren für eine Philosophie des Absoluten ausmacht, ist Hegels absolute Methode die Erfassung der eigenen Tätigkeit der Vernunft und hat nur Sinn und Zweck im Rahmen einer Metaphysik der Vernunft und Freiheit.

Mit der Entwicklung der spekulativen Methode wird Hegel Kants Forderung gerecht, die Philosophie müsse unabhängig von anderen Wissenschaften ihr eigenes Verfahren finden. Im Unterschied zur mathematischen bestehe Kant zufolge die philosophische Erkenntnis in Vernunfterkenntnis aus Begriffen. Hegel eignet sich die Unterscheidung zwischen dem philosophischen und dem fachwissenschaftlichen Vorgehen an und führt sie weiter aus. Die Fachwissenschaften betreiben ein endliches Erkennen, das sich in analytisches und synthetisches Erkennen differenziert. Von beiden unterscheidet sich die wahrhafte und der Philosophie eigentümlichen Vernunfterkenntnis – die spekulative Methode. Diese am Ende der *Wissenschaft der Logik* dargelegte Methode ist also weder als Verfahrensweise wissenschaftlicher Forschung noch als Darstellungsweise von Forschungsergebnissen konzipiert. Sie ist nicht für alle Wissenschaften, sondern nur für die philosophischen Wissenschaften gedacht. Universelle Gültigkeit beansprucht Hegel mit seiner Methode keineswegs. Und sogar in den philosophischen

---

[144] Vgl. Schelling, Fernere Darstellungen aus dem System der Philosophie, § 4, in ders., *Ausgewählte Schriften* 2, S. 135-155.

Wissenschaften, also außerhalb der *Logik*, ist die Methode in gewissem Sinne ebenso wenig absolut, wie wir gleich sehen werden.

Zu diesem Rahmen aber gehört außer dem Inhalt des Logischen und der Methode als dessen formierende Form noch ein drittes Moment, das selbst in der jüngsten Forschungsliteratur zu Hegels *Wissenschaft der Logik* allzu oft unterschlagen wird, obwohl es konstitutiver Bestandteil einer Metaphysik der Vernunft und Freiheit ist: die freie Entlassung der Idee zur Natur. Ohne spekulatives Begreifen dieses Moment der absoluten Idee als logischer bliebe die Wissenschaft der Logik als erste Philosophie immer noch zu sehr dem Schellingschen Umgang mit dem Absoluten in der Philosophie verhaftet.

4.5.3 *Die freie Entlassung der Idee*

Mit der Auslegung der absoluten Idee als zum einen, dem Inhalt nach, das System des Logischen, das die geordnete Abfolge aller reinen Gedankenbestimmungen enthält, zum anderen hingegen, der Form nach, als die Methode, welche die Bewegung des Begriffs beschreibt, haben wir den allgemeinen Begriff der absoluten Idee exponiert. Dieser allgemeine Begriff schließt die logische Wissenschaft ab. Zu ihm als solchem gehört aber auch das Sich-Bestimmen des Begriffs. Die Lehre der absoluten Idee enthält auch diese Besonderung, nämlich das Urteil der absoluten Idee, wodurch sie sich im Anderen darstellt und daraus zu ihrer ursprünglichen Einheit zurückkehrt. Wenigstens einen Ausblick auf diesen weiteren Selbsterkenntnisprozess der Idee muss die logische Wissenschaft an ihrem Ende noch geben.

Die Besonderung der absoluten Idee, wodurch ihre Allgemeinheit sich aufbricht und jenseits des rein Logischen zur Darstellung kommt, begründet den Fortgang zur Natur. Dieser Schritt ist Hegel zufolge nicht als ein Übergehen zu fassen, sondern als eine freie Tat. Die Idee *entlässt sich frei* zur Natur: „Das Uebergehen ist also hier vielmehr so zu fassen, daß die Idee sich selbst *frey entläßt*, ihrer absolut sicher und in sich ruhend."[145] Ein Übergang zur Natur findet für Hegel im strikten Sinn nicht statt. Man betritt kein neues Gebiet. Denn mit der Philosophie der Natur betrachtet man keinen gänzlich neuen Untersuchungsgegenstand. Die Idee und allein sie bleibt der einzige Gegenstand der Philosophie. Man wechselt das Thema nicht, zumindest innerhalb einer Hegelschen systematischen Philosophie. Die Idee entlässt sich frei und gibt sich die Form des Andersseins, jedoch bleibt sie bei sich selbst – ihrer absolut sicher und in sich ruhend. Deshalb wird die logische Wissenschaft durch die Philosophie der Natur nicht fortgesetzt, sondern vielmehr mit der Lehre der absoluten Idee abgeschlossen. Die Naturphilosophie betrachtet ebenfalls die Idee, jedoch diesmal nicht im Element des Denkens, sondern die Idee in der Gestaltung des unmittelbaren Daseins. Diese Urteilung der Idee wird aber in der Idee selbst vollzogen. Vom Begriff kennen wir den eng verwandten Gedanken der Entwicklung. Die Besonderung der

---

[145] GW 12, S. 253.

Idee kann auch als Entwicklung gedacht werden, allerdings muss man dabei den zwei spezifischen Zügen genügend Aufmerksamkeit schenken: Zum einen handelt es sich um eine Entlassung, zum anderen ist diese Entlassung frei, und diese Freiheit ist dabei entscheidend.

Die Freiheit wurde in der Begriffslogik bereits dargelegt. Das exemplarisch Freie ist der spekulative Begriff. Der Begriff enthält den Bedeutungskern der Freiheit: im Anderen bei sich und mit sich identisch zu sein. Freiheit ist die Tätigkeit, welche im Begriff rein enthalten und gedacht wird – die Tätigkeit nämlich, das Allgemeine ins reale Dasein zu übersetzen und in diesem scheinbar Anderen die Einheit des Allgemeinen zu erfassen. Freisein, sahen wir oben, bedeutet sich entschließen, d. h. die anfängliche Unbestimmtheit der Allgemeinheit aufzuheben, etwas bestimmt Einzelnes zu verwirklichen und dabei dieses Einzelne als Ausdruck und Darstellung des Allgemeinen wiederzuerkennen. Die absolute Idee befreit sich, indem sie sich zum Realen entschließt und darin sich wiedererkennt und zu sich zurückkehrt. Deshalb ist am Ende der *Wissenschaft der Logik* sowie im entsprechenden Paragraphen der *Enzyklopädie* auch vom *Entschluss* der Idee zur Natur die Rede. Die absolute Freiheit der Idee ist, schreibt Hegel in der *Enzyklopädie*, dass sie „in der absoluten Wahrheit ihrer selbst sich *entschließt*, das Moment ihrer Besonderheit oder des ersten Bestimmens und Andersseins, die *unmittelbare Idee* als ihren Widerschein, sich als Natur frei *aus sich zu entlassen*."[146]

Nun kann man versucht sein, diesen freien Entschluss der Idee metaphorisch auszulegen. Denn es klingt mindestens befremdlich, dass die absolute Idee irgendeinen Entschluss fassen soll. Eine solche Auslegung würde jedoch einen grundsätzlichen Punkt in der Hegelschen Philosophie verpassen. Denn mit diesem Entschluss der Idee zur Natur wird ja eine neue philosophische Wissenschaft begründet und eine gewisse Grenze zwischen Logik und Realphilosophie gezogen, was wichtige Folgen für Begriff und Umfang der Metaphysik bei Hegel hat. Vom gelungenen Verständnis des freien Entschlusses *qua* freier Entlassung der Idee hängt die Antwort auf die Frage ab, warum es bei Hegel Philosophien der Natur und des Geistes jenseits der *Wissenschaft der Logik* gibt und wieso diese nicht mehr Metaphysik sind im Gegensatz zu dem, was Kant mit seinen Metaphysiken der Natur und der Sitten denkt.

Zunächst einmal muss darauf aufmerksam gemacht werden, dass Hegel offensichtlich auf die sprachliche Verwandtschaft der Wörter „schließen" und „entschließen" anspielt. Schließen und Entschließen, vertritt Hegel, sind eng verbunden. Man erinnere sich dabei, dass die Ausführung des Zweckes Darstellung in der Objektivität des Vollzuges des Schlusses ist. Sich entschließen, lesen wir dementsprechend in den *Vorlesungen zur Logik von 1831*, ist ein Schluss, bei dem das Ich sich aufmacht und äußert; dessen Inhalt tritt heraus, aber nur im Ich selbst.[147]

---

[146] Enzyklopädie § 244.
[147] Vgl. G. W. F. Hegel, *Vorlesungen. Ausgewählte Nachschriften und Manuskripte*, Bd. 10, Vorlesungen über die Logik: Berlin 1831, nachgeschrieben von Karl Hegel. Hrsg. von Udo Rameil unter Mitarbeit von Hans-Christian Lucas, Hamburg 2001, S. 257.

4.5 DIE ABSOLUTE IDEE

Genauso ist der Schluss die Entfaltung des Begriffs innerhalb seiner selbst. Allerdings schließt damit Hegel nicht bloß aus der augenscheinlichen Ähnlichkeit zwischen beiden Wörtern auf die ursprüngliche Einheit der darin bezeichneten Begriffe. Vielmehr hat er in der Begriffslehre gezeigt, dass Schließen und Entschließen spekulativ betrachtet dieselbe Bewegung ausdrücken. Denn Vernunft und Freiheit sind im spekulativen Begriff zusammen gedacht. Die Allgemeinheit des Begriffs ist konkret, und in seiner Entwicklung enthält der Begriff die Einzelheit in sich. Seine Allgemeinheit entwickelt sich zur Einzelheit, genauso wie seine Einzelheit sich zur Allgemeinheit entwickelt. Wenn aber im Begriff des Begriffs keine abstrakte Allgemeinheit gedacht wird, dann gehört zum Begriff als solchem, wie wir bereits gesehen haben, eine Darstellung. Der Begriff gibt sich aufgrund seiner konkreten Allgemeinheit ein Dasein überhaupt. In seiner Entwicklung wird er einzeln. Deshalb ist der Schluss als Entwicklung des Begriffs sein Entschluss, also die Objektivierung seiner Allgemeinheit, und umgekehrt ist das Sich-Entschließen, wenn es rein gedacht wird und aus Freiheit entspringt, nichts anderes als die Entwicklung der konkreten Allgemeinheit des Begriffs, also selbst ein Schluss. Begreifend denken und handeln implizieren sich gegenseitig. Nur auf dieser Grundlage kann die absolute Idee die theoretische und die praktische Idee vereinigen. Das Sich-Bestimmen der Idee impliziert deshalb, dass sie sich erst einmal die Form des Andersseins oder äußerlichen Daseins gibt, um aus ihr zu sich zurückzukehren. Deswegen ist ihre Entwicklung gleichzeitig eine freie Tat, ein Entschluss, bei dem sie sich objektive Darstellung gibt und sich in dieser Darstellung erkennt. Diese gemeinsame Quelle von Vernunft und Freiheit ist nun im Deutschen in der sprachlichen Nähe von „schließen" und „entschließen" aufbewahrt. Der Schluss der Idee, womit sie ihre Entwicklung vollzieht, ist ebendarum ihre Befreiung.

Diese Befreiung der Idee nimmt nun die Form eines Sich-Entlassens an. Das Sich-Entlassen der Idee hat mit der Bestimmung der Natur zu tun – der Äußerlichkeit. In ihrer freien Tat gibt sich die absolute Idee eine Darstellung im Dasein. Wie es schon der Fall bei der Entwicklung des Begriffs zur Objektivität ist, gehen nun in dieser Besonderung die Gedankenbestimmungen, die im allgemeinen Begriff der Idee enthalten sind, auseinander. Sie werden nun manifestiert und erscheinen als selbständig gegeneinander. Das Sich-Setzen der Idee ist wie beim Begriff das Heraustreten ihrer Bestimmungen. Dieser Prozess wird nun mit dem Gedanken der Entlassung gefasst. Das Verb „entlassen" stammt aus dem Althochdeutschen und bedeutet „loslassen", „lösen", „nicht mehr festhalten", „nicht mehr verbunden sein lassen", „freilassen". Dieses Freilassen von Bestimmungen leitet die Philosophie der Natur ein. Die Natur wird im System der Philosophie als die Idee in der Bestimmtheit der Äußerlichkeit gedacht. Die Äußerlichkeit ist die grundlegende Bestimmung der Natur.[148] Dass die Idee die in sich einheitlich gedachten Denkbestimmungen loslässt, hat in der Sphäre der Natur als der äußer-

---

[148] Enzyklopädie § 247.

lichen Idee deren gleichgültiges Bestehen und Vereinzelung gegeneinander zur Folge.[149]

Wie man sieht, wird der „Übergang" zur Naturphilosophie von Hegel nicht einfach behauptet, weil es eine Natur außer dem Logischen gibt. Das allein schon mag eine Naturwissenschaft rechtfertigen, aber es rechtfertigt keine Philosophie der Natur. Ferner handelt es sich hier auch um keine kausale oder logische Notwendigkeit – die Existenz der Natur wird keineswegs abgeleitet. Die freie Entlassung der Idee ist auch weit entfernt von einer Schellingschen Perspektive, bei der die Natur als ein Äußeres gefasst wird, dem ein innerer, vernünftiger Grund innewohnt, welcher alles, was entsteht und vergeht, werden lässt.[150] Ebenso aussichtslos ist der Hinweis auf eine dialektische Selbstbestimmung, bei welcher das in der Hegelschen Philosophie angeblich zu entwickelnde Absolute die dialektische Gestalt von Idee, Natur und Geist haben würde. Denn einer solchen Deutung schwebt noch immer die Vorstellung einer Schöpfung der Natur aus der Idee vor. In ihrer dialektischen Selbstbestimmung würde sich die Idee als ihr Anderes, als Natur setzen. Die Natur hätte somit ihren Grund in der Idee selbst, sie wäre fast wie das Produkt der Idee und würde deren Binnenstruktur auf äußerliche Weise wiederholen. Die Idee „verwandelte" sich in seiendes *totum* und zwar aufgrund ihrer absoluten Notwendigkeit, die hiermit als freie Tat der Idee gedeutet wird und dadurch beide Begriffe, absolute Notwendigkeit und Freiheit, welche in der Hegelschen *Wissenschaft der Logik* so wie nirgendwo anders entwickelt und eigens dargelegt worden sind, wieder gleichgesetzt würden.[151] Keine dieser Auslegungen der freien Entlassung der Idee zur Natur erfasst dabei das Spezifische der Hegelschen Position.

Es handelt sich vielmehr um die Begründung *einer philosophischen Betrachtung der Natur*. Es liegt in der Freiheit der Idee selbst, sich eine äußere Sphäre zu geben. Die als absolute Idee in ihrer inneren Tätigkeit erkannte Vernunft besitzt eine kreisförmige Bewegung. Sie ist das konkrete Allgemeine, das aufgrund seiner negativen Identität aus sich herausgeht, sich vor sich hinstellt, sich die Form des äußerlichen Andersseins gibt, in dieser Äußerlichkeit sich jeden Inhalt aneignet, in ihm sich selbst erfasst und dadurch zu sich zurückkehrt. Die Idee *öffnet* sich ihrem Anderen, beschäftigt sich dabei aber nur mit sich selbst. Denn Vernunft und Freiheit sind, so Hegels Metaphysik, gerade dies, im Anderen bei sich und mit sich identisch zu sein. So begründet die Bewegung der Vernunft, d. h. die Bewegung der absoluten Idee, welcher die innere Dynamik des Begriffs zugrunde liegt, die system-philosophischen Wissenschaften der Natur und des Geistes.

---

[149] Vgl. Enzyklopädie § 248.
[150] Vgl. Fulda, „Methode und System bei Hegel. Das Logische, die Natur, der Geist als universale Bestimmungen einer monistischen Philosophie", in Hans Friedrich Fulda, Christian Krijnen (Hrsg.), *Systemphilosophie als Selbsterkenntnis. Hegel und der Neukantianismus*, Würzburg, 2006, S. 25-50.
[151] Eine solche dialektische Auslegung vertreten Dieter Wandschneider und Vittorio Hösle, „Die Entäußerung der Idee zur Natur", in *Hegel Studien,* Bd. 18, Bonn 1983, S. 173-199.

Mit ihrer freien Selbstentlassung öffnet sich die absolute Idee und sieht sich mit all dem anderen konfrontiert, was sie selbst *qua* Wahres als Meinung, Trübheit und Irrtum diskreditiert.[152] In der Realphilosophie muss sie ihren reinen Gehalt mit all demjenigen falschen, trügerischen, zufälligen, sinnlichen und unvernünftigen Stoff des Realen zusammenbringen, durch ihre in der Methode aufgefasste Bewegung sich als das einzig Wahre behaupten und wieder zu sich selbst, d. i. zur Erkenntnis ihrer selbst kommen. Diese Konfrontation mit den bestehenden natürlichen und geistigen Verhältnissen muss, will und kann die absolute Idee nun aufgrund ihrer *freien* Entlassung in Kauf nehmen. Das hat selbstverständlich sowohl für die reinen Gedankenbestimmungen, die in jener freien Tat von ihrer strikten Bindung aneinander gelöst werden, als auch für die Methode der systematischen Realphilosophie selbst Konsequenzen.

4.6 Die Systemphilosophie jenseits der *Wissenschaft der Logik*

Die Lehre über die absolute Idee schließt die *Wissenschaft der Logik* ab. Aber gleichzeitig erweitert sich durch diese Lehre die Hegelsche Philosophie zum System. Nicht am Anfang der logischen Wissenschaft, sondern vielmehr ganz am Schluss derselben wird der Gedanke eines philosophischen Systems begründet und gerechtfertigt. Zwar ist in der Vorrede zur ersten Auflage des Werkes vom „System der Wissenschaft" bereits die Rede.[153] Streng genommen aber ist der Gedanke eines Systems der Philosophie erst mit der Lehre von der absoluten Idee fundiert. Um Einsicht in diese Grundlegung des Systems zu gewinnen, hilft zunächst einmal eine Stelle, die sich allerdings vor dem Kapitel über die absolute Idee befindet, und zwar im Unterabschnitt über die Einteilung, innerhalb der Lehre von der Idee des Wahren: „Der dem Begriff angehörige Fortgang vom Allgemeinen zum Besonderen ist Grundlage und Möglichkeit einer synthetischen Wissenschaft, eines Systems, und systematischen Erkennens."[154]

Die Möglichkeit systematischen Erkennens liegt in der eigenartig dynamischen Struktur des Begriffs, dessen Allgemeinheit sich bestimmt und zum Besonderen und schließlich Einzelnen fortgeht, dabei aber immer bei sich selbst bleibt. Die Bewegung der konkreten Allgemeinheit, die sich in ihre anderen Bestimmungen entwickelt und in ihnen sich selbst erkennt und zu sich kommt, – das ist die Grundlage des Systems der Philosophie. Erst mit dem Begriff des Begriffs also wird das System begründet. Das heißt allerdings nicht, dass mit dem bloßen logischen Begriff schon das ganze System gegeben sei; es heißt auch nicht, dass das System der Philosophie sich in der logischen Wissenschaft erschöpfe.

---

[152] Vgl. GW 12, S. 236.
[153] GW 11, S. 8, auf die *Phänomenologie des Geistes* verweisend.
[154] GW 12, S. 215.

Die Methode beschreibt nun vollständig die Bewegung des Begriffs, indem sie das Moment der Objektivität in sich hineinzieht und darin voll berücksichtigt. Dadurch ist der Fortgang des Begriffs dargelegt und die Grundlage des Systems geschaffen. Die Methode erweitert sich somit zum System. Das Resultat der Methode ist die Wiederherstellung der Unmittelbarkeit. Jedoch ist diese Unmittelbarkeit nun abgeleitet. Sie ist der Inhalt des Erkennens, aber der Inhalt wird jetzt nicht von der Vorstellung, von der philosophischen Tradition oder sonst wo hergenommen, sondern abgeleitet. Die logische Wissenschaft, indem sie nicht schlicht alles in der Identität eines Absoluten vereinigt, sondern die sich unterscheidende und selbst bewegende Vernunft zum Resultat hat, begründet den weiteren Fortgang und die ferneren Unterscheidungen in besondere Wissenschaften der Philosophie. „Hier ist es erst, wo der *Inhalt* des Erkennens als solcher in den Kreis der Betrachtung eintritt, weil er nun als abgeleiteter der Methode angehört. Die Methode selbst erweitert sich durch dies Moment zu einem *Systeme*."[155]

Im Hinblick auf die Erweiterung zum System sollten insbesondere zwei grundsätzliche Punkte erläutert werden: 1. Der Anfang, den das Resultat der logischen Wissenschaft ausmacht, ist mit und nach der freien Entlassung der rein logischen Bestimmungen Anfang einer *neuen* philosophischen Wissenschaft, nicht aber nur die Rückkehr zum Anfang der *Wissenschaft der Logik* selbst. 2. Indem das systematische Erkennen von Inhalt zu Inhalt fortgeht, verliert sich die Wissenschaft nicht in einen unendlichen Progress oder gar viele solche Prozesse, sondern bildet vielmehr nun einen Kreis von drei Wissenschaften der Logik, der Natur und des Geistes. Beide Punkte gehen eigentlich auf die Frage zurück, wie Hegel seine Philosophie der Natur und des Geistes begründet. Aus welchem Grunde sollte man das Element reinen Denkens verlassen und sich einer philosophischen Erkenntnis der Natur widmen? Was führt ferner den in die begreifende Naturerkenntnis versenkten Philosophen dazu, sich zum Geist und zum geistigen Leben zu erheben? Und wie sollte schließlich der Philosoph, der über den gewaltigen Reichtum der geistigen Welt nachdenkt, den Weg dahin finden, sich nämlich noch einmal zum Denken des Denkens zu erheben?

Die Antwort auf diese Fragen findet man schon in Hegels Verständnis der absoluten Idee angebahnt. Gegenüber der logischen Idee als absoluter Form und als Selbstanschauung der Vernunft wird nun *außerhalb* der logischen Wissenschaft das Reale als Inhalt aufgenommen. Damit erweitert sich die Hegelsche Philosophie so zum System, dass darin der mannigfaltige Inhalt des Realen unter einer Idee zur Einheit gebracht wird, genauso wie Kants allgemeine Bestimmung eines Systems es verlangt.[156] Die eine Idee stellt sich als System dar, und sie ist nur die eine Idee, deren Momente ebenfalls an sich sie selbst sind.[157] In dieser systematischen Philosophie geht es zum einen und vorrangig darum, die Idee in der Natur und im Geist zu erfassen, zum anderen aber auch darum, dass die Idee

---

[155] GW 12, S. 249.
[156] Vgl. KrV B 859, 860 / A 831, 832
[157] Enzyklopädie § 243.

selbst als Geist zur Erkenntnis ihrer selbst gelange. Die Aufgabe der Philosophie besteht deshalb darin, die Idee in ihren unterschiedlichen Gestaltungen zu erkennen. Natur und Geist aber sind dabei die grundsätzlichen Formen, in denen sich das reale Dasein der Vernunft darstellt.

Die Philosophien der Natur und des Geistes betreffen zwar beide die Selbsterkenntnis der Idee. Der Unterschied zwischen ihnen liegt jedoch darin, dass die Idee in der geistigen Welt die Form ihres äußerlichen Andersseins aufgibt. Im Geist nämlich kehrt die Idee am Ende zu sich selbst zurück, sodass sie nun sich als Gegenstand und Inhalt hat. So nämlich bilden die drei philosophischen Wissenschaften der Logik, der Natur und des Geistes das System der einen Vernunft. Das System stellt die Bewegung der Vernunft dar, sich selbst intellektuell anzuschauen, sich vor sich hinzustellen und darin für sich zu werden.

Die spekulative Logik begründet eine Philosophie der Natur und eine des Geistes, indem sie beiden jeweils die Ideen des Lebens und des Geistes, als Momente der einen Idee, sowie das methodische Erkenntnisverfahren gibt. Beide realphilosophischen Disziplinen erhalten von der *Logik* den Plan und die Weise seiner Ausführung. Das Material aber ist nun nicht mehr allein vom reinen Denken zu erwarten. In einer Hegelschen Realphilosophie, sei es die der Natur oder die des Geistes, darf man deshalb mit den Bestimmungen nicht so umgehen wie in der reinen spekulativen Logik, nämlich in Absehung von aller Erfahrung. Sowohl beim methodischen Verfahren als auch bei den Bestimmungen der Realphilosophie muss Erfahrung im Spiel und berücksichtigt sein. Sonst würde die Idee sich ja nicht entlassen. Insbesondere heißt das, dass nun die Ergebnisse der Fachwissenschaften, sowohl der Natur- als auch der Geisteswissenschaften, nicht ausgeklammert werden dürfen. Vielmehr muss die Realphilosophie mit dem Stoff dieser empirischen Wissenschaften arbeiten und darin das Spekulative erkennen. Das hat aber auch noch zur Folge, dass man die Vorstellung eines ein für alle Mal aufgestellten und unveränderlichen Systems aufgeben muss. Ganz im Gegenteil ist das von Hegel konzipierte System der Philosophie ein *work in progress*, das die Entwicklung der Fachwissenschaften immer neu berücksichtigen und sich integrieren muss. Sehen wir uns nun dieses spannende Verhältnis zwischen System und Erfahrung in den beiden realphilosophischen Disziplinen an!

Sinn und Zweck der Naturphilosophie ist es, dass die Idee in der Natur sich wiederfinde und sich von ihrer äußerlichen Gestaltung zum Geist befreie. Das Hervortreten des Geistes ist die Wahrheit und ist der Endzweck spekulativer Erkenntnis der Natur.[158] Diese allgemeine Bestimmung erhält die philosophisch zu denkende Natur von der spekulativen Logik und der Betätigung ihrer logischen Formen im Gegenstand der Naturphilosophie. Daher hat übrigens die Hegelsche Naturphilosophie mit der alten rationalen Kosmologie oder Weltlehre nichts zu tun. Schon rein begrifflich sind Natur und Welt im Sinne von Kosmos durchaus nicht dasselbe. Des Weiteren erhält die Naturphilosophie von der spekulativen Logik auch die Idee des Lebens, unter welcher ihre Erkenntnisse zur Einheit ge-

---

[158] Enzyklopädie § 251.

bracht werden.[159] Deshalb verfährt die begreifende Betrachtung der Natur stufenweise[160] bis zum Leben, worin sich die Idee wiederfindet. Schließlich bekommt die Naturphilosophie ihre allgemeine Einteilung ja auch von der *Logik* vorstrukturiert. Diese ergibt sich nämlich schon aus ihrer allgemeinen Bestimmung. Denn es geht darum, die Idee in ihrer Äußerlichkeit zu erkennen. Die Idee aber ist die prozessuale Einheit des Begriffs mit seiner Objektivität und in ihr. Es handelt sich ja um den Zusammenschluss des Begriffs mit sich selbst. Seine Darstellung muss daher diesem Prozess Rechnung tragen und die Einheit der Begriffsbestimmungen mit der Objektivität allmählich am Material der Realerkenntnis darstellen. Einzelheit, Besonderheit und ihre Einheit in der konkreten Allgemeinheit sowie ihre jeweils entsprechenden Objektivitätsbestimmungen von Mechanismus, Chemismus und (innerer) Teleologie müssen sich im Natürlichen wiederfinden, wenn man eine Hegelisch konzipierte, systematische Naturphilosophie betreiben will. Die allgemeine Form der Naturphilosophie, d. i. ihre Einteilung, ist deshalb der dreifache Schluss der Mechanik, Physik und Organik.

Die Bestimmungen der Objektivität hängen also mit denen der Naturphilosophie eng zusammen. Dieser Zusammenhang ist nicht verwunderlich. Hegel fasst die Natur als die Idee in der Form des Andersseins oder als die Idee außer sich. Dabei ist die Äußerlichkeit die Grundbestimmung der Natur.[161] Und gerade die Äußerlichkeit des Begriffs wird in der Objektivität dargelegt. Denn in der Objektivität haben die Begriffsbestimmungen ja die Form der Äußerlichkeit. Es geht dann darum, die Einheit des Begriffs in dieser seiner Äußerlichkeit wiederherzustellen, oder genauer gesagt, seine Selbstwiederherstellung zu verfolgen. Deshalb liegt es nahe, dass die Denkbestimmungen des Mechanismus, Chemismus und der Teleologie die Grundlage für die philosophische Erkenntnis der Natur ausmachen.

Aber die Gebrauchsbedingungen der Objektivitätsbestimmungen beschränken sich nicht nur auf das Natürliche. Sie finden vielmehr ebenfalls im Bereich des Geistigen ihre Anwendung. Der Mechanismus z. B. begreift Phänomene des geistigen Lebens; und das nicht nur, weil es etwa eine „mechanische Vorstellungsweise" oder „eine mechanische Handlungsweise" gibt,[162] sondern auch noch, weil das Grundmerkmal des mechanischen Prozesses, nämlich die Mitteilung, d. h. die Kontinuierung der Bestimmtheit eines Objekts in dem anderen, wirkliche Prozesse im Geistigen umfasst. Gesetze und Sitten werden im Geistigen genauso wie die Bewegung in der Mechanik mitgeteilt, sodass sie „die Individuen auf eine bewußtlose Weise durchdringen, und sich in ihnen geltend machen."[163] Ähnliches gilt für den Chemismus als „das Verhältniß der Differenz in der Objectivität", der

---

[159] Über Naturphilosophie und Leben vgl. den aufschlussreichen Aufsatz von Lu de Vos, „Natur und Leben bei Hegel", in Peter Heuer, Wolfgang Neuser, Pirmin Stekeler-Weithofer (Hrsg.), *Der Naturbegriff in der Klassischen Deutschen Philosophie*, Würzburg, 2013, S. 143-157.
[160] Enzyklopädie § 249.
[161] Vgl. Enzyklopädie § 247.
[162] GW 12, S. 133.
[163] GW 12, S. 138.

für Liebe oder Freundschaft Hegel zufolge immerhin die *formale* Grundlage ausmacht.[164] Auch für eine Hegelsche Systemphilosophie des Geistes sind also die Objektivitätsbestimmungen so unabdingbar wie für die Naturphilosophie.

Allgemeine Bestimmung, Idee und Einteilung der Naturphilosophie gehen also aus der spekulativen Logik hervor. Ebenfalls aber ist das methodische Verfahren von der *Logik* vorgegeben. Wie jedoch die Darstellung im Detail stattfindet, das hängt allerdings vom weiteren, aus den Naturwissenschaften herkommenden Material und seinem Inhalt ab. Freilich hat sich der Inhalt dieser Wissenschaften seit Hegels Zeit stark verändert. Deshalb darf man vermuten, dass eine aktuellere, aber immer noch vom Hegelschen Standpunkt her konzipierte Naturphilosophie im Vergleich zu der von Hegel selbst vorgetragenen starke Umarbeitungen vornehmen müsste. Aber nicht nur das. Die reinen Denkbestimmungen, die den ganzen Gehalt der *Logik* ausmachen und zum Inhalt der absoluten Idee als dem System des Logischen beitragen, werden schließlich nach ihrem freien Losgelassensein und in ihrer Anwendung auf Reales ebenfalls erhebliche Modifikationen erfahren müssen. Für die Naturphilosophie insgesamt ist Hegels These leitend, dass die Philosophie in Übereinstimmung mit der Naturerfahrung sein muss, dass sie sogar die empirische Physik zur Voraussetzung hat.[165]

Ähnlich wie mit der Naturphilosophie verhält es sich mit der systematischen Philosophie des Geistes. Sie bekommt ihre bestimmende Idee, ihre Methode und ihre Einteilung von der spekulativen Logik vorgegeben. Der Geist ist die ihrer selbst gewisse und wirkliche Idee, die Idee, die im Wirklichen zu ihrem Fürsichsein gelangt ist.[166] In der Natur findet sich die Idee wieder. Als Geist aber weiß die Idee von sich selbst. Sie erkennt sich nicht bloß in ihrem Anderssein, sondern sie ist lautere Selbsterkenntnis in doppeltem Sinn: Erkenntnis von der Identität des Erkennenden und Erkannten sowie Erkenntnis dieser Selbsterkenntnis. Der Geist stellt somit die sich selbst gewisse Idee dar. Die Philosophie des Geistes betrachtet den Prozess der Selbsterkenntnis der Idee, welcher aber auch seine Selbstbefreiung ausmacht. Ebenfalls von der spekulativen Logik erhält die Philosophie des Geistes das methodische Verfahren sowie die Einteilung in schlüssiger Form – nämlich in einen (1) subjektiven, (2) objektiven und (3) absoluten Geist. Darin machen den Inhalt aus, der hier nicht im Detail ausgebreitet werden kann, (1a)

---

[164] GW 12, S. 148. Die Subsumtion von menschlichen Affinitätsbeziehungen unter allgemeine chemische Prozesse war ein großes Thema in Hegels Zeit. Mit Hilfe des Begriffs der Wahlverwandtschaft diskutierte man damals breit über die Affinität von Elementen aller Art, Menschen eingeschlossen. Das erscheint etwa in Goethes 1809 erschienenem Roman *Die Wahlverwandtschaften*. Näheres zur damaligen Diskussion sowie zum Chemismus als Denkform und im Unterschied zum Mechanismus und der Teleologie findet man in Georg Sans, „Weisen der Welterschließung. Zur Rolle des Chemismus in Hegels subjektiver Logik", *Hegel-Studien* 48 (2014), S. 37-63.

[165] Über die Bestimmung der Naturphilosophie, ihre Aufgaben und ihr Verhältnis zur Naturwissenschaft siehe Renate Wahsner, *Zur Kritik der Hegelschen Naturphilosophie. Über ihren Sinn im Lichte der heutigen Naturerkenntnis*. Frankfurt am Main, 1996.

[166] Enzyklopädie § 381.

zunächst anthropologische, sich durch unmittelbare Einheit von natürlichen und geistigen Sachverhalten auszeichnende Grundbestimmungen der menschlichen Seele; sodann (1b) Bewusstseinsfiguren und -phänomene sowie (1c) spezifisch psychische Intelligenz-Kompetenzen und -leistungen; so dann (2) sich durch Objektivierung des Geistigen auszeichnende Bereiche und kulturelle Leistungen wie Moralität, Recht und Sittlichkeit; schließlich aber (3) Wissens- und Wirklichkeitsbereiche der Kunst, der Religion und der Philosophie, welche die subjektiv- und objektiv-geistigen Bereiche in sich vereinigen. Mit dem absoluten Geist kommt die Systemphilosophie zum Absoluten zurück. Der Geist ist absolut, weil er seinen Entwicklungsprozess vollendet hat; er hat sich von aller Spur des Natürlichen losgelöst und befreit und stellt nun die Selbsterkenntnis der Idee rein dar. Diese Selbsterkenntnis der Idee nimmt die Formen der Kunst, der Religion und der Philosophie an, von denen nur die letzte selbst wieder absolut ist und ihr eigentümliches Element ausmacht.

Es bedarf keiner Betonung, dass dieser in der gesamten Philosophie des Geistes enthaltenen höchst komplexe, reiche Inhalt stark empirisch geprägt ist und mannigfachen kulturellen und historischen Wandlungen unterliegt. Eine Hegelsche systematische Philosophie des Geistes muss also unbedingt die Studien und Ergebnisse der zahlreichen Geisteswissenschaften integrieren. Sie soll deren Stoff aufnehmen und umbilden. Denn ihre Aufgabe ist, das Vernünftige darin zu erkennen. Aber aufgrund dessen darf sie sich im Unterschied zu den empirischen Geisteswissenschaften nicht auf wertfreie Beschreibungen beschränken.[167] Sie darf auch nicht gegenüber der Differenz zwischen Vernünftigem und Unvernünftigem neutral sein. Vielmehr muss sie auf der Basis der in der spekulativen Logik erworbenen Einsicht in das, was vernünftig ist, das Vernünftige in der Sphäre des Geistes, also u. a. auch in den Sitten, der Kultur, Politik, Religion usw., erkennen und es scharf vom Unvernünftigen unterscheiden, das in jenen Bereichen auch bestehen mag und tatsächlich ja auch besteht.[168] Sie muss also auch eine philosophisch begründete Kritik daran üben. Denn vor allem hier gilt es, dabei dem Sachverhalt Rechnung zu tragen, dass die Idee sich nun auch zu all dem öffnet, was betrügerisch, unvernünftig und falsch ist. Seit Hegels Zeiten haben sich aber die Verhältnisse im Geistigen ebenfalls so stark verändert, dass sich diese Veränderungen in einer aktualisierten, Hegelschen Geistesphilosophie widerspiegeln müssten.

Dieses spannende, freilich oben nur angedeutete Verhältnis von System und Erfahrung trägt der allgemeinen Systemeinteilung in Logik, Naturphilosophie und Geistesphilosophie Rechnung. Dabei ist die spekulative Logik die *eigentliche* Metaphysik, während die realphilosophischen Disziplinen der Natur und des Geistes zwar metaphysisch begründet und von metaphysischen Bestimmungen durchdrungen sind, aber Erkenntnisse der empirischen Wissenschaften in sich

---

[167] Vgl. Fulda, *G. W. F. Hegel*, S. 157.
[168] Vgl. auch Rüdiger Bubner, „On Hegel's Significance for the Social Sciences", in Robert S. Cohen, Marx W. Wartofsky, *Hegel and the sciences*, Dordrecht, Boston, Lancaster, 1984, S. 143-159.

aufnehmen und verarbeiten. Deshalb handelt es sich um Philosophien, nicht aber, wie etwa bei Kant, um Metaphysiken der Natur und des Geistes. Selbst die *Logik* verdient den Titel „Metaphysik" eigentlich erst dann, wenn sie sich nicht nur als erste Fundamentaldisziplin der Philosophie, sondern zudem, nämlich am Abschluss der Philosophie des Geistes, auch noch als letzte Philosophie erweist. Mit einem Verständnis von Metaphysik als Vernunfterkenntnis des allumfassenden Absoluten ist diese Einteilung allerdings unverträglich. Denn so wäre der Unterschied zwischen der Metaphysik und den weiteren realphilosophischen Teilen des Systems sachlich nicht zu begründen. Vielmehr wird so jener Unterschied sogar überflüssig, da im Rahmen einer Metaphysik des Absoluten jeder Inhalt auf die Einheit des All-Einen zurückzuführen ist. Aller Inhalt wird dabei ja angeblich aus dem vernünftigen Grund des Absoluten hergeleitet. Dann aber wäre einer solchen Ansicht zufolge das ganze System insgesamt Metaphysik. Außerdem wäre insbesondere im Bereich des Geistigen unter solchen Voraussetzungen Kritik an den bestehenden Verhältnissen kaum zu erwarten. Vielmehr wäre man versucht, den *status quo* als notwendige Ausstrahlung des Absoluten zu rechtfertigen. Ganz anders verhält es sich dagegen mit der Hegelschen Systemphilosophie im Fortgang von der Logik zur Philosophie der Natur und des Geistes.

Die spekulative Logik ist also innerhalb des Systems der Philosophie nicht nur als erste, sondern zugleich auch als letzte philosophische Wissenschaft von Hegel konzipiert. Das gesamte System bildet somit einen Kreislauf, bei dem die *Logik* sich sowohl an erster Stelle als auch ebenfalls an letzter und in der Mitte befindet. Die drei letzten Paragraphen der *Enzyklopädie* thematisieren diesen Kreislauf der Philosophie und stellen bekanntlich das System dementsprechend in seinen drei möglichen Reihen bzw. Schlüssen vor.[169] Die in der *Enzyklopädie* vorgetragene Anordnung bildet den ersten Schluss der Philosophie, nämlich den Gang der Wissenschaft in ihrer Notwendigkeit: das Logische zum Grunde habend, die Natur in der Mitte und den Geist zum Schluss, womit die Wissenschaft wieder zum Logischen zurückkehrt. Der zweite Schluss ist der Gang der Freiheit. Er hat den Geist zur Mitte, setzt die Natur voraus und erhebt sich zum freien Element des Logischen. Der dritte und letzte Schluss macht für Hegel die Idee der Philosophie aus. Er hat die Entwicklung des Geistes zum Grunde, setzt die spekulative Logik in die Mitte und endet mit der Philosophie der Natur.

Eine ausführliche Behandlung der drei Schlüsse der Philosophie kann selbstverständlich im Rahmen der vorliegenden Arbeit nicht mehr unternommen werden. Eine solche Behandlung könnte sich zunächst einmal an der Unterscheidung zwischen Begriff und Idee der Philosophie orientieren.[170] Sie sollte jedenfalls die jeweils drei Bezeichnungen als Gang der Notwendigkeit, Gang der Freiheit und Idee der Philosophie auslegen und darüber genügend Auskunft geben. Allemal dürfte sie keineswegs aus dem Blick verlieren, dass der erste Schluss bzw. die in

---

[169] Vgl. Enzyklopädie §§ 575-577.
[170] Vgl. jeweils Enzyklopädie §§ 574 und 577.

der *Enzyklopädie* vorgenommene Anordnung der philosophischen Wissenschaften die argumentative Grundlage aller anderen ausmacht. Denn das ganze System beruht argumentativ auf der *Logik* schon allein aus dem einfachen Grund, dass ohne Kenntnis der *Logik* sowohl die Naturphilosophie als auch die Philosophie des Geistes unverständlich bleiben. In der spekulativen Logik befindet sich die Grundlegung des gesamten Systems der Philosophie.

Bereits in seinem ersten Schluss kehrt das System zu seinem Anfang zurück. Damit ist erst der Begriff der Philosophie erreicht: „die sich denkende Idee", die mit der Logik anfängt, sich in Natur und Geist sowohl darstellt als auch erkennt und wieder zum Logischen gelangt. Das Logische erscheint sodann als Resultat der Wissenschaft als das Geistige.[171] Denn die Philosophie macht das letzte Moment der Entwicklung des Geistes aus, und so wird in ihrer letzten Stufe die Philosophie des absoluten Geistes zur Philosophie der Philosophie. Es wird sodann über die Philosophie und daher insbesondere auch über die spekulative Logik als Momente des Geistes nachgedacht. An dieser Stelle könnte man deshalb versucht sein, die *Wissenschaft der Logik* als Wissenschaft des Geistigen im Sinne einer Vernunfterkenntnis und Darstellung des absoluten, etwa göttlichen Geistes zu deuten und sie somit trotz allen in der vorliegenden Untersuchung angeführten Argumenten doch als eine monistische Ontologie des einzig höchsten Seienden interpretieren. Hegel selbst bezeichnet zumal gelegentlich die *Logik* qua letzte Philosophie als spekulative Theologie.[172] Glücklicherweise hat man eine derart gewaltige Umdeutung der *Wissenschaft der Logik* nicht nötig, um ihre Stellung als letzte Wissenschaft zu begreifen. Aus der Perspektive der Philosophie des Geistes betrachtet man die Philosophie selbst sowie die *Logik* als ein geistiges Phänomen, genauso wie aus der Perspektive der heutigen Anthropologie z. B. auch Philosophie eine menschliche Tätigkeit ist. Das ändert aber den Inhalt der Philosophie keineswegs. Dass die *Logik* etwas Geistiges sei, ein geistiges Phänomen, ändert auch nicht den Inhalt der *Logik* selbst und ebenso wenig macht es die *Logik* zu einer Wissenschaft des Geistigen, welche den absoluten Geist zum Gegenstand ihrer Untersuchung hätte. Die Wissenschaft des Geistigen ist nach wie vor ausschließlich die Philosophie des Geistes, die auch die Philosophie des absoluten Geistes umfasst. Der Geist ist aber die Idee in ihrer Rückkehr zu sich. Am Ende erhebt sich also die Idee zu sich selbst, zum Denken des Denkens in der Philosophie. Die Rückkehr zur *Logik* ist deshalb nicht als eine Revidierung oder Modifikation der ersten *Logik* zu deuten. Denn sie betrifft eigentlich nicht die *Logik*, sondern vielmehr das Reale insgesamt: Indem die Philosophie zum Denken zurückkehrt, zeigt sie, dass die gewaltige Mannigfaltigkeit der Philosophie der Natur und des Geistes ihre Wahrheit und ihr Wesen eigentlich nur im Denken hat, und erweist noch einmal die Macht der Allgemeinheit, welche alles Besondere und Einzelne in sich schließt. Das, was das Reale außerhalb des Den-

---

[171] Vgl. *Enzyklopädie* § 574.
[172] Heidelberger Enzyklopädie, § 17 A.

kens sein soll, ist in der Tat Nichts. Nur im Denken ist die Wahrheit, und nur im Denken des Denkens wird sie enthüllt.

Genau diesem Sinn entsprechend ist in der Anmerkung zu § 17 der Heidelberger Enzyklopädie von der *Logik* als spekulativer Theologie die Rede. Denn als letzte Wissenschaft erweist sich die *Logik* als die philosophische Wahrheit des Realen. Die Frage ist nun, was bei Hegel spekulative Theologie heißen kann. Die Theologie ist im Allgemeinen die Lehre von Gott. Als Teil der vormaligen Metaphysik war sie rationale Theologie, also Vernunfterkenntnis von Gott als dem höchsten und vollkommenen Seienden. Der Gottesbegriff erfährt aber bei Hegel eine gewichtige Umwandlung. Die Hauptthese der Religionsphilosophie Hegels besagt, dass die Religion den Inhalt der Philosophie in Form der Vorstellung präsentiert.[173] Der Inhalt ist bei Philosophie und Religion dasselbe: die sich wissende absolute Idee. Philosophie und Religion unterscheiden sich allerdings wesentlich in der Form, wie sie diesen Inhalt vermitteln. Während die Philosophie die sich wissende Idee in ihrer eigentümlichen begrifflichen Form darstellt, beruht die philosophische Bedeutung der Religion darauf, dass sie diesen vernünftigen Inhalt auf Vorstellungsweise zugänglich macht. Sie benutzt also Vorstellungen und stellt bildhaft den Zusammenschluss der Idee mit sich selbst dar als aufeinanderfolgende Erscheinungen wie ein Geschehen. So erscheint der Begriff in seiner Allgemeinheit in der Vorstellungsweise der Religion wie der Vater und allmächtige Schöpfer des Himmels und der Erde. Die Allgemeinheit des Begriffs ist allerdings konkret, und der Begriff selbst vereinzelt sich, gibt sich ein Dasein, stellt sich in seiner Objektivität dar und kehrt zu sich selbst zurück. Dementsprechend wird ebenfalls Gott in der Trinitätslehre zum Menschen, tritt in die Wirklichkeit, offenbart seine Wahrheit, stirbt am Kreuz für die Sünde der Menschen und kehrt zu sich zurück.[174] Die Religion in ihrer vollendeten Gestalt, nämlich als die geoffenbarte Religion des Christentums stellt die Selbsterkenntnis der Vernunft wie ein Geschehen und die unterschiedlichen Momente der Entwicklung des Begriffs wie aufeinanderfolgende Vorstellungen dar. Dadurch wird religiös der philosophische Inhalt vermittelt: die sich wissende Idee in ihrer konkreten Allgemeinheit und Objektivität. Und somit versteht sich auch die Bedeutung der *Wissenschaft der Logik* als spekulative Theologie. Die Theologie ist die Lehre von Gott und der Trinität, nämlich der Dreiheit von Vater, Sohn und Heiligem Geist in der Einheit Gottes. Die Trinitätslehre wird philosophisch als die Vorstellung der sich wissenden Idee erkannt. Betrachtet man nun die *Wissenschaft der Logik* als letzte Philosophie nach der Philosophie des Geistes und insbesondere nach dem Studium der Philosophie der Religion, so ist die alte, religiöse Lehre von Gott dem Inhalte nach die Lehre von der absoluten Idee, und die spekulative Logik erscheint somit als die eigentliche spekulative Theologie. Sie ist spekulative Theologie, weil sie Vernunfterkenntnis des eigentlichen Inhalts der Theologie ist, nämlich der sich wissenden Vernunft.

---

[173] Enzyklopädie § 165.
[174] Vgl. Enzyklopädie §§ 567-569.

4.7 Eine Metaphysik der Vernunft und Freiheit

Kant hat die Philosophie von der Endlichkeit befreit – so proklamiert Hegel schon in Jena. Die idealistische Metaphysik kümmert sich endlich nicht mehr um die Erforschung der inneren Struktur der Welt, sondern um die Erkenntnis und Darstellung des Vernünftigen und Freien. Die Philosophie, denkt Hegel, muss sich über die Endlichkeit erheben und das Unendliche denken. Sie ist Idealismus oder gar keine Philosophie. Der wahre Idealismus aber liegt in der Einsicht, dass nur das Denken das Objektive und Wahre ist. Kant hat Hegel zufolge zwar den Idealismus erwiesen, aber dieses sein bahnbrechendes Ergebnis weder erkannt noch hingenommen und konsequent entwickelt. Insofern kann man Hegel als einen echten Nachfolger Kants ansehen. Denn während der Letztere den Idealismus erwiesen hat, hat Hegel das daraus hervorgehende System der Philosophie zustande gebracht.

Wir haben in der vorliegenden Arbeit gesehen, dass die *Wissenschaft der Logik* die Wissenschaft des Denkens und seiner Bestimmungen ist. Sie ist die Fundamentaldisziplin der Philosophie, denn das Denken ist allein das Wahre und die einzige Quelle aller Wahrheit. Mit seiner spekulativen Logik hat Hegel sowohl eine ganz neuartige Disziplin konzipiert und entwickelt als auch den Grund für ein ebenso einzigartiges System der Philosophie sowie gar ein besonderes Verständnis von Philosophie überhaupt vorgelegt, wie es in der Geschichte wohl nicht ein weiteres Mal vorhanden ist. Die spekulative Logik versteht sich dabei als keine ontologische Lehre. Ganz im Gegenteil: Sie setzt die Überwindung aller Ontologie voraus. Als Einleitung zum System ist die *Phänomenologie des Geistes* ja die Ausarbeitung der Ontologie, indem alle möglichen Gegenstände eines Bewusstseins systematisch abgehandelt werden. Durch die *Phänomenologie* wird aber der ontologische Standpunkt überwunden und der Weg zu einer Metaphysik der Vernunft und Freiheit endlich eröffnet.

Das Resultat dieser Metaphysik ist der eine Begriff und seine eigene Entwicklung bis hin zur Idee: von seiner konkreten Allgemeinheit zur Darstellung in seiner Objektivität bis hin zur Übereinstimmung mit sich selbst als Idee. Die Idee fasst diesen Entwicklungsprozess des Begriffs auf. Der Begriff in seiner Entwicklung – und der Begriff ist in der Tat nichts Starres, sondern wesentlich nur seine eigene Entwicklung – ist das Vernünftige und Freie, und so ist Hegels Metaphysik mit allem Recht eine Metaphysik der Vernunft und Freiheit.

Freisein impliziert, sich zu befreien und seine eigene Bestimmung zu setzen. Nun ist die eigene Bestimmung des Menschen Hegel zufolge das Denken. Noch mehr: Das Denken, in seinem Nerv als Begriff erfasst, ist das Freie schlechthin, das exemplarisch Freie. Das Sich-Selbst-Setzen ist im spekulativen Begriff gefasst und bedeutet weiterhin, im Anderen mit sich identisch zu sein. Diese ideelle Identität der Identität und der Nicht-Identität ist das Wesen der Vernunft und der Freiheit. Vernunft und Freiheit sind wesentlich Tätigkeit, nämlich die Tätigkeit, das Allgemeine zu verwirklichen, ihm ein Dasein so zu geben, dass das Allgemeine in diesem Anderen mit sich identisch ist. Die Freiheit liegt deshalb spekulativ in der konkreten Allgemeinheit des Begriffs, in seiner negativen Selbstbeziehung, die darin besteht, sich zu entwickeln, sodass man zu Anderem fortgeht, dabei aber eigentlich bei sich selbst bleibt. Das Vernünftige und Freie ist, weil es allein in der Entwicklung des spekulativen Begriffs erfasst wird, ein Schluss, nämlich die Bewegung des Begriffs, seine Selbstunterscheidung und Wiedervereinigung. Doch aufgrund seiner konkreten Allgemeinheit stellt sich der Begriff in seiner Objektivität dar, und durch das Moment der Objektivität wird die zuerst nur ideelle Entwicklung des Begriffs zum Prozess. Dieser Prozess der Realisierung des Begriffs ist dank der Begriffsstruktur selbst möglich, wodurch das Allgemeine konkret und darstellbar wird. Denn der spekulative Begriff ist nicht das abstrakte Allgemeine, sondern das vernünftige und freie Denken, das sich eine Objektivität aufbaut und sich darin frei erkennt. Als diese Übereinstimmung des Begriffs mit seiner Objektivität ist die Idee das Wahre schlechthin.

Indem die Allgemeinheit des Begriffs, wie gesagt, konkret ist, wird ihre Darstellung im Realen ermöglicht. Das große Problem der Französischen Revolution bestand in der Unfähigkeit, die Allgemeinheit und Reinheit ihrer Prinzipien in der Wirklichkeit umzusetzen, ohne dabei gegen die Prinzipien selbst zu verstoßen. Auch Fichtes Philosophie vermag in Hegels Sicht die Allgemeinheit nicht darzustellen und besitzt deshalb keinen Begriff von Natur als Darstellung der Idee, sondern bloß eine unendliche Mannigfaltigkeit wertloser Erscheinungen. Die Hegelsche Allgemeinheit ist im Gegensatz zu beiden darstellbar. Die Idee erkennt sich in ihren unterschiedlichen Gestaltungen als Natur und Geist und ist wesentlich dieser Selbsterkenntnisprozess. Die Idee stellt sich in der Natur dar, und die Philosophie der Natur vereinigt den Menschen mit seiner natürlichen Umgebung, indem sie den gemeinsamen geistigen Faden aufzeigt – die Vernunft. Einerseits erkennt der Mensch das Vernünftige im Leben, das Leben weiterhin als die höchste Stufe der Natur. Andererseits ist der Mensch als Geist der Prozess, sich allmählich von der Natur zu befreien und zum absoluten Geist zu erheben. Die geistige Welt ist nun die zweite Natur, die schließlich durch Sittlichkeit vollendete Darstellung in der Objektivität von Vernunft und Freiheit. Indem der Geist dann sich von aller Materialität befreit und absoluter Geist wird, endet seine Entwicklung in der Philosophie, wo er nunmehr wiederum Idee ist und als Idee den Kreis ihrer Selbsterkenntnis schließt.

Philosophie ist das Wissen der Wahrheit. Die Wahrheit ist aber bei Hegel nichts Ruhendes; sie ist die Bewegung der Idee, ihr Prozess, sich dem Anderen hinzugeben, ihre Idealität darin zu erkennen und in dieser Selbsterkenntnis im Anderen zu sich zurückzukehren. Das Endliche hat dagegen für sich genommen keine Wahrheit. Denn allein die Idee ist das Wahre. Die Idee aber ist der adäquate Begriff, das Resultat der Entwicklung des einen Begriffs, der durch seine Objektivität zur Einheit mit sich selbst gelangt. Die Wahrheit liegt in der Bewegung des Vernünftig-Freien, das sich entschließt und zum Objekt besondert, sich darin darstellt und erkennt und zu sich selbst zurückkommt.

Die *Wissenschaft der Logik* ist deshalb als Wissenschaft der reinen Idee die Fundamentaldisziplin der Philosophie. Sie ist die erste Philosophie oder Metaphysik. Sie ist aber auch, wie das ganze System der Philosophie zu rechtfertigen vermag, Metaphysik als letzte Philosophie. Will man sie philosophie-historisch von anderen metaphysischen Lehren unterscheiden wie etwa von einer Metaphysik des Absoluten, so kann die Hegelsche Fundamentaldisziplin, wie wir es hier tun, insbesondere als eine Metaphysik der Vernunft und Freiheit gekennzeichnet werden. Jedoch wird diese Bezeichnung um der in ihr vorgenommenen äußerlichen Einordnung willen der Hegelschen *Logik* nicht ganz gerecht. Denn Hegels Metaphysik stellt sich ja selbst nicht einfach bloß neben andere metaphysische Ansätze. Vielmehr ergibt sie sich genau aus einem systematischen Überschreiten der Grundbegriffe aller möglichen Fundamentaldisziplinen, die mit dem Anspruch, Metaphysik zu sein, auftreten können. Die *Logik* ist nicht von vornherein wissentlich die Metaphysik der Idee als des zur Übereinstimmung mit sich selbst gekommenen Vernünftig-Freien, sondern sie erweist sich als solche im Resultat ihrer eigenen Entwicklung. Erst an ihrem Abschluss erreicht sie ihren Begriff und begründet ein philosophisches Erkennen all dessen, was vernünftig und frei ist.

Wie im Laufe dieser Untersuchung ausführlich dargelegt worden, geht es bei der Hegelschen Metaphysik durchaus nicht um die apriorische Erkenntnis des Absoluten. Vielmehr ist diese Metaphysik eine Untersuchung des Vernünftigen und Freien und auch dessen, wie sich beide verwirklichen können und verwirklichen lassen. Die Metaphysik des Absoluten kann nicht umhin, Freiheit und Notwendigkeit als Auslegungsweisen des einen allumfassenden Absoluten zu fassen. Die Hegelsche *Logik* hingegen erkennt den begrifflichen Zusammenhang zwischen Notwendigkeit und Zufall und den grundlegenden Unterschied beider zur Freiheit. Notwendigkeit und Zufall werden, wie wir im dritten Kapitel der vorliegenden Arbeit gesehen haben, innerlogisch aufgehoben und zugunsten der Freiheit überschritten. Dieser grundsätzliche Unterschied erhält weiterhin in der Realphilosophie große Relevanz. Denn während die Natur das Reich der Notwendigkeit und des Zufalls ist, macht die Freiheit das Wesen des Geistes aus.

Hegel hat den Spinozismus widerlegt, hat aber auch im Gegensatz zu Jacobi[175] erwiesen, dass uns die Quelle des Denkens und freien Handelns nicht unerklärlich bleiben muss, sondern sie sich vielmehr in einer spekulativen Logik erfassen und entfalten lässt. Im Laufe des vorliegenden Kapitels war zu sehen, wie in der Begriffslogik ein metaphysisches Denken entwickelt wird, das es nicht nur vermag, Einzelheit und Allgemeinheit zusammen *in dem einem spekulativen Begriff* zu fassen, sondern darüber hinaus in der Idee die Einheit dieses Begriffes mit seiner Realität nachzuweisen. Im Gegensatz dazu muss jede Philosophie des Absoluten das Einzelne als solches vernichten, es in der Identität des Absoluten auflösen. Nun ist aber der Kern des spekulativen Begriffs zugleich auch noch die Bestimmung der Freiheit im höchst spekulativen Sinn: ebenso wie in sich auch im Anderen mit sich selbst vollkommen identisch zu sein. Erst die Hegelsche Begriffslogik hat also die metaphysische Grundlegung der größten Herausforderung

---

[175] Vgl. Jacobi, *Werke* 1,1, S. 28.

ihrer Zeit geliefert. Sie hat die Möglichkeit sowie allgemeine Bestimmung und Aktuosität der Freiheit aufgezeigt. Die Verwirklichung solcher Freiheit zu erforschen ist daraufhin die Aufgabe der Philosophie des Geistes. Denn die im System der Philosophie entwickelte Philosophie des Geistes hat die Erfassung und Identifizierung von Dasein und Verwirklichung der Freiheit in ihrer Gegenwart zum Gegenstand der Untersuchung.

Eine spekulative Logik ist in Hegels Verständnis also grundlegend für ein Denken der Freiheit und ein Handeln zur Realisierung derselben. Denn sie bietet die metaphysische Grundlage sowohl für ein Erkennen dessen, was Freiheit und Vernunft ist und verwirklicht, als auch für eine begründete Kritik am Willkürlichen und an den Unterdrückungsverhältnissen der Gegenwart, die das Gegenteil von Freiheit darstellen. Es geht, wie man sieht, hierbei nicht zuletzt um die Bedeutung der spekulativen Logik für eine *kritische Beurteilung der Gegenwart*. Denn weit entfernt ist die Hegelsche Philosophie ja von der Absicht, das Gegebene als die notwendige Entfaltung des einen Absoluten zu präsentieren. Eine Auseinandersetzung mit der Hegelschen Metaphysik, welche die Vorstellung von dieser als einem System des Absoluten beiseite räumt, schafft deshalb durchaus neue und interessante Perspektiven für das Verständnis von Hegels ganzer restlicher Philosophie im Allgemeinen. Denn Hegels Philosophie ist im Ganzen das Unternehmen, das Vernünftige – oder, was hier synonym ist, die Idee – in der Gegenwart zu erfassen und auszudrücken, es darin scharf vom Unvernünftigen zu unterscheiden und dieses Letztere eben aufgrund solcher Erkenntnis zu verurteilen.

Diese kritische Beurteilung der Gegenwart darf aber selbst nicht abstrakt gefasst werden. Das heißt: Wenn die dabei behauptete Allgemeinheit konkret ist, dann ist sie mit ihrer Verwirklichung unzertrennlich verbunden. Denn sonst würde man ja nur ein abstraktes Allgemeines denken. Wenn also Hegels Metaphysik uns über das Vernünftige und Freie belehrt, dann impliziert sie auch die unvermeidliche Handlung zur Realisierung desselben. Denn sonst handelt es sich um eine abstrakte Auffassung. Die konkrete Allgemeinheit des Begriffs enthält die Bewegung seiner Realisierung. Wer also vernünftig denkt, der muss auch vernünftig handeln. Andernfalls denkt der betreffende eigentlich nur abstrakt. Und erst hierin liegt das vor allem Wertvolle der Hegelschen Metaphysik – die Einheit von Theorie und Praxis, Vernunft und Freiheit. Ein vernünftiger Mensch denkt nicht nur, sondern engagiert sich für die Vernunft und die Freiheit. Denn denken ist verändern.

AUSKLANG:

Zusammenfassung und Ausblick

Die vorliegende Untersuchung hat sich mit der Frage nach dem Kern der Hegelschen Metaphysik befasst. Worin besteht die metaphysische Grundlegung von Hegels Philosophie? Die bislang herrschende Antwort auf diese Frage verweist auf den Begriff des Absoluten. Die besonderen Teile innerhalb des Systems erhalten ihren systematischen Ort und Grund, so diese Antwort, auf der Basis der Vernunfterkenntnis des Absoluten. Erkenntnis und Darstellung des absoluten Seienden machen der herrschenden Meinung nach die Grundlegung von Hegels Philosophie aus. Als Fundamentaldisziplin sei die Hegelsche Metaphysik ein ontologischer Monismus, eine Lehre des allumfassenden Absoluten, der ursprünglichen Einheit aller ontologischen Differenzen. Das Absolute bezeichnet das Ganze, die allumfassende Einheit, das wahre Sein in allem Dasein. Eine Metaphysik des Absoluten behauptet deshalb die ursprüngliche, ontologische Vereinigung von allem. Es gibt für diese Metaphysik keine unhintergehbaren Unterschiede, sondern jeder Gegenstand, jedes Einzelding entsteht, besteht und versteht sich in und aus der Einheit des Ganzen. Einsicht in dieses All-Eine und Absolute ist es, was der herrschenden Meinung nach die Hegelsche Metaphysik leisten soll. Hegel selbst gibt in gewissem Grade Anlass zu dieser Interpretation.

Diese Position wäre aber jedenfalls keine Besonderheit von Hegel. Vielmehr hat der Begriff des Absoluten um 1800 in Deutschland für lebhafte Diskussion gesorgt. Zunächst Hölderlin und daraufhin Schelling haben schon vor Hegel diese metaphysische Position entwickelt, welche die Vereinigung aller Gegensätze im absoluten Seienden behauptet. Vor allem die Diskussion über Schellings Philosophie hat bald die Probleme gezeigt, die mit einer Metaphysik des Absoluten verbunden sind. Die Unbestimmbarkeit des Ganzen, die Auflösung des Konkreten im Magma der Identität oder die Unzulänglichkeit eines menschlichen Wissens über das Absolute drängen sich auf.

Dem Hegelschen Absoluten wird aber im Unterschied zum Absoluten bei Schelling immanente Bewegung zugeschrieben. Das Hegelsche Absolute soll daher als keine beharrende Substanz, sondern als sich erkennendes und entfaltendes Subjekt gefasst werden. Das Absolute sei bei Hegel die Bewegung seiner Darstellung, bei welcher alles Beschränkte und Entgegengesetzte zum Schein entlarvt und in die ursprüngliche, ontologische Einheit des Ganzen zurückgeführt wird, woraufhin das Absolute seine Unterschiede entfaltet und schließlich in seine Einheit zurückkehrt. Diese Pendelbewegung zwischen Endlichkeit und Unendlichkeit kommt jedoch eigentlich immer nur auf dasselbe hinaus: die ursprüngliche Identität von allem.

Genau diese Bewegung beschreibt Hegels Abhandlung der Denkbestimmung des Absoluten in der *Wissenschaft der Logik*. Das Absolute lässt sich nicht weiter bestimmen, sondern zeigt sich selbst. Seine Auslegung – lateinisch: *exhibitio* – ist zunächst einmal negativ: Sie besteht darin, alles Bestimmte in den Abgrund seiner Identität versinken zu lassen. Aber im Gedanken des Absoluten ist nicht nur der Abgrund, sondern ebenfalls der Grund von allem enthalten. Seine Auslegung ist deshalb ebenso positiv. Sie besteht darin, Bestimmungen zu setzen und durch sie die Selbsterkenntnis des Absoluten zu vollziehen. Sowohl positiv als auch negativ gefasst kehrt jedoch die Auslegung des Absoluten in seine leere Identität zurück. Das Absolute, als identische Einheit allen Seins und Wesens, ist die alle Reflexion vernichtende Bewegung. Auch also als unbestimmte Identität konzipiert, wie etwa bei Schelling, ist das Absolute eigentlich nichts Beharrendes, sondern vielmehr die dynamische Einheit, die alles so sehr vereint wie auflöst.

Wie verhält sich also Hegels Denken eigentlich zum Absoluten? Hier sollte zweierlei unterschieden werden: zum einen die historische Entwicklung seines Denkens, zum anderen seine endgültige Position zur Metaphysik des Absoluten im reifen System. Historisch entwickelt sich Hegels Denken von zunehmender Begeisterung über volles Eintreten für die monistische Ontologie des Absoluten bis zur allmählichen Distanzierung und schließlich Herausbildung einer eigenständigen Metaphysikkonzeption jenseits der Fragestellung einer solchen Philosophie. In Hegels reifem Denken findet man sowohl eine scharfsinnige Kritik als auch eine Widerlegung der Metaphysik des Absoluten. Die Kritik beinhaltet grundsätzlich zwei Einwände: die Auflösung alles Bestimmten zugunsten der Einheit des All und damit zusammenhängend die Überflüssigkeit aller weiteren philosophischen Erkenntnis. Denn die einzig sinnvolle Erkenntnis in einer Philosophie des Absoluten besteht nur darin, jeden bestimmten Inhalt auf die Einheit des Absoluten zurückzuführen. Beide Kritikpunkte werden in der *Phänomenologie des Geistes* sowie in der *Wissenschaft der Logik* angeführt. Aber diese Kritik reicht nicht aus. Denn ihre Einwände werden von einem externen Standpunkt aus gemacht. Die wahrhafte Widerlegung dagegen besteht in der vollendeten, inneren Entwicklung jener Position. Das geschieht in der von uns sogenannten *Logik des Absoluten* am Ende der Lehre vom Wesen. Die Darlegung der Denkbestimmung des Absoluten in der *Logik* ergibt die leere Manifestation seiner selbst, welche das Absolute fortbestimmt. Damit hebt die Abhandlung der Modalitätsbestimmungen an, worin der entscheidende Gedanke der absoluten Notwendigkeit erreicht wird. Die absolute Notwendigkeit liegt dem Gedanken der *causa sui* zugrunde. Und das Absolute *qua* Absolutes ist nicht die Identität, sondern vielmehr das schlechthin Nicht-Relative, das in sich ruhende, sich setzende Seiende. Seine eigentümliche Bestimmung ist, Ursache seiner selbst zu sein. Das Absolute, in seinem Nerv gefasst, ist Substanz, und die Substanz, wohl gemerkt, ist nicht die identische Grundlage von allem, sondern das ewige und seiende Sich-Selbst-Setzen. Die *Logik des Absoluten* aber hat den internen, logischen Zusammenhang zwischen beiden Auffassungen des Absoluten aufgezeigt.

Mit der Darlegung der Substanz beginnt das letzte Moment der *Logik des Absoluten*. Ihrer Bestimmung nach ist die Substanz das Setzen ihrer selbst. Ihre Vollendung findet sie deshalb nur in einer anderen Substanz. Die eine Substanz entzweit sich, und das allumfassende Absolute wird zum Relativen. Das Absolute spaltet sich und lässt die Differenz in sich selbst eintreten. Dadurch erfolgt der logische Übergang zum Kausalitätsverhältnis. Die Denkbestimmung der Kausalität aber bedingt sich selbst und führt deswegen zur Wechselwirkung. Die Wechselwirkung stellt die ursprüngliche Einheit wieder her. Aber in der Wechselwirkung erhellt zugleich – und schließlich – der Widerspruch des Absoluten: die ursprüngliche Identität substantieller Verschiedenheit. Das macht die Pointe der Metaphysik des Absoluten aus, und somit ist ihr absoluter Widerspruch aufgezeigt worden. Hierin liegt die Widerlegung eines jeden Spinozismus.

Dieser Widerspruch aber, wie überhaupt jeder Widerspruch, ist der Grund von etwas Neuem, die Einführung in einen höheren Standpunkt – den Begriff. Der fortgehende Gedanke lässt Substantialität und Notwendigkeit hinter sich, und aus dem Widerspruch des Absoluten ergibt sich der Gedanke der ursprünglichen Einheit ideeller Verschiedenheit. Diese Einheit ist die Freiheit, und die Freiheit macht den Kern des Begriffs aus. Der Begriff ist deshalb nicht mehr das seiende, allumfassende Absolute, sondern das ideelle *absolutum* und damit das Vernünftige und Freie. Seine Logik stellt dementsprechend nicht eine Metaphysik des Absoluten dar, sondern eine Metaphysik der Vernunft und Freiheit.

Das Programm einer spekulativen Logik als eigentlicher Metaphysik entspringt aus der idealistischen Grundeinsicht, dass allein das Denken das Wahre ist. Vermittels des Begriffs ist nun das Wesentliche des Denkens erfasst. Von hier an kommt es in der Begriffslogik auf die Entwicklung des Begriffs selbst an. Begriff, Objektivität und die Einheit beider in der Idee zeichnen sich dabei als die Hauptsäulen der Hegelschen Metaphysik ab. Die Allgemeinheit des Begriffs ist konkret und aufgrund dessen stellt sich der Begriff in einer, nämlich *seiner* Objektivität dar. Indem allmählich die vollendete Darstellung des Begriffs in Form eines organischen Ganzen erreicht wird, ergibt sich die Idee als das schlechthin Wahre. Beim Überschreiten zuerst ihrer unmittelbaren, dann aber auch ihrer theoretischen und praktischen Bestimmtheiten erweist sich die Idee als absolut. Sie, die absolute Idee, ist der eine, einzige Gegenstand und Inhalt der Philosophie. Mit seiner Lehre über die Idee hat Hegel die wichtigsten, aus der Transzendentalphilosophie sich ergebenen Desiderata erfüllt, ohne jedoch in den damals sogenannten Spinozismus zurückzufallen.

Das „Absolute" ist bei Hegel auf doppelte Weise deutbar. Im weiten und etymologischen Sinn ist allein die absolute Idee das *absolutum* der Hegelschen Philosophie: das Vollendete und Vollbrachte. Gemäß seiner um 1800 entwickelten Bedeutung und der damaligen philosophischen Diskussion ist aber das Absolute im reifen System weder das absolute Wissen, noch die absolute Idee, noch der absolute Geist. Das Absolute, streng genommen, ist vielmehr eine Denkbestimmung, die ans Ende der Lehre des Wesens gehört. Es macht den Gipfel einer objektiven Logik aus: die Einheit von Sein und Wesen. Diese Einheit ist unmittelbar

Identität und vermittelt Ursache ihrer selbst, d. h. Substanz. Die Darlegung der Substanz ist die Selbstauslegung des Absoluten, deren Ende eine neue Logik eröffnet. Denn die Vollendung der Substanz ist zugleich die Überwindung des Standpunktes des Absoluten und deshalb nicht mehr das Absolute, sondern der Begriff.

Der Kern der Hegelschen Metaphysik ist also nicht die Auslegung des Absoluten, sondern die Erkenntnis des Vernünftigen und Freien. Es geht nicht darum zu entdecken, dass Hegel im Gegensatz zu anderen Auffassungen einen eigenartigen Begriff des Absoluten entwickeln und seinem System der Philosophie zu Grunde legen wollte. Die in der *Wissenschaft der Logik* ausgeführte *Logik des Absoluten* setzt sich vielmehr zutiefst mit dem Gedanken eines Absoluten überhaupt auseinander. Dabei aber zeigt sich, dass dieser Gedanke, zu Ende durchdacht, zum Widerspruch führt. Die auf dem Gedanken des Absoluten begründete Metaphysik erweist sich deshalb als inkonsistent. Hierin liegt die Relevanz der Widerlegung des Spinozismus. Nicht nur die starre Auffassung des Absoluten als Identität, sondern das grundsätzliche Programm einer Metaphysik des Absoluten ist es, was dem Ergebnis der Wesenslogik zufolge scheitert und zugunsten eines neuen Standpunktes verlassen werden soll. Die Hegelsche Metaphysik ist deswegen nicht die Selbstexplikation des Absoluten; auch nicht die Auffassung eines einheitlichen und vollständigen Weltbildes; ebensowenig ist sie die Darlegung der durch Negativität und innere Tätigkeit ergänzten Substanz – die Substanz, spekulativ gefasst, hat immer Negativität und innere Tätigkeit. Denn Hegels Metaphysik beinhaltet vielmehr den Nachweis, dass alle solchen metaphysischen Vorhaben aussichtslos sind.

Die eigentliche Metaphysik ist Hegel zufolge die spekulative Logik. Die logische Wissenschaft als Untersuchung des Denkens und seiner Bestimmungen besteht in der Selbsterkenntnis der Vernunft *qua* absolute Idee. Das macht ihren Begriff aus, den sie eigentlich nur zum Resultat hat. Es kommt auf die Entfaltung der Vernunft, die Einsicht in ihr Wesen und somit auch auf das Denken der Freiheit an. Das Vernünftige und das Freie sind im spekulativen Begriff zusammengedacht, weil die Freiheit sich nicht auf bloße Willkür beschränkt, sondern wesentlich die Realisierung der Vernunft ist, und weil die Vernunft in keiner abstrakten, der Wirklichkeit fremden Allgemeinheit besteht, sondern die Negativität in sich enthält, sodass ihre Allgemeinheit konkret ist und die Bewegung ihrer Realisierung vorantreibt.

Die fundierte Erkenntnis des Vernünftigen und Freien begründet eine Systemphilosophie, welche die Darstellung der Idee in Natur und Geist erfasst. Und hier kann man nun einen *Ausblick* geben auf all das, was die Hegelsche Systemphilosophie auf Basis der spekulativen Logik noch leisten kann und muss. Philosophie ist bei Hegel die Erkenntnis der Vernunft in ihren unterschiedlichen Gestaltungen. Das System der Philosophie ist deshalb die Darstellung der Selbsterkenntnis der Vernunft und zwar durch die Bewegung der Vernunft selbst. Ihre Methode entnimmt also die Philosophie keineswegs anderen Disziplinen wie der Mathematik, sondern sie gibt sich selbst ihre eigene Methode, nämlich die Bewegung des Begriffs von seiner konkreten Allgemeinheit über die Objektivität bis hin zur Idee.

Nach der spekulativen Logik muss das System der Philosophie die Natur als Darstellung der Idee in der Form des Andersseins denken. Denn die Vernunft beschäftigt sich zwar lediglich durchgehend mit sich selbst, aber ihre Selbsterkenntnis erfolgt durch das Andere. Sinn und Zweck der Naturphilosophie ist es also, dass die Vernunft sich in der Natur erkenne. Deshalb hat die Philosophie die Natur als ein System von Stufen zu betrachten, und zwar zu denken nach den Bestimmungen des Begriffs und der Objektivität als den Prozess der allmählichen Darstellung des Begriffs im Dasein. Der Höhepunkt des Natürlichen ist dabei das Leben, worin der Begriff mit seiner natürlichen Objektivität zur Übereinstimmung mit sich kommt. Das Leben ist so die Idee in ihrer unmittelbaren Form.

Aber eben weil das Leben die Idee nur in ihrer unmittelbaren Form ist, und weil also die Idee in der Natur nur als Einzelnes existiert, ergibt sich die Notwendigkeit des Fortgangs zum Geist. Die Philosophie versöhnt den Menschen mit der Natur. Aber der Mensch darf nicht im Natürlichen verbleiben, sondern er muss vielmehr eine geistige Welt aufbauen und sich schließlich vom Natürlichen loslösen. Diesen Fortgang von Natur zu Geist oder den Keim des Geistes in der Natur muss das System auch noch konkret darlegen.

Die Philosophie des Geistes thematisiert somit weiterhin die Darstellung der Idee, welche als Geist sich selbsterkennend entwickelt. Sie hat u. a. als Philosophie des subjektiven Geistes das Verhältnis zwischen Idee und endlichem Geist zu klären, insofern die absolute Idee weder Produkt eines Denkvermögens noch Vollzug der individuellen, denkenden Tätigkeit selbst ist, und dennoch jeder einzelnen Denktätigkeit zugänglich sein muss. Doch darüber hinaus hat sie als Philosophie des objektiven Geistes vor allem die Objektivität der Freiheit und insgesamt die Verwirklichung einer vernünftigen und freien Gesellschaft zu denken. Dabei verfügt sie nun aufgrund der erworbenen metaphysischen Erkenntnis des Vernünftigen und Freien über begriffliche Mittel, um den Staat als organisches Ganzes zu denken und die Vorstellung des Staates als Uhrwerk beiseite zu räumen, „wo aus der Zusammenstückelung unendlich vieler, aber lebloser Theile ein mechanisches Leben im Ganzen sich bildet."[1] Individuen und besondere Interessen sollten mit dem Gemeinwohl in Einklang gebracht werden können, indem der Staat als organisches Ganzes zur Darstellung der Idee der Freiheit gedacht wird. Aber nicht nur den Staat hat die Philosophie des Geistes im Rahmen einer Lehre des objektiven Geistes zu denken, sondern darüber hinaus und auf dem Standpunkt des absoluten Geistes soll sich die Systemphilosophie mit dem Verhältnis zwischen Philosophie, Religion und Kunst befassen als den drei höchsten Formen, in welchen das Unendliche sowie Übersinnliche sich dem Menschen gibt. Alle drei Disziplinen menschlichen Wissens in einer einheitlichen Lehre über den absoluten Geist zu fassen und ihr Verhältnis untereinander zu klären steht also der Systemphilosophie auch noch an. Insbesondere was den Zusam-

---

[1] Schiller, *Über die ästhetische Erziehung des Menschen*, S. 23.

menhang zwischen Philosophie und Religion betrifft, kann man sich an Hegels These erinnern, dass beide denselben Inhalt bloß in verschiedener Form darstellen. Somit ist der Anlass gegeben, die *Wissenschaft der Logik* auch als Metaphysik im Sinne einer letzten Philosophie, nämlich einer philosophischen Theologie zu verstehen. Aber nach Hegels Ansicht ist es die Religion, welche den philosophischen Inhalt in Form der Vorstellung präsentiert. Deshalb ist und kann Gott, wenn er gedacht, nicht aber vorgestellt wird, bei Hegel nur die Vernunft sein.

Das sind einige Aufgaben in einer neuen Konstellation von Problemen, welche die Systemphilosophie zu behandeln hat. Aber das System stellt im Allgemeinen die Selbsterkenntnis der Idee in ihren Gestaltungen dar. Es handelt sich bei ihm also um ein System der reinen Vernunft, welches sich von der Endlichkeit aus über diese erhebt und sich nur um das Wissen der Vernunft und ihre Darstellung im realen Dasein kümmert. Die Realphilosophie muss dabei nicht den inneren vernünftigen Grund des Realen entdecken, sondern das Dasein der Vernunft aufzeigen. Sie ist keine philosophische Entschlüsselung der Wirklichkeit, sondern ausschließlich die: der Selbsterkenntnis der Idee in ihren unterschiedlichen Gestaltungen zuzusehen. Darin liegt der Sinn des Idealismus und der Systemphilosophie bei Hegel.

Literaturverzeichnis

Texte Hegels

Briefe von und an Hegel, hrsg. von Johannes Hoffmeister, Hamburg, 1961.
Enzyklopädie der philosophischen Wissenschaften im Grundrisse (1830). Hrsg. von Friedhelm Nicolin und Otto Pöggeler. Hamburg, 1991.
Gesammelte Werke. Hrsg. im Auftrag der Rheinisch-Westfälischen Akademie der Wissenschaften in Verbindung mit der Deutschen Forschungsgemeinschaft. Hamburg, 1968ff.
Vorlesungen. Ausgewählte Nachschriften und Manuskripte. Hamburg, 1983ff.
Werke in zwanzig Bänden. Theorie-Werkausgabe. Hrsg. von Eva Moldenhauer und Karl Markus Michel. Frankfurt am Main, 1970.

Sonstige Literatur

ANCILLON, Frédéric, *Ueber Souveränität und Staatsverfassungen*, Berlin 1817.
ARNDT, Andreas, „Enthüllung der Substanz', Hegels Begriff und Spinozas dritte Erkenntnisart", in Violetta L. Waibel (Hrsg.), *Affektenlehre und amor die intellectualis. Die Rezeption Spinozas im Deutschen Idealismus, in der Frühromantik und in der Gegenwart*, Hamburg, 2012, S. 231-242.
ARNDT, Andreas; JAESCHKE, Walther, *Die Klassische Deutsche Philosophie nach Kant. Systeme der Vernunft und ihre Kritik 1785-1845*, München, 2012.
BRECHT, Bertolt, *Leben des Galilei*, Berlin, 1955.
BONDELLI, Martin, „Vom Kantianismus zur Kant-Kritik. Der junge Hegel in Bern und Frankfurt", in Martin Bondeli, Helmut Linneweber-Lammerskitten (Hrsg.), *Hegels Denkentwicklung in der Berner und Frankfurter Zeit*, München 1999, S. 31-51.
BRAUN, Hermann, „Spinozismus in Hegels Logik", in *Hegel-Studien*, Band 17, Hamburg, 1982.
BÜBNER, Rudiger, „On Hegel's Significance for the Social Sciences", in Robert S. Cohen, Marx W. Wartofsky (Hrsg.), *Hegel and the sciences*, Dordrecht, Boston, Lancaster, 1984, S. 143-159.
CARLSON, David, *A Commentary to Hegel's Science of Logic*, Basingstoke (u. a.), 2007.
DIDEROT, Denis, Stichwort „Spinosa" in *Encyclopédie ou Dictionaire raisonné des sciences, des arts et des métiers, par une Société de Gens de lettres*. Nouvelle impression en facsimilé de la première édition de 1751-1780, Stuttgart, 1966.
DUQUE, Felix, „Die Erscheinung und das wesentliche Verhältnis", in Anton Friedrich Koch, Friedrike Schick (Hrsg.), *G.W.F. Hegel. Wissenschaft der Logik*, Berlin, 2002.
DÜSING, Klaus, „Syllogistik und Dialektik in Hegels spekulativer Logik", in Dieter Henrich (Hrsg.), *Hegels Wissenschaft der Logik: Formation und Rekonstruktion*, Stuttgart, 1986.
DÜSING, Klaus, „Von der Substanz zum Subjekt", in Manfred Walther (Hrsg.), *Spinoza und der deutsche Idealismus*, Würzburg, 1992.
DÜSING, Klaus, „Idealistische Substanzmetaphysik. Probleme der Systementwicklung bei Hegel und Schelling in Jena", in Dieter Henrich, Klaus Düsing (Hrsg.), *Hegel in Jena. Die Entwicklung des Systems und die Zusammenarbeit mit Schelling*, Bonn, 1980, S. 25-44.

Düsing, Klaus, *Das Problem der Subjektivität in Hegels Logik*, Bonn, 1995.
Düsing, Klaus, „Von der Substanzmetaphysik zur Philosophie der Subjektivität. Zum Paradigmenwechsel Hegels in Jena", in Heinz Kimmerle (Hrsg.), *Die Eigenbedeutung der Jenaer Systemkonzeptionen Hegels*, Berlin, 2004, S. 185-199.
Düsing, Klaus, „Kategorien als Bestimmungen des Absoluten? Untersuchungen zu Hegels spekulativer Ontologie und Theologie", in Rüdiger Bubner, Gunnar Hindrichs (Hrsg.), *Von der Logik zur Sprache. Stuttgarter Hegel-Kongress 2005*, Stuttgart, 2007.
Engels, Friedrich, Ludwig Feuerbach und der Ausgang der klassischen deutschen Philosophie, in Karl Marx/Friedrich Engels, *Werke*. Band 21, Berlin/DDR, 1975, S. 259-307.
Fernández, Jorge Eduardo, „La libertad en la Lógica de Hegel", in *Revista de pensamiento político*, vol. 5, 2014, S. 77-90.
Fichte, Johann Gottlieb, *Nachgelassene Werke*, herausgegeben von I. H. Fichte, Bonn, 1834 ff.
Fichte, Johann Gottlieb, *Sämtliche Werke*, herausgegeben von I. H. Fichte, Berlin, 1845.
Forster, Michael N., *Hegel's Idea of a Phenomenology of Spirit*, Chicago & London, 1998.
Fulda, Hans Friedrich, „Das absolute Wissen – Sein Begriff, Erscheinen und Wirklichwerden", auf Deutsch und ins Französische übersetzt in *Revue de Métaphysique et Moral*, 2007, Nr. 3, S. 338-401.
Fulda, Hans Friedrich, „Die Ontologie und ihr Schicksal in der Philosophie Hegels. Kantkritik in Fortsetzung Kantischer Gedanken", in *Revue Internationale de Philosophie*, n°210, S. 455-473.
Fulda, Hans Friedrich, *G. W. F. Hegel*, München, 2003.
Fulda, Hans Friedrich, „Ontologie nach Kant und Hegel", in Dieter Henrich, Rolf-Peter Horstmann, *Metaphysik nach Kant*, Stuttgart, 1988.
Fulda, Hans Friedrich, „Der eine Begriff als das Freie und die Manifestationen der Freiheit des Geistes", in Anton Friedrich Koch, Friedrike Schick, Klaus Vieweg, Claudia Würsing (Hrsg.), *Hegel – 200 Jahre Wissenschaft der Logik*, Hamburg, 2014.
Fulda, Hans Friedrich, „Rousseausche Probleme in Hegels Entwicklung" in Hans Friedrich Fulda, Rolf-Peter Horstmann (Hrsg.), *Rousseau, die Revolution und der junge Hegel*, Stuttgart 1991, S. 41-73.
Fulda, Hans Friedrich, „Vom ‚sich vollbringenden Skeptizismus' zur ‚eigentlichen Metaphysik'. Das Ende einer Darstellung erscheinenden Wissens und der Anfang von Hegels ‚Wissenschaft der Logik'", in *Deutsche Zeitschrift für Philosophie. Sonderband: Skeptizismus und Metaphysik*, hrsg. von Markus Gabriel, 2012, S. 317-352.
Fulda, Hans Friedrich, „Von der äußeren Teleologie zur inneren", in Anton Friedrich Koch, Alexander Oberauer, Konrad Utz (Hrsg.), *Der Begriff als die Wahrheit. Zum Anspruch der Hegelschen „subjektiven Logik"*, Paderborn, 2003, S. 135-150.
Fulda, Hans Friedrich, „Methode und System bei Hegel. Das Logische, die Natur, der Geist als universale Bestimmungen einer monistischen Philosophie", in Hans Friedrich Fulda, Christian Krijnen (Hrsg.), *Systemphilosophie als Selbsterkenntnis. Hegel und der Neukantianismus*, Würzburg, 2006, S. 25-50.
Fulda, Hans Friedrich; Horstmann, Rolf-Peter; Theunissen, Michael, *Kritische Darstellung der Metaphysik. Eine Diskussion über Hegels Logik*, Frankfurt am Main, 1980.
Goethe, Johann Wolfgang von, *Faust. Der Tragödie erster Teil*, Köln, 2007.
Götz, Johann Kaspar, *Anti-Sextus oder über die absolute Erkenntnis von Schelling*, Heidelberg, 1807.
Haas, Bruno, *Die freie Kunst. Beiträge zu Hegels Wissenschaft der Logik, der Kunst und des Religiösen*, Berlin, 2003.

HALBIG, Christoph, *Objektives Denken. Erkenntnistheorie und Philosophy of Mind in Hegels System*, Stuttgart-Bad Cannstatt, 2002.

HALFWASSEN, Jens, „Hegels Auseinandersetzung mit dem Absoluten der negativen Theologie", in Anton Friedrich Koch, Alexander Oberauer, Konrad Utz (Hrsg.), *Der Begriff als die Wahrheit. Zum Anspruch der Hegelschen „Subjektiven Logik"*, Paderborn, 2003.

HENRICH, Dieter, „Erkundung im Zugzwang: Ursprung, Leistung und Grenzen von Hegels Denken des Absoluten", in Klaus Vieweg, Wolfgang Welsch (Hrsg.), *Das Interesse des Denkens: Hegel aus heutiger Sicht*, München, 2003.

HENRICH, Dieter, „Hegel und Hölderlin", in derselbe, *Hegel im Kontext*, Frankfurt, 1967, S. 9-40.

HENRICH, Dieter, „Kant und Hegel", in derselbe, *Selbstverhältnisse. Gedanken und Auslegungen zu den Grundlagen der klassischen deutschen Philosophie*, Stuttgart, 1982.

HENRICH, Dieter, „Hegels Theorie über den Zufall", in derselbe, *Hegel im Kontext*. Frankfurt am Main, 1967, S. 157-186.

HENRICH, Dieter, „Hölderlins philosophische Grundlehre", in R. T. Grundmann (Hrsg.), *Anatomie der Subjektivität*, Frankfurt, 2005, S. 300-324.

HORSTMANN, Rolf-Peter, *Die Grenzen der Vernunft. Eine Untersuchung zu Zielen und Motiven des deutschen Idealismus*, Frankfurt am Main, 1991.

HORSTMANN, Rolf-Peter, *Ontologie und Relationen. Hegel, Bradley, Russell und die Kontroverse über interne und externe Beziehungen*, Königstein/Ts, 1984.

HORSTMANN, Rolf-Peter, *Wahrheit aus dem Begriff. Eine Einführung in Hegel*, Frankfurt am Main, 1990.

HÖLDERLIN, Friedrich, *Sämtliche Werke: große Stuttgarter Ausgabe*, herausgegeben von Friedrich Beißner, Stuttgart, 1947ff.

HÖLDERLIN, Friedrich, *Hyperion oder der Eremit in Griechenland*, Köln, 2005.

HÖSLE, Vittorio, *Hegels System. Der Idealismus der Subjektivität und das Problem der Intersubjektivität*, Hamburg, 1998.

HÖSLE, Vittorio; WANDSCHNEIDER, Dieter, „Die Entäußerung der Idee zur Natur", in *Hegel Studien*, Bd. 18, Bonn 1983, S. 173-199.

IBER, Christian, „Übergang zum Begriff. Rekonstruktion und Überführung von Substantialität, Kausalität und Wechselwirkung in die Verhältnisweise des Begriffs", in Anton Friedrich Koch, Alexander Oberauer, Konrad Utz (Hrsg.), *Der Begriff als die Wahrheit. Zum Anspruch der Hegelschen „subjektiven Logik"*, Paderborn, 2003.

JACOBI, Friedrich Heinrich, *Werke*. Gesamtausgabe herausgegeben von Klaus Hammacher und Walter Jaeschke, Hamburg, 1998.

KANT, Immanuel, *Gesammelte Schriften*, herausgegeben von der Preußischen Akademie der Wissenschaften (Bd. 1-22), der Deutschen Akademie der Wissenschaften zu Berlin (Bd. 23) und der Akademie der Wissenschaften zu Göttingen Berlin (ab Bd. 24), Berlin, 1900ff.

KIMMERLE, Henz, *Das Problem der Abgeschlossenheit des Denkens. Hegels „System der Philosophie" in den Jahren 1800-1804*, Bonn, 1970.

KNAPPICK, Franz, *Im Reich der Freiheit. Hegels Theorie autonomer Vernunft*, Berlin und Boston, 2013.

KOCH, Anton Friedrich, „Die Einheit des Begriffs", in derselbe, *Die Evolution des logischen Raumes. Aufsätze zu Hegels Nichtstandard-Metaphysik*, Tübingen, 2014, S. 149-170.

KOCH, Anton Friedrich, „Die Problematik des Übergangs von der Schlusslehre zur Objektivität", in Andreas Arndt, Christian Iber, Günter Kruck (Hrsg.), *Hegels Lehre vom Begriff, Urteil und Schluss*, Berlin, 2006.

KOCH, Anton Friedrich, „Die schlechte Metaphysik der Dinge. Metaphysik als immanente Metaphysikkritik bei Hegel", in Internationales Jahrbuch des Deutschen Idealismus 5 (2007), Berlin und New York, S. 189-210.

KOCH, Anton Friedrich, „Wirkliche und verkehrte Welt im dritten Kapitel der *Phänomenologie des Geistes*", in derselbe, *Die Evolution des logischen Raumes. Aufsätze zu Hegels Nichtstandard-Metaphysik*, Tübingen, 2014, S. 45-57.

KRUCK, Günter; SCHICK, Friedrike, „Reflexion und Absolutes. Ein immanenter Kommentar zur Kategorie ‚das Absolute' in Hegels *Wissenschaft der Logik*", in *Theologie und Philosophie* 69 (1994), S. 90-99.

LAU, Chong-Fuk, *Hegels Urteilskritik: systematische Untersuchungen zum Grundproblem der spekulativen Logik*, München, 2004.

LUKÁCS, Georg, Der junge Hegel. Über die Beziehungen von Dialektik und Ökonomie, in derselbe, *Werke* Bd. 8, Zürich und Berlin, 1967.

MACHEREY, Pierre, „Hegels idealistischer Spinoza", in Manfred Walther (Hrsg.), *Spinoza und der deutsche Idealismus,* Würzburg, 1992, S. 146-162.

MAJETSCHAK, Stefan, *Die Logik des Absoluten. Spekulation und Zeitlichkeit in der Philosophie Hegels*, Berlin, 1992.

MARCUSE, Herbert, *Vernunft und Revolution: Hegel und die Entstehung der Gesellschaftstheorie,* Darmstadt, 1972.

MARTIN, Christian Georg, *Ontologie der Selbstbestimmung. Eine operationale Rekonstruktion von Hegels „Wissenschaft der Logik",* Tübingen, 2012.

MCDOWELL, John, „Hegel's Idealism as a Radicalization of Kant", in derselbe, *Having the World in View. Essays on Kant, Hegel, and Sellars*, Cambridge und London, 2009, S. 69-89.

MICHELINI, Francesca, *Sostanza e assoluto. La funzione di Spinoza nella „Scienza della logica" di Hegel*, Bologna, 2004.

NUZZO, Angelica, „‚Idee' bei Kant und Hegel", in Christel Fricke, Peter König, Thomas Petersen (Hrsg.), *Das Recht der Vernunft. Kant und Hegel über Denken, Erkennen und Handeln*, Stuttgart-Bad Cannstatt, 1995, S. 81-120.

PINKARD, Terry, *Hegel's Phenomenology,* Cambridge & New York, 1994.

PIPPIN, Robert, „Hegels Begriffslogik als die Logik der Freiheit", in Anton Friedrich Koch, Alexander Oberauer, Konrad Utz (Hrsg.), *Der Begriff als die Wahrheit. Zum Anspruch der Hegelschen „subjektiven Logik",* Paderborn, 2003, S. 223-237.

PUNTEL, Lorenz B., *Darstellung, Methode und Struktur. Untersuchungen zur Einheit der systematischen Philosophie,* Bonn, 1973.

RIVERA DE ROSALES, Jacinto, „Fichte: del Yo puro al saber absoluto (1798-1802)", in *Contrastes. Revista internacional de filosofía*, 2014, S. 131-158.

RITTER, Joachim, *Hegel und die französische Revolution,* Frankfurt am Main, 1965.

SALOMON, Werner, *Urteil und Selbstverhältnis. Kommentierende Untersuchung zur Lehre vom Urteil in Hegels „Wissenschaft der Logik",* Frankfurt am Main, 1982.

SANDKAULEN, Birgit, „Das Nichtige in seiner ganzen Länge und Breite. Hegels Kritik der Reflexionsphilosophie", in Andreas Arndt, Karol Bal, Hennig Ottmann (Hrsg.), *Glauben und Wissen II*, Berlin, 2004, S. 165-173.

SANDKAULEN, Birgit, „Die Ontologie der Substanz, der Begriff der Subjektivität und die Faktizität des Einzelnen. Hegels reflexionslogische ‚Widerlegung' der Spinozanischen Metaphysik", in *Internationales Jahrbuch des Deutschen Idealismus/International Yearbook of German Idealism* 5 (2007), Berlin, New York, 2008.

SANS, Georg, *Die Realisierung des Begriffs. Eine Untersuchung zu Hegels Schlusslehre*, Berlin, 2004.

SANS, Georg, „Weisen der Welterschließung. Zur Rolle des Chemismus in Hegels subjektiver Logik", *Hegel-Studien* 48 (2014), S. 37-63.

SCHELLING, Friedrich Wilhelm Joseph, *Werke,* historisch-kritische Ausgabe, herausgegeben von Thomas Buchheim, Jochem Hennigfeld, Wilhelm G. Jacobs, Jörg Jantzen und Siegbert Peetz, Stuttgart, 2009.

SCHELLING, Friedrich Wilhelm Joseph, *Ausgewählte Schriften,* herausgegeben von Manfred Frank, Frankfurt am Main, 1985.

SCHICK, Friedrike, *Hegels Wissenschaft der Logik – metaphysische Letztbegründung oder Theorie logischer Formen?,* Freiburg und München, 1994.

SCHICK, Friedrike, „Begriff und Mangel des formellen Schließens. Hegels Kritik des Verstandesschlusses", in Anton Friedrich Koch, Alexander Oberauer, Konrad Utz (Hrsg.), *Der Begriff als die Wahrheit. Zum Anspruch der Hegelschen „Subjektiven Logik",* Paderborn, 2003, S. 85-100.

SCHICK, Friedrike, „Die Urteilslehre", in Anton Friedrich Koch, Friedrike Schick, *G. W. F. Hegel. Wissenschaft der Logik,* Berlin, 2002.

SCHILLER, Friedrich, *Über die ästhetische Erziehung des Menschen in einer Reihe von Briefen,* hrsg. von Klaus L. Berghahn, Stuttgart, 2000.

SCHMIDT, Klaus J., *Georg W. F. Hegel, Wissenschaft der Logik – Die Lehre vom Wesen: ein einführender Kommentar,* Paderborn, München, u. a., 1997.

SIEP, Ludwig, *Hegels Fichtekritik und die Wissenschaftslehre von 1804,* Freiburg, München, 1970.

SIEP, Ludwig, *Der Weg der Phänomenologie des Geistes,* Frankfurt am Main, 2000.

SPINOZA, Benedictus de, *Ethik in geometrischer Ordnung dargestellt,* herausgegeben von Wolfgang Bartuschat, Lateinisch-Deutsch, Hamburg, 2015.

STEKELER-WEITHOFER, Pirmin, „Autonome Vernunft und Normbefolgung des Verstandes", *Hegel-Studien* 48 (2014), S. 13-35.

STERN, Robert, „Hegel's Idealism", in derselbe, *Hegelian Metaphisics,* New York, 2009, S. 45-76.

TAYLOR, Charles, *Hegel,* Frankfurt am Main, 1978.

THEUNISSEN, Michael, *Sein und Schein. Die kritische Funktion der Hegelschen Logik,* Frankfurt am Main, 1978.

TRAUB, Harmut (Hrsg.), *Schelling-Fichte Briefwechsel,* Neuried, 2001.

VOS, Ludovicus de, „Natur und Leben bei Hegel", in Peter Heuer, Wolfgang Neuser, Pirmin Stekeler-Weithofer (Hrsg.), *Der Naturbegriff in der Klassischen Deutschen Philosophie,* Würzburg, 2013, S. 143-157.

WAHSNER, Renate, *Zur Kritik der Hegelschen Naturphilosophie. Über ihren Sinn im Lichte der heutigen Naturerkenntnis,* Frankfurt am Main, 1996.

WEILLER, Kajetan von, *Anleitung zur freien Ansicht der Philosophie,* München, 1804.

WILDENAUER, Miriam, *Epistemologie freien Denkens. Die logische Idee in Hegels Philosophie des endlichen Geistes,* Hamburg, 2004.

WOLFF, Christian, *Philosophia prima sive Ontologia,* Frankfurt und Leipzig, 1730.

WÖLFLE, Gerhard Martin, *Die Wesenslogik in Hegels Wissenschaft der Logik. Versuch einer Rekonstruktion und Kritik unter besonderer Berücksichtigung der philosophischen Tradition,* Stuttgart-Bad Cannstatt, 1994.

Register

Sachen

Absolute, das 11-19, 23f, 27-32, 41-51, 63-72, 78-81, 85f, 93, 99, 101f, 104, 108, 109.

Akzidenz 48, 78, 91, 166f, 169-174, 178, 200, 239.

Anschauung 39, 54-57, 74, 84, 87, 105, 134, 155, 186, 208f, 216, 219, 226f, 236-239, 260.
 – *intellektuelle Anschauung 31, 44, 47, 51, 61, 134.*

Attribut 30, 127f, 133-141, 144, 165f, 195-198, 222, 258.

Begriff, der (spekulative) 14f, 17, 19f, 38, 53, 55, 68, 75f, 96f, 110, 117, 124, 139, 167, 184, 187-192, 199-201, 203-205, 207-212, 219-260, 263, 265-272, 275, 277-281, 285-287.

Begriffslogik 16, 20, 64, 112, 184, 190f, 194, 205f, 210, 215, 217, 219, 223, 243, 266, 280, 285.

Dasein 12, 19, 21, 23, 27f, 35, 39, 45, 54, 65-68, 76, 98, 104, 106, 118, 128, 141, 147f, 153, 157, 159, 167, 169, 177, 210, 216, 218, 222, 226f, 229f, 232-236, 238-242, 246-251, 256f, 263, 265-267, 271, 277f, 281, 283, 287f.

Deduktion der Kategorien 54, 56, 58f, 74, 94, 208f.

Denken 11-13, 16f, 19-22, 28, 31-34, 36-43, 48-51, 54, 56, 57, 59, 61-63, 66-68, 78, 80-86, 88-95, 97, 99-103, 105-110, 113, 120, 123, 129, 141, 147, 150, 155, 171, 189-197, 200f, 203, 205-213, 217, 219-224, 226, 230f, 237f, 243f, 247, 249, 252, 255f, 259f, 262f, 265, 270f, 276-281, 284-287.

Endlichkeit 24, 28, 42f, 46, 52-54, 62, 90f, 108, 133, 137, 182, 197f, 208, 231f, 251, 256, 278, 283.

Einheit 12f, 15f, 22f, 26-28, 30-32, 37-40, 44, 48, 50, 54-57, 59, 61, 66, 74f, 79, 86, 89, 91, 95, 107f, 111, 114, 121-124, 126-129, 131-134, 136, 138, 143-146, 148f, 151, 154, 159, 160, 162, 164-168, 171-173, 175, 187-190, 198, 201, 203-205, 207-210, 212, 217-220, 222-224, 226, 228f, 231f, 234-237, 240, 242-248, 250f, 253, 256f, 270-272, 274f, 279f, 283-285.

Erkennen 47, 54, 64, 85, 88, 97f, 111, 198, 205, 209, 244-248, 252f, 255-257, 262, 264, 269-273, 280f.

Freiheit 16f, 22, 38-40, 50f, 58, 62, 78f, 94, 191f, 198, 201, 203f, 207, 210-222, 227, 233, 245-247, 254, 256, 264-268, 275, 278-281, 285-287.

Geist 12f, 15, 21, 53, 58f, 61f, 73-75, 77f, 92, 94f, 153, 179f, 205, 214, 219f, 248, 251f, 254, 258, 264, 268, 270-281, 285-287.
 – *Phänomenologie des Geistes 19, 24, 33, 47f, 63f, 69, 72f, 77, 79f, 80, 84, 87, 90f, 95, 99, 102, 108, 120, 193f, 197, 203, 206, 210, 215f, 238, 256f, 278, 284.*
 – *Philosophie des Geistes 14, 18, 42, 82, 92, 134, 218, 221, 246, 248, 266, 270-281, 287.*

Idealismus 24, 32, 41, 54, 57, 62, 79, 94, 120, 153, 193, 204, 206-210, 212, 227, 257, 278, 288.
 – *deutscher Idealismus 20, 95, 106, 146, 184, 195, 213.*
 – *absolute Idee 15f, 18, 69, 86, 89, 97, 106, 108, 111, 205, 243, 246-248, 256-270, 277, 285-287.*

Identität 13, 17, 27-29, 32, 44-51, 54f, 58-60, 66-68, 74, 78, 91, 98f, 111, 114f, 118, 124-129, 131-146, 148-150, 152, 160, 162-168, 170, 175f, 178, 183f, 187-190, 196-199, 223f, 228f, 231, 233, 235, 238, 251, 258, 268, 270, 278, 280, 283-286.

Identitätssystem 25, 198.

Kritik 18, 23, 31, 34-36, 38, 52-54, 59-61, 63, 65f, 69f, 75, 79f, 86f, 92, 97f, 100f, 105-107, 112f, 115, 119f, 146, 150, 168, 171, 184,

193-195, 198f, 206, 226, 230, 235, 245f, 253, 273-275, 281, 284.

Leben 37f, 40, 42f, 47, 91, 179f, 192, 205, 213, 218, 242, 247-251, 258, 270f, 279, 287.

Metaphysik 11f, 14-20, 33f, 51, 55, 63, 67-69, 80f, 85, 90, 92f, 97-106, 108, 113f, 117, 173, 187, 190, 203f, 206-208, 218-220, 242, 244, 261, 264-266, 275, 278, 280f, 283-286.
Methode 14, 16, 25, 47, 65, 67, 88f, 97f, 260-265, 269f, 273, 286.
Modus 114, 134, 139-142, 144, 195-198.

Natur 25, 32f, 37-40, 42f, 49-51, 60f, 78f, 92, 94f, 120-146, 153, 166, 180, 197f, 205, 246-248, 250, 253f, 264-268, 270-276, 279f, 286f

Philosophie der Natur (Naturphilosophie) 18, 24, 32, 41, 49f, 95, 197, 248f, 251, 254, 265f, 268, 270-276, 279, 287.

Objekt 22f, 25f, 31, 38, 40, 48f, 59, 60, 209, 228, 236, 238-242, 245, 249, 260, 279.
Objektivität 31, 43, 49f, 56f, 59, 60-62, 75, 77, 94, 99, 204f, 208-212, 229, 231, 233, 235-244, 246-248, 250-254, 256f, 263, 266f, 270, 272, 277-279, 285, 287.
Ontologie 12-15, 81, 91-102, 119, 153, 188, 194, 206f, 278.
   – *monisitische Ontologie (Monismus)* *12, 14f, 19, 31, 48, 69f, 93, 96, 99, 194, 205, 276, 283f.*

Spinozismus 20-24, 28, 79, 168, 187, 192-201, 280, 285.
   – *Widerlegung des Spinozismus 17, 22, 117, 191-201, 285f.*
Seinslogik 97, 106, 118, 120, 131, 157, 206, 224, 261.
Selbstbewusstsein 38, 55f, 61, 74, 76f, 208f, 231.
Skeptizismus (Skepsis) 89-91, 110, 203, 214.
skeptische Prüfung 106, 189, 192, 200, 204.
Substanz 14f, 17, 21f, 30, 48, 66f, 78, 91f, 105, 108, 111f, 114, 117, 127, 133f, 136, 139, 144-146, 166-179, 181-192, 194-201, 205, 217, 222, 239, 249, 257, 260, 283-286.
Subjektivität 14f, 22, 24, 31, 38f, 43, 49, 50, 52-54, 56f, 59-63, 73, 77, 102, 146, 153, 187, 208, 225, 247.
System 12f, 16, 18, 23-25, 27, 30, 32, 41, 48f, 51f, 59, 63-65, 80, 85, 87, 90, 96, 98, 101, 113, 193, 197-200, 218, 245, 254, 258f, 264, 267-278, 280f, 285-288.

Transzendentalphilosophie 25, 32, 38, 41f, 49f, 101, 208, 238, 255.
Theologie 19, 34-36, 92, 97, 106, 135f, 276f, 288.

Unendlichkeit 28, 40, 42f, 46, 53, 91, 103, 133, 139, 141, 144, 197, 241.

Vereinigung 17, 22-24, 31f, 38-40, 42, 48, 55, 60, 74, 80, 91, 109, 114, 119, 123f, 127f, 131, 133, 138, 143-145, 158, 164, 196, 198, 220f, 246f, 258, 283.
Vereinigungsphilosophie 37
Vernunft 12, 16f, 23, 25-29, 31, 34-36, 42-46, 52-54, 56, 58, 62, 67, 75f, 82, 86f, 91, 101-104, 108, 117, 119, 146, 1680, 193, 199, 203-205, 210, 212-219, 233, 241, 253-256, 258, 260, 262, 264, 266-268, 270f, 277-281, 285-289.
Verstand 33, 35f, 42f, 45f, 48, 52, 53-56, 58f, 64, 82f, 86f, 98, 106-110, 120, 130, 132, 146, 155, 186, 195f, 206, 209f, 235-238, 244-247, 249, 254.

Welt 13, 36, 39, 45, 53f, 56f, 60-62, 76, 92, 94-96, 98-101, 105, 108, 119-124, 126, 128, 130f, 139, 150, 152f, 170, 201, 206f, 213, 215, 217, 217-219, 247, 253-256, 270f, 278, 279, 286f
Wesenslogik 16f, 20, 106, 110-112, 115, 117, 119, 120, 134f, 146, 167, 186, 193f, 196, 201, 203f, 220f, 235, 286.
Widerspruch 44-46, 50, 65, 90f, 95, 97, 100, 106, 118-120, 122, 132, 144, 146, 149f, 152, 155, 157, 190f, 199, 201, 258, 262, 285f.
Wiedervereinigung 47, 59, 173, 201, 223, 233, 244, 279.

Personen

Fichte 12, 14, 22-33, 37, 39, 41-44, 48f, 51-53, 58-62, 70f, 74, 77, 78f, 87, 94, 100, 131, 168, 193, 199, 219f, 246, 263, 279.

Hölderlin 13, 22-24, 33, 37-40, 48, 66.

Jacobi 20-23, 28, 31, 33, 42f, 51-53, 70, 167f, 192f, 280.

Kant 11, 22-24, 32-46, 51-59, 61-63, 66f, 74f, 82-84, 86f, 92, 101f, 105, 107, 119f, 146-148, 155f, 159, 162, 168f, 173f, 186, 192f, 206-211, 219f, 226-230, 235-238, 243-248, 252-255, 262, 264, 266, 270, 275, 278.

Schelling 11-14, 16, 22-33, 37, 41-44, 47-50, 52, 70f, 78-80, 99, 111, 128f, 131, 133-136, 143, 145, 168, 193f, 197-199, 220, 246, 263-265, 268, 283f

Spinoza 14, 17, 20-22, 24f, 30, 41, 48, 62, 67, 79, 112-115, 129, 135-139, 143, 145f, 167-171, 184, 187f, 190, 192-199.